JN440821

『증산천사공사기』 연구

김
탁 金 鐸, Kim Tak

1963년에 경상북도 의성군에서 태어났으며, 대구 영남고등학교(30기)를 거쳐 1985년에 한양대학교 경제학과를 졸업하였다. 1985년부터 한국정신문화연구원(현 한국학중앙연구원) 부설 한국학대학원에서 한국사상과 종교를 연구하여, 1995년에 「증산 강일순의 공사사상」이라는 논문으로 철학박사 학위를 취득하였다.
현재까지 50여 편의 논문을 썼으며, 주요저서로는 『증산교學』(1992), 『한국종교사에서의 동학과 증산교의 만남』(2000), 『한국의 관제신앙』(2004), 『정감록』(2005), 『증산 강일순』(2006), 『역주 송광사 사고 - 인물편 - 』(2007, 공역), 『한국의 보물, 해인』(2009), 『대종교원전자료집 - 대종교신원경 - 』(2011, 공저), 『조선의 예언사상』 상,하(2016), 『일제강점기의 예언사상』(2019), 『정감록과 격암유록』(2021), 『증산사상과 한국종교』(2022), 『시루와 배』(2023) 등이 있다.

『증산천사공사기』 연구

초판1쇄 발행 2023년 4월 10일

지은이 김탁
펴낸이 홍종화

편집·디자인 오경희·조정화·오성현·신나래
박선주·이효진·정성희
관리 박정대

펴낸곳 민속원
창업 홍기원
출판등록 제1990-000045호
주소 서울 마포구 토정로 25길 41(대흥동 337-25)
전화 02) 804-3320, 805-3320, 806-3320(代)
팩스 02) 802-3346
이메일 minsok1@chollian.net, minsokwon@naver.com
홈페이지 www.minsokwon.com

ISBN 978-89-285-1840-1 93290

甑山天師公事記

『증산천사공사기』 연구

김탁

민속원

머리말

『증산천사공사기甑山天師公事記』(1926)는 증산천사(증산하느님)의 말씀과 행적을 기록한 최초의 경전이다. 따라서 『증산천사공사기』는 모든 증산교단사와 증산사상을 연구하기 위한 필수적인 1차 자료이자 원原 사료다. 즉 『증산천사공사기』는 매우 다양한 형태로 전개되고 발전한 증산신앙의 모체母體이자 증산사상의 발상發祥인 최초의 서물書物이다.

『증산천사공사기』는 증산에 대해 전하는 이야기들을 처음으로 체계화하여 기록한 자료 모음집의 성격을 가진다. 그러므로 증산甑山 강일순姜一淳(1871~1909)이라는 조선 말기의 위대한 종교적 천재의 생애와 사상을 알 수 있는 최초의 기록서로서 『증산천사공사기』가 가지는 중요한 가치와 의의가 제대로 인정되고 그 위상位相이 다시 조명되어야 하겠다. 그리고 증산에 대한 소박하고 순전한 상태로 '날 것'의 생생한 자료를 제공하고 있는 『증산천사공사기』의 중요성은 아무리 강조해도 지나치지 않을 것이다.

이 『증산천사공사기』의 내용을 종교적 경전의 형태로 분류하고 재가공한 것이 바로 증산교단 공통의 대표적 경전인 『대순전경大巡典經』(1929)이다. 『증산천사공사기』가 없었더라면 아마도 『대순전경』의 편찬도 없었을 것이 분명하다. 『증산천사공사기』는 같은 편찬자인 이상호李祥昊가 불과 3년의 시차를 두고 자료를 재정리하고 다시 주제별로 분류한 형태로 『대순전경』을 발행한다. 그리고 후대에 발전적으로 전개된 여러 증산교단에서는 『증산천사공사기』의 특정한 일부 내용을 재해석하고 다양하게 풀이하여 자파의 경전 기록에 삽입하기도 했다. 동일한 기록을 어떻게 가공하는가에 따라 다양한 재해석이 시도되었다.

또한 『증산천사공사기』는 증산의 독창적인 종교 행위인 천지공사天地公事가 행해진 시기, 장소, 관련 인물 등에 대한 최초의 기록이라는 점이 주목되어야 마땅하다. 종교적 경전의 형태로 증산의 말씀과 행적이 체계화되는 『대순전경』의 발간 이전 증산의 소박한 모습과 그에 대한 생생한 이야기가 『증산천사공사기』에 실려 있기 때문이다. 『증산천사공사기』에는 그 어떠한 장식이나 치장도 없이 벌거벗은 몸으로 살아있는 '증산의 역사'가 적혀 있다.

따라서 증산 강일순이라는 신비한 인물에 대한 신격화神格化 작업이 이루어지기 이전의 객관적 상황과 시대적 정황을 알기 위해서라도 『증산천사공사기』는 다시 한번 주의하여 자세히 살펴보아야 하는 중요한 책이다. 또한 『증산천사공사기』는 증산사상과 증산신앙의 초기 모습과 최초의 형태를 살펴볼 수 있는 유일한 서적이기도 하다. 향후 증산사상총서 또는 증산교단사 자료집의 온전한 간행이나 집대성 작업이 있게 된다면 그 첫머리를 장식할 책은 『증산천사공사기』 뿐이다.

현재 활동 중인 증산교단의 여러 교파에서는 이 『증산천사공사기』의 가치에 대한 인식과 이해가 매우 부족한 편이다. 더욱이 『증산천사공사기』가 아닌 자파에서 독자적으로 발행한 경전에만 관심을 두고 있는 실정이다. 그 경전들의 시원始原이자 원천源泉인 『증산천사공사기』에 대해서는 애써 무시하거나 소홀하게 평가하는 것이다. 이러한 열악한 상황에서 『증산천사공사기』의 가치와 의의에 대한 제대로 된 인식을 제고시키고 바람직한 이해를 도모하기 위해 이 연구는 진행되었다. 아무쪼록 이 연구서가 『증산천사공사기』의 독보적 가치와 뚜렷하고 확고한 위상을 올바르게 평가하는 새로운 계기가 되기를 희망한다.

2022년 9월 어느 날

대덕산 아래 백산초당白山草堂에서

필자 쓰다.

차례

『증산천사공사기』 연구

서문

I

모든 문헌은 그 궁극적 의미를 물어야 한다. 특정한 문헌을 권위 있는 체계로서만 수용하는 것이 아니라, 비판적 안목으로 모든 문헌을 객체화시켜 분석하는 동시에 그런 문헌비평적 과정과 함께 논리적이고 철학적인 인식과 사유를 잃지 말아야 한다는 뜻이다. 이는 신비神祕, 신성神聖, 초월超越이 깃든 교조敎祖 또는 창시자의 '위대한 말씀과 행적'으로 믿어지는 종교 경전의 경우도 마찬가지다. 바로 이러한 맥락에서 증산교단사 최초의 경전인 『증산천사공사기甑山天師公事記』를 분석하는 것이 이 연구가 지향하는 목표다.

증산교단은 1911년 9월에 교단이 창립된 지 불과 110여 년이 지난 지금에 이르기까지, 무려 130여 개의 교단이 성립되었고 제각기 고유한 종교적 특성을 가진 채 나름대로 전개되고 발전하였다. 이러한 증산교단의 시원始原이자 핵심은 증산甑山 강일순姜一淳(1871~1909)의 생애와 사상이다. 증산의 삶과 그의 가르침을 알아볼 수 있는 최초의 기록이 바로 1926년 3월 5일에 발행된 『증산천사공사기』다. 따라서 증산이라는 역사적 인물이자 종교적 인물의 생평生平과 교훈敎訓에 관해 고찰하기 위해서는, 무엇보다도 먼저 『증산천사공사기』에 수록된 기록들을 세밀하게 살펴보는 일이 필수적이다.

이 글에서는 『증산천사공사기』의 체제와 내용에 관해 먼저 책 제목이 갖는 의미를 간략하게 살펴본 다음, 그 체제를 알아보고 이어서 『증산천사공사기』의 구성, 저자, 주요 내용 등을 자세히 알아본다. 그리고 『증산천사공사기』(1926)가 자료 모음집의 성격을 지닌 데 반해 불과 3년 후인 1929년 7월에 발행된 종교적 경전의 성격을 지닌 『대순전경大巡典經』 초판(1929)과의 비교를 통해 그 특징을 알아보겠다. 또한 『증산천사공사기』의 내용을 분석하면서 그에 함축된 의미를 살펴본 다음, 마지막으로 『증산천사공사기』라는 책이 가지는 위상과 특징을 알아보고 그 의의에 대해 정리하고자 한다.

『증산천사공사기』의 체제와 내용

II

『증산천사공사기』는 증산교단의 교조敎祖이자 창시자創始者인 증산甑山 강일순姜一淳(1871~1909)의 생애와 가르침, 이적異蹟, 치병治病활동 등을 기록한 증산교단사 최초의 경전이다. 그러므로 『증산천사공사기』는 증산의 삶과 말씀의 최초의 형태를 알아보기 위한 1차 자료이자 사료다. 증산이라는 한 위대한 인물이 역사의 무대에 나타났다가 일정한 기간을 머무른 다음 사라졌다. 그러나 증산은 그를 흠모하고 그리워하는 일부 후대인들의 기억 속에 간직되었다가 역사의 무대에 다시 소환되었다. 증산을 계속 기억하고 그의 교훈을 자신의 삶을 변화시키는 원동력으로 삼은 사람들이 증산을 위대한 선지자先知者요 신비한 예언자豫言者로 받들거나, 때로는 인류 역사상 가장 지고至高하고 성聖스러운 존재로까지 숭앙하였던 것이다. 이제 증산은 단순한 역사적 인물을 벗어나 엄청난 권능을 지닌 종교적 인물로 승화되었고, 그에 대한 여러 이야기는 『증산천사공사기』에 수록되어 후대에 전승되었다. 『증산천사공사기』에서 비로소 증산에 대한 새로운 신화神話와 믿음의 역사가 출발했다. 증산이 속俗된 이해와 일반적인 인식의 지평을 넘어서 신비한 성聖의 영역으로 들어간 위대한 종교가宗教家로서 믿어지는 '종교의 역사'가 새롭게 펼쳐진 것이다.

1. 제목의 의미

『증산천사공사기』는 증산의 언행에 대한 자료 모음집 성격을 지닌 책이다. 그리고 『증산천사공사기』는 증산의 생애, 말씀, 기행이적 등에 대해 최초로 기록한 편년체의 경전이다. 먼저 『증산천사공사기』라는 책의 제목이 가지는 의미에 대해 알아보자.

이 책의 제목 중 '증산甑山' 은 강일순姜一淳(1871~1909)의 호號이고, '천사天師'는 강일순을 우주宇宙의 주재신主宰神으로 존숭하는 그에 대한 존호尊號이며, '공사公事'는 증산이 이 세상에 내려와 기존의 낡은 천지天地의 질서를 근본적으로 새롭게 바꾸어 후천선경後天仙境의 기틀을 마련했다는 종교적 활동을 뜻한다. 따라서 『증산천사공사기』는 증산이라는 호號를 지닌 강일순의 생애生涯와 그의 언행言行에 대한 책이다. 이후 증산은 많은 증산교단에 의해 단순히 위대한 인물을 초월하여 엄청나게 높은 신격神格으로까지 믿어져 왔다. 증산은 잊히어진 인물로서 역사의 무대에서 쓸쓸하게 사라져버리지 않고, 후대인들의 기억으로 소환되어 새로운 성스러운 존재로서 그 종교적 생명력을 계속 이어가 불멸不滅의 존재로 승화昇化한 것이다.

'천사天師'는 '하늘의 스승' 또는 '하늘에서 으뜸가는 스승'이라는 뜻을 지닌 용어로, 하늘에서 가장 높은 존재로 믿어지는 '하느님'과 동격同格이며 같은 말이다. 따라서 '천사'는 인간이 상상하는 천상계天上界에 있어서 가장 높고 위대한 최고의 존재인 최고신격最高神格이자 지고신至高神이다. 바로 이 '천사天師'가 우주宇宙의 주재신主宰神이자 최고신最高

神으로 존숭尊崇되는 증산에 대한 존호尊號이다. 『증산천사공사기』 이후 종교적 경전의 성격이 강한 『대순전경大巡典經』에도 이 '천사天師'라는 용어가 증산을 가리키는 용어로 그대로 사용되었다. 따라서 '천사'는 증산교단의 역사에 있어서 매우 중요하고 상당히 깊은 영향을 끼친 용어라는 사실이 엄연히 확인된다. 대부분의 증산교단에서는 이 '천사'가 한국 신종교의 첫머리를 장식하는 동학東學의 교조이자 창시자인 수운水雲 최제우崔濟愚(1824~1864)가 겪은 경신년(1860) 음력 4월 5일의 신비체험에 나타나는 바로 그 '상제上帝' 또는 '한울님'이라고 주장한다. 그러므로 증산교단의 '천사'는 '상제'와 '한울님'이라는 존칭과 같은 의미를 내포한 용어다.

'공사公事'는 '천지공사天地公事'[1]의 약어다. 천지공사는 증산이 역사상 처음으로 사용한 독창적인 용어다. 증산의 공생애公生涯를 한마디로 요약하면 '천지공사의 집행 기간'이었다고 할 수 있다. 그만큼 증산의 삶과 천지공사는 떼려야 뗄 수 없는 관계에 있다. 증산은 이 세상에 내려와 낡은 천지天地와 우주宇宙의 질서를 과감히 근본적으로 뜯어고쳐 새로운 질서와 원리로 바꾸어 후천선경後天仙境의 기틀을 마련하였다고 믿어지며, 천지공사는 그의 종교적 활동을 가리키는 말이다.

'기記'는 기록記錄이라는 뜻이다. 기록은 "후일에 남길 목적으로 어떤 사실을 적음"이라는 의미를 지닌다. 따라서 '기'는 어떤 일이나 인물의 역사를 후대에 전하기 위해 적는 행위를 가리키는 말이다.

---

1 증산의 천지공사天地公事에 대해서는 김탁, 「증산 강일순의 공사公事사상」(한국학중앙연구원 부설 한국학대학원 철학박사학위논문, 1996)을 참고하시오. 이 논문은 『증산 강일순』(한국학술정보, 2006)이라는 제목으로 몇몇 오자誤字만 고쳐 출간되었다.

2. 『증산천사공사기』의 체제

1) 『증산천사공사기』의 구성

『증산천사공사기』의 표지에 "후천기원後天紀元 26년年 병인丙寅, 증산천사공사기甑山天師公事記"라고 적혀 있다. '후천기원'은 증산이 도道를 깨달은 1901년을 가리킨다. 증산이 성도成道한 1901년을 연대를 계산하는데 기준이 되는 해로 삼았음을 알 수 있다. 바야흐로 증산의 공생애公生涯가 시작되는 해를 새로운 연대의 기점으로 정한 것이다. 이후 1909년에 증산이 세상을 떠나기까지가 증산의 공적인 삶의 기간이 된다. 이러한 연대의 기준은 1901년 증산이 도를 깨치기 이전의 기간, 즉 증산이 태어난 1871년부터 1901년까지의 인간으로서의 성장 과정은 그다지 중요하지 않다는 인식이 확인된다. 여기에는 1901년 이전에 있었던 증산의 생애는 중요하지 않으며, 오로지 증산이 1901년 스스로 천사天師, 상제上帝, 하느님으로 자내증自內證한 이후부터 그의 공식적인 삶이 비로소 차원을 달리하여 새롭게 시작되며, 이는 세상의 연대를 정하는 유일한 기점이 된다는 생각과 믿음이 반영되어 있다.

『증산천사공사기』는 총 147면으로 이루어진 국한문혼용國漢文混用의 책이다. 1면에는 면수에 포함되지 않은 서序가 있다. 1면부터 7면까지는 1871년 증산의 탄생과 1901년 성도成道 이전까지의 생애가 기록되어 있다. 7면부터 8면까지는 신축년(1901)의 기록이 있는데, 분량은 2면이다. 8면부터 17면까지에는 임인년(1902)의 기록이 있는데, 분량은 9면이다. 그리고 17면부터 26면까지 계묘년(1903)의 기록이 있는데, 분량은 19면이다. 26면부터 47면까지 갑진년(1904)의 기록이 있는데, 분량은 21면이다. 47면부터 55면까지 을사년(1905)의 기록이 있는데, 분량은 8면이다. 55면부터 64면까지 병오년(1906)의 기록이 있는데, 분량은 19면이다. 64면부터 84면까지 정미년(1907)의 기록이 있는데, 분량은 20면이다. 84면부터 121면까지 무신년(1908)의 기록이 있는데, 분량은 37면이다. 121면부터 146면까지 기유년(1909)의 기록이 있는데, 분량은 25면이다. 그리고 146면부터 147면까지 부록에 해당하는 '천사天師의 이표異表'가 수록되어 있다.

무신년의 기록이 가장 많고, 기유년, 갑진년, 정미년, 계묘년, 병오년, 임인년, 을사년, 신축년의 순으로 기록의 양이 많다.

148면에 해당하는 마지막 면에는 저작 겸 발행자, 인쇄자, 인쇄소, 발행소 등을 적은 부분이 있다. 대정大正 15년 즉 서기西紀 1926년 2월 28일에 인쇄印刷하여, 대정 15년 3월 5일에 발행發行하였으며, 책의 정가定價가 70전錢이라는 사실을 기록하였다. 이어서 저작著者 겸兼 발행자發行者는 이상호李祥昊이며, 그의 주소는 경성부京城府 누하동樓下洞 210번지番地의 1이라고 기록하였다. 그리고 인쇄자印刷者는 노기정魯基禎으로 주소는 경성부京城府 견지동堅志洞 32번지이다. 인쇄소印刷所는 한성도서주식회사漢城圖書株式會社인데, 주소는 경성부 견지동堅志洞 32번지로 인쇄자의 주소와 같다. 또 발행소發行所는 상생사相生社인데 주소는 경성부 누하동 210번지의 1이라고 적었다. 이상호의 주소와 발행소의 주소가 같다.

이 책의 전체 구성은 한문으로 된 '서序'와 본문인 증산천사공사기, 그리고 '천사의 이표異表' 등 세 부분으로 되어 있다. 서序가 있고, 본문이 1901년부터 1909년까지 연대순으로 서술되어 있다. 『증산천사공사기』에는 장章과 절節의 구분이 없다. 따라서 『증산천사공사기』는 수록된 자료에 대한 주제별 분류가 이루어지지 않았는데, 수집된 자료를 단지 연대순으로 나열하였다. 따라서 특정한 주제에 따른 분류가 없기에 해당 기록이 어떤 주제와 분야에 속하는지 알 수 없다는 단점이 있다. 그리고 『증산천사공사기』의 마지막에 '천사天師의 이표異表'가 간략하게 적혀 있다.

2) 『증산천사공사기』의 저자

1909년 증산 강일순이 사망한 이후 그의 생애나 가르침은 구전口傳에 의하여만 전해지고 있었다. 그러나 증산교단의 한 교파인 보천교普天教가 크게 성장하게 됨에 따라, 신도들에 대한 체계적인 교육과 신앙의 확립을 위하여 경전經典 간행의 필요성이 강력하게 제기되었다.

『증산천사공사기』의 저자는 이상호李祥昊(1888~1967)인데, 호는 청음淸陰이다. 1924년부터 보천교혁신운동을 주도하였던 이상호는 증산 강일순의 추종자인 보천교 교주 월곡月谷 차경석車京石(1880~1936)과 미륵불교彌勒佛教의 교주 김형렬金亨烈(1862~1932)로부터 강일순의 생애와 가르침, 그리고 그의 종교적 행적을 모아 『증산천사공사기』를 간행하였다.

이상호는 1888년(고종 25)에 전라남도 해남군 삼산면 구성리에서 태어났다. 16세까지는 한학漢學을 배웠고, 20세부터 3년간 해남 미산중학에서 신학문을 공부한 뒤 상해 · 북경 등지에 나가 3년간 외유하다가 27세 되던 1915년에 귀국하여 당시 태을교太乙教라고 불리던 고판례高判禮(1880~1935)가 세운 교단에 입교했는데, 이 교단은 증산교단 가운데 최초로 세워진 것이었다. 이후 이상호는 1919년 차경석車京石이 보천교普天教의 60방주方主를 조직할 때, 중앙 8교령教領 가운데 하나인 서방주西方主에 선임될 정도로 교단 내에서 중요한 인물이었으며, 훗날 보천교의 총령원장總領院長까지 피임되었으나, 결국 차경석과 뜻이 맞지 않아 보천교를 자발적으로 탈퇴하였다.

이후 이상호는 1925년에 김형렬의 미륵불교로 옮겨 『증산천사공사기甑山天師公事記』를 집필하기 시작하여 이듬해인 1926년에 간행했다.

그러나 미륵불교의 간부들과도 의견이 충돌하고 맞지 않아, 1928년에는 임경호林敬鎬 · 이정립李正立 등과 함께 김제군 금산면 용화동에서 동화교東華教를 창립하고 스스로 통정統正에 올랐다.

1929년에는 동생 이정립과 함께 증산의 언행을 보다 광범위하게 수집하여 『대순전경大巡典經』을 간행하였다. 1931년에는 당시 김제군 백산면 조종리에서 태을교太乙教를 영도하고 있던 고부인高夫人(高判禮, 1880~1935)을 맞이하여 동화교와 통합종단을 만들고 대보大保에 올랐다. 그러나 이 교단이 일제日帝에 의하여 해산되자, 잠시 고향에 머물다가 1937년에 정읍井邑으로 이주하였다. 1943년에는 서울에서 문정삼 · 이정립 등과 종교 활동을 목적으로 기업형태의 동아홍산사東亞興產社를 설립할 때 고문이 되었다. 이때 가입한 회원이 1만 4천여 명에 달했다.

1945년 광복이 되자, 이정립 · 최위석崔偉錫 등 145인을 모아 서울 마포구 합정동에서 대법사大法社를 조직하여 증산교 운동을 다시 전개하였다. 1947년에는 최위석과 헤어져 별파別派를 만들고 이름을 증산교甑山教(뒤에 이정립이 '증산교본부甑山教本部'로 바꿈)라 하였다.

1948년에 이상호는 17개의 증산교 교단이 모여 증산교단통정원甑山教團統整院을 조직할 때 부통교副統教가 되었다. 이후 이상호는 1950년 한국전쟁 후 김제군 금산면 용화동에 본부를 정하여 1967년 죽을 때까지 증산교 교주로 있었다. 동생 이정립과 함께 『증산천사공사기』를 발행하였고, 『대순전경』을 발행하여 보급함으로써 증산사상甑山思想의 정립과 보급에 크게 기여한 점이 돋보인다.

이제 『증산천사공사기』의 발행 준비를 위한 이상호의 활동을 살펴보자.

… 이청음李淸陰이 노좌대盧左大와 더불어 경석京石에게 교경敎經을 편찬하고자 권고하니, 경석이 이에 이남주李南舟, 이영호李英浩 두 사람을 교경 편찬위원으로 임명하여, 매일 오후에 경석의 담화談話를 필기하게 하였다. 경석은 두 사람에게 10여 차에 걸쳐서 대성大聖의 행적行蹟을 강설講說한 뒤에 더 기록할 필요가 없으니, 필기한 것만을 재료로 하여 교경을 편찬하라고 하였다. 그러나 10여 건에 불과한 기록만으로는 너무 빈약하므로 교경 편찬은 포기하지 않을 수 없었다. …[2]

위의 인용문은 1924년 무렵에 일어난 일이다. 이상호가 보천교의 교주 차경석에게 경전을 편찬하자고 처음으로 건의했다. 그러자 차경석은 이남주李南舟(이상호의 친동생인 이정립李正立[3])와 이영호 두 사람을 '교경편찬위원'에 임명하고 매일 오후에 자신의 이야기를 기록하게 했다. 그러나 이 일은 10여 번만 진행되었을 뿐이다. 차경석이 증산을 따른 기간이 불과 만 2년에 불과했기 때문에 증산에 관한 이야기를 자세히 전달할 수 없었다. 이 10여 건의 기록만으로는 도저히 경전을 편찬할 수 없었기에 증산교단 최초의 경전이 발행되기에는 몇 년의 시간이 더 필요했다. 어쨌든 『증산천사공사기』의 첫 걸음은 차경석의 구술자료였음이 확인되는 대목이다.

『증산천사공사기』는 이상호가 증산을 가장 오랫동안 믿고 따랐던 김형렬金亨烈(1862~1932)을 만나 본격적으로 성편成篇되기 시작했다.

… 갑자년(1924)에 보천교普天敎를 탈퇴한 이청음은 당시 온 세상을 휩쓰는 교단 운동이 대성大聖의 참된 교리敎理를 들추어내지 못하고, 한

2 전경현, 『범증산종단사』 하권, 2019, 11~12쪽.

3 이정립(1895~1968)은 이성영李成英이라고도 부른다.

> 갓 권모술수權謀術數와 괴이한 변설辯說만으로 세상을 미혹迷惑케 하여 도리어 대성大聖께 누累를 끼치게 되는 것을 개탄慨嘆하고, 교경敎經을 편찬하기에 전력專力하기로 뜻을 정하였다. 을축년(1925) 9월에 청음은 경성京城에서 김형렬金亨烈을 만나 그 뜻을 말하여 찬동을 얻고, 곧 전북全北 김제군金堤郡 수류면水流面 금산리金山里 용화동龍華洞으로 이거移居한 뒤에, 날마다 형렬을 방문하여 대성大聖께서 재세시在世時에 말씀하신 바와 행하신 바를 직접 들은 대로 또는 본대로 자세히 강화講話하여 주기를 청하여 낱낱이 필기하였다. 그러나 이것도 쉬운 일이 아니었다. 형렬이 이미 늙었고, 또 수십 년을 지내버린 옛일이므로 잊어버린 일이 많아서 대번에 조리있게 강화할 수가 없었다. 그러므로 형렬의 기억이 회복되는 대로 하루에 한두 절節씩 혹은 며칠 만에 한두 절씩 필기하게 되었다. 이리하여 병인년(1926) 7월에 형렬에게 필기한 것과 전에 차경석에게서 들은 바를 보태어 증산천사공사기甑山天師公事記라는 교경敎經을 간행하였다. …[4]

이상호는 1925년 9월에 서울에서 김형렬을 처음으로 만나 경전편찬의 필요성을 간곡하게 말했다. 이에 김형렬이 선선히 응락했다. 이상호는 서둘러 김형렬이 살던 곳의 인근 지역에 있는 전북 김제군 금산리 용화동으로 이사한 다음 매일 그를 찾아가 증산이 세상에 살아있을 때의 언행言行에 대해 자세히 물어 모조리 기록하기 시작했다. 그러나 벌써 25년이 지난 일에 대한 김형렬의 기억이 회복되기를 기다리며 경전편찬 작업은 더디고 어렵게 이어졌다. 이상호는 조금씩이나마 증산에 관한 이야기가 모이자 7개월만인 1926년 3월에 비로소 증산교단

4 전경현, 『범증산종단사』 하권, 2019, 12쪽.

최초의 경전인 『증산천사공사기』를 발행하였다.

신비하고 단편적인 '이야기'로만 전하던 증산의 생애와 가르침이 드디어 세상에 공식적인 '기록'으로 남게 된 것이다. 자칫하면 한갓 풍설風說으로만 머물렀을지도 모를 '증산甑山 이야기'가 이제 공개적으로 신뢰할만한 '증산에 대한 경전기록經典記錄'으로 정착되었던 것이다. 따라서 증산교단의 첫 경전인 『증산천사공사기』를 주도하고 기록을 모으고 편찬한 이상호의 공적은 길이 기억되어야 마땅하다.

3. 『증산천사공사기』의 주요 내용

『증산천사공사기』는 「서序」, 본문本文, 부록인 「천사天師의 이표異表」의 세 부분으로 이루어진 책이다. 이 장에서는 『증산천사공사기』의 주요 내용을 순서에 따라 연도별로 살펴보겠다.

1) 서序

『증산천사공사기』 서序의 전문은 아래와 같다.

弘惟我 天師, 以大巡之聖, 生乎先天世紀之末, 憂世哀民, 行天地公事, 去病解冤, 開天闢地, 肇定仙境之丕基, 遂啓永世太平之運, 蕩蕩乎不可以名矣. 終筆纔經十數年, 德化郵傳, 信衆水下, 早已至於數百萬之多. 而法言不傳, 聖跡無錄, 信者茫茫, 然無所依據, 只將片言隻行, 附會迷信邪說, 互相傳授, 冒瀆大道, 曷勝嘆哉! 余爲是憂不揣菲才, 蒐輯材科者, 五年于玆, 祗因任務多忙, 不得專事. 自是年七月, 廢除百事, 專力於廣搜慱采, 編成是書, 而有得於聖門上足金太雲, 車輪洪, 兩先生者多矣. 但是闕漏尙多, 序次有錯, 字句不工, 而自同道之士, 渴求者多, 不獲已姑, 付剞劂俟, 後日改正云爾.

天師 降生 五十五年 乙丑 十月

李祥昊 謹識

높고도 크시도다! 생각하건대 우리 천사天師께서는 대순大巡의 성인聖人으로서 선천先天 세기世紀의 말기末期에 태어나셔서, 세상을 근심하시고 백성을 가엾게 여기사, 천지공사天地公事를 행하시어, 거병去病하고 해원解冤하시고, 천지天地를 개벽開闢하셔서 선경仙境의 큰 바탕을 처음으로 정定하시어, 드디어 영원토록 태평(太平)한 운(運)을 여셨으니, 그 광대함을 무어라 이름할 수 없도다.

(천지공사를 행하시는) 붓을 놓으신 지 불과 십 수 년이 지났건만 〈천사天師의〉 덕화德化가 연달아 전해져서 믿는 무리가 물이 아래로 흐르듯 하여 일찍이 수백만 명을 헤아리게 되었도다. 그러나 (천사의) 법언法言은 전하지 않고, 성聖스러운 행적도 기록이 없어서 믿는 자들이 아득한 가운데 의지할 바가 없었기 때문에, 다만 몇 마디의 말과 간단한 행적만 얻어듣고 견강부회牽强附會하여 미신과 삿된 이야기만 서로 주고받아서 대도大道를 모독할 뿐이니 어찌 슬픔을 이길 수 있겠는가!

내가 이러한 근심을 풀기 위해 천박한 재주를 돌보지 않고 재료들을 수집하기를 지금까지 5년에 이르렀으나 맡은 바 일이 많고 무척 바빠 이 일에만 몰두할 수 없었던 형편이었노라. 그러던 중 금년 7월부터는 모든 일을 제쳐두고 오로지 이 책을 편찬하기 위해 널리 자료를 찾고 채록하기에 전력을 다하였다. 여기에는 성문聖門의 상족上足인 김태운金太雲, 차윤홍車輪洪 두 분 선생님의 수고가 많으셨다. 그러나 아직 빠지고 누락된 부분이 많으며, 차례에도 착오가 있고, 자구字句도 정밀하지 못하지만, 도를 함께 닦는 사람들 가운데 〈경전經典을〉 갈구하는 자가 많아서 부득이 임시로 인쇄에 부치고 후일에 개정하기를 약속하노라.

천사天師 강생降生 55년 을축년(1925) 10월에
이상호가 삼가 쓰노라.

먼저 이상호는 증산을 '대순大巡의 성인聖人'으로 규정한다. 천하를 크게 순수巡狩, 즉 "왕이 나라 안을 두루 살피며 돌아다니던 일"에 버금갈 정도로 세상을 둘러보는 과업을 행하신 성聖스러운 인물이라고 밝힌 것이다. 이는 증산이 일반적인 보통의 인물이 아니라 신비한 존재라는 점을 강조한 말이다. 증산이 속俗된 인물이 아니라 성聖의 세계에 속한 위대한 존재임을 선언한 셈이다.

그리고 이상호는 증산이 태어난 때가 "선천先天 세기世紀의 말기末期"라고 주장한다. 선천은 낡은 시대요, 지나간 시대요, 과거의 시대다. 선천은 새 시대, 다가올 시대, 미래세未來世를 뜻하는 후천後天과 대비되어 상반되는 짝을 이루는 용어다. 선천이 끝나면 후천이 시작된다. 따라서 선천이 막을 내리고 바야흐로 새 세상인 후천이 전개될 중요한 전환점이 되는 시점에 증산이 이 세상에 태어났다고 강조하는 것이다. 변혁이 필요하고 절대적으로 요청되는 최적의 '터닝 포인트'에 증산이 세상에 태어났다는 사실을 표현하였다.

이어서 이상호는 증산이 선천 말기의 병든 세상을 근심하시고 말세를 살아가는 백성을 가엾게 여기사 '천지공사天地公事'를 행하셨다고 밝혔다. 여기에는 증산이 '하늘과 땅의 원리와 질서를 뜯어고치는 공적公的인 일'을 집행했다는 믿음이 반영되었다. '천지공사'라는 그 이전의 역사에서는 전혀 찾아볼 수 없었던 새롭고도 독창적인 용어가 비롯하는 역사적 순간이다. 이처럼 이상호가 '천지공사'라는 용어로 증산의 일생을 규정한 일은 후대의 증산교단의 열렬한 믿음을 유발하기에 이르렀다. 바야흐로 증산이 '하늘과 땅을 근원적으로 개혁하시는 하느님'으로 믿어지게 된 결정적인 계기가 마련되었다.

또 이상호는 거병去病, 해원解冤, 개벽開闢을 증산이 주창한 숭고한 이념들이라고 강조한다. 증산이 병든 세상을 고치고, 온갖 원한을 풀어 없애고, 낡은 천지를 새롭게 여는 일을 위한 이상적인 생각들을 집약하였다는 주장이다. 이러한 이상호의 정리는 후대의 증산교단에도 거의 그대로 계승되어 보다 발전적으로 전개되었다. 후대에는 이들 이념에 상생相生과 보은報恩이 추가되었을 따름이다.

나아가 이상호는 거병, 해원, 개벽의 이념으로 증산이 "선경仙境의 큰 바탕을 처음으로 정하셨다."라고 선언하였다. 이념의 최종 목적이자 목표가 바로 '신선들이 모여 사는 세상'처럼 이 세상을 변화시키는 것이다. 지금껏 신선의 세계는 그저 바라만 볼 수밖에 없는 접근이 허락되지 않았던 이상세계였을 뿐이다. 그런데 증산은 '신선 세상'은 가능하다고 선포하고, 이를 실제로 이루기 위해 자신의 종교적 구상과 포부를 밝혔다. 그리고 이 대목에서 강조되는 바는 '처음으로 정한다.'라는 말이다. 증산 이전에는 그 어떤 인물도 '신선 세상'을 실현하는 일에 나서지 않았고, 그를 위한 시도조차 하지 않았다는 평가다. 그런데 이제 증산이라는 위대한 인물이 태어나 바야흐로 그 일을 처음으로 시작했다는 주장과 강조다.

또 이상호는 증산의 천지공사가 가진 '영원토록 태평한 운의 광대함'을 언급하였다. 증산이 천지공사를 통해 이룩할 '신선 세상'은 영원히 계속된다고 표현될 정도로 장구長久할 것이며, 그 '신선 세상'은 태평하기가 짝이 없을 것이며, 그러한 천지공사의 규모는 매우 광대하다고 찬탄했다.

증산이 천지공사를 마치고 다시 천상天上으로 돌아간 지 불과 15년 만인 1924년 무렵에는 증산을 따르는 무리가 무려 수백만 명에 이르는 기적과 같은 일이 일어났다. 이는 증산이 품었던 덕德의 마땅한 결과가 틀림없다. 그럼에도 불구하고 증산의 말씀과 행적에 대해서는 '기록'이 없기 때문에 풍설이나 소문으로만 그 신이神異한 점이 강조되어 혼란스럽게 전달되는 실정이다. 그 결과 미신迷信만 조장하고 삿된 이야기만 드러나서 증산의 올바른 도道를 모독하기만 했을 따름이었다.

이상호는 바로 이러한 위급한 상황을 타개하기 위해 자신이 직접 나서서 천박한 식견과 재주를 무릅쓰고 증산의 언행에 관한 자료들을 모으기 시작한 지 벌써 5년이나 지났다고 지난 날을 회고한다. 이 기록을 통해 이상호가 증산에 관한 이야기를 수집한 때는 1920년부터였다는 사실을 알 수 있다. 이상호는 증산의 언행에 대한 경전을 만들자고 차경석에게 권유한 1924년 이전인 1920년 무렵부터 이미 관련 자료의 수집에 관심을 두고 모으기 시작했던 것이다. 당시는 이상호가 보천교의 서방주西方主로서 매우 바쁜 일정을 소화할 때였으며, 하부조직을 만들기 위해 노력하던 때였다. 조직이 확대될수록 경전의 필요성이 더욱 대두되었던 당시의 사정이 짐작되는 이상호의 회고담이다.

그러다가 이상호는 을축년(1925) 7월부터 만사를 제쳐두고 오로지 경전편찬을 위해 몰두하였다. 이상호는 이 일에는 김형렬과 차경석의 수고가 매우 많았다고 분명히 밝혔다. 태운太雲은 김형렬의 자字이고, 윤홍輪洪은 차경석의 본명이다. 요컨대 『증산천사공사기』의 탄생에는 김형렬과 차경석의 기억과 구술이 거의 전적으로 도움이 되었다고 분명하게 언급한 것이다. 그리고 이상호는 『증산천사공사기』는 불완전하고 미완성의 책이라서 송구스럽다고 말한다. 증산의 법언法言과 성적聖蹟에는 미치지 못하는 점이 많으며, 더욱이 빠진 부분이 많을 것이 분명하며, 연도별로 수록한 기록들의 차례도 어긋난 점이 많고, 표현한 글자나 구절도 세밀하게 다듬지 못했다고 미안함을 표현하였다. 그렇지만 증산에 관한 기록들이 하루빨리 출간되기를 손꼽아 기다리는 도우道友들의 간절한 염원과 바람을 마냥 외면하고 있을 수만은 없어서 할 수 없이 임시로나마 상재上梓하고 훗날 반드시 고칠 것을 약속한다고 서문序文을 마무리하였다.

이상호가 『증산천사공사기』의 「서序」를 쓴 일자는 '천사天師 강생降生 55년 을축년(1925) 10월'이다. 이상호는 증산이 태어난 해인 1871년으로부터 55년이 지난 해인 1925년 10월에 이르러 책의 편찬작업을 마무리하고 「서序」를 적었다. 이 대목을 미루어볼 때 이상호는 1925년 10월 무렵에 『증산천사공사기』의 원고를 마감한 다음 출판사를 두루 찾아보다가, 이듬해인 1926년 3월에 비로소 상생사相生社의 이름으로 책을 발행했음을 알 수 있다.

2) 대각 이전의 기록

증산의 생애는 그의 대각大覺 이전과 이후로 크게 나누어 볼 수 있다. 도道를 크게 깨달았다는 시점이 지나야 비로소 증산의 삶은 천지공사天地公事를 집행하는 공적公的인 생애로 성화聖化되는 것이다.

(1) 탄생

『증산천사공사기』에는 증산의 탄생에 대한 최초의 공식 기록을 다음과 같이 적고 있다.

> 天師의 姓은 姜, 諱 一淳, 字는 士玉이오 甑山은 그 號이니라. 父親의 諱는 興周요, 母親은 權氏라. 權氏가 庚午 九月 어느 날 밤에 한 꿈을 어덧스니, 하늘이 南北으로 갈나지며 큰 붉은 덩어리가 낫하나서 졈졈 나직하야 몸을 덥흠애 그 빗이 天下에 비나더라. 이로부터 잉태되야 十三朔을 지나 辛未 九月 十九日 子時에 全羅北道 古阜郡(今 井邑郡에 併合되

다) 西山里에서 天師가 誕降하시다. (1면)

먼저 증산을 천사天師라는 존호尊號로 부르고, 그의 성씨는 강씨姜氏요, 이름은 일순一淳이며, 자는 사옥士玉이라고 밝힌다. 그리고 증산의 아버지 이름은 강흥주이고, 어머니의 성씨는 권씨라고 적었다. 증산의 모친이 경오년(1870) 9월에 꿈을 꾸었는데, "하늘이 남과 북으로 갈라지며, 큰 붉은 덩어리가 나타나 점점 내려와 그녀의 몸을 덮으니, 그 빛이 천하에 빛났다."라는 내용이었다. 이처럼 예사롭지 않은 신비한 태몽을 꾼 후 13개월이 지난 신미년(1871) 9월 19일 자시에 전라북도 고부군 서산리에서 증산이 태어났다고 기록하였다.

일반인과 다른 점은 '13개월' 동안이나 태중에 있었다는 표현이다. 이처럼 유달리 긴 임신 기간을 상정한 것은 증산의 삶이 매우 특별할 것임을 암시하는 대목이다. 그리고 증산의 탄생을 '탄강誕降'이라고 표현하였다. '내려와서 태어났다.'라는 뜻인데, 아마도 하늘 저 높은 곳에서부터 지상인 이 땅으로 '내려온다.'라는 의미가 담겨 있는 용어일 것이다.

특별한 태몽, 긴 임신 기간, 탄강으로 표현된 신묘한 탄생 등이 증산의 탄생에 담겨 있는 핵심 키워드다. 성스러운 존재로 믿어질 증산은 보통의 일반인과 같이 태어나서는 안 되는 것이다. 무언가 의미가 있고 특별한 일들이 일어나야 보다 설득력이 있는 것이다. 이어지는 기록에서는 부친의 꿈 이야기가 실려 있는데, "하늘에서 두 선녀仙女가 내려와 산모產母를 보살펴 주었다."는 내용이다. 또 증산이 태어날 무렵에 "이상한 향기가 집에 가득하고, 밝은 기운이 집을 두르고 하늘에 뻗쳐 7일 동안 흩어지지 않았다."라고 했다.

(2) 성장기

증산이 성장하는 과정에 일어난 이야기는 다음과 같이 알려졌다.

> 天師께서 어려서부터 好生하는 德이 만흐사, 나무 심으시기를 됴와하시며, 비록 昆虫微物이라도 傷害치 안으실 쌘더러, 或 위태한데 다달은 물건을 보시면 힘을 다하야 구원하시다. (1면)

증산은 어릴 때부터 '호생好生하는 덕德'이 많았다고 전한다. 살아있는 것을 사랑하고 위해주는 마음이 무척 강하고 풍부했다는 말이다. 이러한 그의 심성은 나무 심기, 미물곤충을 해치지 않기, 위기에 처한 생명을 보면 힘껏 구해주는 일 등으로 표현되었다. 이러한 어린 증산의 '삶을 사랑하고 살아있는 것을 돌봐주고 아껴주는 마음씨'는 그가 성장한 후에도 그대로 이어졌다는 의미가 내포되어 있다. 훗날 증산이 제생의세濟生醫世의 크나 큰 포부로 뭇 생명을 살리는 위대한 종교적 행위를 행할 수 있었던 기본적인 심성을 이미 어릴 때부터 길러왔다고 설명되는 대목이다.

(3) 학업기

어린 증산은 여섯 살부터 학업을 시작했다고 전한다.

> 六歲에 비로소 書塾에 들어 漢文을 배우섯는데, 한 번 배운 것을 믄득 깨달아 스승의 익혀 가라침을 기다리지 아니하시다. (1~2면)

증산은 보통의 아이들처럼 서당에 들어가 한문을 배우기 시작한다. 그런데 증산은 신통하게도 한 번 배운 것은 '문득 깨달았다.'라고 전할 정도로 매우 총명했다. 따라서 증산은 여느 아이들과 같이 "스승의 가르침을 기다리지 않았다."라고 한다. 서당의 훈장님이 하시는 말씀과 가르침을 기다리지 않아도 자득自得했다는 이 이야기는, 증산의 예사롭지 않음을 설명하고 강조하는 대목이다.

어린 증산의 총명함은 다음과 같은 심오한 뜻을 지닌 한시漢詩를 지을 능력을 갖추고 있었다는 이야기로 전개된다.

> 어려서부터 詩文에 能하사, 八九歲에 지으신 詩를 蒐錄하면,
>
> 運來重石何山遠, 粧得尺椎古木秋(砧杵吟) 霜心玄圃淸寒菊, 石骨靑山瘦落秋, 千里湖程孤棹遠, 萬方春氣一筐圓, 時節花明三月雨, 風流酒洗百年塵, 風霜閱歷誰知己, 湖雲浮遊我得顔, 驅情萬里山河友, 供德千門日月妻. (編者註 이 幾句 詩는 散失한 것을 蒐集한 것임으로 各 詩題는 未詳함)

위 인용문의 한시를 거칠게 풀이하면 다음과 같다.

> 무거운 돌을 운반해 옴에 어찌 산이 멀리 있다 하리오?
>
> 잘 깍은 방망이로 세상을 다듬질하니, 고목이 서 있는 가을이로다. (다듬잇돌과 다듬이방망이를 읊음)
>
> 서리 내린 현포玄圃에[5] 핀 맑고 찬 한 송이 국화여!
>
> 바위가 드러난 청산靑山은 쓸쓸히 낙엽이 진 가을이로구나!
>
> 천 리나 되는 호숫길에는 외로운 배 질이 아득히 멀고,
>
> 온 천하의 봄 기운이 한 광주리에 가득하구나!
>
> 철에 따라 밝게 피는 저 꽃은 삼월에 내리는 비에 젖고,
>
> 풍류 넘치는 술로는 백 년 동안 쌓인 티끌을 씻어내는도다.

---

5 현포는 곤륜산 정상에 있는 신선이 산다는 곳이다.

만고의 풍상을 겪은 나를 그 누가 능히 알 수 있으랴?

호수에 떠 있는 구름처럼 떠서 노니니 내 얼굴이 드러나네.

정情을 만리萬里나 모니 산과 강이 나의 벗이 되고,

덕德을 천문千門에 베푸니 해와 달이 나의 짝이 되는도다.

자세한 뜻은 알기가 어렵지만 심오한 감정이 깃든 멋진 시詩가 분명하다. 어린 증산이 이런 시를 지었다고 알려질 만큼 매우 뛰어난 수학修學 능력을 갖추었다는 점을 강조하는 대목이다. 그러나 증산이 이처럼 난해한 한시를 어릴 때 지었다는 전언을 그대로 받아들이기는 어렵다. 어쨌든 이 대목은 증산이 어릴 때부터 매우 출중한 인물이었음을 강조하는 구절이다.

이 외에도 『증산천사공사기』에는 증산이 어릴 때 지었다는 다음과 같은 한시도 수록되어 있다.

金屋瓊房視逆旅, 石門苔壁儉爲師. 絲桐蕉尾誰能解, 竹管絃心自不離. 匏落曉星霜可履, 土墻春柳日相隨. 革援瓮畢有何益, 木耟耕牛宜養頤. (此詩도 또한 少詩에 지으신 글임으로 써 記載함) (2면)

금으로 만든 집과 경옥으로 만든 방을 잠시 머물렀다 가는 여관처럼 보고,

돌로 만든 문과 이끼 낀 벽의 검소한 삶을 본받으라.

거문고와 초미금蕉尾琴[6] 소리를 뉘라서 능히 해석하리오마는,

6 후한後漢 때 오회吳會 지방에 사는 어떤 사람이 오동나무를 태워 밥을 짓고 있었다. 지나가던 채옹蔡邕이 그 나무가 불에 타는 소리를 듣고 훌륭한 재목材木임을 알아보고, 타다가 남은 것을 얻어서 거문고를 만들었더니 과연 아름다운 소리가 났다. 이 거문고의 끝이 불에 탔기 때문에 초미금이라고 불렀다.

피리와 거문고 소리는 자연스레 어우러지는구나.
별이 지고 샛별이 뜨면 서리를 밟고 갈 수 있고,
흙 담장에 늘어진 봄 버들은 날이 갈수록 서로 가까워지네.
마원馬援[7]과 필탁畢卓[8]의 고사가 무슨 이익이 있으리오?
나무 보습과 밭 가는 소로써 마땅히 기를 것을 기르리라.

그런데 이 시의 구절에 나오는 첫 글자인 금金, 석石, 사絲, 죽竹, 포匏, 토土, 혁革, 목木은 여덟 가지의 악기인 팔음八音이며, 마지막 글자인 려旅, 사師, 해解, 리離, 리履, 수隨, 익益, 이頤는 주역周易의 육십사괘六十四卦에 나오는 괘명卦名이다.

과연 이처럼 난해하고 복잡한 형식을 맞춘 한시를 어린 증산이 지을 수 있었을까? 역사적 사실로서가 아니라 종교적 진실로 이해해야 하는 문제다. 실제로 그런 일이 있었는가가 중요하지 않고, 그러한 일이 있었을 가능성이 크다는 믿음이 존재한다는 사실은 분명히 있다는 의미다. 증산은 어릴 때부터 어려운 한시도 척척 지을 수 있는 천부적 재능을 타고났던 인물이라는 주장을 강조하기 위해 만든 포석으로 보이는 대목이다.

(4) 작호作號

증산이 증산이라는 자호自號를 지은 근거는 다음과 같다.

---

7 후한後漢 광무제光武帝 때의 명장으로 제후로 봉해졌지만, 다시 국경으로 가면서 "대장부는 마땅히 싸움터에서 죽어 말가죽으로 시체를 싸서 돌아와 장사지낼 뿐이다."라는 말을 남겼다. 마원은 어느 곳에 있든지 자기가 맡은 직분에 충실하다는 명성을 남겼다.

8 진晉나라 때 필탁은 밤에 자기가 맡아 다스리던 양조장에서 독째로 술을 훔쳐 먹었다는 야사를 남길 정도로 술과 풍류로 널리 이름을 남긴 인물이다.

西山里로부터 同郡 優德面 客望理에 移居하사, 집 뒤에 실우산이 잇슴으로, 甑山이라 號하시다. (2면)

증산은 어릴 때 서산리에서 객망리로 이사했다. 이 객망리의 뒷산 이름이 바로 '시루산'이었다. '시루산'은 한자로 바꾸면 '증산甑山'이 된다. 증산은 자신의 호를 자기가 살던 뒷산의 이름에서 따왔다. 그런데 '시루산'이라는 산 이름은 전국적으로 상당히 많이 있다. 산의 모양이 마치 시루를 엎어놓은 듯한 평범한 산에는 어김없이 '시루산'이라는 산명山名이 붙기 마련이다. 따라서 '시루산'이라는 호를 지을 개연성은 충분히 많은 편이다. 물론 증산이라는 호를 사용한 사람은 강일순 이전에는 기록상으로 없다. 어쨌든 '시루산'은 높지도 않고 그리 아름다운 산에 붙이는 이름도 아닌 그저 평범한 산 이름일 따름이다. 아마도 증산이 그 평범함을 높이 취하여 자신의 호로 삼았는지도 모를 일이다.

그런데 『증산천사공사기』가 시간이 흘러 종교적 경전 형태로 편찬된 『대순전경』에는 이 구절이 빠져 있다. 증산이 특별하고 신비한 인물이라는 믿음이 널리 퍼지기에 이르자 그의 호號도 무언가 특별한 의미가 있는 것으로 홍보되어야 했을 것이다. 바로 이러한 맥락에서 증산이 자신의 아호雅號를 자기가 살던 뒷산의 이름에서 따왔다는 평범함은 거부되어야 했으리라. 증산의 '증甑'은 기존의 세상에 있었던 모든 사상과 이념을 용광로에 넣어 그 진액津液을 짜 모은다는 뜻의 '시루증甑'으로 의미의 확장이 요구되었다. 이름과 글자에는 나름대로 숨겨진 참된 의미가 있으며, 그를 반영하여 새로운 존재의 가치가 결정된다는 믿음이 반영되었기 때문에 『대순전경』에는 위 인용문의 내용이 생략되었던 것이 분명하다. 평범하고 일상적인 것을 거부하는 차원에서 이러한 결정이 내려졌던 것으로 짐작된다.

어쨌든 증산은 살던 집의 뒷산 이름을 취해 자신의 호를 결정했다.

따라서 증산의 호에는 평범, 일상, 속俗됨, 작고 보잘것없음, 순박함 등의 의미가 깃들어 있다. 일상과 벗어나고 동떨어진 신성神性을 거부하는 차원에서 증산의 삶의 대국적인 방향이 정해졌던 것이리라. 평범 속의 비범, 일상의 승화昇化, 속俗의 성화聖化, 작은 것의 위대함, 순박함에서 발견하는 오묘함 등이 바로 증산이 추구한 진정한 가치이자 이념이 아닐까? 증산이라는 호에는 이처럼 많은 의미가 숨어 있다. 그런데 이러한 작고 소박한 진실이 묻히고 조직의 논리와 규모의 형식으로 재단되고 풀이된 독단적이고 자의적인 해석으로 일관하는 일은 경직된 것은 아닐까? 종교 교단의 독선적이고 고착된 인식과 이해에서 내려지는 증산이라는 호에 대한 설명과 해석은 반성을 통해 재고해야 하겠다. 애초에 『증산천사공사기』에서 내려진 최초의 기록이 추구한 의미 해석이 지닌 고유한 가치가 분명히 있을 것이다.

(5) 고난기

뛰어난 재능을 가진 어린 증산은 학업을 계속 진행할 수가 없었다. 집안이 무척 가난해서 학업을 계속하는 일이 형편상 허락되지 않았다.

> 元來 집이 가난하야 十四五歲에 學業을 中止하시고, 四方에 周遊하사, 井邑郡 笠岩面 巨沙幕에서 남의 머슴이 디야 보리를 거두신 일이 잇스며, 長城郡 白羊寺 附近 扶餘谷에서 나무 버이신 일도 이스니라, (2~3면)

14~15세 무렵에 증산은 학업을 그만둘 수밖에 없었다. 집안의 경제적 여건이 학업을 계속할 수 없게 만들었기 때문이다. 생계를 이어가기 위해 증산은 사방으로 돌아다녀야 했다. 급기야 증산은 정읍군 입암면 거사막에서 남의 집 머슴이 되었다. 어린 증산은 남의 집 머슴살이로 고된 노동을 할 수밖에 없었다. 또 어린 증산은 장성군 백양사

인근에 있는 부여곡에서 나무꾼 생활도 했다. 머슴살이와 나무꾼 생활이 당시 어린 증산이 처했던 암울하고 어려운 현실이었다. 증산은 자신이 지닌 천부의 재능을 펼칠 기회를 박탈당한 채 남의 비위를 맞추며 입에 풀칠을 하기도 바빴던 시절을 보내야 했다.

그런데 『증산천사공사기』의 이 구절도 『대순전경』에 이르면 빠진다. 단순히 먹고 살기 위해 노동해야 했던 어린 시절 증산의 모습이 사라진 것이다. 위대하고 신비한 인물인 증산이 오로지 생계를 위해서 머슴과 나무꾼이 되어야 했다는 사실을 받아들이기 힘들었기 때문이리라. 이러한 맥락에서 증산의 어릴 적 일화는 좀 더 신비한 면모가 드러나는 방향으로 풍부해진다. 어쨌든 증산의 행적에 관한 최초의 기록인 『증산천사공사기』의 자료가 가지는 애초의 의미가 더욱 진솔하다고 할 수 있을 것이다. 어려운 가정 형편 때문에 머슴과 나무꾼 노릇을 했던 어린 증산의 고뇌에 찬 모습을 선뜻 받아들일 수 있을 때, 비로소 우리는 허심탄회한 증산의 얼굴을 바르게 바라볼 수 있지 않을까? 가난이 죄는 아니다. 가난을 억지로 덮으려는 심보와 속셈이 역겨울 뿐이다. 증산의 가난은 그의 신비한 언행과 어울리지 않는 것이 아니다. 이러한 기록들에 대한 재해석을 통해 증산의 참모습이 제대로 드러나야 하겠다. 증산의 가난은 부끄럽지 않다. 그가 무척 어려운 상황에서도 훌륭한 인격을 지닌 위대한 인물로 성장했다는 사실이 중요한 것이다.

(6) 결혼과 직업

증산의 결혼 사실은 그에게 처남妻男이 있다는 사실에서 간접적으로 드러난다.

> 二十四歲(甲午)에 金溝郡 草處面 內住洞 鄭南基(天師의 妻弟)의 집에 書

塾을 設하시고, 그 아우 永學과 이웃 學徒를 모와 한문을 가라치시니, 그 가라치심이 師道에 마자 頌聲이 놉흐니라. (3면)

증산의 나이 24세 때인 갑오년(1894)에 일어난 일이다. 증산은 금구군 초처면 내주동에 있던 처가妻家에서 서당을 열었다. 아마도 그가 결혼한 것은 그 이전의 일이 분명하다. 증산이 정치순鄭治順(1880~1928)[9]과 결혼한 것은 그녀가 태어나고 자랐던 김제군 봉동면 내광리에서 증산이 훈학訓學, 즉 글방에서 아이들에게 글을 가르친 일이 인연이 되었기 때문이라는 전언이 있다.[10] 이와 관련하여 증산이 21세 되던 신묘년(1891)에 결혼했다는 이야기가 전한다.[11] 이러한 기록을 살펴보면 증산은 1891년 무렵부터는 서당에서 아이들을 가르쳤고, 그 인연으로 그 마을에 살던 정치순과 결혼했던 것으로 짐작된다. 증산이 아이들에게 한문을 가르치는 방식이 법도에 맞아 칭송하는 소리가 높았다는 기록을 볼 때, 증산의 교육방법이 훌륭했고 그에게 글을 배우고자 찾는 아이들이 많았음을 짐작할 수 있다. 증산이 생계 유지방법으로 선택한 방법은 '글을 가르치는 일'이었고, 처가의 신세를 많이 받았던 사실을 알 수 있는 대목이다.

(7) 전환기

증산이 결혼한 후 처가 집에 서당을 열고 비교적 안락한 생활을 잠

---

9 「제적등본」에 의해 그녀의 이름이 밝혀졌는데, 여기에는 1876년생으로 적혀 있다.

10 김낙원, 『용화전경龍華典經』, 용화교향도회, 1972, 157쪽.

11 김병철, 『중화경中和經』, 증산법종교, 1955, 1~2면. 오목향이 지은 『영원한 합창』에는 "열다섯 살 난 증산 소년은 함박눈이 펑펑 쏟아지는 날 겨울에 내주평 정씨 문중으로 장가를 들었다."라고 적었지만, 소설 형식의 글이라서 신빙성이 부족하다. 그리고 『증산천사공사기』에 따르면 증산이 14~15세 무렵에는 머슴살이와 나무꾼 노릇을 했던 시기이다.

시나마 누렸다. 그러나 얼마 지나지 않아 인근 고을인 고부古阜에서 이른바 엄청난 '난리'가 일어났다.

> 이 해에 古阜人 全琫準이 東學黨을 모아 兵을 들어 時政을 反抗하니, 一世가 洶動되는지라. 이때에 金溝人 金亨烈이 天師의 聲譽를 듯고 와 뵈운 후, 當時의 騷亂을 避하야 靜寂한 곳에 가서 함께 글 닑기를 請함으로, 書塾을 廢址하시고, 全州郡 雨林面 銅谷 後山 學仙菴에 가셧다가, 그곳도 煩擾함으로 물너가시다. (3면)

훗날 동학농민혁명으로 규정되는 '동학당의 난리'가 증산이 서당을 차린 지 얼마 지나지 않아 발생했다. "온 세상이 흉흉하게 움직였다." 라고 표현될 정도로 그 난리의 여파는 매우 심각한 영향을 끼쳤다.

이때 증산을 찾아온 사람이 바로 김형렬金亨烈이었다. 그는 자기 아들을 증산이 차린 서당에 보내 글을 배우게 했던 일을 인연으로 증산을 찾아왔다. 물론 『대순전경』에는 증산이 도道를 깨친 이후의 시점인 1902년에 증산과 김형렬의 만남이 있었다고 기록한다. 『증산천사공사기』의 이 기록은 분명히 김형렬의 기억에 의한 것일 텐데, 만난 시기가 많이 차이가 난다.

어쨌든 위의 인용문을 보면 증산은 동학의 난리를 세상을 어지럽게 하는 사건으로 평가하며, 소극적인 태도로 피하기에 바빴음을 알 수 있다. 조용한 곳을 찾아 글 읽기에 몰두하기 위해 증산은 서당을 폐쇄하고, 전주 우림면 동곡 뒷산에 있는 학선암으로 갔다. 그렇지만 학선암도 소란스러워지자 증산은 그곳을 떠났다.

(8) 신비한 꿈이야기

증산은 1894년 5월에 신비한 꿈을 꾸었다고 전한다.

이 해 五月 어느 날 밤 숨에 한 老人이 와서 告하야 曰, 나는 後天眞人이라 하며, 天地玄機와 世界大勢를 秘論한 일이 잇스니라. (3면)

증산의 꿈에 나타난 어떤 노인은 자신의 신분을 후천진인後天眞人이라고 밝혔다. 후천後天은 동학에서 개괄적으로 처음 언급된 이후 증산 교단에 이르면 명확하게 그 용어가 정착된다. 이후 후천은 한국 신종교의 거의 모든 교단에서 다가올 이상적인 새 세상을 뜻하는 용어로 정착된다. 그리고 진인眞人은 조선朝鮮 후기부터 자주 언급되는 세상을 구원하여 새로운 왕국을 세울 인물로 여겨지는 이상적 존재를 가리키는 용어다. 이 진인이 남조선南朝鮮에서 곧 출현할 것이라는 이른바 진인출현설眞人出現說은 조선 후기 예언사상사豫言思想史의 핵심 가운데 하나다. 고통받고 억압받는 민중을 구제하기 위해 남쪽 조선 땅에서 나타난다고 믿어지는 진인眞人은 당시 사람들의 가슴에 환희와 희망으로 각인되었고, 거의 모든 반란과 역모 사건에도 빠지지 않고 등장하는 단골 소재가 되었다.[12] 따라서 '후천진인'은 후천을 이루기 위해 노력하는 참 인간 또는 후천을 주도하는 구원자다.

바로 이 후천진인이 증산의 꿈에 나타나 "천지의 오묘한 기틀과 세계의 정세 변화를 은밀하게 논의했다."라는 것이다. 후천진인은 그 실존 여부와는 상관없이 많은 이들이 마음속에 고대했던 이상적 인물 또는 이상적 인격을 지닌 존재다. 어쨌든 위의 인용문은 후천이라는 이상사회를 실현하려는 존재가 젊은 증산의 꿈에 나타나 그와 함께 천하대세를 논의했다고 강조한 대목이다. 꿈을 빌어 증산의 위대함과 신비

---

12 조선의 진인출현설이 성립되고 전개되는 과정은 김탁, 『조선의 예언사상』 상 · 하(북코리아, 2016)를 참고하고, 진인출현설이 일제강점기에 국권회복운동의 일환으로 변화하는 과정은 김탁, 『일제강점기의 예언사상』(북코리아, 2019)을 참고하시오.

성을 보장받으려는 시도로 평가할 수 있겠다. 실제적 사건으로 현실에서 일어난 일이 아니라, 잠든 사이에 꾸는 꿈을 통해 한 인물의 신성함을 강조했다. 증산이 실제로 그러한 꿈을 꾸었는지는 지금으로서는 알 길이 전혀 없다. 그렇지만 증산이 꿈에서나마 후천後天을 이루기 위해 애쓰는 신성한 존재와 만나 흉금을 터놓고 의견을 나누었다고 믿어지는 종교적 진실이 후대에 계승되었음은 분명한 역사적 사실이다. 증산의 신이함이 부각되고 이후 일어나는 증산의 삶의 역사가 전적으로 후천이라는 이상을 실현하려는 몸짓이었음이 강조된 부분이다.

(9) 동학의 실패를 예언

증산은 1894년 7월에 이미 옛날의 한시漢詩 한 구절을 생각해내어 동학운동이 결국은 실패할 것이라고 예언했다고 전한다.

> 이 해 七月 어느 날 밤에 燭을 발키지 안코 홀로 안지사 元神을 默運하실 새, 믄득 「月月黑雁飛高, 單于夜遁逃」의 古詩가 불빗갓치 밝히 보임으로, 그 接句를 생각하니 곳 「欲將輕騎逐, 大雪滿弓刀」라. 因하야 東學黨이 雪期에 이르러 敗亡될 것을 깨달으시고, 모든 사람의게 東學에 들지 말나고 勸諭하셧더니, 이 해 겨울에 果然 東學黨이 官軍의게 敗滅되고, 天師의 勸諭에 服從한 者는 모다 禍難을 免하니라. 天師께서 慨然히 世道의 날로 그릇됨을 근심하사 匡救하실 뜻을 두시기는 이 해에 비롯하니라. (3~4면)

증산이 원신元神에 대해 고요히 묵상하다가 갑자기 한시漢詩 한 구절을 떠올렸다. 그 시는 당대唐代의 시인인 노륜盧綸이 지은 「화장복야새하곡和張僕射塞下曲」의 일부였다.[13] "그믐밤 기러기는 높이 나는데, 흉노의 추장은 멀리 달아나 숨어버렸네."라고 해석할 수 있는 이 구절의 대구對句는 "날쌘 기병 이끌고 쫓으려 하나, 눈이 흠뻑 내려 활과 칼을 덮어버렸네."였다. 증산은 이 시에 나오는 '대설大雪'에 주목하여 "동학의 무리가 눈이 오면 패망할 것이다."라고 예언했다고 전한다. 이후 증산은 주변 사람들에게 동학東學에 적극적으로 참가하지 말라고 권유했는데, 과연 그해 겨울이 되자 동학당이 관군에 의해 패멸되었다. 증산의 권유를 따른 사람들은 모두 화를 면했지만, 그렇지 않았던 사람들은 피해를 입었다는 이야기다. 증산이 한시漢詩라는 형식을 통해 미래를 예언했던 점이 주목된다. 그만큼 증산의 예지력이 매우 뛰어났다는 종교적 진실을 알리기 위한 장치로 보아야 할 것이다.

증산이 서당 훈장 노릇을 그만두고 인생의 항로를 과감히 바꾼 것은 동학혁명운동의 발발과 참혹한 실패라는 역사적 사건 때문이었다. 증산이 세상의 흐름이 날이 갈수록 그릇되는 일을 근심하여, 병든 세상을 고쳐 고난에 처한 사람들을 널리 구제할 뜻을 품은 계기가 바로 동학혁명운동의 발흥과 실패라는 사실이 명시되었다. 증산은 동학의 실패를 딛고 일어나 새로운 구원방법으로 새 종교운동과 사상운동을 펼치리라고 마음을 먹었다. 병들고 혼란스러운 천하를 구원할 새로운 운동을 일으킬 결심한 증산이 동학의 가르침과 동학혁명운동의 진행 과정을 탐구하고 반성하여 고찰하는 일에 몰두했음은 틀림없는 사실이다. 실패한 동학을 대신할 새로운 사상운동의 방향을 설정하고 그 일에 자신의 일생을 바칠 것을 다짐했던 것은 증산의 나이 24살 때의 일이었다. 열정으로 가득 한 젊은 영혼에게 있어서 동학東學의 발생과 실패가 가져다준 영향은 지대했을 것이다.

---

13 이에 대해서는 김탁, 『증산사상과 한국종교』(민속원, 2022)를 참고하시오.

(10) 다양한 독서와 방랑생활

청년 증산은 부인이 있는 고향 집을 떠나 기나긴 방랑길에 나선다. 이후 3년간에 걸친 증산의 유랑생활 가운데 그의 행적이 밝혀진 부분은 일부一夫 김항金恒(1826~1898)의 꿈 이야기와 남의 명리命理를 봐 주면서 생활했다는 내용만 전할 뿐이다.

① 독서와 주유천하周遊天下

정유년(1897)에 증산은 금구군 초처면 내주동에 있던 처가에 다시 서당을 열었다. 이때 증산의 친동생 강영학과 김형렬의 아들 김찬문을 비롯한 동네 아이들이 증산에게 배움을 청했다. 당시 증산은 서당 훈장 노릇에 진력하는 한편, 처가에서 소장하고 있던 많은 책을 광범위하게 읽었다고 전한다. 그가 주로 읽은 책은 "유불선음양참위"로 표현되는 종교사상과 관련된 서적들이었다. 유교儒敎, 불교佛敎, 선교仙敎, 역학易學, 비결서 및 예언서 등을 집중적으로 파고들었다. 동학을 대신할 새로운 사상체계를 세우기 위한 학문적 관심의 발로가 증산으로 하여금 우선 독서에 몰두하게 만들었다.

> 丁酉에 이르러 다시 鄭南基 집에 書塾을 設하시고, 아우 永學과 亨烈의 子 贊文과 그 이웃 學徒를 가라치시다. 이때 鄭氏의 所藏한 儒仙佛陰陽讖緯의 書籍을 通讀하신 後, 曰, 이것이 天下를 匡救함에 一助가 되리라 하시고, 품으신 뜻을 이루기 위하야, 이에 書塾을 폐하시고, 人心과 俗情을 삶히시랴고 四方에 周遊하시기로 發心하시고, 길을 떠나시다. (4면)

그렇지만 증산은 독서로만 만족할 수 없었다. 많은 서적을 몽땅 읽었지만, 여전히 그의 가슴에는 풀리지 않는 의문들이 켜켜이 남아 있었다. "천하를 널리 구원하는 일에 조그마한 도움은 되리라."라는 것이 증산의 최종 독후감이었다. 독서에 그치지 않고 증산은 "천하를 널리 구원하는 본격적인 일"을 하기 위해서 큰 결심을 하고 단호한 결단을 내렸다. "서당을 폐하고, 떠나는 일"이었다. 증산의 천하유력天下遊歷은 "인심과 일반 사람들의 마음 상태를 살피는 일"이 목적이었다. 뚜렷한 목적지도 없이 나선 증산의 방랑길은 그저 "사방을 두루 돌아다니는 일"이었다.

② 김일부의 꿈

그러나 증산의 천하를 두루 돌아다닌다는 큰 포부는 길을 떠난 바로 그 날에 심각한 어려움을 당한다. "행자行資", 즉 여행 경비가 없었던 것이다. 이에 증산이 택한 해결책은 그동안 책에서 배운 것을 써먹는 일이었다. 그것은 바로 남의 운명을 점치고, 사주팔자를 봐 주는 것이었다. 천하를 두루 돌아다니리라는 증산의 중대한 결심은 시작한 첫날부터 곤란을 겪었던 것이다. 어쨌든 증산은 익산군 이리를 거쳐 충청남도 강경을 둘러본 뒤, 공주로 향했다.

> 그날 밤에 益山郡 裡里에 이르사, 行資가 업슴으로 不得已 卜筮命理로써 行資를 求하시다. 이곳으로부터 忠淸南道 江景을 지나서 公州에 이르사, 香積山 金一夫의 詠歌舞蹈의 敎法을 觀察하셋는데, 이때 一夫의 쑴에 하늘로서 使者가 네려와 姜士玉과 함씌 玉京에 올나오라는 上帝의 命을 傳達함으로, 天師를 뫼시고 玉京에 올나가니, 珠樓金闕이 놉히 솟앗고, 曜雲殿이라 題額하얏스며, 使者를 싸라 殿內에 들어가서 上帝께 뵈우니, 上帝가 天師께 對하야 匡救天下의 뜻을 賞贊하며, 매우 優遇하셋다 하니라. 金一夫는 이로써 天師를 奇異히 생각하야 이 쑴을 말한 後 曜雲이란 號를 天師께 들인 일이 잇스니라. (4~5면)

증산이 공주로 행로를 정한 것은 아마도 향적산에 있었던 김일부金一夫에 대한 소문을 들었기 때문으로 짐작된다. 증산은 그곳에서 김일부의 가르침인 '영가무도의 교법'을 진지하게 '관찰'한다. 당시 27세였던 청년 증산이 72세에 이른 노년의 일부 김항을 만나 가르침을 청했다. 증산은 불과 며칠에 지나지 않았지만, 이때 김일부의 평생 역작인 '정역正易'에 관한 지적 관심을 불태웠을 것이다. 훗날 증산의 언행을 설명한 대목에 김일부의 『정역』에 나오는 한 구절이 인용되어 있고, 그 책에 나오는 짧은 시구詩句가 있다는 사실에서도 증산에 미친 김일부의 역학易學의 영향이 확인된다.

그런데 증산을 만난 그날 밤에 김일부 노인은 한 꿈을 얻는다. 하늘에서 사자使者가 내려와 증산과 함께 옥경玉京으로 올라오라는 상제上帝의 명이 있었다고 전했던 것이다. 사옥士玉은 증산의 자字이다. 어쨌든 김일부는 꿈에서 사자使者의 말을 좇아 증산과 함께 상제가 머무르신다는 하늘 궁전인 옥경으로 올라갔다고 한다.

> 珠樓金闕이 놉히 솟앗고, 曜雲殿이라 題額하얏스며, 使者를 따라 殿內에 들어가서 上帝께 뵈우니, 上帝가 天師께 對하야 匡救天下의 뜻을 賞贊하며, 매우 優遇하셋다 하니라. 金一夫는 이로써 天師를 奇異히 생각하야 이 꿈을 말한 後 曜雲이란 號를 天師께 들인 일이 잇스니라.

김일부가 꿈에서 증산과 함께 옥경에 도착하니, 화려한 궁궐이 높이 솟아있었는데, 요운전曜雲殿이라는 현판을 건 건물이었다. 사자使者를 따라 전각 안으로 들어간 김일부와 증산이 상제上帝께 예를 올렸다. 그러자 상제는 김일부에게는 특별한 말이 없었는데, 증산에게는 "천하를 널리 구원하려는 뜻을 지닌 사람"이라고 매우 칭찬하여 융숭한 대접을 했다는 것이다. 잠에서 깬 김일부는 증산이 예사롭지 않은 인물이라는 생각이 들어 그를 불러 그 꿈 이야기를 해준 다음, 꿈에서 보았던 요운전曜雲殿의 현판을 따서 '요운曜雲'이라는 호를 내렸다고 한다. 김일부가 과연 이러한 꿈을 실제로 꾸었는지의 여부와는 상관없이 증산이 비범하고 특별한 인물이라는 점이 강조된 대목이다. 증산은 옥경玉京에 사시는 상제上帝가 칭찬할 정도로 뛰어난 인물이라고 규정된 것이다. 김일부의 꿈을 빌어 증산의 가치가 극대화되었다.

③ 명리命理 비판批判

그렇지만 김일부와 증산의 만남은 불과 며칠 동안에 그쳤다. 훗날 한국 신종교의 역사에 큰 영향을 끼치는 위대한 인물들인 김일부와 증산의 극적인 만남은 짧은 시간 동안만 이어졌었을 따름이다. 여기서도 그 이유가 종교적인 갈등이나 사상적 다툼이 아니라 "증산에게 행자行資가 없었다."라는 매우 사소하고 단순한 경제적 곤란 때문이었다는 사실이 안타깝다.

> 數日을 머무신 후 行資가 업서 발 벗고 大通橋에 이르사, 한 書塾에 들니어 命理를 批判하시니, 그 聲名이 公州府中에 喧傳되야, 命을 뭇는 사람이 만히 모아와 그 神異한 批判을 敬服하더라. 八月 十五日의 佳節을 당하야, 모든 사람이 소를 宰하야 天師를 供養하니라. 그 後로 京畿, 黃海, 江原, 平安, 咸鏡, 慶尙, 各地로 遊歷하시다. (編者 = 右 各地로 遊歷하시든 때의 異跡은 未詳함으로 後日에 蒐輯하기로 하고 姑闕함) (5면)

이후 증산이 여행 경비를 마련하기 위해 선택한 방법 역시 남의 사주팔자를 봐주는 일이었다. 한 서당에 들어가 사람들의 사주팔자 봐주었던 증산의 이름은 공주 땅에 널리 퍼질 정도였다고 한다. 이에 사람들이 많이 모여와 증산에게 자신의 운명을 물었다. 이러한 증산의 점복 행위는 한가위를 맞아 사람들이 소를 잡아서 대접할 정도로 정확했다고 전한다. 증산의 점술이 매우 뛰어났다는 점이 확인되는 대목이다.

이후 증산은 경기도, 황해도, 강원도, 평안도, 함경도, 경상도 등지로 천하를 두루 돌아보는 일을 계속했다. 전 조선 땅에 걸쳐 증산의 발걸음이 지나갔다고 표현된 것이다. 아마도 이때에도 증산이 여행 경비를 조달하기 위해 남의 사주팔자를 봐주는 일을 했다고 짐작할 수 있다. 편찬자인 이상호도 각지로 유력하실 때의 '이적異跡'이라고 표현했다. 여기서 '이적'은 종교적 행위와 연관된 신비한 일이 아니라 명리命理를 비판批判하는 신묘함일 뿐이다.

그 후 증산이 전주全州에 이르자 그곳 사람들이 그를 '신인神人'으로 여겼다고 한다. 여기서도 '신인'이 어떤 종교적 신비함이나 감동을 주는 것이 아니라, 단순히 사주팔자를 잘 본다는 의미가 분명하다. 이는 이어지는 다음의 기록을 통해서도 확인되는 사실이다.

전주에서 어떤 사람이 기녀妓女 금희錦姬와 향춘香春 자매의 명命으로써 자기의 두 딸이라고 사칭하여 증산을 시험하자, 증산이 "왜 나를 속이느냐? 이는 창기娼妓의 운명이라."라고 대답하여 탄복하였다는 일화가 기록되어 있다. 기생의 이름이 명확하게 밝혀져 있어서 실제로 있었던 일이라는 점이 강조되었다. 그리고 이 일이 전주에서 있었다고 기록하여 당시 증산이 머물던 장소가 그의 고향 땅에서 그리 멀지 않는 곳이었음을 알 수 있다. 당시 증산은 아마도 상당히 긴 기간 동안 전주에서 오래 머물렀을 가능성이 높다.

(11) 환고향還故鄕

3년 동안의 오랜 방랑생활을 접고 증산은 마침내 고향 땅을 밟았다.

> 三年을 周遊하시다가 鄕第에 도라오사, 시루山에 祖母墓를 緬奉하시니

라. (6면)

증산은 고향에 도착하자마자 마을 뒷산으로 조모祖母의 묘墓를 옮겨 장례를 다시 지냈다. 면봉緬奉은 면례緬禮와 같은 말이며, 이장移葬한다는 뜻이다. 증산이 고향으로 돌아오는 즉시 할머니의 묘소를 이장했다는 구절의 정확한 의미를 파악하기는 쉽지 않다. 그가 사주팔자를 보는 일에 능했고, 점술占術에 밝았던 점을 고려할 때 아마도 풍수지리風水地理의 지식을 활용하여 할머니의 묘소를 이장하는 일에 앞장선 듯하다.

(12) 예지력 발휘

서른 살이 되던 경자년(1900)에 고향으로 돌아온 증산은 집에 머물지 않고, 김제와 전주 등지로 옮겨 다녔다. 한 군데 정착하지 못하고 남의 집을 전전하는 그의 방랑벽이 시작된 것이다. 이후 증산은 고향 집에는 잠시만 머물고 이곳저곳으로 떠돌아다녔다.

> 庚子에 北道로부터 도라와 金堤 半月里 金駿熙의 집에 머무시다가, 全州 伊東面 田龍里 李直夫의 집에 올마가시니, 이는 直夫의 父가 延聘함이러라. (6면)

위의 인용문에서 이직부가 자신의 집으로 증산을 초청했다고 한다. 초청의 이유는 바로 증산이 지닌 신이한 능력이었다. 그 '신이함'은 초월적이거나 종교적 권능에 의한 것이 아니라, 주로 앞일을 예측하는 능력에서 비롯된 것이었다.

이때 마을 훈장訓長 안모安某가 증산의 재주를 시험하고자 하니, 증산이 "주籌를 가지고 산算을 두사" 그 마을의 호수戶數와 남녀男女의 인구人口 수數를 자세히 말해주며, 3일 안으로 한 명이 없어질 것이라고 말했다. 이에 안모安某 훈장과 이직부가 이상히 여겨 그 동네의 호구戶口를 조사하니 한 치의 착오도 없었고, 과연 3일 안에 한 사람이 죽었다는 일화가 위의 인용문에 이어서 실려 있다. 증산이 점을 칠 때 사용하는 '산算가지'를 가지고 했던 일은 그 마을의 인구 수를 헤아리는 일이었으며, 3일 후에는 한 명이 죽을 것을 예측한 일이었다. 과연 증산의 말대로 정확한 마을의 인구가 밝혀졌고, 3일 후에 한 명이 죽어 그 정확함이 증명되었다. 어떤 특정인 한 사람의 운명을 점치는 행위를 벗어나 이제 증산은 한 마을 전체의 변화를 가늠하는 능력을 지닌 인물로 묘사되기 시작했다.

그리고 증산이 이직부를 데리고 전주에 가는 도중에 어떤 사람이 황급히 가는 것을 보고 "집으로 돌아가라. 그대가 혼사婚事 때문에 매파를 찾아가지만, 집에 찾아오는 매파를 만나지 못하면 허사가 되리라."라고 말해주었던 일도 적혀 있다. 이에 그 사람이 집으로 돌아가니 과연 어떤 매파가 와서 기다렸던 일이 있었고, 그 후에 그 사람이 증산을 찾아와 크게 감복感服했다는 기록이다. 이는 증산의 비상한 예지력을 설명하는 대목으로, '앞일을 미리 아는 능력'을 지닌 신이한 인물로 부각한 일이다.

3) 신축년(1901)의 기록

드디어 증산이 본격적인 수련에 들어가 마침내 "천지의 큰 도를 크게 깨달았다."라고 선포되었다.

> 辛丑年에 이르러 天師께서 從前의 알며 行한 바 모든 法術로는 세상을 건질 수 없다고 생각하사, 비로소 修道하시기로 發心하시고, 그해 二月에 全州 母岳山 後麓 大院寺에 들어가사, 幽寂한 七星閣에 홀로 게세서

사람의 出入을 禁하시고 閉門修道하사, 七月 大雨中 五龍噓風에 天地大道를 大覺하시다. 이때에 同寺 住持僧 朴錦谷이 모든 便宜를 보아 들이니라. (7면)

신축년(1901)은 증산의 생애에 있어서 극적인 전환을 이룬 의미깊은 해이다. 증산은 "이전에 알며 행한 바 모든 법술法術로는 세상을 건질 수 없다."라는 판단을 내린다. 여기서 "이전에 알고 행한 모든 법술"은 증산이 행했던 남의 명리命理를 판단해주거나 사주팔자四柱八字를 봐주었던 행동을 가리킨다. 그리고 어떤 마을의 인구 호수를 알거나 한 사람이 죽을 것을 미리 아는 행위나 특정인의 앞날을 조금 짐작하는 정도의 능력으로는 "세상을 건질 수 없다."라고 자각한 것이다. 이처럼 증산은 개인이나 소수 집단의 운명을 미리 아는 정도로는 도저히 이 세상의 고난과 위기를 이겨낼 수 없다는 냉정한 판단을 내렸다.

드디어 증산은 이러한 자신의 엄정한 판단을 바탕으로 삼아 "도道를 닦기로 마음을 낸다."라는 근원적 차원의 회심回心을 이룬다. 여기서 말하는 '도道'는 개인의 운명을 아는 정도의 '술術'이 아니라 '하늘과 땅이 운행되는 근본 질서나 원리를 알 수 있는 대도大道'다. 이에 따라 증산이 수도修道에 들어선 때는 신축년(1901) 2월이었다. 엄동설한의 날씨도 증산의 도를 추구하는 마음을 꺾을 수 없었다. 추운 날씨에도 불구하고 증산은 산으로 들어갔다.

증산이 도를 닦기 위해 선택한 장소는 자신이 살던 인근 지역에 있는 모악산母岳山 뒤편의 산 기슭에 위치한 대원사大院寺라는 작은 절이었다. 증산은 그곳에서도 인적이 드물게 찾아오는 칠성각七星閣을 수도 장소로 결정하고, 홀로 도道를 닦는 지난至難한 과정을 거친다. "사람들의 출입을 엄히 금지하고, 문을 걸어 잠근 채" 수도修道에 임했다.

마침내 증산은 5개월 정도가 지난 신축년(1901) 음력 7월 무더운 여름의 어느 날, 큰비가 퍼붓고 마치 다섯 마리의 용龍이 바람을 토해내는 듯한 강풍이 휘몰아치는 날에, "천지대도天地大道를 대각大覺"했다. 특정한 날짜가 기록되지 않은 채 "7월"이라고만 적혀 있다. 어쨌든 그 날은 "큰비가 내리고 강한 바람이 부는 날"이었다. 천기天氣의 변화가 예사롭지 않았던 순간, 증산은 마침내 하늘과 땅의 큰 도道를 크게 깨달았다. 바야흐로 증산의 새롭고 위대한 탄생이 이루어진 시점이었다. 증산은 과거의 자신을 버리고 새로운 존재로 다시 태어났다. 증산은 기존의 속俗에 속했던 몸을 벗어나 이제 성聖의 세계에 속하는 위대한 인물로 거듭났다. 이러한 증산의 대각은 그의 생애가 새로운 대전환점을 맞이했고, 앞으로 공적公的인 새로운 삶을 영위할 것을 알려준다. 증산이 '증산甑山'일 수 있는 진정한 의미에서의 근원적이고 질적인 엄청난 변화가 이루어진 것이다.

'원초적인 한 점點'을 뜻하는 '특이점特異點'이 있다. 이는 애초에 물리학에서 나온 개념으로서 우주의 기원으로 상정되는 '빅 뱅Big Bang'의 순간이 되는 기점을 생각하면 짐작할 수 있다. 따라서 '특이점'은 '초월하는 기점' 또는 '넘어서는 기점'으로 풀이할 수 있는데, 무언가 기존의 것과 전혀 다른 특별한 어떤 사건이나 일이 시작되는 시점을 의미한다. 증산이 '천지대도를 대각했다.'라고 주장한 말도 바로 이러한 맥락에서 이해할 수 있다. 내가 비로소 하늘과 땅으로 표현된 우주宇宙의 큰 법칙을 크게 깨달았다고 강조한 증산의 큰 깨달음은, 기존의 속俗의 세계에 속했던 나를 넘어서고 초월하여 전혀 새롭고 특별한 성聖스러운 존재로 다시 태어났던 전환점이 분명하다. 증산은 비로소 자각적 생애의 진정한 출발점을 통과했고, 이를 통해 그의 전 생애를 지배한 새로운 가치를 분명히 인식하고 깨달았던 것이다.

증산은 천지대도를 대각함으로써 자신이 스스로 '자기 원인'이 되는 단독자單獨者라는 사실을 비로소 인식했다. 자각自覺 또는 대각大覺은 자신이 바로 '신神'이라는 사실을 인지하는 것으로 자내증自內證의 체험이다. 나 홀로 진정 자유롭고 위대한 존재라는 점을 철저하게 깨달은 일이며, 그 누군가의 도움이 없이 스스로 깨달은 것이다. 이러한 증산의 대각大覺은 이후 "인간은 누구나 신이 될 수 있고, 그 일은 모든 사람에게 열려 있다."라는 보다 큰 깨달음으로 이어진다. 어쨌든 증산은 스스로 깨달은 사람으로 다시 태어났고, 그 자각自覺을 세상을 널리 구원하는 일에 모조리 바친 위대한 인물이다.

증산이 신축년(1901) 2월부터 천지대도를 대각한 7월까지의 수도修道기간에 그를 보살피고 온갖 심부름을 해준 사람은 당시 대원사大院寺의 주지住持로 있던 박금곡朴錦谷이라는 승려였다.

천지대도를 크게 깨달은 증산은 이제 본격적으로 '천지공사天地公事'를 행한다.

> 辛丑 冬으로부터 비로소 天地公事를 行하시다. 門窓에 조희를 부치지 아니하고, 부억에 불을 살으지 아니하고, 홋옷을 입으시고, 飮食을 全廢하사, 九日을 지나심에, 새가 벼 말니는 뜰에 네리지 안코, 이웃 사람은 두려워하야 門 밧그로 通行하기를 어려워하니라. 이 後로는 卜筮命理等術을 말삼치 안으시니라. (7면)

1901년 음력 7월에 천지대도를 대각한 증산은 그해 겨울부터 천지공사를 시작한다. 바야흐로 그의 공생애公生涯가 시작되는 시점이다. 증산이 천지공사를 행하는 모습은 "겨울 찬 바람을 막아줄 창문에 종이도 붙이지 않고, 부엌에서 불을 때지도 않으며, 한겨울에도 여름에나 입을 홑겹 옷을 입고, 음식도 먹고 마시지 않는" 이상한 것이었다. 자연의 변화에 순응하지 않고 꿋꿋한 의지로 견디려는 듯한 행동이었다. 추위에도 아랑곳하지 않고 무언가에 깊이 빠져 있는 듯 보였다.

이러한 증산의 행동이 이어진 지 9일이 지나자, 벼를 말리는 뜰에 새조차 찾지 않고, 이웃 사람들은 무언가 두려워져서 증산이 있는 방을 지나가기를 꺼렸다고 한다. 말하지 못하는 짐승이나 사람들조차도 뭔가 신비롭고 경이로운 사건이 벌어진 것이 분명하다고 느꼈기에 피했던 것이다. 어쨌든 증산은 천지공사를 행한 이후에는 점치는 일이나 사주팔자를 보는 술법에는 관심을 보이지 않고 언급조차 하지 않았다. 이제는 술術이 아닌 도道가 필요하다고 확신했기 때문이다.

4) 임인년(1902)의 기록

해가 바뀌어 임인년(1902) 4월에 증산이 처남과 함께 원평에 있는 어떤 사람의 집에 머무르고 있을 때, 김형렬이라는 사람이 그를 찾아왔다.

> 壬寅 四月에 天師께서 鄭南基와 함씌 金溝郡 水流面 院坪市 金聖甫의 집에서 머무실 새, 門人 金亨烈이 來謁하다. 同月 十三日에 天師께서 同面 夏雲洞 金亨烈의집 에 臨하시니 …(8면)

김형렬은 증산의 첫 제자가 된 인물이다. 증산의 가르침을 따르는 인물이 처음으로 나타난 것이다. 이제 증산은 한 집단을 거느리는 인물로 추앙되기 시작한다. 이때 증산은 김형렬의 집에 갔는데, 마침 김형렬의 부인이 막내아들을 분만할 시기였다. 평소 김형렬의 부인이 산후産後에 복통을 앓아 고통스러워하는 병증病症이 있었는데, 이를 크게 근심하는 김형렬에게 증산이 "이제는 모든 일을 다 나를 믿고 근심을 풀어 버리라."라고 말했다. 김형렬이 증산의 말대로 하자, 과연 그 부인의 복통이 곧 멈추고, 그 밖의 천식 등의 질병도 다 나았다. 믿음을 통한 기적이 일어난 체험이 있었던 것이다.

이윽고 증산은 김형렬에게 다음과 같은 엄청난 말을 들려준다.

> 天師께서 亨烈의게 일러 가라사대 나의 일은 天地를 開闢함이니 곳 天地公事라. 네가 나를 밋어 힘을 슬진저. 무릇 남의 만들어 노은 것을 因襲할 것이 아니오, 새로 만들어야 하나니라. 譬컨대 모인 財産이라도 그 子息이 엇어 쓰랴면 쓸 대마다 얼골 처다보는 것과 갓치 남의 만들어 노은 데서 살기는 괴로우니라. 그럼으로 우리는 開闢하여야 하나니라. 대개 나의 公事는 예에도 업섯고, 이제에도 업고, 남의 일을 繼紹함도 아니오, 運數에 잇는 일도 아니오, 오직 내가 비로소 지으랴는 것이라. …(8~9면)

증산은 자신이 하는 일은 "하늘과 땅을 새롭게 여는 일" 즉 하늘과 땅의 질서와 원리를 근원적으로 바꾸는 일이니 곧 '천지공사天地公事'라고 선포한다. '천지공사'라는 용어가 인류 역사상 처음으로 사용된 사례다. 증산의 대각大覺에 기초한 이러한 '천지공사'는 이후 증산의 온갖 행위를 규정하는 용어로 특별하게 사용된다.

증산은 김형렬에게 "나를 믿어 힘껏 노력하라."라고 말하고, 남이 만들어 놓은 일을 그대로 답습하지 말고 '새로' 만들어야 한다고 강조했다. 증산은 그 이유에 대해 부모가 모은 재산을 자식이 얻어 쓰려면 매번 부모의 얼굴을 미안하게 쳐다보는 것과 같이 남이 만들어 놓은 곳에서 살기가 괴롭기 때문이라고 비유를 들어 설명했다. 남이 아닌 친부모의 것이라도 부모가 형성한 재산을 축내는 일은 항상 송구스럽고 괴롭다는 말이다.

"그러므로 우리는 개벽開闢하여야 하느니라."가 증산이 내린 최종 결론이다. 남이 이룬 공적을 따르지 않고, 내가 먼저 나서서 새로운 일을 벌여야 한다는 뜻이다. 개벽은 '새롭게 여는 행위'다. 새로운 일의 출발이 선언된 것이다. 그리고 그 주체는 '우리'가 된다. 따라서 '개벽'은 남이 해 주는 일도 아니고, 남이 해 놓은 일을 답습하는 것도 아니다. 나 먼저 내가 솔선수범하여 진행해야 하는 일이 바로 '개벽開闢'이다. 증산은 이처럼 개벽의 의미를 밝혔고, 내가 먼저 나서서 개벽의 주체가 되어야 한다는 사실을 강조했다.

또 증산은 자신이 행하는 천지공사는 이전 시대에도 없었고, 현재에도 없는 새로운 일이라고 강조했다. 천지공사가 인류 역사상 처음으로 행하는 일이라는 점을 힘주어 말했던 것이다. 그리고 천지공사는 남이 해 놓은 일을 잇는 행위도 아니고, 운수運數로 정해져 있는 일도 아니라고 말했다. 즉 천지공사는 자신에 의해 비로소 전혀 새롭게 진행되는 일이라는 점을 강조한 셈이다. 이어지는 증산은 "오직 내가 비로소 지으려는 것이다."라는 선언에서 천지공사의 독보적 입지를 밝히고 그를 주도하는 자신에 대한 자부심을 한껏 드러낸다. '오직', '내가', '비로소', '짓는다.'라는 말은 그 한 마디 한 마디가 매우 심오하고 중요한 뜻을 내포하고 있다. 천지공사의 독창성과 천지공사를 집행하고자 하는 자신감이 충만한 그의 의지와 깊은 뜻이 있는 위대한 선포이자 선언이다.

이어서 증산은 자신의 위상을 밝히고, 천지공사를 행하는 과정과 목적에 대해 말했다. 나아가 증산은 천지공사에 대한 개괄적인 정의를 내린 다음 그 진행방법에 대해서도 다음과 같이 언급했다.

> … 나는 三界大權을 主宰하야, 先天의 度數를 뜯더곳치고, 後天의 無窮한 運命을 열어 仙境을 세우랴 함이라. 先天에는 相克이 人間事物을 司配함으로 世世의 寃이 싸이고 매처 三界에 充溢하야, 天地가 常度를 일코 人世에 모든 慘災가 생기나니, 그럼으로 내가 天地度數를 正理하고, 神明을 調和하야, 萬古의 寃을 글으고, 相生의 道로써 後天仙境을 열고, 造化

政府를 세워, 世界民生을 건지려 하노라. 무릇 萬事가 巨細를 莫論하고 神道로부터 풀어야 이루는 것임으로, 만저 神道를 調和하야 굿게 度數를 定하면 제절를 긔틀이 열녀 人事의 成功을 낫히내나니, 이것이 天地公事니라. …(9면)

먼저 증산은 '내가' 삼계三界의 대권大權을 주재主宰한다고 주장했다. 증산이 스스로 하늘, 땅, 인간계 즉 온 우주宇宙의 큰 권한을 통솔하는 주재자라고 강조한 대목이다. 즉, 증산은 자신을 우주의 최고 주재자인 상제上帝 또는 하느님이라고 선언한 것이다. 이는 증산이 대각大覺을 통해 이룬 자내증自內證의 경지에서 했던 말로 이해된다. 증산은 자신을 천지인天地人 삼계를 다스리는 절대권력을 가진 존재로 스스로 인식했다. 이러한 증산의 인식은 기존의 역사에서는 찾아볼 수 없었던 새로운 것이 분명하다. 기존의 인류 사상사에서는 자신을 하느님의 아들이라고 인식하거나 하느님의 유일한 중개자로 인식하거나 하느님의 계시를 중보하는 존재로 인식했던 일이 간혹 있었을 뿐이다. 증산과 같이 스스로 최고절대자인 상제 또는 하느님이라고 인식했던 일은 인류 역사상 최초의 사건이다. 인간의 인식에 있어서 새로운 지평을 활짝 열어젖힌 위대한 첫걸음을 디딘 것으로 평가할 수 있다. 증산이 상제 또는 하느님이라고 생각하는 일은 믿음의 영역에 속한 문제다. 그렇지만 증산이 그러한 주장을 했던 일 자체는 인류의 정신사에서 위대한 진보를 이룬 쾌거가 분명하다.

그렇다면 삼계대권三界大權의 주재자로서 증산이 하고자 했던 일은 과연 무엇인가? 증산은 "선천先天의 도수度數를 뜯어고치고, 후천後天의 무궁한 운명運命을 열어, 선경仙境을 세우겠다."라고 주장했다. 낡은 기존의 세계를 맡았던 질서와 원리를 과감히 근본적으로 고치고, 다가오는 새 시대의 영원한 운명을 새롭게 열어, 마치 신선이 사는 세계처럼 지극한 복락을 누리는 세상을 만드는 일이 바로 자신이 할 일이라고 주장했다. 따라서 천지공사의 최종 목표는 '선경仙境을 세우는 것'이다.

증산이 정의한 선천先天은 "상극相克의 원리가 인간과 사물을 지배하여 시간이 흐를수록 원한이 쌓이고 맺혀 삼계三界에 가득 찬 시대"다. 상극 때문에 원한이 생겼다는 말이다. 따라서 증산은 지금은 "천지가 떳떳한 도수度數를 잃고, 인간 세상의 모든 참혹한 재앙이 생긴 시대"로 위기상황에 처했다고 당대當代를 진단했다.

이러한 위기를 벗어나기 위해 증산이 선택한 방법은 무엇인가? 증산은 "천지의 도수를 바르게 잡고, 신명神明을 조화調和하여, 오랫동안 쌓인 원冤을 끄르고, 상생相生의 도道로써 후천선경後天仙境을 열겠다."라고 주장했다. 선천의 잘못된 도수를 바로잡고 후천선경을 세우기 위해서, 신명을 조화롭게 다스려 화합하게 하고, 인류 역사에 누적된 온갖 원한을 풀어 없애겠다고 강조했다. 인간계의 원한을 다스리기 위해 증산은 신명神明의 세계에 주목했다. 드러나는 원한을 해소하기 위해서는 숨어 있는 이면의 세계에서 작용하는 신비한 신명계神明界에서 먼저 풀어나가야 한다고 강조한 셈이다.

또 증산은 "조화정부造化政府를 세워 세계인류를 건지려 한다."라고 주장했다. 조화정부도 증산의 독창적인 용어다. 조화정부는 '신명神明들의 회의체會議體'로 이해되는데, 다양한 신명들이 모여 독립된 조직을 이룬 체계를 가리키는 말이다. 바로 이 조직체계의 결정에 따라 인간사 온갖 사건들의 대국적인 틀이 결정된다고 생각된다. 증산은 조화정부의 목표가 '세계인류의 완전한 구원'에 있다고 말했다.

나아가 증산은 모든 일이 크고 작은 것을 막론하고 "신도神道로부터 풀어야 이루어질 것"이라고 주장했다. 앞 대목에서 인용된 조화정부造化政府와 관련이 있는 말인데, '신들의 세계에 작용하는 이치나 원리'로써 인간 세상의 만사萬事를 해결하겠다는 말이다. 겉으로 드러나는 인간계의 문제는 이면에 있는 신들의 세계에서 먼저 해결책이 마련되어야 비로소 풀 수 있다는 주장인 셈이다.

이윽고 증산은 "먼저 신도神道를 조화調和하여 굳게 도수度數를 정定하겠다."라고 주장했다. 신명들의 세계를 조화롭게 화합시켜 도수를 새로 굳건히 정하겠다고 말한 것이다. 증산은 자신이 행하는 천지공사의 구체적인 방법론을 피력한 셈이다.

증산은 이렇게 천지공사를 하면 "저절로 새로운 기틀이 열려, 인간사人間事의 성공成功을 나타낼 것이다."라고 결론짓는다. 천지공사를 통해 기존에 보지 못했던 새로운 패러다임이 자연스럽게 열려서 인간 세상의 모든 성공을 불러일으킬 것이라고 강조한 말이다. 증산은 바로 "이것이 천지공사天地公事니라."라고 최종적으로 선포했다.

한편 증산은 예상치 못한 의외의 인물에 대해 다음과 같이 언급한다.

> 天師 가라사대 利瑪竇는 世界에 만흔 功德을 깃친 사람이라. 그러나 그 功德을 隱微中에 깃첫슴으로 世界는 이를 알지 못하나니라. 利瑪竇가 처음 東洋에 와서 道를 行하야 天國을 셰우랴 하되, 儒敎의 根據가 깁허서 그 痼弊를 쉽게 改革할 수 업슴으로, 다만 歷書를 改製하야 民時를 밝힌 後 東洋의 大神明을 거느리고 西洋에 도라가서 文運을 열으니라. 대개 古昔에는 天上神과 地下神이 各各 方域을 安保하야 서로 侵瀆하지 못하더니, 利瑪竇가 비로소 그 界限을 開放하야 天上地下에 神明이 來往하게 되니, 이로부터 地下神이 天上의 모든 妙法을 본밧아 네려 地下에 벳펏나니, 西洋의 모든 文物은 天國의 모형 뜬 것이니라. 利瑪竇가 西洋을 開闢하야 天國을 建設하랴 하되 그 文明은 도로혀 人類의 相殘을 助長케 되니라. …(9~10면)

이마두利瑪竇는 이탈리아의 예수회 선교사로, 중국에 최초로 천주교

天主教를 전파한 선교사 마테오 리치Matteo Ricci(1552~1610)의 한자 이름이다. 증산은 이마두가 "세계에 많은 공덕을 끼친 사람"이라고 평가하고, 은미隱微하게 일했기 때문에 일반 사람들은 그 사실을 잘 알지 못한다고 주장했다. 증산이 주장한 이마두의 공덕은 다음과 같다.

증산은 "이마두가 처음 동양에 와서 도道를 행하여 천국天國을 세우려 했지만, 유교儒敎의 뿌리가 너무 깊어서 그 고질적인 병폐를 쉽게 개혁할 수 없으므로, 다만 역서曆書를 새로 제정하여 민시民時를 밝혔다."라고 말했다. 이마두는 천국天國을 세우기 위해 노력했던 인물이었지만, 유교의 폐단을 쉽사리 고칠 수 없어서 실패하고 단지 역법曆法을 고쳐 새로운 역曆을 제시하여 사람들이 시간을 계산하는 일에 도움을 주었다고 평가한 것이다. 그러나 이는 잘못된 판단과 주장이다.

흔히 증산교인들은 이마두의 또 다른 호號가 시헌時憲이라고 잘못 알고 있다. 이마두는 시헌이라는 호를 사용한 적이 없다. 그리고 이마두가 역曆을 새롭게 밝혔다는 정보도 잘못이다. 시헌력時憲曆은 태음력太陰曆에 태양력太陽曆의 원리를 적용하여 24절기의 시각과 하루의 시각을 정밀하게 계산하여 만든 역법이다. 이 시헌력은 독일 출신의 서양 신부 탕약망湯若望(Johann Adam Schall von Bell, 1591~1666)[14] 등의 편찬으로 청나라와 우리나라 등에서 사용되었던 역법이다. 1645년부터 청나라에서 시행하여 도중에 두 번의 개편을 거쳐서 청나라 말까지 사용하였으며, 우리나라에서도 1653년(효종 4)부터 조선 말까지 이를 중용하였다. 따라서 이마두가 시헌이 동일시되는 일은 바로잡혀야 하겠다.

그런데 이어지는 말에서 증산은 이마두가 죽은 후에 행한 엄청난 공

---

14 독일 쾰른 출신의 로마 가톨릭교회 사제이자, 천문학자다. 예수회 선교사로 중국에서 선교하며 서양식 역법을 적용한 새로운 시헌력을 중국(청나라)이 사용하도록 하는데 크게 공헌한 인물이다.

적에 대해 말한다. 그가 "동양의 대신명大神明을 거느리고 서양에 돌아가서 문운文運을 열었다."라는 것이다. 과연 실제로 그런 일이 있었는지는 신비의 영역에 있어서 인간의 능력으로서는 짐작하기 힘든 일이다. 어쨌든 증산은 이마두의 사후死後 공덕功德에 대해 매우 높이 평가했다.

그렇다면 이마두가 행한 위대한 업적은 과연 무엇일까? 증산의 주장에 따르면 옛날부터 천상신天上神과 지하신地下神이 각각 자신들의 방역方域을 굳건히 지켜 서로 침범하지 못했는데, "이마두利瑪竇가 비로소 그 경계의 제한을 개방開放했다."라는 것이다. 즉, 이마두에 의해 처음으로 천상에 있는 신과 지하에 있는 신들 사이에 활발한 교류가 시작되었다는 말이다. 천상계天上界와 지하계地下界의 경계와 나뉨을 허물어버린 최초의 위대한 인물이 바로 마테오 리치라는 주장이다. 이러한 증산의 주장은 훗날 이마두가 천상계에서 높은 지위에 있는 주벽主壁이라는 믿음으로까지 전개된다.

이마두의 활약으로 인해 천상과 지하의 구별과 경계가 허물어짐에 따라 "천상天上의 신명神明과 지하地下의 신명이 서로 왕래하게 되었다."고 주장한 증산은 이때부터 지하신이 천상의 모든 묘법妙法을 본받아 내려 지하에 베풀었다고 설명한다. 그 결과 증산은 "서양의 모든 문물文物은 천국天國의 모형을 뜬 것"이라고 평가한다. 인간 세상의 문명이기文明利器의 발전은 오로지 천국의 것을 흉내낸 것이며, 그러한 일이 가능하게 된 것은 오직 마테오 리치의 드러난 업적이 아닌 은밀하게 진행한 사후死後의 공덕 때문이었다는 말이다.

또 증산의 주장에 따르면 이마두는 "서양西洋을 개벽開闢하여 천국을 건설하려 했던 위대한 인물"이다. 서양을 근본적으로 뜯어고쳐 새로운 세상을 건설하고자 노력했던 이마두는 증산에 의해 처음으로 그의 역할과 가치가 처음으로 재평가받을 수 있었다. 그렇지만 증산은 최종적으로 이마두가 세우고자 했던 서양의 문명은 "도리어 인류의 상잔相殘을 조장助長케 할 뿐이었다."라고 평한다. 이는 서양문명의 한계와 이마두의 공덕이 지닌 한계를 동시에 지적한 말이다.

드디어 증산은 자신의 천하대순天下大巡과 탄생에 대해 다음과 같이 말했다.

> … 利瑪竇의 일이 헛되게 되야 道의 根源이 끄치게 됨으로, 내가 비로소 大法國 天啓塔에서 天下에 大巡하야, 甲子로부터 八卦에 應하야 八年을 經한 後, 辛未로써 降世하얏노라. …(10면)

증산은 자신의 출세出世, 즉 탄생의 직접적 원인은 바로 '이마두의 실패'에 있었다고 주장한다. 그렇다면 이마두는 과연 무엇에 실패했는가? '천국天國의 건설建設'이다. 이마두는 역사상 처음으로 하늘과 지하의 경계를 무너뜨리고 서로 교통交通하게 했지만, 이 세상에 천국을 세우려는 이상을 이룩하는 일에는 결국 실패하고 말았다. 이에 증산은 이마두의 꿈을 다시 한번 이루기 위해 직접 이 세상에 내려오게 되었다고 회고한다. 이마두의 실패에 의해 '도道의 근원根源'이 끊어지는 위기가 부딪쳤기 때문이다.

증산은 자신이 처음으로 '대법국大法國 천계탑天啓塔'에서 천하天下를 대순大巡하였다고 주장했다. 여기서 대법국은 프랑스를 가리키는 말이다. 천계탑은 후대의 경전에서는 천계탑千階塔 또는 천계탑天階塔으로 등장하는데, 아마도 '세계에서 가장 높은 곳'을 상징하는 에펠 탑Tour Eiffel으로 짐작된다. 에펠 탑은 1889년 파리 마르스 광장에 지어진 철탑으로, 이를 디자인한 교량기술자인 귀스타브 에펠Gustave Eiffel의 이름을 따서 명명되었다. 에펠 탑은 높이 324m로 당시 세계에서 가장 높은 구조물이었다.

대순大巡은 '왕이 나라 안을 두루 살피며 돌아다니던 일'이라는 뜻의 순수巡狩나 순행巡行과 관련된 용어다. '큰 대大'를 덧붙여서 지고至高한 존재의 순행이라는 점이 강조되었다. 따라서 대순은 천상계天上界의 최고 위격位格을 지닌 존재가 지상에 내려서 온 세상을 두루 살피며 돌아다녔다는 의미다.

그리고 증산은 천하를 대순한 다음 갑자甲子를 기점으로 해서 8년을 지난 후 신미년辛未年에 강세降世했다고 주장한다. 여기서 갑자년甲子年은 1864년으로, 수운水雲 최제우崔濟愚(1824~1864)가 죽은 해를 가리킨다. 수운이 세상을 떠난 후 팔괘八卦에 응하여 정확히 8년이 지난 해인 신미년(1871)에 비로소 증산이 이 세상에 태어났다고 강조한 내용이다. 팔괘는 역학易學에 나오는 여덟 개의 괘卦를 가리키는 말인데, 신비한 의미가 깃들어 있다는 뜻으로 사용했을 뿐이다. 어쨌든 증산은 자신의 강세降世는 최수운崔水雲의 죽음 즉 그의 실패가 강하게 작용했다고 주장하고 있다. 후대의 경전에는 증산이 바로 수운의 경신년(1860) 음력 4월 5일의 종교체험에 등장하는 상제上帝 또는 한울님이었고, 수운이 유교儒教의 네두리에 갇혀서 진법眞法을 펼치지 못하자, 이에 그 기운을 거두고 직접 세상에 탄강誕降했다는 이야기로 전개된다.

그리고 증산은 이 땅에서 자신이 행할 일에 대해 다음과 주장하고, 약하고 병들고 가난하고 천하고 어리석은 자의 편에 서서 세상을 근본적으로 개혁하겠다고 포부를 밝혔다.

> … 天師 가라사대 나는 하늘도 뜨더곳치고, 짜도 뜨더 곳치고, 사람도 神明을 그 腦中에 出入케 하야 다 곳처 쓰리라. 그럼으로 나는 弱하고 病들고 가난하고 賤하고 어리석은 者를 갈여 쓰리니, 이는 비록 草木이라도 運을 붓치면 씀이 되는 연고니라. 天師 가라사대 後天에는 弱한 者가 도음을 엇으며, 病든 者가 이러나며, 賤한 者가 놉흐며, 어리석은

者가 知慧를 엇을 것이오, 强하고 富하고 貴하고 知慧로운 者는 다 스스로 깍길지니라. …(10~11면)

증산은 "나는 하늘도 뜯어고치고, 땅도 뜯어고치고, 사람도 모두 고쳐 쓰겠다."라고 강조했다. 그는 하늘과 땅의 운행을 담당하는 원리와 질서를 근본적인 차원에서 개혁할 것이며, 하늘과 땅의 기운을 받아 살아가는 인간도 근원적으로 개혁하겠다고 주장한다. 증산이 인간의 개혁을 위해 취한 방법은 "신명神明을 그 뇌腦에 드나들게 한다."라는 것이다. 눈에 보이지 않는 차원에서 신비한 방법으로 인간 개조를 추진해 나갈 것이라는 점을 강조한 셈이다. 여기에는 인간의 변화는 신령한 존재의 힘에 의지해 가능할 것이라는 생각이 반영되었다.

이러한 증산의 인간 개조는 약자弱者의 편에서 진행될 것이다. 증산은 약하고, 병이 들고, 가난하고, 천하고, 어리석어 그 존재 이유와 가치가 제대로 평가받지 못했던 사람들 입장에 서서 세상을 뜯어고쳐 나가겠다는 자신의 의지를 밝혔다. 나아가 증산은 그 일이 가능하다는 점을 "비록 영적靈的 존재가 아닌 한갓 풀과 나무라 하더라도 기운氣運을 붙이면 각자의 쓰임새가 분명히 있게 되기 때문이다."라는 말로 보충해서 설명했다.

증산은 하늘, 땅, 인간의 근본적 개혁이 일어나는 개벽開闢이 이루어져 이상사회인 후천後天이 되면, 약한 자가 도움을 얻고, 병든 자가 일어나며, 천한 자가 높이 되며, 어리석은 자가 지혜를 얻을 것이라고 선언한다. 선천先天에서 미약하고 천대받던 사람들이 새로운 활력을 얻게 되리라는 주장이다. 이윽고 증산은 후천이 되면 선천에서 강하고, 부귀하고, 귀하고, 지혜로웠던 자들은 오히려 모두 스스로 지위와 권세가 깎일 것으로 전망한다. 선천과 후천에서 사람들의 관계와 위상이 새롭게 역전逆轉될 것이라는 말이다.

한편 증산의 탄생에 얽힌 다른 이야기가 차경석車京石(1880~1936)의 전언에 의지해 다음과 같이 전한다.

> 謹按 : 天師께서 大法國 天啓塔 계시다가, 西洋에서 失敗한 利瑪竇를 다리시고, 天下에 大巡하시다가, 金山寺 三層殿 金彌勒에 臨御하사 三十年을 經한 後, 崔濟愚의게 濟世大道를 啓示하섯더니, 濟愚가 能히 儒家典憲을 超越하야 大道의 眞趣를 闡明치 못함으로, 드듸어 天命을 거두시고, 甲子로부터 八卦에 應하야 八年을 經한 後 辛未에 親히 誕降하시니, 東經大全과 및 歌詞中에 이른바 「上帝」는 곳 天師를 이름일진저. (此節은 車京石 傳述) (11면)

'근안謹按'은 "삼가 이치를 더듬어 살핀다."라는 뜻이다. 이 '근안'은 『증산천사공사기』에 유일하게 등장하는 형식이다. '근안'은 차경석이 전해준 말인데, 증산이 이 세상에 내려오게 된 내력을 이야기한 대목이다.

우선 차경석은 증산은 혼자 천하를 대순한 것이 아니라, "서양에서 실패한 이마두利瑪竇와 함께 대순했다."라고 말했다. 그 후 증산은 전라북도 모악산에 자리한 금산사金山寺의 삼층전三層殿에 봉안된 미륵금상彌勒金像에 친히 임臨하여 30년 동안 지냈다고 이야기한다. 오랫동안 증산이 영적靈的 존재로서 금산사의 미륵불상에 임재臨在하고 있었다는 말이다. 여기서 30년은 '오랜 기간'이라는 뜻으로 사용되었다. 왜냐하면 증산이 태어난 1871년 이전 30년이 되는 1840년에는 특별한 사건이 일어나지 않았기 때문이다. 천계탑天啓塔과 연결하려 해도 에펠 탑이 세워진 때는 증산이 19세 되던 1889년이고, 수운水雲의 생몰연대와도 관련이 없는 해이다. 중요한 점은 증산이 천하를 대순한 다음 우리나라에 있는 사찰, 그 가운데도 미륵불彌勒佛을 오랫동안 모셔온 금산사金山寺를 선택하여 영체靈體로 머물렀다는 내용이다.

이어서 차경석은 증산이 최수운崔水雲에게 "세상을 구원한 큰 도道"를 계시啓示해 주었지만, 수운이 유가儒家의 전헌典憲을 초월하지 못해 대도大道의 진수眞髓를 밝히지 못했다고 이야기한다. 증산이 바로 수운의 경신년 신비체험에 등장하는 그 상제上帝 또는 한울님이라는 해석과 주장이다. 동학東學의 실패를 증산甑山이 완성하려고 내려왔다는 점을 강조한 셈이다.

마지막으로 차경석은 증산이 드디어 "천명天命을 거두고, 갑자년(1864)으로부터 팔괘八卦에 응하여 8년이 지난 후인 신미년(1871)에 친히 탄강誕降하셨다."라고 이야기한다. 천명天命을 내릴 수 있는 존재는 하늘 또는 하느님이다. 따라서 차경석은 증산을 하느님으로 인식하고 믿었음을 알 수 있다. 마지막으로 차경석은 "동경대전東經大全과 가사歌詞 즉 용담유사龍潭遺辭에 등장하는 상제上帝는 곧 증산이다."라고 이야기의 끝을 맺는다. 차경석은 동학의 경전에 나오는 상제 혹은 한울님이 바로 증산甑山이라고 해석하고 주장한 셈이다. 훗날 증산교단에서는 차경석의 이 이야기를 공식적인 교리로 체계화하여 적극적으로 수용하였다. 『증산천사공사기』에서는 '차경석의 전언傳言'으로만 인식되었는데, 『대순전경』에 이르면 공식적인 교리와 그 해석으로 받아들였다.

한편 증산은 후천後天이 오면 일어날 이상적인 사회의 모습을 다음과 같이 묘사하였다.

> 天師 가라사대 後天에는 사람마다 不老不死하야 長生을 어드며, 櫃盒을 열면 옷과 밥이 나오며, 萬國이 和平하야 猜忌嫉妬와 干戈가 긋어지나니라. (11~12면)

후천에는 우선 "사람들이 불로불사不老不死하여 장생長生하게 된다."

라는 엄청난 사건이 일어날 것이라는 말이다. 인간이 늙지 않고, 죽지도 않는 참으로 고대하던 일이 실제로 발생할 것이라는 전망이다. 사람의 수명이 늘어나고 불멸의 존재로 변화할 것이라는 실로 꿈같은 일이 일어날 것이라는 증산의 예언은 후천에 대한 기대와 상상을 더욱 고조시켰다. 그리고 증산은 후천이 되면 각자의 집에 있는 장롱과 상자에서 옷과 밥이 나올 것이라고 예언했다. 수명이 길게 될 뿐만 아니라 그에 걸맞은 경제적인 문제도 함께 해결될 것이라는 예언이다. '옷과 밥'으로 표현된 인간의 생존에 필수적으로 필요한 물질이 풍요롭게 제공될 것이라는 말이다. 인간이 더 이상 '옷과 밥'을 마련하기 위한 노동에 힘을 쏟을 필요가 없는 참으로 이상적인 사회가 되리라는 전망이다. 나아가 증산은 후천이 되면 "전 세계가 평화롭게 되어 나라 사이의 시기와 질투가 사라질 것이고, 결국 전쟁도 없어질 것이다."라고 예언했다. 진정한 의미에서의 인류평화人類平和가 이루어지고 전쟁의 참화도 남김없이 사라지는 이상향이 건설될 것이라는 말이다. 인류의 오랜 염원이자 이상으로 남아 있던 평화의 세계가 구현될 것이며, 전쟁이 종말을 맞이하게 되리라는 전망이다.

그리고 증산은 다음과 같이 자신이 살던 당대當代를 규정했다.

> 天師 가라사대 이째는 天地成功하는 째라. 西神이 司命하야 萬有를 宰制함으로 모든 理致와 모든 일을 모와서 크게 이루나니, 이 所謂 開闢이니라. 萬物이 가을바람 압헤 或 凋落도 되며, 或 成熟도 됨과 갓치, 참된 者는 碩果를 엇어 그 壽가 길이 昌盛할 것이요, 거짓된 者는 말나 써러저 길이 滅亡될지니라. 그럼으로 或 神威를 썰처 不義를 肅正하며, 或 仁愛를 베푸러 義人을 돕나니, 이 곳 解寃의 째라. 福을 求하는 者와 生을 求하는 者는 크게 힘쓸 대니라. (12면)

우선 증산은 "이때는 천지가 함께 성공하는 때이다."라고 선언했다. 하늘과 땅이 같이 완성되는 시대라는 뜻이다. 그리고 증산은 '서신西神이 하늘의 명命을 받아 인간人間 만사萬事를 다스림으로써 모든 이치와 모든 일을 모아 크게 이루니, 이를 일러 '개벽開闢'이라고 부른다고 말했다. 여기서 '서신'이 정확히 어떤 신격神格인지에 대해서는 더 이상의 설명이 없어서 알 수 없다. 아마도 '완성完成'을 의미하는 '서방西方'을 관장하는 신격으로 짐작된다. 어쨌든 신神이 인간계를 둘러싼 모든 일을 관장하여 이치와 사건을 모두 크게 완성하는 일이 바로 '개벽'의 정의라고 주장했다.

이어서 증산은 만물이 완성과 추수를 뜻하는 가을바람이 불면 혹은 말라서 떨어지기도 하고 혹은 성숙하기도 함과 마찬가지로, 참된 도道를 추구하는 사람은 큰 결과를 얻어 그 수명이 길이 번성할 것이지만, 거짓되고 삿된 길을 따르는 사람은 말라 떨어져 길이 멸망하게 될 것이라고 말했다. 가을이 되면 추수하는 일에 비유하여 번영의 길로 가는 사람과 멸망의 구덩이에 떨어지는 사람으로 크게 나뉠 것이라는 점을 밝힌 대목이다.

나아가 증산은 "〈서신西神이〉 혹은 신의 위엄을 떨쳐 불의不義를 처단하여 바로잡으며, 혹은 어짊과 사랑을 베풀어 의로운 사람을 돕는 것이니, 이것이 바로 '해원解冤의 때'이다."라고 당대當代를 규정하기도 했다. 서신西神이 활동하는 시대가 곧 쌓인 원한을 풀어 없애는 시기라는 말이다. 마지막 구절에서 "복福을 구하는 자와 생生을 구하는 자는 크게 힘쓰라."라고 끝을 맺는다. 행복과 삶을 구하려는 사람은 해원의 때를 맞아 성숙하고 완성되기 위해 노력하라는 말이다.

다음 인용문은 증산이 제자에게 심법心法을 전수傳授해주었다는 내용과 천지공사에 참관하게 한 장면에 대한 기록이다.

四月 十五日에 天師께서 亨烈의게 心法을 傳授하사, 九月十九日까지 修鍊을 식히시고, 가라사대 그만 끗칠지어다. 다른 妙法은 쓸 때에 다 여러 주리라 하시니라. 亨烈의게 心法을 傳授하신 後에 모든 行하신 바 天地公事에 神明의 會散과 聽令을 叅觀케 하시고, 또 風雨를 짓게도 하셧스며, 그 叅觀한 公事의 條項을 一一히 무르시사, 그 所觀의 確否를 考驗하신 일도 잇섯더라. (12면)

증산은 최초의 제자인 김형렬에게 심법心法을 전수해주었다고 한다. 그 구체적인 내용은 알 수 없지만, 4월부터 9월까지의 비교적 긴 기간에 걸쳐 수련을 시켰다고 전한다. 그때 증산은 수련을 끝내고 이제 그만 그치라고 말한 다음, 다른 묘법妙法은 그를 쓸 때가 되면 모두 열어 주리라고 말했다. 그리고 증산은 자신의 천지공사에 김형렬을 참관參觀하게 했는데, 신명神明들이 모이고 흩어지는 과정과 증산의 명령에 따르는 모습을 직접 보고 느끼게 했다고 전한다. 나아가 증산은 제자인 김형렬에게 바람과 비를 짓게 하기도 했고, 참관한 공사公事의 내용에 대해 일일이 물었고, 그 참관한 바의 결정 여부를 살피게 했다고 전한다. 증산이 제자와 함께 천지공사를 했다는 말이다. 증산은 혼자 독단적으로 천지공사를 집행한 것이 아니라 여러 사람 특히 자신을 따르는 사람과 더불어 '함께' 했던 것이다.

한편 증산은 다양한 용어에 '공사公事'라는 말을 덧붙여 사용했다. 그리고 특정한 공사의 의미에 대해 설명하기도 했으며, 공사를 행하는 일정한 방법이 있었다.

壬寅 四月부터 冥府公事(天地公事의 一部門)를 行하사, 가라사대 冥府公事의 終結을 따라 世界公事가 解決이 되나니, 冥府의 錯亂에 依하야 世界도 錯亂하게 되는 까닭이라 하시며, 날마다 글을 써서 불사르시니라.

(12~13면)

우선 증산은 사람이 죽은 다음에 간다고 믿어지는 저승을 뜻하는 '명부冥府'와 사람이 살아가는 사회를 가리키는 '세계世界'에 공사公事라는 자신의 독창적인 용어를 덧붙여 사용했다. 천지공사에는 여러 부문의 공사가 있음을 알 수 있는 대목이다. 그리고 증산이 정의한 명부공사冥府公事의 의의는 "명부공사의 종결에 따라 비로소 세계공사가 해결이 된다."라는 것이다. 이 세상에 일어나는 모든 일의 이면에는 명부로 표현되는 신명계神明界의 작용이 있다는 주장이다. 명부공사의 판단에 따라 세계의 온갖 사건의 진행이 결정된다는 믿음이 반영되었다. 따라서 증산은 명부가 어지러워지면 이에 따라 세계도 착란하게 된다고 강조했다. 한편 증산이 천지공사를 행하는 구체적인 방법은 "날마다 글을 써서 불사르는 일"이었다. 무언가 구체적인 명령을 신명神明에게 내리는 방법의 하나로 직접 글로 써서 불에 살랐다는 것이다. 증산에게 있어서 "불에 사르는" 일은 하늘에 고告한다는 의미가 함축된 성스러운 행위다.

5) 계묘년(1903)의 기록

증산은 날마다 종이에 무언가 글과 그림을 그려 불에 살랐다고 전한다. 이것이 그가 천지공사를 행하는 방법이었다.

> 天師께서 날마다 洋紙 二三枚에 글과 物形을 써서 불사르시는데, 그 무엇임을 아는 사람이 업스니라. 弟子가 물으니 天師 가라사대 이것은 天地公事에 神明을 喇하는 符號이니라 하시다. (18면)

증산은 종이에 글씨를 쓰고, 알기 어려운 부적과 같은 종류의 그림을 그려, 불태웠다. 이러한 독특한 행동에 대해 그 이유를 묻는 제자에게 증산은 "이는 천지공사에 신명神明에게 말하는 부호符號니라."라고 대답했다. 물형부物形符는 천지공사에 참가하라는 명령을 내리는 증산만의 고유한 방법이었다. 이러한 증산의 행동이 구체적인 형태로 남아 있는 것이 바로 증산이 친필로 남겼다는 『현무경玄武經』이다. 『현무경』은 여러 부符와 비교적 짧은 글귀가 적혀 있는 신비하고 난해한 작은 책이다. 지금도 이 『현무경』의 비밀을 풀고자 노력하는 사람들이 많이 있지만, 여전히 그 내용과 의미에 대해서는 거의 밝혀지지 않았다. 아마도 영원히 알기 어려운 미스터리로 남겨질 가능성이 있다.

한편 증산은 때마침 일어난 일로전쟁日露戰爭에 대한 관심을 드러내며, 제자에게 국가의 정세 변화에 대해서 질문했다.

> 癸卯 三月에 … 이째는 日露戰雲이 正히 急하야, 日兵이 國士를 通過함으로, 國禁이 解弛될 샏 아니라 朴泳孝의 慊疑도 풀어지니라. 그째에 天師께서 秉旭다려 물어 가라사대 이제 國勢가 날로 글너짐애 政府는 每事를 外人의게 依仰함으로 黨派가 分立하야 主義를 달니하야 或은 日本을 親善하려 하며, 或은 露國과 親善하려 하니, 君은 엇더한 主義를 가젓느뇨? 秉旭이 對曰 人種의 別과 東西의 殊로 하야 日本을 親함이 可한가 하나이다. 天師 가라사대 君言이 有理하다 하시고, 西勢를 물니치기 爲하야 神明公事를 行하시다. (23~24면)

일본 군대가 우리나라를 통과하여 전쟁에 임하자 국내의 정세가 해이해져서 일본에 망명한 박영효 일당에 대한 탄압이 멈추었다. 이에 박영효의 일파로 몰려 도망을 다니던 증산의 제자인 김병욱도 무사할 수 있었다. 증산은 국가의 정세가 날이 갈수록 그르쳐서 우리나라 정부는 매사를 외국인에게 의지하기 때문에 당파黨派가 분립하여 여러 서로 다른 주의主義로 나뉘어, 어떤 이는 일본과 친선親善해야 한다고 주장하고, 또 어떤 이는 러시아와 친선해야 한다고 주장하며 대립하고 있다고 판단한다. 이에 증산은 김병욱에게 "그대는 어떤 주의를 가졌느냐?"고 물었다. 이에 김병욱이 "인종人種의 구별과 동서양東西洋의 다름이 있으므로, 일본과 친선함이 옳다고 여깁니다."라고 대답했다. 그 대답을 들은 증산은 "그대의 말이 그럴듯하도다."라고 응수한 다음, '서양 세력을 물리치기 위한 신명공사神明公事'를 행했다고 전한다. 증산을 따르는 사람들은 증산의 이러한 신명공사 때문에 결국은 일본이 러시아와의 전쟁에서 승리할 수 있다고 믿는다. 어쨌든 증산이 행한 신비한 공사의 결과가 현실 세계에 지대한 영향을 끼친다는 믿음이 유발되었다. 증산은 나라 안의 정세 변화에 촉각을 세우고, 그 대국적인 전개에 자신의 천지공사가 일정하게 영향력을 행사할 수 있다는 확신에 차 있었음이 확인되는 대목이다.

증산은 천지대도를 대각한 신축년(1901) 이후에는 모든 천지공사를 자신이 맡았다고 자부했다.

> 癸卯 七月에 … 天師께서 弟子다려 일러 가라사대 辛丑 以後로는 一切 天地公事를 내가 맛하스니, 今年에는 農作이 豐登케 하야 米商을 하야 보리라 하시고, 雷電을 크게 일으키시니, 數日을 지나지 못 하야 모든 災害가 물너 가고 四野에서는 豐穰을 노래하더라. (24면)

천지의 모든 질서와 원리를 결정하는 권한을 주재하는 차원에서 증산은 1901년 이후의 역사는 자신이 집행하는 천지공사의 결정과 판단에 따라 진행된다고 강조했다. 그는 금년인 1903년에는 농사가 매우 풍족하게 될 것이라고 주장하고, 쌀을 사고파는 상업에 종사하겠다고 말한 다음, 우레와 번개가 크게 발생하게 했다. 그 일이 있은 지 불과 며칠이 지나지 않아 온갖 재해가 없어지고 사방에서 농사가 풍년을 맞이했다는 노래가 그치지 않았다고 전한다. 농사를 풍흉을 결정짓는 일은 하늘에 달려 있는 문제다. 그런데 증산은 자신의 권위와 능력으로 농사가 잘 되게 만들었다고 강조했다. 여기서 증산이 하늘을 움직이는 신비한 능력이 있다는 믿음이 유발되었다. 곡식상을 하겠다는 증산의 약간은 엉뚱한 말은 이후 실현되지 않았음은 물론이다.

그리고 증산은 자신이 천지공사를 맡아 앞으로는 모든 굶어 죽는 신명神明들을 천상계天上界로 몰아 올렸다고 주장했다.

> 天師 가라사대 내가 天地公事를 行함으로부터 一切의 餓莩神을 天上으로 몰아 올녓스니, 이 後에는 人民의 飢餓로 因하야 죽는 일은 업스리라 하시더라. (26면)

먹을 것이 없어서 굶어 죽는 폐단을 모조리 없애버렸다는 말이다. 나아가 증산은 이 뒤로는 사람들이 굶어 죽는 참혹한 일은 더 이상 발생하지 않도록 조처했다고 강조했다. 이러한 증산의 천지공사의 결과 때문인지는 알 수 없으나 20세기 이후의 역사 전개에 있어서 아사餓死하는 사람들이 많이 사라졌다는 사실은 분명하다.

6) 갑진년(1904)의 기록

증산은 새 세상을 만들기 위해서는 제자들에게 무엇보다 우선적으로 말하는 일에 덕德을 쌓으라고 가르쳤다.

> 天師께서 비록 至賤한 사람을 對할지라도 반듯이 尊敬을 하신지라.

金亨烈의 奴子 池南植의게도 대할 때마다 尊敬을 하시거늘, 亨烈이 가로대 이 사람은 곳 내의 奴子니, 尊敬치 마르소서. 天師 가라사대 이 사람이 곳 네의 奴子니, 내의게 關係가 업나니라 하시며, 또 일너 가라사대 이 鄕里에는 兒少로부터 熟習이 되얏스니 말을 곳치기 어려우나 다른 곳에 가면 엇더한 사람을 勿論하고 다 尊敬하라. 이 뒤로는 適庶名分과[15] 班常의 區別이 업나니라. (34면)

증산은 신분이 낮은 사람들을 만나더라도 반드시 존댓말을 했다고 전한다. 자신의 제자인 김형렬의 머슴에게도 늘 존대어를 했는데, 김형렬이 "이 사람은 나의 머슴이니, 존댓말을 하지 않으셔도 됩니다."라고 여쭙자, 증산은 "이 사람이 그대의 머슴이지만, 내게는 관계가 없도다. 이 마을에서는 어릴 때부터 습관이 되어 말을 하대下待하는 버릇을 고치기 어렵지만, 다른 마을에 가서 어떤 사람을 대하더라도 다 존댓말을 하라. 앞으로는 적자嫡子와 서자庶子의 차별과 양반과 상놈의 구별이 없어지리라."라고 가르쳤다. 실천할 수 있는 작은 일인 '말하기'에서부터 새 세상 건설의 이상이 실현될 것이라고 가르친 셈이다.

증산은 말과 행동에 대한 정의를 내린 다음 말을 조심할 것을 경계했다.

天師 가라사대 아직 言行이 덜 풀녀서 毒氣가 잇도다. 惡將除去無非草, 好取看來摠是花라. 말은 마음의 소리요, 행실은 마음의 자최라. 말을 잘하면 福이 되야 漸漸 큰 福을 일우어 내 몸에 이르고, 말을 잘못하면 禍가 되야 漸漸 큰 禍를 이루어 내 몸에 이르나니라. (35면)

---

15 적서適庶는 적서嫡庶의 오자誤字다.

증산은 말과 행동에 독기毒氣가 있으면 안 된다고 가르쳤다. "없애고자 하는 마음으로 보면 풀 아닌 것이 없고, 좋아서 취하고자 하는 마음으로 보면 모든 것이 꽃이로다."라는 시를 읊었다. 그런 다음 증산은 "말은 마음의 소리"이며, "행동은 마음의 자취"라고 정의를 내렸다. 마음을 알 수 있는 유일한 방법이 그 사람이 하는 말을 살피는 일이고, 그 사람의 마음을 알아보기 위해서는 그가 행동하는 모습을 잘 살펴보면 된다는 말이다. 이윽고 증산은 "말을 잘하면 복福이 되어 점점 큰 복을 이루어 스스로의 몸에 이르고, 말을 잘못하면 화禍가 되어 점점 큰 화를 이루어 그 사람의 몸에 이른다."라고 가르쳤다. 말을 하는데 온 정신을 집중해서 조심하라는 가르침이다. 증산은 인간이 사용하는 일상 언어의 중요성을 강조하면서 복福과 화禍의 나뉨이 바로 '말하기'에 달려 있다고 주장했다.

증산이 행한 이른바 천지공사에 대한 후대인의 해석에 대해 짐작할 수 있는 다음과 같은 기록이 있다.

> 그때에 天師의 거룩하신 소문이 四方에 들니게 된지라. 天師께서 甫京으로 하여곰 鼓를 求하여 오사, 색기로써 大樑에 달고 終夜토록 처 울니시며, 가라사대 이 북소리가 西洋까지 울녀 들니리라 하시니, 甫京은 그 意義를 알지 못하니라. (39면)

증산이 한 제자를 시켜 북을 구해와서 새끼줄로 큰 대들보에 매달고 밤새도록 쳐서 울리며 "이 북소리가 서양에까지 울려 들리리라."라고 말했다. 그런데 당시 심부름을 한 그 제자는 도저히 그 의미를 알 수 없었노라는 일을 기록한 대목이다. 선뜻 이해하기 힘든 행동을 한 증산의 의중을 파악할 수 없었다는 고백으로 보인다. 그런데 이 구절이 후대에 『대순전경』이 편찬되면서 깊고 오묘한 천지공사의 집행이라고 증보되며 의미의 극적인 전환을 이룬다. “서양에까지 울리는 소리가 들릴 것이다.”라는 구절에 중점을 두어, “병자丙子(1936) 정축丁丑(1937)”이라는 말이 증보된다. 그 의미에 대해 후대의 증산교인들은 제 2차 세계대전의 발생을 증산이 예언하고 천지공사로 집행한 일로 믿는다.

1936년 3월에 독일의 히틀러는 베르사유 조약을 위반하고 라인란트를 군사적으로 점령하라고 명령했다. 그리고 1936년 말 이미 에티오피아에서 침략행위에 들어간 이탈리아의 파시스트 독재자 베니토 무솔리니는 로마와 베를린을 잇는 ‘추축’을 선언했다. 1937년에 이탈리아는 독일과 일본이 1936년에 맺은 반反 코민테른 협정에 참여했고, 독일과 이탈리아는 반공反共이라는 명목으로 1936년부터 스페인 내란에 개입했다.

엄청난 반전과 과감한 해석이 내려진 셈이다. 증산교단사 최초의 경전인 『증산천사공사기』에는 보이지 않았던 구절이 추가되어 『대순전경』이 발행될 때에는 이에 대한 새로운 종교적 해석을 시도한 것이다. 그렇지만 이는 실제로 그러한 일이 있었는가의 문제가 아니라 어떻게 받아들여지고 해석되는가의 문제다. 사실이 중요한 것이 아니라 믿음이 중요하다. 역사적 사실이 중요한 것이 아니라 종교적 진실이 더욱 중요하다. 이런 시각에서 종교 경전의 교리 체계화 과정을 이해해야 할 것이다. 항상 새로운 해석을 통해 교리가 세워지고 새 교리가 구축되는 과정이 이어진다. 열린 해석을 통해 새 교리체계가 형성되는 것이다. 바로 이러한 맥락에서 종교 교리의 전개 과정에 대한 바른 이해가 요청되는 것이다.

7) 을사년(1905)의 기록

증산은 항상 제자들에게 말하기를 “내가 삼계三界의 대권大權을 맡았으니, 선천先天의 모든 도수度數를 뜯어고치고 후천後天의 새 운명運命을 열어 선경仙境을 만들리라."라 했다.

> 天師께서 매양 弟子들의게 일너 가라사대 내가 三界大權을 맛하스니 先天의 모든 度數를 뜻어곳치고, 後天의 새 運命을 열어서 仙境을 만들니라 하심으로, 弟子들은 항상 그 더딤을 恨하야 하로밧비 開闢하시기를 기달니더라. (50면)

증산은 스스로 천지인天地人 삼계三界를 다스리는 최고신最高神이라고 자각했다. 따라서 증산은 자신이 행하는 천지공사를 통해 낡은 질서와 원리를 지배하던 도수를 뿌리부터 뜯어고치고, 새로운 세상의 운명을 개척하여 이 세상을 지상낙원으로 만들겠다고 강조했다. 여기서도 증산이 자내증自內證한 세계가 '최고주재신最高主宰神'이라는 사실을 알 수 있으며, 자신의 천지공사가 선천을 후천으로 '바꾸는' 성업聖業이라고 주장했다는 점을 확연히 파악할 수 있다. 그렇지만 증산을 따르는 제자들은 증산이 행하는 천지공사가 시일만 연기되고 더디게 진행되는 점을 한탄하여 하루바삐 '개벽開闢'을 주도할 것을 기다렸다. 증산의 자각과 확신에 차츰차츰 의구심을 두게 된 것이다. 그리고 증산의 제자들이 원하는 '개벽'은 '곧' '어느 날 갑자기 일어나는' 사건이었다. 증산이 주장한 말조심하고 심법을 닦는 일보다는 요행처럼 다가오는 개벽을 일방적으로 기다렸을 뿐이다. 그들은 주체적 개벽이 아니라 수동적으로 주어지는 개벽만 고대했을 따름이다. 증산이 주장하고 강조한 개벽과는 차원이 다른 수준이 낮은 개벽을 기대했던 것이다.

그렇다면 과연 증산이 주장한 개벽의 실체와 본질은 무엇인가? 다음의 인용문은 이 질문에 대한 증산의 웅장한 답변이다.

> 辛元一이 開闢公事를 하로밧비 行하시기를 天師께 强請한대, 天師 가라사대 人事는 機會가 잇스며, 天理는 째가 잇나니, 그 機會를 지으며 째를 기달닐 것이어늘, 이제 機會와 天時를 어긔고 억지로 人謨만 쓰면 이는 天下에 災를 기침이며, 億兆의 生命을 아슴이라, 엇지 참아 할 바이랴? … 翌日에 天師께서 元一의 집에 오시사, 元一다려 닐너 가라사대 濟生醫世는 聖人의 道오, 災民革世는 雄伯의 術이라. 이제 天下가 雄伯의게 괴로운 지 오란지라. 내가 相生의 道로써 化民靖世하리니, 너는 이제로부터 마음을 곳치라 하시고, 또 가라사대 大人을 工夫하는 者는 恒常 好生의 德을 가저야 할 것이라. 엇지 億兆를 死滅케 하고 홀로 살기를 도모함이 도리에 當할 것이냐 하시더라. …(50~51면)

'개벽공사'를 애타게 기다리고 강압적으로 청하는 제자에게 증산은 "인간사 모든 일에는 기회가 있으며, 하늘의 이치에는 그에 적당한 때가 있는 법이다. 그 기회를 짓고 때를 기다리는 일이 바람직한 마음자세다. 그런데 이제 기회와 천시天時를 어기고 억지로 인간의 잔꾀만 쓰려 한다면, 이는 천하에 재앙을 끼치고 억조창생의 생명을 빼앗는 일에 지나지 않으리라. 어찌 차마 할 일이겠는가?"라고 말했다. '개벽'에는 정해진 절차와 변화의 전환점이 있고, 하늘이 정한 이치도 그 때가 있으니, 기회를 짓고 때를 기다리는 것이 바람직한 태도다. 억지로 일을 꾸미면 개벽의 운수는 결코 오지 않을 것이라는 점을 지적한 대목이다. 증산은 천하에 재앙을 끼치고 뭇 사람들의 생명을 앗아가는 개벽은 일어나지 않을 것이라는 입장이다.

증산은 "제생의세濟生醫世는 성인聖人의 도道요, 재민혁세災民革世는 웅백雄伯의 술術이라."라고 규정했다. 생명을 구제하고 세상을 치료하여 고치는 일은 성인이 행하는 도이지만, 사람들을 재난에 빠뜨리고 세상을 혁파하는 일은 영웅을 자처하는 사람들이 행하는 술법에 불과

하다는 뜻이다. 삶을 사랑하고 생명을 구원하는 일이 바람직하고 이상적인 실천법이라는 말이다. 다른 사람들의 생명을 빼앗고, 세상을 재난에 처하게 만드는 개벽은 환상적인 일장춘몽일 뿐이라는 사실을 강조한 셈이다. 그리고 증산은 바야흐로 영웅의 시대는 지나가고 장차 성인의 시대가 전개될 것이라는 점도 강조했다. 성인과 영웅이 대비되고, 도道와 술術이 상반되는 개념과 용어로 등장했다. 영웅을 버리고 성인을 바라보고, 술術을 버리고 참된 도道를 추구하라는 가르침이다.

나아가 증산은 이제 천하가 영웅을 자처하는 인물들의 폭압적인 행동에 따라 괴로움을 당한 지 오래되었기 때문에 자신은 '상생相生의 도道'로써 백성을 교화하고 세상을 안정시켜 나가겠노라고 선언한다. 술법이 아닌 조화로운 도에 의해 세상을 바꾸어나가겠다는 결연한 다짐이다. 이윽고 증산은 "그러므로 너희들은 이제부터라도 '마음을 고치라.'"고 제자들을 가르쳤다. 나아가 증산은 "대인大人을 따르고 공부하려는 사람은 항상 호생好生의 덕德을 가져야 할 것이다. 어찌 억조창생을 죽이게 하고 나 혼자 살기를 도모할 것이냐? 이는 떳떳한 도리에 어긋나는 일이다."라고 엄숙하게 제자들을 타일렀다. 여기에 나오는 '상생'은 『대순전경』에 의하면 '남 살리기'다. 상호 공존이나 공생이 아니라 내가 먼저 나서서 상대방을 살리는 일에 앞장서는 적극적인 마음과 자세를 가지라는 위대한 가르침이다. 개벽은 나 먼저 솔선수범하는 행동에 따라 조금씩 이루어지는 것이리라. 그리고 증산은 폭압적이고 폭력적인 형태의 개벽을 말하지 않았다. 평화와 상생의 마음과 행동으로 개벽開闢은 도道의 차원에서 '진행'될 것이라고 주장하고 강조했을 뿐이다.

다음의 인용문은 증산이 선제船祭를 지내면서 공사公事를 보았다는 내용이다.

> 十月에 金亨烈이 咸悅에 가서 天師께 뵈오니, 天師께서 亨烈 등 諸 弟子를 거느러시고, 益山郡 萬中里 鄭春心의 집에 가사, 春心을 命하야 牛頭 一個를 사다가 煮熟한 後 船祭를 지내리라 하시고… 대개 이것은 무슨 公事인지 未詳하나, 震默의 招魂이라는 말도 잇더라. (53~54면)

증산은 제자들과 함께 익산益山에 가서 소머리 한 개를 삶아 익히게 하고, 백지白紙 한 묶음을 길이로 무수히 절단하여 풀로 붙여 연속한 후 반으로 잘라 말아서 두 덩이를 만들었다. 그것을 각각 그릇에 담아 두었다가 한밤중에 정문正門의 창窓에 구멍을 두 개 통하게 하고 소머리를 문 앞에 놓은 후, 제자들에게 명하여 자른 종이 두 축軸을 나누어 가지고 문밖에 나가서 각각 풀어서 창 구멍으로 들여보내고, 문안에서는 종이 끝을 다시 말아 종이가 다 풀리게 했는데, 문득 천둥이 일어나서 기차 화통 소리와 같아 외부인은 그 갑작스러운 뇌성雷聲에 놀랐다고 한다. 이윽고 증산은 제자에게 덜 마른 섶으로 부엌에서 불에 사르니, 그 연기가 기선汽船 연통煙筒의 연기같이 아궁이에 일어나게 하라고 명했다. 그러자 증산이 "이제 닻줄을 풀어버렸으니 갑자기 어지러워지리라."라고 말하니, 문득 방 안에 있던 사람들이 모두 현기증이 나서 졸도하여 혹은 토하고 혹은 정신을 잃었다고 전한다. 기절한 사람들에게 증산이 청수淸水를 넣어주고 입김을 불어 넣어 소생하게 했는데, 이 공사公事에 참가했던 사람들이 가졌던 질병이 완쾌되었다고 한다. 증산이 이러한 행동이 각각 어떤 의미를 지니고 있는지는 여전히 알기 어려운 신비의 영역에 있다. 당시 이 공사에 참석한 사람들조차 무슨 공사인지 알 수 없었다고 전하며, 어떤 이는 '진묵震默의 초혼招魂'을 위한 일이었다고 말하기도 했다. 이 공사公事는 『대순전경』에는 '중 옷'을 사용해서 '남조선南朝鮮 배 도수度數를 돌리는 공사'로 규정된다. 진묵대사와의 관련성은 '중 옷'이라는 점에서만 확인될 뿐 명시되지 않으며, '선제船祭'에서 연유해서인지 '남조선 배 도수'로 구체적으로 규정되어 설명되었다. 그 정확한 의미는 알 수 없는 신비의 영역에 남겨둘 수밖에 없다.

8) 병오년(1906)의 기록

증산은 병오년 3월에 서울에 가서 며칠간 머물렀다.

> 三月 二日에 天師께서 京城으로 向하야 써나실 새, 여러 弟子의게 일너 가라사대 戰艦은 淳昌으로 回航하리니, 金亨烈은 地方을 善守하라 하시고, 南基 成伯 光贊을 다리고 群港에 가서 汽船을 타기로 하시고, 남은 사람은 大田에 가서 汽車를 타라 하시며, 가라사대 이것은 水陸幷臻이라 하시더라. 辛元一을 블너 命하야 가라사대 너는 入京하는 날로 紙面에 「天子浮海上」이라 淨書하야 南大門에 붓치라 하시니, 元一이 領命한 後 여러 사람과 함께 大田에서 汽車로 京城에 이르러 「天子浮海上」이라고 쓴 紙片을 南大門에 붓치니라. 一行은 光贊의 引導로 黃橋에 잇는 그의 再從 金永善의 집에 留宿하니라. 翌日에 天師께서 여러 弟子와 함께 仁川으로부터 京城에 이르시다. …(57면)

증산은 제자들을 두 부류로 나누어 한편은 대전에 가서 기차로 서울로 가게 하고, 나머지 한 편은 자신과 함께 군산으로 가서 배를 타고 인천을 거쳐 서울로 갔다. 이 여행길에 대한 기록은 『대순전경』에서는 좀 더 자세한 형태로 증보된다. 배 안에서 증산이 행한 일에 대한 설명이 추가되고, 서울에서 일어난 일화도 보강된다. 단순한 기록이 더욱 복잡하고 자세한 형태로 체계화된다.

한편 증산은 학교 교육에 대해 다음과 같이 비판하였다.

> 天師 가라사대 圖書臨本은 鬼神의 길이라. 이 世上에 學校를 넓이 세워 사람을 가르침은 將次 天下를 크게 文明하야 써 天地의 役事를 붓처 神人의 解冤을 식히랴 함인데, 現下의 學校 教育이 學人으로 하여곰 官吏俸祿 等 卑劣한 功利에 싸지게 하니, 그럼으로 판 밧게서 成道하게 되얏노라. (63~64면)

우선 증산은 갑자기 책, 그림, 교본 등은 '귀신鬼神의 길'이라는 알 수 없는 말을 한다. 이윽고 그는 학교를 널리 세워 교육시키는 것은 장차 천하를 문명케 하여 천지의 일을 시켜 신과 인간의 해원解冤을 시키려는 것인데, 현재의 학교 교육은 배우는 자로 하여금 관리가 되거나 월급쟁이 노릇 하기 등의 비열한 공명功名과 이욕利慾에 빠지게 한다고 비판하였다. 이윽고 증산은 "그러므로 판밖에서 성도成道하게 되었노라."라고 선언한다. 학교를 벗어난 곳에서 도를 이루게 될 것이라는 뜻이다.

9) 정미년(1907)의 기록

증산은 자신의 천지공사는 항상 귀신鬼神과 함께 한다고 주장했다.

> 天師 가라사대 鬼神은 天理의 지극함이라. 天地公事를 行할 때에 반다시 鬼神으로 더부러 辨斷한다 하시고, 「全州銅谷解冤神, 慶州龍潭報恩神」이라 써서, 壁上에 붓치시다. …(64~65면)

우선 증산은 귀신은 하늘 이치의 극진함이라고 정의한다. 그리고 자신의 천지공사를 행할 때에는 반드시 귀신과 함께 판단한다고 주장했다. 눈에 보이지 않고, 귀에 들리지 않는 신비한 존재와 더불어 천지공사가 진행된다는 말이다. 그리고 증산은 "전주 동곡에는 해원신解寃神이 있고, 경주 용담에는 보은신報恩神이 있다."라고 주장했다. 전주의 동곡은 증산이 광제국廣濟局 또는 만국의원萬國醫院이라고 불렀던 약방藥房이 있던 곳이고, 경주의 용담은 수운水雲이 상제上帝와의 만남을 가진 곳이자 도道를 깨달은 장소다. 따라서 이 구절은 증산甑山과 수운水雲을 가리키는 글귀다. 그런데 증산이 해원을 특히 강조했다는 사실에서 자신을 해원신으로 자처한 일은 충분히 이해가 가는 일이지만, 수운의 생애와 사상에서 보은報恩과 관련된 내용은 찾을 수 없다는 사실에서 수운이 보은신에 해당한다는 이러한 주장은 선뜻 납득하기가 힘들다. 따라서 증산이 수운을 왜 보은신으로 규정했는지는 여전히 의문이 남는 문제다.

증산은 촌양반과 아전 사이에 서로 하대下待하는 말투를 고치면 장차 천하가 모두 해원될 것이라고 다음과 같이 주장했다.

> 天師 가라사대 村兩班이 邑吏를 邑아전 놈이라 하고, 邑吏가 村兩班을 村兩班놈이라 하나니, 나와 네가 서로 和解되면 天下가 다 解寃이 되리라 하시니라. (70면)

너와 내가 서로 먼저 화해하면 천하의 해원이 이루어질 것이라는 말이다. 특히 말을 조심하라고 가르친 증산은 내가 먼저 나서서 말투를 고친다면 자연스럽게 온 천하가 원한을 풀 수 있는 계기가 될 것이라는 점을 강조한 것이다. 여기서도 증산이 유달리 '해원'을 강조했다는 사실이 확인된다. 『증산천사공사기』에 보이는 증산의 핵심적인 사상은 바로 해원이다. 그 이외에 상생相生이나 보은報恩에 대한 언급은 거의 보이지 않는다. 따라서 상생과 보은은 『대순전경』이 편찬된 이후에 보강된 증산의 사상이다.

증산이 차경석을 데리고 김제에서 정읍으로 갈 때 원평에 있는 주막에 들러 행인들에게 술은 많이 사준 다음 "이 길은 남조선南朝鮮 배 질이라."라고 말했다. 남조선은 조선 후기부터 여러 예언과 비결에 등장하는 용어로, 이상적인 미래국토未來國土 또는 진인眞人이 출현할 성스러운 장소를 가리킨다. 증산은 자신의 여정을 '남조선으로 가는 배의 항로' 또는 '남조선을 만드는 노정'이라고 주장한 셈이다. 증산의 이 여행길에 참가한 인물은 차경석과 그의 친구인 박공우였다. 『대순전경』에는 이 대목에서 증산이 "이 길은 성인聖人 다섯을 낳는 길이로다."라고 말했다는 전언이 기록되어 있다. 그렇지만 『대순전경』에도 차경석과 박공우 이외의 세 명에 대한 언급과 기록은 보이지 않는다. 어쨌든 증산은 차경석과 함께 박공우의 집에서 자신의 탄강誕降에 대한 의미를 밝힌 다음 자신이 하고자 하는 일의 대강에 대해 상세히 말했다.

> 天師께서 京石을 다리고 그곳을 써나실 새, 院坪 酒店에 들어가사 모든 行人을 불너 술을 만히 勸하신 後에, 가라사대 이 길은 南朝鮮배질이라. 짐을 만히 채워야 써나리라 하시더라. 그곳을 써나서 三十里되는 짜에 이르러 가라사대 大陣은 日行三十里라 하시고, 古阜 松內里 崔氏 齋室에 거주하는 朴公又의게 留宿하시며, 京石다려 일너 가라사대, 나의 일은 비록 父母兄弟라도 다 몰으는 일이라. 이제 너를 만남애 通情神이 나온다. 나는 西洋 大法國 天啓塔 天下大巡이라. 내가 三界大權으로 天地를 改造하야, 仙境을 열고 造化政府를 세워, 써 死滅에 濱한 世界 蒼生을 건지려할 새, 너의 東方에 巡廻하다가 이 짜에 긋친 것은 곳 慘禍中에 빠진 無名小弱의 民族을 몬저 도와서 萬古에 싸인 寃을 글너 주랴 함이라. 나를 쏫는 者는 永遠의 福을 어더 不老不死하야, 仙境의 樂을 누릴 것이니라 하시더라. 翌日에 井邑 大興里에 가시니, 朴公又도 짜르다. …(72~73면)

증산은 자신이 하고자 하는 일은 비록 부모와 형제라고 하더라도 모르는 신비한 일이라고 강조한 다음, 차경석을 만나 비로소 통정신通情神이 나온다고 말했다. 드디어 죽이 맞는 제자를 맞이하게 되었다는 의미인 듯하다. 이어서 증산은 "나는 서양 대법국 천계탑에서 천하를 대순大巡한 존재다."라고 자신의 탄생에 대해 신비한 의미를 부여했다. 이 세상에서 가장 높은 곳에서 지상에 내려와 전 세계를 두루 살펴보았다는 주장이다.

그리고 증산은 자신이 하고자 하는 일에 대한 설명을 시도한다. 증산은 "내가 삼계대권三界大權으로 천지天地를 개조改造하여 선경仙境을 열고, 조화정부造化政府를 세워 죽을 지경에 처한 세계의 창생蒼生을 구원하려 하노라."라는 엄청난 말을 쏟아낸다. 천지인天地人 삼계三界를 주재하는 대권을 가진 존재가 바로 자신이라고 주장했다. 증산은 이처럼 천지의 대권을 장악한 자신이 하늘과 땅의 질서를 고쳐 지상선경地上仙境을 만들고자 한다고 강조한다. 이윽고 증산은 선경을 세우기 위해서 먼저 '조화정부造化政府'를 조직하여 진멸지경盡滅之境에 닥친 세계 인류를 건지는 일'에 앞장서겠다고 포부를 밝혔다.

또 증산은 자신이 하필이면 조선朝鮮에 태어났는지에 대해서 그 이유를 설명한다. "동방東方을 순회巡廻하다가 조선에 멈춘 것은 참혹한 재앙에 빠진 이름 없는 약소민족弱小民族을 먼저 도와 만고萬古에 쌓인 원한怨恨을 끌러주려 했기 때문이다."라고 설명하였다. 이름조차 잘 알려지지 않았고 약하기 그지 없는 한민족韓民族을 먼저 구원하기 위해 이 땅에 탄강誕降했다고 주장했다.

위 인용문의 맺음에서 증산은 자신을 따르는 사람은 영원한 복福을 얻어 늙지도 않고 죽지도 않을 것이며 궁극적인 차원의 지상낙원의 즐거움을 누리게 될 것이라고 약속했다. 불로불사不老不死라는 인류의 오랜 염원이 자신의 권능에 의해 비로소 이루어지리라고 강조한 셈이다.

이처럼 증산은 자신을 믿고 따르면 참된 복락福樂을 얻을 수 있다고 힘주어 말했다.

한편 증산은 오주五呪라는 다섯 개로 구성된 주문을 직접 짓고, "이것은 천지의 엑기스니라."라고 말했다.

> 十二月에 … 天師께서 申敬守의 집의 게실 새, 堯의 歷像日月星辰敬授人時를 말삼하시고, 五呪를 지으사, 가라사대 이것은 天地의 津液이라 하시더라.
>
> 五 呪
>
> 侍天地家家長歲日月日月萬事知
>
> 侍天主造化定永世不忘萬事知
>
> 福祿誠敬信壽命誠敬信至氣今至願爲大降
>
> 明德觀音八陰八陽至氣今至願爲大降
>
> 三界解魔大帝神位願臻天尊關聖帝君 … (80~81면)

오주에 첫 번째로 나오는 주문은 시천侍天으로 시작해서 만사지萬事知로 끝을 맺어 동학東學의 시천주侍天呪와 구조가 비슷하며, 두 번째 주문은 시천주와 똑같다. 지리고 세 번째 주문과 네 번째 주문의 마지막 구절에 있는 "지기금지원위대강至氣今至願爲大降"은 동학의 강령주降靈呪와 같다. 또한 세 번째 주문의 가운데에 들어 있는 성경신誠敬信은 동학의 창시자인 수운水雲이 자신의 도道를 요약하면 성경신의 세 글자에 있다고 말한 적이 있어서, 동학에서 중요하게 사용하는 개념이다. 따라서 이러한 점을 보면 증산의 사상체계가 형성되는 과정에 미친 동학의 영향이 지대했음을 확인할 수 있다.

오주五呪의 세 번째 주문에 나오는 복록福祿과 수명壽命은 증산이 중요하게 여긴 말이다. 또 네 번째 주문의 명덕明德은 유교儒敎와 관련이 있는 용어이며, 관음觀音은 불교佛教와 관련이 있으며, 팔음팔양八陰八陽은 도교道教와 관계가 있는 말이다. 아마도 유교, 불교, 도교의 삼교三教를 합친 형태의 종교체계를 지향한다는 의미로 사용된 듯하다. 마지막의 다섯 번째 주문은 중국의 삼국시대三國時代의 명장名將인 관우關羽에게 후대에 추존된 존호尊號이다. 관우는 중국의 역사에 있어서 문무文武를 겸비한 위대한 인물로, 민간에서 가장 인기가 높은 신격神格으로 추앙받았다.[16] 요컨대 증산이 지었다는 오주五呪에는 동학東學, 유불선儒佛仙 삼교三教, 중국의 민간신앙 등의 영향이 확인된다. 이처럼 증산은 기존 사상과 종교의 통합과 일치를 통해 새로운 종교운동을 일으키고자 했다.

한편 증산은 1907년 음력 12월에 제자들과 함께 일본 경찰에 체포되었다.

> … 이때는 天師께서 白衣君王白衣將相의 度數를 보시는 때라. 마침 面長 里長이 들어오거늘, 天師께서 그 面長다려 일너 가라사대 내가 天地公事를 行하야 天下를 匡正하려 하노니, 그대가 엇지 이러한 陰謀에 參與하느뇨? 面長이 놀나 도라가서 官府에 告發하니라. 十二月 二十五日 夜半에 武裝한 巡檢 數十名이 突然히 文公信家를 包圍하고, 모든 사람을 結縛한 뒤에, 天師의 去處를 뭇거늘, 申敬守의 집의 게심을 말하니, 巡檢들이 곳 달녀가서, 天師 以下 從者 二十餘人을 捕縛하야, 翌日에 古阜 警務廳에 押送하얏는데, 이것은 義兵嫌疑로 認함이러라. …(82면)

증산은 이 사건을 '백의군왕백의장상白衣君王白衣將相의 도수度數'라고

---

16 이 부분에 대해서는 김탁, 『한국의 관제신앙關帝信仰』(선학사, 2004)을 참고하시오.

불렀다. 평민이 군왕이 되고, 장군과 정승이 될 수 있는 때를 만드는 도수를 만드는 공사로 볼 수 있다. 면장과 이장에게 증산이 "내가 천지 공사天地公事를 행하여 천하를 널리 바로잡으려 하니, 그대가 어찌 이러한 음모에 참여할 수 있으랴?"라고 말했다. 놀라서 돌아간 면장과 이장의 신고로 증산 일행은 일경日警에 체포되고 말았다. 때는 음력 12월 25일 밤의 일이었다. 무장한 순검대 수십 명이 갑자기 들이닥쳐 모인 사람들을 결박하니 약 20여 명에 달했다. 그들은 다음날 고부에 있는 경무청에 압송되었는데, 혐의 내용은 의병義兵 활동을 위한 모임으로 의심받았기 때문이었다.

> 二十六日에 古阜 警務廳에서 天師의 師弟를 訊問할 새, 몬저 天師를 불너 물어가로대, 네가 義兵이뇨? 天師 가사사대 나는 義兵이 아니라 곳 天下를 圖謀하여는 사람이로라. 警務官이 놀나 가로대 이 무슨 말이뇨? 天師 가라사대 사람마다 韜略이 不足함으로 天下를 도모치 못하나니, 만일 雄才大略이 잇스면 엇지 가만히 잇스랴? 나는 實로 天下를 도모하야 蒼生을 건지려 하노라. …(82~83면)

고부 경무청에서 증산 일행에 대해 심문할 때 먼저 증산에게 "그대는 의병인가?"라 했다. 이에 증산은 "나는 의병이 아니라 천하天下의 일을 꾸미려는 사람이도다."라고 대답했다. 경무관이 이 말에 놀라 "이게 무슨 말인가?"라고 말했다. 그러자 증산이 "사람마다 가진 재주와 지혜가 부족하기 때문에 천하를 도모하지 못하는 것이니, 만약 영웅의 재주와 큰 지혜가 있다면 어찌 가만히 있을 수 있겠는가? 나는 진실로 천하를 도모하여 뭇 창생을 구원하려 하노라."라고 대답했다. 단순히 한 나라를 건지기 위해 투쟁하는 의병활동을 하는 사람이 아니라 보다 큰 경륜과 포부로 세계 구원을 위해 노력하는 사람이라고 주장한 것이다.

10) 무신년(1908)의 기록

여러 차례의 심문이 있었지만 의병 혐의도 없고 특별한 범죄 행위도 발견할 수 없자 고부경무청에서는 당시 체포한 여러 사람을 석방시켰다. 다만 핵심 인물인 증산만 남겨 두었다.

> 戊申 … 正月 十日에 獄門을 열고 여러 사람을 釋放한 後 오직 天師만 남겨 두다. … 正月 晦(驚蟄)日에 天師께서 出獄하사, 京石을 다리고 客望里 本宅으로 도라가시다. (84~85면)

마침내 무신년(1908) 음력 정월 그믐날 경칩일에 증산이 출옥했다. 증산은 35일 동안 수감생활을 했으며, 감옥에서 나와서 차경석과 함께 객망리에 있는 본댁으로 돌아갔다.

한편 정읍 대흥리에 있던 차경석의 집 부근에 살던 고부인高夫人에 대해 처음으로 언급한 다음과 같은 기록이 있다.

> … 大興里에 이르사, 高夫人과 熙南의 病은 다 손으로 어루만저 낫게 하시니라. (96면)

이름을 밝히지 않은 채 고부인高夫人이라고만 언급되는 이 인물의 본명은 고판례高判禮(1880~1935)이다. 훗날 증산교단 최초의 교단인 태을교太乙教를 창립한 여인이다. 흔히 증산의 세 번째 부인으로 알려져 있다. 희남熙南은 차경석의 아들 이름이다. 어쨌든 증산의 첫 번째 부인인 정씨鄭氏 부인夫人에 대한 언급이 있기 이전에 가장 먼저 고판례의 이름이 거론된다는 사실을 볼 때, 그녀가 교단의 역사에서 차지하는 위상이 짐작되는 대목이다.

어느 날 증산은 제자에게 검은색 두루마기 한 벌을 가져오게 해, 내의는 몽땅 벗고 두루마기만 입은 후 긴 수건을 허리에 매는 이상한 차림을 했다.

> 하로는 天師께서 車京石을 命하야 黑色 周衣 한 벌을 가져오사, 內衣는 다 벗고, 周衣만 입으신 後에 長巾으로 허리를 매시고, 여러 사람의게 물어 가라사대 이러하면 日本인 갓흐냐? 여러 사람이 對하야 가로대 日本人과 갓흐시나이다. 天師께서 다시 벗으신 뒤에 가라사대, 내가 어려서 村塾에 다닐 때에 이웃 아해와 먹 희롱 하다가, 그 아해가 나의게 지고 울면서 돌아가서는 다시 이 村塾에 오지 안코, 다른 村塾에 가서 글을 닑다가 그 後 病들어 죽엇는데, 그 神明이 含寃하얏다가, 이제 나의게 解寃을 求함으로, 엇지 하여야 合意하겟느냐 물은즉, 그 神明이 나의 和服을 厭惡하는 줄 알고, 和服을 입으라 함으로 내가 이제 그 神明을 위로한 것이라 하시더라. (96~97면)

이때 증산이 "이렇게 입으면 내가 일본사람처럼 보이겠느냐?"라고 물으니, 제자들이 "일본인처럼 보입니다."라고 대답했다. 이윽고 증산은 옷을 벗은 뒤에 "내가 어릴 적에 동네 서당에 다닐 때 이웃에 사는 아이와 먹 장난을 했는데, 그때 그 아이가 나에게 지고 울면서 돌아가서는 다시는 그 서당에 오지 않고 다른 서당에 가서 글을 읽다가 그 후 병이 들어 죽었던 일이 있었노라. 그 아이의 신명神明이 그 일에 원한을 품었다가 이제 나를 찾아와 해원解寃해 주시기를 청하니, 내가 어떻게 해야 해원이 되겠는가라고 물었더니, 그 아이의 신명이 내가 일본 옷을 싫어하는 줄 미리 알고 나에게 일본 옷을 입으라고 청하여, 내가 이제 그 아이의 신명을 위로하기 위해 그렇게 했노라."라고 말했다. 해원을 위해서는 하기 싫은 일도 해야 함을 알 수 있는 대목이다.

그리고 단순한 장난질도 원한이 맺히는 계기가 될 수 있다는 사실도 짐작할 수 있다. 여기서도 증산은 해원解冤을 특히 강조한 점이 드러나며, 죽은 아이의 자그마한 원한이라도 남김없이 풀어주어야 한다는 사실이 강조되었다.

증산은 인류에게 닥칠 엄청난 위기상황에 대해 다음과 같이 예언했다.

> …또 가라사대 이 뒤에 怪病이 全 世界에 流行하야 자든 사람은 누은 자리에서 일지 못하고 죽고, 안진 者는 그 자리를 옴기지 못하고 죽고, 行人은 路上에 엎더저 죽을 때가 잇슬지라. 그러한 危急한 때를 當할지라도 나를 불으면 다 살아나리라 하시더라. (99면)

괴이한 병이 전 세계에 널리 퍼지는 상황에 대해 어둡고 참혹하게 전망한 것이다. 증산은 그때가 되면 잠자던 사람은 그가 누운 자리에서 일어나지도 못하고 죽을 것이며, 앉은 사람은 그 자리를 옮겨 앉지도 못한 채로 죽을 것이고, 길을 가던 행인은 길거리에 엎어져 죽을 것이라고 예언했다. 그렇지만 증산은 그러한 위급한 때를 당하더라도 자기의 이름을 부르면 모두 살아날 수 있으리라고 주장했다. 따라서 증산은 자신을 믿고 따르는 길만이 급박한 절체절명의 위기를 벗어날 수 있는 유일한 방법이라고 강조한 셈이다. 그러한 일이 발생하지 않아야 할 것이지만, 인류 앞에 놓인 위기상황과 그에 대비하는 방법이 동시에 제시되었다.

한편 증산은 한 제자의 어린 아들이 병이 들어 며칠 동안 일어나지도 못하자, 그 아이에게 "너는 아버지가 왔는데도 일어나지 아니하는 그런 법이 어디에 있느냐? 빨리 일어나라."라고 꾸짖어 그 아이의 병을 낫게 했다고 한다.

… 京學이 父親이라는 말삼을 怪異히 녁여 생각하니, 일즉 金山寺 彌勒佛의게 이 兒孩를 팔은 일이 잇슴으로, 先生은 곳 彌勒佛의 化身인 까닭이더라. (100면)

그 아이의 부친이 증산이 그 아이의 아버지라고 한 말을 곰곰이 생각하니, 일찍이 그 아이를 금산사金山寺의 미륵불彌勒佛에게 장수長壽와 건강을 기원하는 의미로 '판' 일이 있었던 사실을 회고하였다고 전한다. 이에 그 아이의 부친은 '증산이 곧 미륵불의 화신化身'이었기에 그러한 일이 있었다고 굳게 믿었다. 『증산천사공사기』에는 증산이 미륵불과 동일시되는 구절이 자주 보인다. 후대의 『대순전경』에서는 증산이 상제上帝 즉 하느님이라는 주장과 믿음이 강조된 사실과 대비되는 대목이다.

그리고 증산은 자신이 행하는 천지공사의 효능에 대해 다음과 같이 설명했다.

天師 가라사대 매양 私事라도 天地公事의 度數에 붓처 두면 그 度數에 이르러 公私가 다 글닌다 하시더라. (106면)

매번 사사로운 개인사라 하더라도 천지공사의 도수度數에 붙여 두면, 그 도수가 이르는 때가 되면 공적인 일과 사적인 일이 함께 풀릴 것이라는 말이다. 지극히 개인적인 차원의 작은 일이라도 천지공사로 정하면 모두 해결되리라는 점을 강조한 대목이다. 천지공사의 효과가 공公과 사私 모두에 적용될 수 있다는 사실을 지적한 말이다.

한편 증산은 관부官府로부터 면허증을 얻은 도매주점都賣酒店이 생겨 전주에 있는 수백 개의 소매주점小賣酒店들이 없어지게 되자, 자신의 단골 술집 주모酒母가 가슴을 치면서 통곡하여 "다른 벌이가 없고 주점

酒店으로 여러 식구가 살아왔는데, 이제 술집마저 없어지게 되면 우리 식구들은 어떻게 살아가리오?"라고 한탄하자, 다음과 같은 행동을 취했다.

> … 天師께서 들으시고 불상이 녁이사, 弟子다려 일너 가라사대 엇지 男將軍만 잇스랴 女將軍도 잇스리라 하시고, 조희에 女將軍이라 써 불살으시니, 그 酒母가 忽然 氣力이 나서 밧게 나가 號令하야 頃刻에 府內 數百의 酒婦를 率하고, 白某의 집을 襲擊하야 形勢가 危急함으로, 白某가 大驚하야 그 群衆에 謝過하고 經營을 中止하니라. (107면)

증산은 "어째서 남장군男將軍만 있겠느냐? 마땅히 여장군女將軍도 있으리라."라고 말하고, 종이에 '여장군'이라고 써서 불에 살랐다. 그러자 그 주모酒母가 홀연히 기운과 힘이 나서 밖에 나가 호령하였다. 그 주모가 곧 전주부중全州府中의 수백 명의 주모들을 거느리고 도매주점 허가를 낸 사람의 집을 습격하여 형세가 위급해지므로 그가 크게 놀라서 모인 군중들에게 사과하고 마침내 술집 경영을 중지했다고 한다. 이 이야기는 남성들에게 억눌리고 지배받던 여성들의 권리를 신장하고 그녀들의 가치를 인정했다는 것이다. 나아가 이 구절은 여성들의 원한을 해소한 천지공사의 일 부문으로도 믿어지는 대목이다.

한편 증산은 경관警官들의 조사와 감시를 받았다.

> 六月에 泰仁 辛敬元이 急히 사람을 보내여 天師께 稟하되, 泰仁邑 警官의 調査가 甚하야 날마다 내 집에 와서 先生의 住處를 查問하나이다 하거늘 …(108면)

아마도 증산이 행한 기이한 언행이 주목받았던 듯하다. 증산의 소재를 그의 제자들을 통해 알아내려는 노력이 끊임없이 이어졌다는 전언이다. 그만큼 증산의 말과 행동은 일반인의 안목으로는 쉽사리 받아들이기 힘든 낯선 것이었음이 분명하다.

한편『증산천사공사기』에 증산을 '상제上帝'로 부르는 유일한 기록이 다음과 같이 전한다.

> … 天師께서 웃으시며 德贊을 불너 가라사대 네 집에서 飼養하는 豚一首를 宰來하라. 德贊이 命을 쏘차 豚을 烹宰하야 올닌대, 天師께서 모든 弟子로 더부러 豬肉을 잡수실 새, 문득 雷雨가 大作하는지라. 允根이 가로되 先生은 곳 萬人을 살니는 上帝시라 하더라. (109면)

심한 가뭄에 시달리던 증산의 한 제자가 생활할 방도가 없을 것이라고 걱정하자, 증산은 다른 제자의 집에서 기르던 돼지 한 마리를 잡아서 삶아 올리라고 명하고, 이를 제자들과 함께 먹었더니, 갑자기 천둥이 울리며 폭우가 크게 내렸다는 일화다. 이에 걱정하던 그 제자가 "선생님께서는 곧 만인을 살리는 상제上帝입니다."라고 감탄한 내용이다. 이는『증산천사공사기』에서 증산을 상제로 부른 유일한 기록이다. 다른 기록들에서는 증산을 미륵불彌勒佛과 은근히 연관시키는 의미심장한 기록들이 있을 따름이다. 물론 김일부金一夫의 꿈에 상제가 등장하지만 그는 '하늘을 다스리는 지고한 존재'로서 증산을 가리키는 용어가 아니라 증산과 다른 최고신을 지칭한 말이다. 그리고 '차경석車京石의 전술傳述'로 기록된 내용에 나오는 "동경대전東經大全과 가사歌詞에 이른바 '상제'는 곧 천사天師를 이름일진저."라는 대목의 증산이 곧 동학의 경전에 나오는 상제님이라는 주장은 적어도『증산천사공사기』(1926)가 발행될 때까지는 일반적으로 받아들여지지 않았던 일부 사람의 주장에 불과했다. 이러한 기록을 통해 증산이 곧 하늘에서 가장 높은 신격

神格이자 최고신最高神인 상제上帝라는 주장과 믿음은 최소한 『대순전경大巡典經』(1929)이 발행된 시기 이후에 성립되고 전개된 새로운 인식과 믿음이었음을 알 수 있다.

증산은 자신을 따르던 제자들 가운데 몇몇을 선발하여, 그들의 집에 특별한 의미를 다음과 같이 부여했다.

> 七月에 天師께서 辛敬元의 집에 福祿宮을 排置하시고, 辛敬守의 집에 壽命宮을 排置하시고, 金京學의 집에 學校度數를 排置하시고, 또 辛敬元의 집에는 杜門洞 七十二人表를 붓치시며, 八八九九神農牌를 親筆로 써 붓치시다. (110면)

신경원의 집은 "복록福祿을 맡은 궁전"으로 정하고, 신경수의 집은 "수명壽命을 맡아 다스리는 궁전"으로 정했으며, 김경학의 집은 "학교學校 도수度數를 맡은 곳"으로 정했고, 신경원의 집은 "두문동杜門洞 72인과 관련된 곳이며 신농神農과 관계 깊은 장소"로 정했다. 그 각각이 의미하는 바는 뚜렷하지 않지만, 증산이 제자들의 집을 특별한 의미를 간직한 성스러운 장소로 성화聖化하고 각기 맡은 바 임무와 역할이 있다고 주장한 사실은 분명히 알 수 있다.

나아가 증산은 드디어 해원공사解冤公事를 집행하면서 원한의 뿌리에 대해 자세하게 설명했다.

> 七月에 天師 가라사대 이때에 古來의 싸여 온 冤을 풀어 그로부터 생긴 모든 不祥事를 消滅하야 써 永恒의 和平을 이루리로다. 大抵 머리를 드을면 몸이 움작임과 갓치 人倫記錄의 비롯이며 冤의 歷史의 첫 章인 堯子 丹朱의 冤을 글으면, 그 以下 數千年 싸여 온 冤이 다 마듸와 코가 풀닐지라. 丹朱가 不肖하다 하야 堯가 舜의게 二女를 주고 天下를 傳함

애, 丹朱는 寃을 품어 맛참내 舜으로 하여곰 蒼梧에 崩케 하고, 二妃로 하여곰 瀟湘에 빠지게 한 지라. 이로부터 寃의 색리가 박히여 世代의 推移를 짜라 寃의 種子가 더욱 퍼지어, 이제 와서는 天地에 充塞하고 人間을 破滅하게 되니라 하시고, 解寃公事를 行하실 새, 丹朱로 비롯하시니, 藥欌에 丹朱受命이라 쓰심도 이에 根因하심이러라. (110~111면)

중국의 전설적 제왕인 요堯임금의 아들인 단주丹朱가 역사상 의미 있는 최초의 원한을 품은 인물이라는 증산의 이러한 주장은 신선하고 새롭다. 원한을 풀어 영원한 평화를 이루려는 목적으로 증산은 해원공사를 실행한다. 원한의 첫 근거가 된 사건을 먼저 해결해야 비로소 해원解寃이 시작될 것이라고 주장한 증산은, 원寃의 역사의 첫 머리를 장식한 것이 바로 요임금의 아들 단주였다고 주장한다. 단주의 원한을 해결해주면 그 이하의 수많은 기간 동안 쌓여온 온갖 원한들이 다 풀려나갈 것이라고 설명한다. 요임금이 자기 아들인 단주가 불초不肖하다고 여기고 남인 순舜에게 두 딸과 함께 정권을 물려주었기 때문에 단주가 원한을 품었다고 전한다. 증산은 이러한 단주의 원한으로 인해 마침내 순舜이 창오라는 땅에서 죽음에 이르렀고 두 왕비가 소상강에 빠져 죽었다고 설명한다. 순과 그의 두 왕비의 죽음의 결정적 원인이 바로 단주가 품은 원한이라는 해석이다. 어쨌든 이로부터 원한의 뿌리가 박혀 세대가 이어짐에 따라 원한의 씨앗이 더욱 퍼지게 되었고, 현재에 와서는 천지에 가득 차서 인간을 파멸할 지경에 이르렀다고 부연하였다. 증산은 '단주丹朱의 해원'을 자신의 해원공사解寃公事의 시작점으로 삼았다. 그 방법은 자신의 약방藥房에 있는 장롱에 "단주丹朱가 〈상제上帝의〉 명命을 받았노라."라는 글귀를 써서 붙이는 일로 시작한다.

증산은 천지를 개벽하여 '신선 세상'을 만들기 위해 다음과 같은 공사에 착수했다.

天師 가라사대 天地를 開闢하야 仙境을 세우랴면, 만저 天地度數를 調正하며, 解寃으로써 萬古神明을 調和하고, 또 大地江山의 精氣를 統一하리로다. 대개 地氣의 不統一로 因하야 그 中에 生息하는 人類의 思想도 紛紜舛錯하야 이에 反目爭鬪가 이러나나니라. 全州 母岳山은 淳昌 回文山과 對立하얏스니 이는 父母山이라.(卜書에 文字를 父字로 씀) 江山의 精實을 뽑아 合하랴면, 父母山으로부터 始할지라. 回文山에 二十四穴이 잇고, 그 中에 五仙圍碁形이 잇스니, 碁弈은 唐堯가 創作하야 丹朱를 敎한 것인 故로, 丹朱 解寃은 五仙圍碁로부터 大運이 열녀 도라 날지라 하시고, 이에 비롯하야 四明堂의 精氣를 綜合하시니, 곳 務安 僧達山 老僧眞念形과 長城郡 巽龍 仙女織錦形과 泰仁 拜禮밧 群臣奉詔形이러라. 또 扶安郡 邊山에 二十四穴이 잇스니, 이는 回文山 穴數의 相對로 海邊에 잇서 海王의 度數에 應하다 하사, 回文山은 山君, 邊山은 海王으로 各各 그 精氣를 뽑으신 일도 게시다. (111~112면)

먼저 증산은 천지天地의 도수度數를 바르게 조절하며, 해원解寃으로써 만고萬古의 신명神明을 화합시키고, 대지강산大地江山의 정기精氣를 통일시켜야 한다고 주장했다. 특히 증산은 땅 기운이 통일되지 못했기 때문에 그 가운데 살아가는 인류의 사상도 얽히고설켜서 이에 따라 반목과 투쟁이 일어나게 되었다고 진단한다.

나아가 증산은 세계의 부모산父母山이 우리나라에 있는 순창淳昌 회문산回文山과 전주全州 모악산母岳山이라고 주장하였다. 그 근거에 대해서는 점복서占卜書에 '문文'자를 '부父'로 쓰는 까닭이라고 밝혔다. 따라서 증산은 "강산江山의 정실精實을 뽑아서 합하려면 부모산으로부터 시작해야 한다."라고 강조하고, 회문산에 있는 24혈穴 가운데 있는 오선위기혈五仙圍碁穴로부터 대운大運이 열려 돌아가리라고 전망했다. 바둑은 요堯임금이 만들어서 아들인 단주丹朱를 가르쳤다는 전설이 있으므로, 단주의 해원解冤은 다섯 신선이 모여 함께 바둑을 두는 형국의 혈穴이 있는 회문산의 오선위기혈에서부터 풀려나가기 시작할 것이라는 설명이다.

이외에도 증산은 '네 곳의 명당明堂'의 정기精氣를 종합하는 공사公事를 행했는데, 무안務安 승달산에 있는 '늙은 중이 염불하는 형국'의 혈穴과 장성長城의 손룡巽龍에 있는 '선녀가 비단을 짜는 형국'의 혈과, 태인泰仁 배례밭에 있는 '많은 신하가 임금께 조회하는 형국'일 혈을 거론하였다. 순창 회문산의 '다섯 신선이 모여 바둑을 두는 형국'의 혈과 함께 네 곳의 명당이 되는 것이다.

그리고 증산은 부안扶安의 변산邊山에도 24혈穴이 있어서 회문산回文山의 24혈과 상대하여 바닷가에 있는데, 해왕海王의 도수度數에 응한 것이라고 주장했다. 증산은 회문산은 산군山君에 해당하고, 변산은 해왕에 해당하기 때문에 각각 그 정기精氣를 뽑아서 일정한 공사公事에 사용했다고 믿어진다.

한편 증산은 중국의 전설적 인물인 신농씨神農氏와 강태공姜太公의 공적에 대해 다음과 같이 언급했다.

> 天師 가라사대 神農氏가 耕農과 醫藥을 天下에 기침으로 天下가 이를 힘입어 살어오나, 그 功德을 仰慕하야 써 報答하지 안코 다만 賣藥에 神農遺業이라 써 붓칠 샏이며, 姜太公이 富國强兵의 術을 天下에 깃침으로 天下가 다 이를 힘입어 大業을 이루엇스나, 이 功德을 仰慕하야 報答하지 안코 다만 足砧에 庚申年月日 姜太公造作이라 써 붓칠 샏이니 엇지 道義에 合當하리오? 이졔 解寃의 쌔를 當하야 모든 神明이 神農太公의 恩惠를 報答하리라. 天師 가라사대 姜太公이 十年經營으로 三千六百釣를 廣張함이 엇지 한갓 周室을 興하야 齊封을 어드려함이랴? 이를 멀니 後世에 傳하려 함이라. …(114~115면)

증산은 신농씨가 농사짓는 법과 의술과 약품을 사용하는 방법을 천하에 가르쳐서 세상 사람들이 이에 힘입어 살아올 수 있었지만, 그의 공덕을 숭앙하여 보답하지 않고 단지 약을 파는 사람들이 '신농神農이 남겨주신 직업'이라는 글귀만 써 붙일 뿐이라고 일갈했다. 그리고 강태공이 나라를 부유하게 하고 군대를 강성하게 만드는 술책을 천하에 가르쳐 천하가 모두 이에 힘입어 큰 업적을 이루었지만, 그의 공덕을 숭앙하여 보답하지 않고 다만 종이에 '경신년庚申年 모월某月 모일某日에 강태공이 만들었노라.'라는 글귀만 써서 붙일 뿐이니 어찌 도의에 합당하겠는가라고 비판한다. 이윽고 증산은 이제 해원解冤의 때를 맞이하여 모든 신명神明이 신농씨와 강태공이 인류에 끼친 영향과 은혜에 보답하게 되리라고 전망한다. 그리고 증산은 강태공이 십년 동안 3,600여 개의 낚싯대를 펼친 일이 어찌 한갓 주周나라 왕실을 흥하게 만들어 봉작封爵을 받으려 했기 때문이었겠느냐고 반문한 다음, 그가 품은 원래 의도는 자신의 술법을 후세에 널리 전하려 했기 때문이라고 설명했다.

증산은 김일부金一夫의 『정역正易』에 나오는 구절과 주역周易의 괘卦에 대해 말해주기도 했다.

> 天師께서 藥房 壁上에 「士農工商 陰陽」의 六字를 써 붓치시고, 또 「氣東北而固守, 理西南而交通」을 써 붓치시고, 各各 白紙로 褙附한 後, 自賢을 불너 가라사대 네가 뜻 가는 대로 湯器를 대이고 덧붓친 조희를 오려 떼이라 하시니, 自賢이 命대로 施行한즉, 陰字가 낫하나는지라. 天師 가라사대 合當하도다. 陰과 陽을 아울너 닑을 때에 陰을 만저 하나니, 이는 地天泰라 하시며, 또 가라사대 이것을 어서 다 떼는 날을 當하여야 되느니라 하시더라. …(117면)

“기氣는 동북東北이며 굳게 지키고, 이理는 서남西南이라 사귀어 통한다.”라는 뜻의 “기동북이고수氣東北而固守, 이서남이교통理西南而交通”이라는 구절은 일부一夫 김항金恒(1826~1898)이 저술한 『정역正易』의 「금화이송金火二頌」에 나오는 구절이다.

증산은 제자가 배접한 종이 위에 선택한 글자가 ‘음陰’자가 나오자, “합당合當하도다. 음과 양을 아울러 읽을 때 음자陰字를 먼저 읽는 법이니, 이는 지천태地天泰를 상징하는 것이로다.”라고 말했다. 여기서 지천태地天泰는 주역周易의 한 괘卦를 가리키는 말이다. 건괘乾卦 위에 곤괘坤卦가 있는 형태의 괘卦로 후천後天을 상징하기도 한다.

그리고 증산은 남조선南朝鮮 배에 대해 다음과 같이 말했다.

> 十二月에 天師께서 洋紙 一枚에 二十四方位를 돌녀 쓰시고, 中央에 「血食千秋道德君子」라 쓰신 後 가라사대, 이는 南朝鮮배질이라. 血食千秋道德君子의 神明이 이 배를 運轉하고 全明淑이 都司工이 되니라. 그 君子神이 千秋에 血食하야 萬人의 仰慕를 밧음은 다 맘에 잇나니라. 그럼으로 一心을 가진 者가 아니면 이 배를 타지 못한다 하시더라. (119면)

혈식血食은 모혈毛血을 희생犧牲으로 삼아 종묘宗廟에 바쳐서 제사를 지내는 일을 가리킨다. 여기에 근거하여 자손子孫이 계속 이어져 제사를 지내는 일이 끊어지지 않는 일을 말한다. 따라서 혈식천추도덕군자는 사람들의 존경을 오랫동안 받아온 도덕적 인물을 뜻하는 말이다.

남조선南朝鮮은 미래에 세워질 이상적인 국토國土를 가리키는 용어이며, 조선 후기부터 계속해서 각종 예언서에 단골로 등장하는 진인眞人이 세울 이상향理想鄕을 뜻하는 말이다. 증산은 이 남조선을 향해가는 ‘구원救援의 배〈선船〉’에 혈식천추도덕군자들의 신명이 운전하고 동학농민혁명운동의 주동자인 전봉준全琫準(1855~1895)의 신명이 선장船長을 맡고 있다고 주장하였다. 혈식천추도덕군자의 신명이 오랫동안 후손들의 후한 제사를 받고 만인의 추앙을 받게 된 결정적인 이유는 모두 '마음<심心>'에 있다고 강조한 증산은, "그러므로 일심一心, 즉 한결같고 오롯한 마음을 가진 사람이라야 비로소 남조선 배를 탈 수 있다."고 선언한다. 일심을 가지고 도덕적이고 올바른 행동을 하는 사람들만이 남조선으로 향하는 구원선救援船에 탑승할 수 있다고 강조한 셈이다.

11) 기유년(1909)의 기록

증산이 자신이 죽게 되는 해인 기유년 음력 정월에 유일한 친필저작인 『현무경』을 완성하여 차경석에게 맡겼다.

> 己酉 正月 一日 巳時 天師께서 玄武經을 終筆하사 車京石의게 맛기시다. (121면)

『현무경』은 1,100여 자의 상징적 글귀와 16개의 부符로 이루어져 있다. 증산이 건설하고자 했던 선경仙境의 설계도設計圖요, 예언비서豫言祕書로 믿어진다. 어떤 이는 『현무경』에 후천선경에 대한 묘사, 병겁病劫과 의통醫統에 대한 예언, 후천 5만년 동안 이어갈 무극대도無極大道의 중심지가 바로 한국韓國이라는 것을 나타내는 예언이 실려 있다고 주장한다. 『현무경』은 고도의 상징성을 지니고 있어서 그 뜻을 알기가 매우 어렵다.

정월 2일에 차경석의 동생이 술을 마시고 "<강모姜某가> 역적질을 하려 한다."라고 고함쳤는데, 이 말이 인근 병참兵站에 미쳐 군병軍兵이 출동하려 했다. 증산이 미리 그 낌새를 알아차리고 차경석에게 "너는 집을 지키라."라고 말하고 피신했다. 이때 증산은 차경석에게 다음과 같이 자신을 대신하여 고사告祀를 지내도록 명했다.

> 二日에 … 이때에 天師께서 京石을 命하사 三日曉에 告祀를 行케 하섯더니, 마참 이 일이 發生한 故로, 京石에게 傳命하야 가라사대 明日 子正에 門戶의 孔隙을 封하고, 고기는 불에 구우며, 술병은 막애만 열고 心告하라. 이것이 곳 告祀니라. 京石이 三日曉에 命을 쏘차 行한 後 날이 밝으니, 擔銃兵 數十人이 突入하야 天師를 搜索하다가 엇지 못하고 도라가니라. (121면)

정월 3일 새벽에 고사를 행하라고 명했는데, "자정에 일어나 문과 창의 구멍을 막고, 고기는 불에 굽고, 술병은 마개만 열고 심고心告를 드려라."라는 내용이었다. 증산은 이러한 행위를 '고사告祀'라고 불렀는데, 차경석이 3일 새벽에 증산의 명령을 좇아 그대로 행한 후 다음날이 밝자 비로소 총을 든 병사 수십 인이 돌입하여 증산의 행방을 수색하다가 헛걸음하고 돌아갔다고 전한다. 이처럼 증산이 자신에게 고사를 대행하게 한 이 일을, 훗날 차경석은 증산이 자신에게 종통宗統을 물려준 일이라고 해석하고 홍보하였다.

한편 증산이 매화공사埋火公事를 행한 후 49일간 동남풍東南風을 불러 일으킬 때, 48일째 되는 날에 한 사람이 찾아와 병을 고쳐주기를 청했는데 증산이 공사公事에 전념專念하여 응하지 않았더니, 이로부터 동남풍이 그쳤다고 한다. 이에 증산은 자신의 잘못을 깨닫고 사람을 보내 그 병자를 위로한 후 다음과 같이 말했다.

> … 가라사대 一人이 含寃하여도 天地 긔운이 막힌다 하시더라. (123면)

"한 사람이 원한을 품기만 해도, 천지의 기운이 막힌다."라는 말이었다. 천지를 뜯어고치는 엄청난 포부를 지니고 행하는 천지공사라 하더라도 한 사람의 작은 원한이 있으면 성공하기 어려움을 지적한 대목이다. 이는 천지와 맞먹는 인간의 위대성을 가리키는 말로 해석할 수도 있고, 원한이 맺히는 일의 중요성을 알려주는 구절이기도 하다.

증산은 중국 삼국시대의 명장名將 가운데 한 사람인 관우關羽를 주제로 하는 주문呪文을 지어 제자들에게 외우도록 명했다.

> 古阜 黃應鐘이 黃鷄 一首를 갓고 와서 天師께 올니거늘, 天師께서 夜半에 亨烈을 命하야 黃鷄를 烹하야 여러 弟子와 함께 잡수신 後, 雲長呪를 지으사 弟子들로 하여곰 한 번 보아 외이게 하시니, 이때에 金亨烈 韓公淑 柳贊明 金自賢 金甲七 金松煥 金光贊 黃應鍾 等이 侍坐하니라. 雲長呪는 다음과 갓흐니라.

> 天下英雄關雲長依幕處近聽天地八位諸將六丁六甲六丙六乙所率諸將一別屏營邪鬼唵唵急急如律令娑婆呵 (124면)

증산은 '운장주雲長呪'를 '지었다.' 기존에 있던 것이 아니라 자신이 직접 그 내용을 써서 처음으로 세상에 내놓은 것이다. 관우와 관련된 기존의 여러 문헌에는 '운장주'와 비슷한 내용을 찾을 수 없으므로 증산의 자작自作임이 거의 틀림없다. 운장주의 내용은 "천하의 영웅이신 관운장께서 장군의 처소에서 천지의 여덟 곳에 있는 여러 장수의 말을 경청하여 육정, 육갑, 육병, 육을의 신장神將들을 시켜 두려워 방황하는 사귀邪鬼들을 멀리 떠나게 하라고 명하노니, 시급히 율령처럼 받들어 시행하라."라는 것이다. 마지막 구절의 "엄엄급급여율령 사파하"는 주문의 뒷부분에 관례처럼 붙는 말이다.

드디어 증산은 훗날 증산교단의 공통적이고 대표적인 주문呪文으로 널리 통용된 태을주太乙呪에 대해 다음과 같이 말했다.

三日에 天師께서 여러 弟子의게 일너 가라사대 只今은 神明解冤時代니라. 同一한 五十年工夫에 엇더한 사람을 解冤하리오? 崔濟愚는 庚申에 得道하야 侍天呪를 어덧는데 己酉까지 五十年이오. 김○○(忠南 庇仁人 未詳 其名)은 五十年工夫로 太乙呪를 어덧나니, 그 呪文을 神明의게서 어들 째에 神明이 이르되 이 呪文으로 사람을 만이 살닌다 하얏느니라. 이 兩人 中 누구를 解冤하리요? 光贊이 對하야 가로대 先生의 處分을 기달이나이다. 天師 가라사대 侍天呪는 이미 行世되얏스니 太乙呪를 쓰라 하시고, 닑어 가르치시니 아래와 갓더라.

吽哆吽哆 太乙天上元君吽哩哆喞都來吽哩喊哩娑婆呵 (125면)

우선 증산은 "지금은 신명해원시대이다."라고 선언하였다. 이윽고 증산은 "같은 50년 공부에 어떠한 사람을 해원解冤할 것인가?"라고 제자들에게 물었다. 수운 최제우는 경신년(1860) 4월 5일에 득도得道하여 시천주侍天呪를 얻었는데, 기유년(1909)까지 정확히 50년이 흘렀다. 여기서 기유년은 증산이 이 말을 했던 때를 가리킨다. 이어서 증산은 이름을 밝히지 않은 충청남도 비인에 살았던 김모金某가 50년 공부로 태을주太乙呪를 얻었는데, 그 주문을 신명神明으로부터 얻을 때 "이 주문으로 사람을 많이 살린다."라는 말을 들었다고 덧붙였다. 증산이 "최제우와 김모金某 가운데 누구를 해원解冤할 것인가?"라고 묻자, 한 제자가 "선생의 처분을 기다립니다."라고 대답했다. 이에 증산은 "시천주侍天呪는 이미 세상에 행해졌으니, 이제는 태을주太乙呪를 쓰라."라고 말했다. 태을주는 송아지가 어미 소를 찾아 우는 광경을 묘사한 주문呪文으로서, 태을천상원군太乙天上元君이라는 도교적道敎的 신격神格이 등장하는 점이 특기할만하다. 태을太乙은 태일太一과 같은 말로 특정한 별자리를 가리키고, 원군元君은 여성女性 신격神格에 붙이는 용어다.

한편 증산은 태을주와 운장주雲長呪의 효능에 대해 다음과 같이 생생하게 표현하였다.

> … 太乙呪는 逆罪를 犯하엿슬지라도 獄門이 自開하고, 雲長呪는 殺人罪에 걸넛슬지라도 獄門이 自開하나니라. (126면)

태을주는 반역죄를 범했을지라도 옥문獄門이 저절로 열리고, 운장주는 살인죄를 범했을지라도 옥문이 스스로 열릴 정도의 위력을 지닌 주문이라는 말이다. 태을주와 운장주를 열심히 읽으라는 권유를 한 셈이다.

증산은 임진왜란(1592)을 극복한 영웅들의 전설적 이야기를 예로 들어 명인名人이 사람을 가르치는 방법에 대해 거론하는 제자의 말을 경청했다.

> 亨烈이 天師께 告하야 가로대 古代의 名人은 지나가는 말로 사람을 가르치고 確的히 일너준 일은 업섯나이다. 天師 가라사대 實例를 들어 말하라. 亨烈이 가로대 栗谷이 李舜臣의게는 杜律千讀을 命하고, 李恒福의게는 섧지 안는 울음에는 苦草가루 싼 手巾이 됴타고 일넛슬 뿐이오, 壬亂에 쓸 일은 일느지 아니함과 갓홈이로소이다. 天師 가라사대 그러하다, 그러한 英才가 잇스면 나도 또한 가르칠진뎌 하시더라. (130~131면)

김형렬이 증산에게 말한 이순신과 이항복의 전설의 내용은 다음과 같다. 율곡 이이가 젊은 이순신에게 두보杜甫의 시詩를 천독千讀하라고 말해주었는데, 그 이유는 두보의 시에 있는 "독을 품은 용이 자맥질하여 진수秦水를 맑게 하도다. 독룡잠처진수청毒龍潛處秦水清"라는 구절의 깊은 뜻을 깨닫게 하려 했기 때문이었다. 여기서 독룡毒龍은 훗날 이순신이 발명한 귀선龜船을 은유적으로 가리키는 말로 이해된다. 그리고 율곡이 이항복에게는 "슬프지 않을 때 울고자 할 때 고춧가루를 싼 수건이 유용하다."라고 넌지시 말해 준 일은, 훗날 이항복이 중국에 사신으로 파견되어 조국의 비통한 처지를 황제에게 아뢸 때 눈물을 흘릴 수 있도록 도와주어 결국 명明나라의 파병派兵을 이끌게 한 일을 미리 예견했기 때문이라는 이야기다. 명인名人은 항상 알 듯 모를 듯한 말과 은유적인 비유로 사람들을 가르친다는 말이다. 이에 증산은 "나 또한 그러한 영재英才가 있으면, 그렇게 가르치겠노라."라고 대답했다고 전한다. 이들 이야기는 『대순전경』에는 더 이상 수록되지 않았다. 아마도 증산의 직접적인 말씀과는 관련성이 부족하다고 판단했기 때문으로 보인다.

한편 증산은 기정진奇正鎭(1789~1879)과 송시열宋時烈(1607~1689)이 지은 시를 제자들에게 들려주며 잘 기억하라고 말했다고 전한다.

> 奇正鎭의 詩를 들녀 주시면서 잘 記憶하라 命하시니, 그 詩는 곳 「處世柔爲貴, 强剛是禍基, 發言當欲訥, 臨事尙如痴, 急地常思緩, 安時不忘危, 一生從此計, 眞個好男兒」 또 宋時烈의 詩를 들녀 주시며 가라사대 잘 記憶하라 하시니, 그 詩는 곳 「明月千江心共照, 長風八隅氣同馳」 (131면)

기정진이 지었다고 잘못 전하는 이 시는 원래 임진왜란 때 의병장義兵將으로 활약했던 유팽로柳彭老(1554~1592)가 지은 것이다. 이 시는 "처세處世에는 부드러움을 귀하게 여겨야 하나니, 강하고 억센 것은 화禍의 기틀일 뿐이다. 말을 할 때는 항상 어눌한 듯하고, 일에 임해서는

늘 어리석은 것처럼 하라. 급한 경우에는 마땅히 완만함을 생각하고, 편안할 때에는 위태로움을 잊지 말라. 일생을 이 경계를 따른다면, 진실로 호남아好男兒라 하리라."라고 풀이할 수 있다. 『증산천사공사기』에 인용된 시는 원래의 원문과는 몇 글자의 오차誤差가 있지만 그 대체적인 의미는 같다.[17] 세상을 살아가는 동안 유의해야 할 일을 스스로 당부하는 내용이다. 그런데 위에 인용된 이 시는 김우급金友伋(1574~1643)의 『추담집秋潭集』 권6에도 「자계自誡」라는 제목으로 나온다. 유팽로의 시를 흠모한 김우급이 그의 시를 그대로 자신의 문집에 인용한 것으로 보인다.

그리고 송시열宋時烈의 시라고 인용한 구절은 『송자대전宋子大全』 제4권 "스스로 일깨우는 시를 읊어 아손兒孫에게 보이다."는 뜻의 「자경음시아손自警吟示兒孫」에 실린 칠언율시七言律詩의 일부 구절이다. "밝은 달은 일천 강에 내 마음과 함께 비치고, 긴 바람은 팔방八方(온 세상)에 기운과 함께 달린다."라고 해석할 수 있다.[18] 원문에는 명월明月이 아니라 제월霽月로 나온다. 대장부大丈夫는 구름이 걷힌 밝은 달이 천 개의 강을 밝게 비추듯이 마음을 쓰며, 큰바람이 천지의 팔방에 부는 것처럼 기운을 함께 하는 존재라는 말이다. 요컨대 대장부, 즉 영웅의 삶을 살려면 모든 일에 근심하고 조심스럽게 행동하라는 뜻이다. 송시열의 시의 이 두 구절은 대장부의 삶의 자세를 설명하는 부분으로, 구름이 걷힌 밝은 달이 천 개나 되는 강물을 모두 비추는 것처럼 마음을 쓰고, 큰바람이 온 팔방에 기운을 같이 몰아주듯이 행동하라는 가르침이라고 해석할 수 있다. 대장부 혹은 영웅이 되기 위해서는 어떻게 마음을 사용하고 행동해야 하는지를 이 두 구절의 시를 통해 강조한 셈이다.

---

17 김탁, 『증산사상과 한국종교』, 민속원, 2022, 578~580쪽을 참고하시오.

18 원문에 나오는 시의 전부와 해석에 대해서는 김탁, 위의 책, 581~584쪽을 참고하시오.

그리고 증산은 해인海印에 대해 다음과 같이 말했다.

> 亨烈을 도라보아 가라사대 나를 잘 미드면 海印을 갓다 주리라 하시더라. (132면)

증산은 자신을 잘 믿는 사람에게 해인海印을 가져다줄 것이라고 약속했다. 해인은 세계 구원을 위한 보물로 믿어진 성물聖物이다. 해인은 원래 바닷속에 있었던 보물로서 모든 일을 마음대로 행할 수 있다는 보물로 오랫동안 믿어지고 전해져 왔다.

『화엄경華嚴經』은 부처님이 해인삼매海印三昧에 드셔서 설하신 경전으로 믿어진다. 해동화엄海東華嚴의 초조初祖로 믿어지는 의상義湘(625~702)이 668년에 작성한 법계도法界圖는 그가 화엄경을 수학修學하고 그 오묘한 현리玄理를 통한 후에 이를 7언言 30구句의 송頌으로 축약한 글인데, 54각角이 있는 도인圖印으로 만들었다. 의상은 이 도인으로 「해인도海印圖」를 그렸다. 그것은 210자의 검은 글자들이 하나의 붉은 선으로 이어져서 구불구불하게 54개의 각角을 이루어 끝없이 영원한 불법佛法을 상징한다. 의상이 세상을 떠난 다음, 스승인 의상의 법을 남김없이 이어받았음을 주장하기 위해, 의상의 몇몇 제자들이 의상에게서 「해인도」을 새긴 특정한 형태를 가진 물건을 직접 전해 받았다고 강조했다. 이후 의상의 법손法孫인 순응順應에 의해 『화엄경』을 소의경전으로 하는 사찰이라는 뜻의 이름을 가진 해인사海印寺가 창건되는 역사적 사건이 있었고, 이 일이 해인海印이라는 보물에 대한 일반인의 상상력과 결부되면서 후대에 이르러 더욱 신비화되었다.

이러한 해인에 관한 이야기가 구체적으로 확인되는 것은 임진왜란을 겪은 다음 18세기 중엽 무렵에 저술되었을 것으로 추정되는 『임진록壬辰錄』의 여러 이본異本 가운데 하나인 『흑룡일기』이다. 여기서 해인은 휴정대사가 묘향산의 옥석玉石으로 만든 "천지조화天地造化와 음양오행陰陽五行과 일월도수日月度數와 강산정기江山精氣와 둔갑장신遁甲藏身하는 법을 모아 새긴 물건"으로 묘사된다. 더욱이 사명당이 해인을 사용하여 일본 왕의 항복을 받아낼 수 있었다고 이야기되며, 해인은 훗날 다시 한번 사용될 날을 기다리며 해인사의 팔만대장경 경판 속에 감추어졌다고 전한다. 19세기 후반에는 해인사에 정만인鄭萬仁이라는 이인異人이 나타나 해인을 찾아서 어디론가 숨어버렸다는 이야기가 널리 퍼지기도 했다.

해인海印은 증산교의 교리체계에서는 말대末代에 발생할 엄청난 병겁病劫을 구원해 줄 성물聖物로 표현되고 믿어졌다. 해인은 한국의 대표적인 보물로 믿어져 왔으며, 해인신앙은 해인을 가진 진인眞人이 출현하면 우리나라는 세계에서 상등국이 될 것이며, 여러 나라의 조공을 받는 도덕국가道德國家가 될 것이라는 믿음이다. 해인신앙은 우리나라 사람들 모두가 잘 살게 될 것이라는 미래국토에 대한 낙관적 전망을 일정하게 제시한다.[19] 이처럼 『증산천사공사기』에 한 번 언급되는 해인은 훗날 많은 증산교단에서 독특한 해인신앙으로 전개되었다.

증산은 제자들에게 태을주太乙呪, 도리원서桃李園序, 시천주侍天呪 등의 주문과 시문詩文을 많이 외우라고 명했다.

> … 그리고 光贊 甲七의게 太乙呪를 만히 읽게 하고, 金炳善(光贊의 侄)의게 桃李園序를 千遍 口誦케 하고, 東京石 安乃成의게 東學 侍天呪文을 脣齒不動하고 만히 默誦하게 하라. 亨烈이 命하심을 쏘차서 一一히 指導하니라. (133면)

19 해인설화의 내용과 해인과 불교와의 관련성과 해인신앙의 전개과정 등에 대해서는 김탁, 『한국의 보물, 해인』(북코리아, 2009)를 참고하시오.

태을주는 증산이 충청도 비인 출신의 김모金某라는 사람에게서 받았다는 주문이고, 시천주侍天呪는 동학東學의 고유한 주문이다. 도리원서는 중국의 위대한 시인 이백李白(701~762)이 지은 「춘야연종제도리원서春夜宴從弟桃李園序」가 원래 제목인데, 『고문진보古文眞寶』 후집後集 권 3 「서류序類」에 실려 있다. 이백이 봄날에 복숭아꽃과 오얏 꽃이 만발한 동산에 형제와 친척들을 초대하여 주연酒宴을 베풀고, 각기 시를 짓고 그 시를 한데 모은 책의 서문으로 지은 글이다.[20] 증산은 비교적 긴 「도리원서」을 마치 주문처럼 읽으라고 말했던 것이다.

한편 증산은 다음과 같이 관왕묘關王廟의 치성致誠에 대해 제자에게 묻기도 했다.

> … 洛範의게 무러 가라사대 近日에 關廟의 致誠이 잇느냐? 洛範이 對하야 가로대 잇나이다. 天師 가라사대 그 魂이 이 地方에 잇지 아니하고 멀니 西洋에 가서 大亂을 일으키나니라. (134면)

증산은 한 제자에게 관왕묘에 치성이 있는지를 물었고, 그가 치성이 있다고 답하자, 관운장의 영혼이 이곳에 있지 않고 멀리 서양에 가서 큰 난리를 일으키고 있다고 주장했다. 증산의 이 말은 관운장의 영혼이 주도하여 서양에 세계대전을 일어나게 했다는 믿음으로 전개되었다. 동양의 신명이 서양의 전쟁을 일으키게 한다는 믿음이 유발된 것이다. 그 사실 여부는 알 수 없는 일이지만, 인간계에서 벌어지는 큰 사건의 배후에는 항상 신명계의 간섭과 작용이 있다는 신앙을 형성시키는 계기를 마련한 것으로 평가할 수 있다.

---

20 「도리원서」의 원문에 대해서는 김탁, 『증산사상과 한국종교』(민속원, 2022), 131~133쪽을 참고하시오.

그리고 증산은 이름을 밝히지 않은 어떤 것이 백호白虎의 기운을 타고 왔다고 주장했다.

> …天師께서 여러 弟子다려 일너 가라사대 ○○○이 白虎 긔운을 타고 왓스니, 만일 宿虎冲鼻하면 범의게 죽을지라. 모든 일에 順從하고 그 指揮를 거슬니지 말라. 이것이 곳 避亂하는 길이니라. 靑龍이 動하면 범은 물너 가나니라. (136면)

증산은 백호의 기운을 타고 온 존재의 뜻을 거스리면 그에게 죽게 될 것이라고 경고한다. 잠자는 호랑이의 코를 건드리면 안 된다는 말이다. 따라서 증산은 백호의 기운을 타고 온 존재의 말에 순종하고 그의 지휘를 거스르지 말라고 강조하여, 이것이 바로 난리를 벗어날 수 있는 방법이라고 주장했다. 나아가 증산은 청룡靑龍이 움직이면 호랑이 기운을 타고 온 존재는 자연스럽게 물러가리라고 전망하였다. 후대의 『대순전경』의 기록에는 이름을 밝히지 않은 채 언급된 흰 호랑이의 기운을 타고 온 존재는 일본인日本人 혹은 일본국日本國이고, 청룡은 미국인美國人 또는 미국美國을 지칭한다고 적었다. 조선과 일본, 그리고 미국 사이의 국가간 정세의 대국적인 변화를 백호, 청룡 등의 용어로 설명한 것이다. 일본의 뜻을 거스르지 말고 따르라는 주장과 그들의 다스림에 순종하라는 뜻으로 한 말이다. 아마도 마지막 구절의 청룡으로 상징되는 미국의 등장에 따라 일본이 물러갈 것이라는 해석을 가능하게 한 내용 때문에 ○○○로 표기했던 것으로 보인다.

증산은 오랜 세월동안 쌓여온 역신逆臣들을 해원解寃하여 모두 별에 붙여 보낸다고 주장했다.

> 天師 가라사대 萬古逆臣을 解寃하야 모라 星宿로 붓처 보내리라. 萬物

이 다 是非가 잇스되 오직 星宿는 是非가 업슴이니라. 元來 逆神은 抱負를 일우지 못한 者임으로 그 寃이 天地에 充塞하얏거늘, 世人은 도로혀 그를 疾視하야 凶惡의 首를 삼아 逆賊놈이라 함이 辱의 普通 名稱이 되얏나니, 모든 逆神은 이것을 크게 嫌惡함으로, 萬物中 無是非한 星宿로 보낼 수밧게 업나니라. 하늘도 老天明天의 是非가 잇스며, 짜도 厚薄의 是非가 잇스며, 날도 寒暑의 是非가 잇스며, 바람도 順逆의 是非가 잇스며, 비도 水旱의 是非가 잇스되, 오직 星宿는 是非와 相克이 업나니라. (136면)

증산의 주장에 따르면 모든 사물이 다 시비是非가 있지만, 오직 별에는 시비가 없다고 한다. 원래 역신逆臣의 신명神明은 품었던 포부를 이루지 못하여 그 원한이 천지에 가득 차 있는데, 세상 사람들은 도리어 그를 밉게 보아 흉악의 우두머리를 삼아 '역적逆賊 놈'이라는 말을 욕의 보통 명칭으로 삼았다는 것이다. 증산은 역신의 신명들이 이 욕을 크게 혐오하니, 만물 가운데 시비가 없는 별자리로 그들을 보낼 수밖에 없다고 판단한다. 증산은 하늘도 늙은 하늘과 밝은 하늘의 시비가 있고, 땅도 비옥한 곳과 거친 땅의 시비가 있고, 날씨도 춥고 더운 시비가 있으며, 바람도 순풍과 역풍의 시비가 있으며, 비도 홍수와 가뭄의 시비가 있지만, 오직 별에는 시비와 상극相克이 없다고 설명한다. 별에는 밝고 빛난다는 이미지만 거론되는 것이 사실이다. 어쨌든 증산은 시비가 없는 곳으로 역신의 신명을 보내어 그들이 품은 깊은 원한을 풀어 없애는 공사公事를 집행한 인물로 믿어졌다.

그런데 증산의 부인 정씨鄭氏에 대한 다음과 같은 기록이 전한다.

이때에 天師의 夫人 鄭氏가 舅姑의게 不孝하야 家內가 不和함으로, 父興周가 黃應鍾을 보내야 天師께 이 事實을 말하게 하얏더니, 應鍾이 天

師께 뵈고 稠人中에 舅婦不和의 일을 아뢰니, 天師께서 들으시고 鬱鬱不樂하시며 …(137면)

『증산천사공사기』에는 앞부분에 고부인高夫人에 대한 언급이 한 번 있고, 여기서 정씨鄭氏 부인에 대한 언급이 유일하게 기록된다. 정씨 부인이 시어머니께 불효하여 집안이 불화하므로 증산의 부친이 증산의 제자를 시켜 이 일을 증산에게 전해주었다는 내용이다. 증산의 제자는 증산을 뵙고 많은 사람이 모인 가운데 증산 집안의 불화에 관한 이야기를 공개적으로 알렸고, 이를 들은 증산이 매우 울적해 했다는 이야기다. 정씨 부인이 부정적인 이미지로 등장한 것이다. 이처럼 정씨 부인에 대한 평가는 매우 야박하며, 기껏해야 시어머니께 불효한 며느리로 평가될 뿐이다.

이어지는 기록에서 증산은 오랫동안 울적한 상태로 있다가 마침내 김형렬에게 고부에 있던 본가에 가서 부인을 내쫓는다는 선언을 전하고 돌아오라고 명했다.

黃應鍾이 天師의 本宅에서 舅婦不和한 事實을 稟告한 後로 天師께서 鬱鬱不樂하사, 亨烈을 命하사 古阜 本家에 가서 薄妻함을 聲明하고 도라오라 하시니, 亨烈이 應諾하고 가지 아니하니라. (141면)

그렇지만 김형렬은 그러겠노라는 대답만 하고는 실제로는 심부름을 하러 가지 않았다고 한다. 여기서 강조되는 대목은 증산이 "박처薄妻했다."라는 점이며, 이를 공개적으로 알리라고 했다는 부분이다. 실제로 행해지지는 않았지만, 증산이 부인을 내쫓을 결심을 했다는 사실을 밝히고 있는 대목이다.

증산은 도교 계통의 주문인 칠성경七星經을 제자를 시켜 쓰게 하기도 했다.

> 天師께서 德贊을 불너 洋紙 一枚를 주사 七星經을 쓰라 하시니, 德贊이 紙 一枚에 七星經을 갓득차게 쓰고, 다만 三字 쓸 곳이 남은지라. 天師께서 그 餘白에 七星經 三字를 쓰신 後 燒火하시니라. (138면)

이러한 증산의 행동에 따라 전통적으로 많이 알려졌던 칠성경을 증산교단에서도 적극적으로 수용하여 주문으로 외운다. 증산이 종이를 불에 사르는 행위는 공사公事에 사용한다는 의미다. 증산은 칠성경을 인정하고 있으며, 종이에 직접 글로 쓰라고 명했다.

한편 증산은 『대학大學』의 체제를 설명하는 경문經文과 십장十章 사이에 있는 주희朱熹(1130~1200)의 글, 『서전書傳』의 서문序文, 이십사절후문二十四節候文 등도 매우 중요한 글이라고 강조하였다. 특히 『서전』의 서문은 만 번이나 외우라고 명했다.

> 天師 가라사대 선배가 되야서는 大學 右經 一章을 알어야 하나니라. 또 가라사대 書傳 序文을 萬遍 口誦하라. 大運이 그에 잇나니라. 또 가라사대 二十四節候文이 됴혼 글인데 世人이 다 몰으나니라. 俗談에 節候를 「쳘」이라 하고, 어린 것을 쳘不知라 하야 少年도 쳘을 알면 점잔이라 하고, 老人도 쳘을 모르면 아해와 갓다 하나니라. (140면)

증산의 말에 의해 후대의 증산교단에서는 『서전』의 서문을 많이 읽어서 이른바 도통道通을 했다고 주장하는 사람들이 심심찮게 나왔으며, 대부분의 증산교단에서는 이십사절후문을 주문처럼 외운다.

증산은 죽기 직전에 노자老子, 석가釋迦, 공자孔子 등 동양 전통의 위대한 종교적 인물들에 대해 비판하였다.

二十二日에 天師께서 가라사대 老子는 腹中에 八十年을 잇섯스니 不孝莫甚이요, 釋迦는 사람을 絶種케 하얏스니 엇지 佛이라 할 수 잇스며, 孔子는 小正卯를[21] 베엿스니 大聖이라 할 수 업나니라. (143면)

비판의 내용은 매우 간략한 것이며, 다소 편견이 있는 전설적인 이야기로 비판했을 따름이다. 노자가 어머니의 뱃속에서 80년이나 있다가 태어났다는 전설을 인용하여 불효不孝라고 비판했고, 석가모니는 출가出家를 강조함으로써 후손을 두지 못하게 했다는 점에서 비판하고 있으며, 공자는 소정묘少正卯라는 벼슬을 가진 자를 죽였으니 위대한 성인이라고 평가할 수 없다고 비판하였다. 이처럼 '비판 아닌 비판'으로 기존의 유불선儒佛仙의 교조敎祖들을 비판한 대목은 자신의 도道가 이들보다 낫다는 자부심을 표현한 내용으로 보인다.

12) 죽음

마침내 증산은 역사의 무대에서 홀연히 사라진다.

二十四日 辛丑 巳時에 天師께서 藥房 廳上에 안지사 亨烈을 命하야 蜜水 一器를 가저다가 마이시고, 亨烈의게 몸을 의지하시고, 微聲으로 太乙呪를 읽으시고 溘然히 化天하시다. (145면)

증산이 자신의 약방 마루에 앉아 제자를 시켜 꿀물 한 그릇을 청해 마신 다음, 가는 목소리로 태을주를 읽고 나서 개연히 세상을 떠났다.

21 소정묘少正卯의 오기誤記다.

마지막 순간에도 태을주太乙呪을 읽었다고 강조된 기록에서 그 중요성이 짐작된다. 어쨌든 증산은 이 세상에서의 임무를 마치고 다시 천상天上으로 돌아간 성聖스러운 존재로 믿어졌다. 증산의 죽음은 천상의 존재로 화한다는 뜻의 '화천化天'으로 표현되었다.

그러나 인간적인 안목으로 볼 때는 증산의 죽음을 맞이한 제자들의 숫자가 적었다는 보고가 있을 뿐이다.

> 이때에 여러 弟子가 다 흣허가고, 다만 亨烈 京石 公又 自賢 甲七 德贊 六人만 남엇더라. (145면)

한때 증산을 따르던 인물들은 수십 명에 이르렀고, 죽기 직전에 증산의 주변에 모인 인물들도 상당수 있었다. 그렇지만 증산의 갑작스러운 죽음에 실망한 제자들이 흩어져버렸고, 단지 여섯 명의 제자들이 남아 증산의 장례를 치뤘다. 인생사人生事 일장춘몽一場春夢일 뿐이다. 제아무리 신성한 존재로 믿어지고 숭앙받는 인물일지라도 그의 마지막 순간은 초라할 뿐이었다.

13) 천사天師의 이표異表

『증산천사공사기』는 증산의 신이한 모습에 대해 다음과 같이 끝맺는다.

> 天師 이르사대 나는 곳 彌勒이라. 金山寺 彌勒殿 丈六金身은 如意珠를 손에 밧앗스되, 나는 입에 물엇노라 하시고, 下唇 속에 잇는 紅点을 보이시니라.
>
> 天師의 相貌는 金山寺 彌勒金身과 恰似하야 圓滿하시며 方正하시니라.

天師의 眉間印堂에 한 둥근 자곡이 잇스니 곳 佛表니라. …(146~147면)

증산이 미륵불彌勒佛이라는 믿음을 유발하는 기록들이다. 증산이 자신의 입술 안쪽에 있는 붉은 점을 보여주며 "나는 여의주如意珠를 입에 물고 있도다."라고 말했다는 전언과 증산의 얼굴 모습이 금산사金山寺에 모셔진 미륵금상彌勒金像과 흡사하여 원만하고 방정했다는 기록과 증산의 미간에 있는 인당印堂에 둥근 자국이 바로 부처의 표시라는 기록이 그것이다. 이처럼 『증산천사공사기』에는 증산이 상제上帝라는 믿음보다는 미륵불이라는 주장과 믿음이 실려 있다. 초기에는 증산이 불교적 신앙대상과의 연관성이 더욱 강조되었음을 알 수 있는 대목이다.

『증산천사공사기』의 위상과 특징

III

1. 『증산천사공사기』의 위상

『증산천사공사기』는 다음과 같이 시작한다.

> 天師의 姓은 姜, 諱一淳, 字는 士玉이오 甑山은 그 號이니라. 父親의 諱는 興周요 母親은 權氏라. 權氏가 庚午 九月 어느 날 밤에 한 쑴을 어덧스니 하늘이 南北으로 갈나지며 큰 붉은 덩이가 낫하나서 졈졈 나직하야 몸을 덥흠애 그 빗이 天下에 비나더라. 이로부터 잉태되야 十三朔을 지나 辛未 九月 十九日 子時에 全羅北道 古阜郡(今 井邑郡에 併合되다) 西山里에서 天師가 誕降하시다. (1면)

증산의 탄강에 대한 기록이다. 증산의 모친 권씨가 경오년(1870) 9월 어느 날에 길한 태몽을 꾸었다는 점이 강조되었다. 증산의 태몽에 관한 이야기는 『대순전경』에도 그대로 전승되지만, 증산의 모친이 이 태몽을 꾼 시기가 증산이 태어나기 13개월 전이라는 주장이 있다는 점이 특기할만하다. 증산이 일반인과 달리 '13개월' 동안 모친의 태중에 있었다고 강조했던 것이며, 태몽을 꾼 시점이 경오년(1870)이었다고 강조한 대목이 이채롭다. 증산이 일반인과 달리 오랫동안 어머니 뱃속에 있었다고 강조한 기록이 초기에는 있었다. 이는 『증산천사공사기』가 증산교단사의 첫 경전기록이라는 위상을 차지하는 사실을 명백하게 알려주는 대목이다.

> 이째에 그 父親이 잠들엇섯는데, 두 仙女가 하늘로서 네려와 産母를 護衛 하는지라. 째달아 이러나니 곳 分娩이 되다. 이샹한 향긔가 집에 가득하고 밝은 긔운이 집을 둘우고 하늘에 쌔치어 七日이 되도록 흣허지지 아니하다. (1면)

증산이 태어날 무렵에 "증산의 부친이 잠이 들었다."는 이야기는 『대순전경』 초판에는 사라진다. 특히 "두 선녀仙女가 내려와 산모를 호위하는지라."라는 구절이 사라진다. 부인이 아이를 낳을 때 잠이 드는 남편에 관한 이야기가 조금은 낯설고 그가 꾼 꿈 이야기가 덧붙여진 점이 지나치다는 생각이 반영되었기 때문이라고 짐작된다. 또 이상한 향기와 밝은 기운이 집을 둘러 "7일이 되도록 흩어지지 않았다."라는 부분도 『대순전경』 초판에는 삭제되었다. 굳이 '7일'이라는 기간이 상정되지 않아도 충분히 그 신비로움이 설명될 수 있다는 생각이 반영되었을 것이다.

증산이 "6세에 비로소 서숙書塾에 들어가 한문漢文을 배웠다."(1면)라는 기록도 『대순전경』 초판에는 사라진다. 어릴 때부터 한문 공부에 열중했다는 기록이 굳이 필요하지 않다는 판단이 있었던 듯하다. 『증산천사공사기』는 증산이 여느 아이들과 마찬가지로 여섯 살 무렵부터 배움길에 나섰다는 점을 서술하고, 증산의 집이 그리 가난하지 않았다는 점을 강조하기 위해 이러한 기록을 굳이 삽입했던 것으로 보인다.

이어지는 기록에서 『증산천사공사기』에는 증산이 8~9세 무렵에 지었다고 전하는 한시漢詩를 몇 편 수록하였다. 무척 어려운 내용과 심오한 뜻이 있는 시들인데, 과연 이러한 내용의 시를 어린 증산이 지을 수 있었겠는지는 의문이 든다. 어쨌든 『대순전경』 초판에 이르면 이들 시는 여러 곳으로 분산되어 실린다. 증산이 어릴 때 지은 시라는 한정이 없어진 셈이다. 이들 시의 오묘한 해석은 여러 교단에서 제각기 이루어지는데, 난해한 뜻으로 쉽사리 해석하기가 어렵다. 증산이 어릴 때 지었다고 하기에는 받아들이기 어려운 점이 지적되었기 때문에 『대순전경』에 이르면 여러 시기로 나누어 실린 것으로 보인다.

> 西山里로부터 同郡 優德面 客望里에 移居하사 집뒤에 실우산이 잇슴으로 甑山이라 號하시다. (2면)

증산이 태어난 곳에서 인근 고을인 객망리로 이사했고, 객망리의 집 뒤편에 '시루산'이 있어서 자신의 호를 '증산甑山'이라고 지었다는 기록이다. 증산이 자신이 살던 뒷산의 이름을 따서 그의 호로 삼았다는 기록이 『대순전경』 초판(1929)에 이르면 생략된다. 『대순전경』 초판에는 이런 내용이 사라진 것이다. 증산이 우리나라 곳곳에 많이 있는 평범한 이름의 '시루산'에서 자신의 호를 지었다는 기록이 증산의 호에 무언가 특별하고 심오한 상징적 의미를 부여하고자 했던 입장과 믿음과 배치된다고 판단했던 것으로 보인다. 단순하고 평범한 '시루'가 아니라 우주적 차원의 통합과 일치를 추구하는 사상의 위대한 용광로로서의 '증甑'이 강조되어야 했기 때문이리라.

> 元來 집이 가난하야 十四五歲에 學業을 中止하시고 四方에 周遊하사

井邑郡 笠岩面 巨沙幕에서 남의 머슴이 되야 보리를 거두신 일이 잇스며 長城郡 白羊寺 附近 扶餘谷에서 나무 버이신 일도 잇스니라. (2~3면)

증산은 집안이 가난했기 때문에 14세 무렵에는 학업을 그만둘 수밖에 없었다. 급기야 생계를 유지하기 위해 정읍군에서는 남의 집 머슴 노릇을 했고, 멀리 장성군까지 가서 나무꾼 노릇을 했다고 전한다. 증산의 성장 과정에 대한 『증산천사공사기』의 기록과 다르게 『대순전경』 초판에서는 증산이 나무꾼 노릇과 남의 집에서 머슴살이를 했다는 내용이 사라진다.

『대순전경』 초판에는 "가세家勢가 빈핍貧乏함으로 학업學業은 일찍 폐廢하시니라."라는 기록만 있다. 후대의 『대순전경』이 판을 거듭하면서 증산의 수학기를 서술하면서 있었던 신비한 일화나 증산을 가르치러 왔던 훈장에 관한 이야기도 『증산천사공사기』에는 보이지 않는다. 물론 증산이 어릴 적에 지었다는 어려운 한시들이 수록되어 있다는 점에서 증산의 천재적 비범함이 드러나도록 했지만, 신비와 선언으로 표현될 정도의 일화는 애초의 『증산천사공사기』에는 없었다.

증산은 24세 되던 해인 갑오년(1894)에 처가에 서당을 열고, 동생과 이웃의 학생을 모아 한문을 가르쳤다.

二十四歲(甲午)에 金溝郡 草處面 內住洞 鄭南基(天師의 妻弟)의 집에 書塾을 設하시고 그 아우 永學과 이웃 學徒를 모와 漢文을 가라치시니 그 가라치심이 師道에 마자 頌聲이 놉흐니라. (3면)

위의 인용문에서 증산이 처가의 도움을 받아 서당을 열고 훈장訓長 노릇으로 생계를 꾸려나갔다는 사실을 알 수 있다. 증산이 처가의 경제적 도움을 적극적으로 받았다는 점이 짐작된다. 그런데 증산의 결혼에 대한 정보는 제공하지 않아서 그가 정확히 언제 결혼했는지는 알 수 없다. 증산의 훈장 생활은 그리 오래가지 않았다. 왜냐하면 서당을 꾸린 지 얼마 안 되어 인근 마을에서 동학농민혁명이 일어났기 때문이다.

> 이 해에 古阜人 全琫準이 東學黨을 모아 兵을 들어 時政을 反抗하니 一世가 洶動 되는지라. (3면)

『증산천사공사기』에는 "전봉준이 동학당을 모아 군사를 일으켜 당시의 정권에 반항하였다."라고 비교적 객관적으로 서술하고 있다. 그런데 『대순전경』 초판에는 "전봉준이 당시의 악정惡政을 분개하여 혁명革命을 일으켰다."라고 기술하였다. 『대순전경』 초판에는 당시의 정권이 '악惡하다.'라고 가치판단을 하고 있으며, "분개하였다."라고 적어서 당연한 분노의 표출이었다고 평가한다. 그리고 『증산천사공사기』에서는 "반항하였다."라고 기록되어 있지만 『대순전경』 초판에 이르면 "혁명을 일으켰다."라고 적어서 동학농민운동의 발발에 대해 상당히 긍정적인 견해를 밝혔다. 동학농민운동에 대한 평가가 불과 3년 만에 달라졌음을 알 수 있는 대목이다.

『증산천사공사기』에는 전봉준의 반항이 일어나 세상이 흉흉해지자, 김형렬이 증산을 찾아와 당시의 소란을 피해 조용한 곳에 가서 글을 읽자고 권유하자 서당을 폐지하고 증산이 그와 함께 전주 동곡의 뒷산에 있던 학선암學仙菴에 피난했다는 기록이 있다. 『대순전경』 초판에는 이 부분이 생략되어 있다.

> … 因하야 東學黨이 雪期에 이르러 敗亡될 것을 깨달으시고, 모든 사람의게 東學에 들지 말나고 勸諭하셋더니, 이 해 겨울에 果然 東學黨이 官軍의게 敗滅되고, 天師의 勸諭에 服從한 者는 모다 禍難을 免하니라.

> 天師께서 慨然히 世道의 날로 그릇됨을 근심하사 匡救하실 뜻을 두시기는, 이 해에 비롯하니라. (4면)

『증산천사공사기』에는 “천사天師의 권유勸諭”라고 기록되어 있지만, 『대순전경』 초판에는 “선생先生의 효유曉諭”라고 기록하였다. 천사에서 선생이라는 일반적인 호칭으로 바뀐 점이 특기할만하다. 특히 증산이 “세도世道가 날이 갈수록 그릇되어감을 근심하여 널리 구원할 뜻을 두기 시작한 때는 갑오년(1894)이었다.”라는 『증산천사공사기』의 기록은 『대순전경』 초판에는 사라진다. 동학의 발발이 증산의 생애에 엄청난 충격을 준 큰 사건이었다는 사실이 『대순전경』에는 잘 드러나지 않는 것이다. 『증산천사공사기』에 따르면 증산의 삶에 결정적 전환점이 된 사건은 바로 동학농민운동의 발발이었음이 분명하다.

> 丁酉에 이르러 다시 鄭南基 집에 書塾을 設하시고 아우 永學과 亨烈의 子 贊文과 그 이웃 學徒를 가라치시다. 이때 鄭氏의 所藏한 儒仙佛 陰陽 讖緯의 書籍을 通讀하신 後 曰 이것이 天下를 匡救 함에 一助가 되리라 하시고 품으신 뜻을 이루기 위하야 이에 書塾을 폐하시고 人心과 俗情을 삷히시랴고 四方에 周遊하시기로 發心하시고 길을 떠나시다. (4면)

증산은 동학농민혁명운동이 실패로 끝난 후인 정유년(1897)에 다시 처가에 서당을 열고 동생 영학과 김형렬의 아들 등에게 한문을 가르쳤다. 이때 증산은 처가에서 소장하고 있던 여러 종교 관련 서적과 음양술수와 비결서 등의 다양한 책을 남김없이 읽었다고 전한다. 『대순전경』 초판에는 “처가에서 소장하고 있던 책”이라는 구절이 빠져 있다. 처가의 도움을 받았다는 사실이 드러나지 않은 것이다. 증산의 처가에는 상당한 양의 다양한 종류의 책이 있었다는 점을 알 수 있으며, 처가는 어느 정도 규모가 있는 살림살이를 했던 것으로 짐작된다. 종교와 관련된 서적들을 통독한 후 증산은 세상의 인심과 풍속을 살피기 위해 사방을 두루 돌아다니기를 결심하고 길을 떠났다. 방랑 천하의 목적은 "천하를 널리 구제하려 함"이었다. 세속적인 삶을 과감히 포기하고 새로운 인생 항로를 찾아 나선 것이다.

그러나 천하를 널리 구원하려 세상을 살피려는 증산의 웅대한 포부는 불과 하루 만에 난관에 부딪히고 말았다.

> 그날 밤에 益山郡 裡里에 이르사 行資가 업슴으로, 不得已 卜筮命理로써 行資를 求하시다. (4면)

증산이 길을 떠난 바로 그날 밤에 익산군 이리까지는 걸어갔지만, "행자行資가 없었다."라는 어이없는 어려움을 당했다. 여행 경비가 없었다는 말은 그만큼 철저하게 짜인 계획이 있었던 길 떠남이 아니었음을 알려준다. 준비도 하지 않은 채 무작정 떠난 다소 무리한 여정이었다. 증산이 생각해낸 여행 경비를 조달하는 방법은 "복서명리卜筮命理"였다. 점을 쳐주고 남의 운명을 봐주는 '점쟁이' 노릇을 통해 여비를 마련했다. 불과 하루도 못가 여비를 마련하기 위해 어쩔 수 없이 점쟁이 노릇을 한 증산의 초라한 모습은 『대순전경』 초판에는 보이지 않는다. 증산이 한갓 술사術士였었다는 사실은 그의 종교적 위대성을 드러내는 일에 어긋나는 무척 난감한 일이었음이 틀림없다. 초기의 불리한 기록들은 경전으로 편찬되고 정립되는 과정에서 숨기기 마련이다.

> 이곳으로부터 忠清南道 江景을 지나서 公州에 이르사, 香積山 金一夫의 詠歌舞蹈의 教法을 觀察하셧는데 …(4면)

증산은 익산에서 출발하여 충남 강경을 거쳐 마침내 공주에 이르렀다. 그는 그곳에서 향적산에 있던 일부一夫 김항金恒(1826~1898)의 영가무도詠歌舞蹈의 교법을 관찰했다. 증산이 공주로 행로를 정한 것은 아마도 정역正易을 연구하여 이름을 떨치고 있던 일부에 관한 소문을 듣고 그를 직접 만나보기 위함이었을 것이다. 굳이 공주 향적산으로 찾아간 이유가 김일부의 "영가무도의 교법"을 관찰하기 위해서였기 때문이다. 『증산천사공사기』의 "영가무도의 교법"은 『대순전경』 초판에는 "역학자易學者 김일부金一夫"로 기록된다. 초기의 기록에서는 김일부의 교법이 "노래를 부르며 춤추는 행위"가 중심이었다고 표현했지만, 경전기록으로 정착되면서는 김일부를 정역正易이라는 새로운 역학易學을 주창한 인물로 강조한 것이다. 그리고 27세의 청년 증산이 당시 72세의 노인이었던 김일부를 방문했다는 점이 주목되어야 하겠다. 청년 증산은 완숙한 노년의 경지에 이른 어른인 김일부 선생을 찾아뵌 것이다. 증산이 김일부와 동등한 자격 혹은 상제上帝의 자격으로 김일부를 만난 것은 결코 역사적 사실이 아니다. 설령 그러한 종교적 진실을 굳이 강조하려는 일부 집단들이 있다고 하더라도 역사적 사실이 아님을 분명히 명심해야 하겠다.

> 數日을 머무신 후 行資가 업서 발벗고 大通橋에 이르사, 한 書塾에 들니어 命理를 批判하시니, 그 聲名이 公州 府中에 宣傳되야, 命을 뭇는 사람이 만히 모아와, 그 神異한 批判을 敬服하더라. (5면)

증산과 김일부의 만남은 "수일數日"에 불과한 짧은 것이었다. 증산은 오랫동안 김일부의 교단에 참여하지 않고 단지 며칠 동안 둘러보았을 따름이다. 증산과 일부와의 만남이 중요한 것이지, 그 기간의 길고 짧음은 문제가 아니었다는 말이다. 그리고 그들의 만남은 김일부가 신기한 꿈을 꾼 다음에 증산에게 요운曜雲이라는 도호道號를 주었다는 이야기로 끝을 맺는다.

증산은 김일부와의 만남이 있은 다음에도 여전히 여비가 없어 고민했다고 전한다. 이에 증산이 선택한 해결책은 역시 "남의 사주팔자를 봐주는 일"이었다. 증산은 사람들이 많이 모이는 장소인 서당을 찾아가서 사람들의 사주팔자에 대해 비판하였다. 증산의 이러한 점복 행위는 매우 효험이 있어서인지 그의 이름이 공주 땅에 널리 선전되었다. 이에 증산에게 찾아와 자신의 명운命運을 묻는 사람들이 많이 있었고, 증산의 신이한 명리命理 비판批判은 사람들의 경탄을 불러일으킬 정도였다고 전한다. 이어지는 기록에서는 그해 추석을 맞아 사람들이 소를 잡아서 증산을 대접할 정도로 매우 융숭한 것이었다고 한다. 이후 증산의 행적은 조선 팔도에 걸치는 대장정이었다는 기록만 있고, 더 이상 특별한 내용은 전하지 않는다.

그런데 조선 팔도에 걸쳐 진행되었다는 증산의 유력遊歷은 그다지 신빙성이 없어 보인다. 왜냐하면 바로 이어지는 기록에서도 "그 후 전주부全州府에 이르시니"라 했고, 그곳에서 신인神人으로 불렸다는 이야기가 전하며, 어떤 사람이 기녀妓女 두 자매의 명命으로써 자기의 딸이라고 사칭하고 증산을 시험했다는 이야기가 적혀 있기 때문이다. 증산이 명리를 봐 주는 일로 생계와 여비를 해결했고, 그 신이한 적중이 널리 알려졌던 지역이 전주全州를 벗어나지 못했다는 전언이다. 아마도 증산은 자신의 고향과 멀지 않은 곳인 전라도 인근 지역에서 주로 머물렀을 가능성이 있다. 증산이 멀리 황해도, 평안도, 함경도, 경상도, 강원도 등지까지 여행했다는 기록은 그의 유력遊歷이 광범위했음을 홍보하려는 서술적 장치로 보인다.

증산은 무려 3년 동안이나 천하를 주유周遊하다가 경자년(1900)에 고향에 돌아와 집 뒷산인 시루산에 할머니의 묘소를 옮겨 장례를 다시

지냈다. 그 이유는 밝혀져 있지 않은데, 이는 『증산천사공사기』에만 있는 기록이다. 당시로서는 조상의 묘를 이장移葬하는 일이 그리 흔하지 않았을 터인데, 굳이 이장했던 것은 모종의 특별한 결심을 표현한 것이 아닐까 짐작할 뿐이다.

이후 증산은 초빙을 받아 남의 집을 전전하면서 생활하기 시작한다. 그 과정에서 증산은 그 동네의 호수戶數와 인구수人口數를 "주籌를 가지고 산算을 두어" 정확하게 알아낸다. 여기서도 증산은 산가지를 사용하여 숫자를 점쳤다. 여전히 점복占卜과 관련된 주술적 행위를 벗어나지 못했던 것을 알 수 있다. 이어서 증산은 어떤 사람이 혼사婚事로 가는 길을 막고 집으로 돌아가 매파를 기다리라고 알려주어 성사되게 했다는 이야기가 실려 있다. 다른 사람의 운명을 조금이나마 미리 아는 수준에 머물렀던 것이다.

> 辛丑年에 이르러 天師께서 從前의 알며 行한 바 모든 法術로는 세상을 건질 수 업다고 생각하사, 비로소 修道하시기로 發心 하시고 …(7면)

드디어 증산은 "기존에 알고 행한 바로는 세상을 건질 수 없다."라는 냉정한 판단을 내린다. 이윽고 증산은 비로소 "도道를 닦기로 발심하였다."라고 전한다. 이전에 남의 운명을 봐주거나 사주팔자를 보는 수준으로는 세상을 구원하려는 자신의 큰 포부를 이룰 수 없다고 판단한 증산은 비로소 "도道를 닦는 일"을 시작할 것을 결심한 것이다. 증산이 도를 닦는 목적이 바로 '세계 구원'에 있었다는 점이 주목된다. 도술을 부리거나 작은 술법으로써 생계를 유지하는 일은 증산이 바라던 바가 아니었다. 오로지 세상과 민중을 널리 구원하는 일이 도道를 닦는 일의 궁극적 목적이었다.

그 해 二月에 全州 母嶽山 後麓 大院寺에 들어가사, 幽寂한 七星閣에 홀로 게세서 사람의 出入을 禁하시고 閉門修道하사, 七月 大雨中 五龍噓風에 天地大道를 大覺하시다. (7면)

증산은 신축년(1901) 음력 2월에 전주 모악산 뒤편에 있는 대원사大院寺에[22] 들어가 조용한 칠성각七星閣에서 홀로 사람들의 출입을 금하고 문을 닫아걸고 도를 닦기 시작하였다. 수도에 들어간 지 5개월여 만인 신축년(1901) 음력 7월 큰 소낙비가 세차게 내리고 다섯 마리 용이 불어내듯이 강한 바람이 부는 날에 증산은 마침내 "천지대도天地大道를 대각大覺"하였다. 『증산천사공사기』의 "대각"이라는 표현은 『대순전경』 초판에 이르면 "성도成道"로 기록된다. 그리고 『대순전경』 초판에는 "사종마四種魔를 항降하시니"라는 구절이 추가된다. 증산의 대각에 대한 보충 설명이 추가된 셈이다. 사종마는 불교佛敎의 탐貪, 진瞋, 치痴의 삼종마三種魔에 음淫을 더한 독특한 개념이다. 어쨌든 증산은 천지의 대도를 크게 깨닫고 새로운 존재로 다시 태어났다. 더 이상 예전의 증산이 아니다. 남의 명리나 사주팔자를 봐주는 수준을 훨씬 넘어선 존재로 성장한 것이다. 이제 증산은 세계 구원을 위해 자신을 바치는 차원 높은 신비한 존재로 세상에 그 모습을 드러낸다.

辛丑冬으로부터 비로소 天地公事를 行하시다. 門窓에 조회를 부치지 아니하고, 부억에 불을 살으지 아니하고, 홋옷을 입으시고, 飮食을 全廢하사, 九日을 지나심에, 새가 벼 말니는 뜰에 네리지 안코, 이웃 사람은

---

22 모악산母嶽山은 모악산母岳山의 오기誤記이다. 그리고 『대순전경』에는 대원사大願寺로 기록되는데 대원사大院寺가 정확한 이름이다. 아마도 증산의 크나큰 소원이 이루어진 곳이라는 점을 강조하다가 이러한 오기誤記가 있었던 것 같다.

두려워하야 門 밧그로 通行하기를 어려워하니라. 이 後로는 卜筮命理等術을 말삼치 안으시니라. (7면)

증산은 천지대도를 대각한 그해 겨울부터 비로소 '천지공사天地公事'를 행하기 시작했다. 천지공사는 증산의 독창적인 용어다. 하늘과 땅으로 표현되는 우주의 질서와 원리를 근본적으로 바꾸는 위대한 종교적 행위를 가리키는 말이다. 증산이 천지공사를 보는 광경은 일반인의 상식을 뛰어넘는 것이었다. 겨울인데도 창문에 종이를 붙이지 않고, 부엌에는 불도 때지 않았으며, 얇은 여름옷만 입고, 음식을 일절 먹지 않는 것이었다. 이같이 행한 지 9일이 지나자 벼를 말리는 뜰에는 새가 앉지 못하고, 이웃 사람들은 두려워서 증산이 사는 집 앞을 지나가기를 꺼렸다고 전한다. 무언가 신기한 일들이 벌어지고 있었던 것이 분명하다. 어쨌든 증산은 천지공사를 행한다고 선언한 이후에는 점을 치거나 사주팔자를 봐주는 등의 일에 대해서는 일절 말하지 않았다고 전한다. 증산에게 인격의 전면적 전환이 일어났고, 그는 새로운 신성한 존재로 변화되었다.

壬寅 四月에… 天師께서 亨烈의게 일러 가라사대, 나의 일은 天地를 開闢함이니 곳 天地公事라. 네가 나를 밋어 힘을 슴진저. 무릇 남의 만들어 노은 것을 因襲할 것이 아니오, 새로 만들어야 하나니라. 譬컨대 모인 財産이라도 그 子息이 엇어 쓰랴면 쓸대마다 얼골 처다보는 것과 갓치, 남의 만들어 노은 데서 살기는 괴로우니라. 대개 나의 公事는 예에도 업섯고 이제에도 업고, 남의 일을 繼紹함도 아니오, 運數에 잇는 일도 아니오, 오직 내가 비로소 지으랴는 것이라. 나는 三界大權을 主宰하야 先天의 度數를 뜨더 곳치고, 後天의 無窮한 運命을 열어 仙境을 세우라 함이라. 先天에는 相克이 人間事物을 司配함으로 世世의 寃이 싸이

고 매처, 三界에 充溢하야 天地가 常度를 일코 人世에 모든 慘災가 생기나니, 그럼으로 내가 天地度數를 正理하고 神明을 調和하야, 萬古의 寃을 글으고, 相生의 道로써 後天仙境을 열고, 造化政府를 세워, 世界 民生을 건지려 하노라. 무릇 萬事가 巨細를 莫論하고 神道로부터 풀어야 이루는 것임으로, 만저 神道를 調和하야 굿게 度數를 定하면, 제절를 긔틀이 열녀 人事의 成功을 낫허내나니, 이것이 天地公事니라. (8~9면)

임인년(1902) 4월에 증산은 김형렬을 만나 천지공사에 대해 위의 인용문과 같이 말했다. 우선 증산은 "천지공사는 천지天地를 개벽開闢하는 일"이라고 정의하였고, 자신을 믿을 것을 강조하였다. 그리고 증산은 자신의 천지공사는 남이 만들어 놓은 것이 아닌 자신이 새로 독창적으로 만든 일이라는 점을 힘주어 말했다. 이어서 증산은 부모가 모은 재산이라 할지라도 그 자식이 얻어 쓰고자 하면 쓸 때마다 부모의 눈치를 봐야 하는 일과 같이 남이 만들어 놓은 데서 살기는 무척 괴롭다고 설명한다. 이윽고 증산은 "그러므로 우리는 개벽하여야 하느니라."라고 선언하여 새롭게 모든 일을 시작해야 함을 강조하였다. 개벽은 처음 시작한다는 의미가 있는 것이다. 나아가 증산은 자신이 행하는 천지공사天地公事는 예전에도 없었던 일이고, 현재에도 없는 일이며, 남이 해 놓은 일을 계승하는 일도 아니고, 운명이나 운수에 정해져 있는 일도 아닌 전혀 새로운 차원에서 전개된다고 주장했다. "오직 내가 비로소 지으려는 일"이 증산이 강조한 천지공사의 본 모습이다.

이어서 증산은 "나는 삼계대권三界大權을 주재主宰하여 선천先天의 도수度數를 근본적으로 뜯어고치고, 후천後天의 무궁한 운명運命을 새로 열어 신선이 사는 듯한 새 세상을 세우려는 것이다."라고 선포한다. 천지공사의 의의를 뚜렷하게 천명한 대목이다. 그리고 증산은 선천의 잘못된 현상에 대해 "선천에는 상극相克이 인간과 사물을 맡아 지배하기 때문에 세세토록 원한이 쌓이고 맺혀 온 세상에 가득 충만해져서 천지가 떳떳한 도수度數를 잃고 인간 세상의 모든 참혹한 재앙이 생겼다." 라고 진단한다.

따라서 증산은 '내가' "천지도수天地度數를 바르게 잡고, 신명神明들을 조화調和하고, 오랫동안 쌓이고 맺힌 온갖 원한을 끄르고, 상생相生의 도道로써 후천선경後天仙境을 열고 조화정부造化政府를 세워 세계의 민생民生들을 구원하고자 하노라."라고 선포하였다. 천지공사의 의의에 대해 매우 조리있게 설명한 대목이다. 천지도수, 신명의 조화, 원한의 해소, 상생의 도, 후천선경, 조화정부, 세계 구원 등의 요목을 중심으로 하여 천지공사의 진정한 의미에 대해 조목조목 설명한 것이다. 이어서 증산은 이러한 자신의 천지공사는 "만사萬事가 크고 작은 일을 막론하고 신도神道에서부터 풀어야 이루어질 것이라고 주장하고, 먼저 신도를 조화調和하여 도수度數를 굳게 정定하면 저절로 새로운 기틀이 열려 인간사의 성공을 나타낼 것이니, 이것이 바로 천지공사이다."라고 규정하였다. 증산이 자신이 행할 천지공사는 신神 또는 신명의 세계에서 먼저 해결책을 모색하는 일이라고 밝힌 대목이 특기할만하다. 이어서 증산은 신도를 조화롭게 화합시키고 천지의 도수를 새롭게 정하면 천지에 새로운 기운이 생겨나서 새 기틀이 열릴 것이고, 이에 따라 인간 세상의 온갖 일이 성공할 것이니, 이것이 바로 천지공사天地公事라고 선언하였다. 천지공사의 요체를 잘 설명하고 핵심을 잘 요약한 대목이다. 이처럼 증산은 임인년(1902)에 이르면 자신이 행할 천지공사에 대한 확고한 신념과 목표의식이 뚜렷이 생겼으며, 이를 다른 사람에게 적극적으로 알리는 일에 힘썼다는 사실을 알 수 있다.

天師 가라사대 利瑪竇는 世界에 만흔 功德을 깃친 사람이라. 그러나 그 功德을 隱微 中에 깃첫슴으로 世界는 이를 알지 못하나니라. 利瑪竇

가 처음 東洋에 와서 道를 行하야 天國을 세우랴 하되, 儒敎의 根據가 깊허서 그 痼弊를 쉽게 改革할 수 업슴으로, 다만 曆書를 改製하야 民時를 밝힌 後, 東洋의 大神明을 거느리고 西洋에 도라가서 文運을 열으니라. 대개 古昔에는 天上神과 地下神이 各各 方域을 安保하야 서로 侵瀆하지 못하더니, 利瑪竇가 비로소 그 界限을 開放하야, 天上地下에 神明이 來往하게 되니, 이로부터 地下神이 天上의 모든 妙法을 본밧아 네려 地下에 벳펏나니, 西洋의 모든 文物은 天國의 模型 뜬 것이니라. 利瑪竇가 西洋을 開闢하야 天國을 建設하랴 하되, 그 文明은 도로혀 人類의 相殘을 助長케 되니라.

利瑪竇의 일이 헛되게 되야 道의 根源이 끗치게 됨으로, 내가 비로소 大法國 天啓塔에서 天下에 大巡하야, 甲子로부터 八卦에 應하야 八年을 經한 後, 辛未로써 降世하얏노라. (9~10면)

증산은 의외의 인물인 이탈리아의 가톨릭 선교사인 마테오 리치Matteo Ricci(1552~1610)에 대해 자세히 언급한다. 마테오 리치가 "세계에 많은 공덕을 끼친 잘 알려지지 않은 인물"이라고 평가한 증산은 그 이유가 그가 공덕을 눈에 보이지 않는 세상에서 펼쳤기 때문이라고 밝혀 주었다. 마테오 리치가 처음 동양에 와서 "천국天國을 세우려 했다."라고 그가 품었던 이상에 대해 이야기한 증산은 "유교의 근거가 너무 깊어서 그 폐해를 쉽사리 개혁할 수 없었기 때문에 실패하고 말았다."라고 평가한다.

이어서 증산은 마테오 리치가 "역서曆書를 고쳐 제정하여 민시民時를 밝혀주었다."라고 주장했는데, 이는 역사적 사실이 아니다. 흔히 잘못 알고 있듯이 시헌력時憲曆은 마테오 리치와는 상관이 없는 일이다. 시헌력은 독일 쾰른 출신의 예수회 선교사 샬 폰 벨Schall von Bell, J. A. 즉 탕약망湯若望(1591~1666)과 관련이 있는데, 그는 명말明末 청초淸初에

서양의 역법曆法을 중국에 도입하는 과정에서 큰 역할을 했다. 명말 숭정崇禎 연간에 서광계徐光啟 등이 서양의 역법서들을 한역漢譯하여 『숭정력서崇禎曆書』를 편찬하는 일에 참여했으며, 청淸나라가 들어선 후 이것을 재정리해서 『서양신법력서西洋新法曆書』를 편찬했다. 이 책을 바탕으로 해서 이전의 대통력大統曆이 시헌력時憲曆으로 바뀌었다. 1645년 무렵부터 흠천감의 책임자가 되어 신법인 시헌력의 시행을 이끌었다. 어쨌든 마테오 리치는 시헌時憲이라는 호와 자를 사용한 적이 없다.

이어서 증산은 마테오 리치가 "동양의 대신명大神明들을 거느리고 서양에 돌아가서 문운文運을 새로 열었다."라고 주장한 다음, 그 배경에 대해 "예전에는 천상신天上神과 지하신地下神이 각각 지역적 경계를 굳게 지켜 서로 침범하지 못했지만, 마테오 리치가 처음으로 그 제한과 경계를 개방하여 천상과 지하에 신명들이 왕래할 수 있도록 했다."라고 밝혀주었다. 그 사실 여부는 확인할 수 없는 신비의 영역에 속하는 문제이기는 하지만, 증산이 동양과 서양의 경계를 허물고 나아가 천상계와 지하계의 구분을 없애버린 위대한 인물로 마테오 리치를 손꼽았던 사실은 분명히 확인된다. 증산에 의해 마테오 리치는 단순한 일개 가톨릭 선교사가 아니라 하늘과 지하세계의 구분과 경계를 무너뜨린 위대하고 성스러운 인물로 재평가되었다.

증산은 바로 이러한 마테오 리치의 노력 때문에 지하신地下神이 천상天上에 있는 모든 묘한 법술을 본받아 내려와 지하地下에 베풀 수 있었고, 따라서 서양의 발전한 모든 문물은 "천국天國의 모형模型을 본뜬 것"이라고 주장하였다. 증산은 이 모든 일은 "마테오 리치가 서양을 개벽開闢하여 천국을 건설하려 했던 일"이었다고 평가했지만, 서양의 문명은 도리어 인류의 상잔相殘을 조장하는 결과만 초래했을 뿐이라고 혹독하게 비평하였다. 인류를 살리는 길이 아니라 오히려 죽이고 서로 해치는 일만 결과했을 뿐이라는 비판이다.

나아가 증산은 이러한 마테오 리치의 실패로 인해 도道의 근원이 끊어지게 되는 위기에 처하자 자신이 비로소 대법국大法國 천계탑天啓塔에서 "천하天下에 대순大巡"하게 되었다고 주장하였다. 그리고 증산은 갑자년(1864)부터 팔괘八卦에 응하여 정확히 8년이 지난 후인 신미년(1871)에 이 세상에 내려왔다고 강조하였다. 여기서 갑자년(1864)은 동학東學의 창시자인 수운水雲 최제우崔濟愚가 형장의 이슬로 사라진 시점을 가리킨다. 수운이 죽은 후 8년이 지나 증산이 태어났다는 설명과 주장이다.

> 天師 가라사대 나는 하늘도 뜨더곳치고, 싸도 뜨더곳치고. 사람도 神明을 그 腦中에 出入케 하야 다 곳처 쓰리라. 그럼으로 나는 弱하고 病들고 가난하고 賤하고 어리석은 者를 갈여 쓰리니, 이는 비록 草木이라도 運을 붓치면 씀이 되는 연고니라. (10~11면)

증산은 '나는' "하늘도 뜯어고치고, 땅도 뜯어고치고, 사람도 신명神明을 그 뇌 속에 출입케 하여 다 고쳐쓰리라."라고 선언하였다. 하늘, 땅, 인간을 모두 뜯어고쳐 새로운 세상을 열겠다는 의지를 단호하고 강력하게 선포한 것이다. 인간을 둘러싼 우주를 근본적으로 뜯어고칠 것이고, 특히 인간은 뇌 속에 신적 존재들을 드나들게 하여 고쳐 쓰겠다고 주장했다. 이윽고 증산은 "나는 약하고, 병이 들고, 가난하고, 천하고, 어리석은 자들을 선택하여 쓸 것이니, 이는 비록 보잘것없이 보이는 풀과 나무라 하더라도 운運을 붙이면 쓰임이 되기 때문이니라."라고 설명하였다. 한갓 초목에도 기운을 붙이면 쓰임새가 있다는 주장으로 자신의 권능에 의해 이 모든 일이 가능할 것이라는 자신감을 표현한 대목이다.

> 天師 가라사대 後天에는 弱한 者가 도음을 엇으며, 病든 者가 이러나

며, 賤한 者가 놉흐며, 어리석은 者가 知慧를 엇을 것이오, 强하고 富하고 貴하고 知慧로운 者는 다 스스로 싹길지니라. (11면)

또 증산은 후천後天이라는 이상사회가 되면 "약한 사람이 도움을 받게 될 것이며, 병이 든 사람이 일어날 것이고, 비천한 자가 높이 될 것이며, 어리석은 사람이 지혜를 얻게 될 것이다. <선천先天에서> 강하고, 부를 누리고, 귀하고, 지혜로운 사람들은 모두 스스로 소멸할 것이다."라고 주장했다. 선천, 즉 현세에서 강强, 부富, 귀貴, 지智를 누리고 살던 사람들은 후천이라는 새 세상이 전개되면 오히려 그 신분이 낮아지고 가진 것을 모두 잃게 될 것이라는 전망이다. 지금 세상에서 약하고, 병들고, 비천하고, 어리석은 사람들이 후천이 오면 신분의 상승과 건강의 회복은 물론 지혜의 충족마저도 온전히 이룰 수 있게 될 것이라고 예언하였다. 선천과 후천에서의 사람들의 관계가 완전히 역전될 것이라는 말이다. 이는 현세에서 비천한 신분과 경제적 무능력은 비관하지 말고, 새로운 세상에서의 희망찬 삶을 향해 부단히 노력하라는 말을 에둘러 한 셈이다.

謹按 : 天師께서 大法國 天啓塔 계시다가, 西洋에서 失敗한 利瑪竇를 다리시고 天下에 大巡하시다가, 金山寺 三層殿 金彌勒에 臨御하사 三十年을 經한 後, 崔濟愚의게 濟世大道를 啓示하섯더니, 濟愚가 能히 儒家典憲을 超越하야 大道의 眞趣를 闡明치 못함으로, 드듸어 天命을 거두시고, 甲子로부터 八卦에 應하야 八年을 經한 後, 辛未에 親히 誕降 하시니, 東經大全과 밋 歌詞 中에 이른바 「上帝」는 곳 天師를 이름일진저. (此節은 車京石 傳述) (11면)

위 인용문에 나오는 '근안謹按'은 『증산천사공사기』에 유일하게 나오는 구절이다. 이는 보천교普天教를 세운 차경석車京石(1880~1936)의 구술口述에 의한 것이다. 애초에는 차경석의 개인적 의견일 뿐이었다는 뜻이다. 증산이 바로 수운水雲의 경신년(1860) 4월 5일의 신비체험에 등장하는 '상제上帝' 또는 '한울님'이라는 주장과 믿음인데, 이후 『대순전경』이 발간되는 시기에 이르러서는 차경석의 개인 의견이라는 부분이 빠짐으로써 당연하고 일반적인 믿음으로 서술되기에 이른다. 어쨌든 이 '근안'에서 주목되는 부분은 증산이 천하를 대순할 때 마테오 리치와 함께 했다는 내용과 김제 모악산에 있는 금산사金山寺의 미륵상彌勒像에 머물러 있다가 30년이 지난 후에 수운 최제우에게 세상을 구원할 큰 도를 계시했다는 내용이다. 증산의 영체靈體가 지상에 내려온 지 30년이 지난 다음에야 비로소 수운에게 제세대도濟世大道를 계시했다는 말이 주목된다. 이러한 그의 주장에 따르면 경신년보다 30년 이전인 1830년 무렵에 이미 증산의 영체가 금산사의 미륵금상에 임재했다고 한다. 물론 그 사실 여부와는 별도로 이러한 믿음이 존재한다는 사실만 확인이 가능할 뿐이다. 어쨌든 이 대목에서 강조되는 부분은 증산이 바로 수운에게 계시하고 나타났던 '상제' 또는 '한울님'이라고 강조한 것이다. 바로 여기서 증산이 동학東學의 사상과 교리체계를 적극적으로 수용하고 있다는 사실이 확인된다. 동학의 수용과 발전적 전개가 바로 증산이 의도한 점이라는 다시 한번 명백하게 드러난다.

> 天師 가라사대 利瑪竇는 現 解寃時代에 神明界의 主擘이 되나니, 이를 아는 者는 맛당히 경홀치 말지니라. (11면)

한편 증산은 마테오 리치가 바로 "현재 해원시대解寃時代에 신명계神明界의 우두머리"라고 말했다. 마테오 리치가 '신계神界의 최고最高 수장首長'이라는 주장이다. 증산이 마테오 리치의 위상을 매우 높이 평가한 대목이며, 그의 생전 업적을 극찬한 사실이 확인된다. 증산에 의해 비로소 마테오 리치는 서양에서 동양으로 건너와 선교에 힘쓴 일개 가톨릭 선교사에서 벗어나 신계神界를 다스리는 최고의 우두머리로 인식되었고, 그러한 믿음을 유발한 결정적 계기를 마련했다. 마테오 리치에 대한 엄청난 재평가를 내린 증산은 그를 경시하거나 홀대하지 말라고 신신당부했다. 그런데 『대순전경』 초판 이후에는 이 부분이 빠진다. 아마도 신명계의 사정을 함부로 언급한다는 점이 부담이 되었을 수도 있고, 서양의 한 선교사의 위상을 지나치게 높인다는 비판을 피하기 위함이었을 것으로 짐작된다.

> 天師 가라사대 後天에는 사람마다 不老不死하야 長生을 어드며, 櫃盒을 열면 옷과 밥이 나오며, 萬國이 和平하야 猜忌嫉妬와 干戈가 슨어지나니라. (11~12면)

위의 인용문은 증산이 그린 후천의 모습이다. 크게 볼 때 인간의 수명장수, 경제적 풍요, 세계평화의 실현 등의 항목으로 정리된다. 특히 사람들이 "불로불사不老不死"한다고 주장한 점이 특기할만하다. 늙지도 않고 죽지도 않는 참으로 이상적인 사회를 표현한 것이다. 인간의 수명이 한없이 길어진다는 주장도 특이하지만, 죽지 않는 불멸의 존재가 된다고 묘사한 점이 독특하다. 나아가 인간의 영혼에 대한 언급이 없다는 점에서 인간이 육체를 가진 채 불로불사하는 이상향을 상정했던 것으로 보인다. 이어지는 대목에서 증산은 집집마다 있는 궤짝을 열면 누구나 옷과 밥으로 표현되는 물질적 풍요를 누릴 수 있으리라고 전망한다. 실로 경제적 측면에서의 이상향이 아주 친숙한 어조로 표현된 대목이라고 평가할 수 있다. 나아가 증산은 후천이 되면 진정한 의미에서 "세계의 평화"가 이루어질 것이며, 이에 따라 각종 시기와 질투가 말끔하게 사라질 것이고, 특히 전쟁이 종식될 것이라고 예언했다. 전쟁이 없어지고, 갈등과 대립이 사라져서, 참된 평화의 세상이 전개되리라고 전망했다. 『증산천사공사기』의 후천後天에 대한 이러한 전망과 예언은 『대순전경』 시기에 이르면 더욱 치밀한 표현과 어조로 확대되어 전개된다. 희망을 주는 예언과 전망이 더욱 강조되는 셈이다. 이상理想은 다양하고 세밀하게 표현될수록 그를 이루기 위한 노력努力과 전진前進이 실제로 가능하다는 생각이 더욱 들게 할 것이다. 이상을 향한 일보一步 전진은 그 표현이 섬세할수록 구체적으로 진행될 수 있으리라.

> 天師 가라사대 이 때는 天地成功하는 때라. 西神이 司命하야 萬有를 宰制함으로 모든 理致와 모든 일을 모와서 크게 이루나니, 이 所謂 開闢이니라. 萬物이 가을바람 압헤 或 凋落도 되며, 或 成熟도 됨과 갓치, 참된 者는 碩果를 엇어 그 壽가 길이 昌盛할 것이요, 거짓된 者는 말나 써러져 길이 滅亡될지니라. 그럼으로 或 神威를 떨처 不義를 肅正하며, 或 仁愛를 베푸러 義人을 돕나니, 이 곳 解寃의 때라. 福을 求하는 者와 生을 求하는 者는 크게 힘쓸 대니라. (12면)

증산은 자신이 살던 당대를 "천지가 성공成功하는 때"라고 규정했다. 그리고 개벽開闢에 대한 또 다른 정의를 내렸는데, "서신西神이 명命을 맡아서 만유萬有를 다스려 모든 이치와 일을 모아 크게 이루는 것"이라 했다. 여기서 서신은 '가을 추秋'를 상징하는 서쪽을 담당하는 신격神格으로 짐작된다. 만물이 완성되고 추수되는 일을 관장하는 신으로 이해할 수 있다. 서신은 완성完成의 신神이요, 성숙成熟의 신이며, 성成의 신이다. 이어서 증산은 우주에 가을바람이 불어닥치면 성숙하여 완성되는 것도 있지만, 시들어 떨어지는 것도 있는 것처럼, 참된 자는 큰 열매를 맺어 그 수명이 길이 번창할 것이지만, 거짓된 것은 말라 떨어져 길이 멸망할 것이라고 설명한다.

나아가 증산은 자신이 살던 당대를 "해원의 때"라고도 규정한다. 온갖 원한이 남김없이 풀어 없어지는 시기라고 정의한 셈이다. 그리고 증산은 바로 이러한 해원의 시기를 맞이하여 신神 혹은 신명神明들이 그들의 위력威力을 떨쳐 의롭지 못한 것들을 여지없이 없애며, 혹은 어짊과 사랑을 베풀어 의로운 사람들을 도울 것이니, 이것이 바로 원한을 해소하는 방법이라고 강조한다. 이윽고 증산은 "복을 구하는 자와 삶을 구하는 자는 크게 힘쓸 때이니라."라고 말을 맺는다. 화禍와 죽음을 원하고 구하는 사람은 없을 것이다. 사람이 살면서 누릴 일상적 복락福樂의 기쁨과 죽음을 넘어서 생生을 추구하는 일을 강조한 증산은 이를 위해서는 '노력'하라고 가르친 것이다. 노력하지 않는 자는 복과 삶을 얻을 수 없을 것이라고 은근히 강조한 셈이다.

> 壬寅 四月부터 冥府公事(天地公事의 一部門)를 行하사, 가라사대 冥府公事의 終結을 짜라 世界公事가 解決이 되나니, 冥府의 錯亂에 依하야 世界도 錯亂하게 되는 짜닭이라 하시며, 날마다 글을 써서 불사르시니라. (12~13면)

증산은 임인년(1902) 4월부터 천지공사의 한 부문인 명부공사冥府公事를 행했다고 전한다. 명부冥府는 죽음 이후의 세계인 저승을 가리키는 말이다. 따라서 명부공사는 저승에서 벌어지는 일들을 공사로 처결한 것을 뜻한다. 증산은 "명부공사의 종결에 따라 세계 공사가 해결된다." 라고 주장했다. 저승의 세계에서 어떤 일이 먼저 결정되어야 이에 따라 현세의 사건이 해결방안을 모색할 수 있다는 말이다. 이러한 맥락에서 증산은 "명부의 착란에 따라 세계도 따라서 착란하게 되기 때문이다."라고 강조했다. 저승세계가 어지럽고 얽히면 그에 따라 현세도 착란할 수밖에 없다는 뜻이다. 현세의 일을 풀기 위해서는 무엇보다 먼저 저승, 즉 신계神界에서부터 해결책을 찾아야 한다는 주장이다. 이를 위해 증산이 선택한 방법은 "글을 써서 불에 사르는 행위"였다. 증산이 글을 써서 불사르는 일은 신명들에게 명령을 내리거나 무언가 중요한 일을 결정하고 확정한다는 의미에서 취하는 행위다. 어쨌든 증산은 글을 써서 불사르는 일로써 명부공사를 집행한 인물로 믿어졌다.

> 天師께서 날마다 洋紙 二三枚에 글과 物形을 써서 불사르시는데, 그 무엇임을 아는 사람이 업스니라. 弟子가 물으니, 天師 가라사대 이것은 天地公事에 神明을 喇하는 符號이니라 하시다. (18면)

증산은 항상 종이에 글과 그림을 써서 불에 살랐는데, 그 의미를 아는 자가 없었다고 전한다. 이에 한 제자가 그 뜻을 묻자, 증산은 "이것은 천지공사에 신명神明을 부르는 부호符號이니라."라고 대답해주었다. 천지공사를 집행하면서 신명들을 부르기 위해 사용하는 신호로써 글과 그림을 그려서 불에 태운다는 설명이다.

다음의 인용문은 『대순전경』에는 수록되지 않은 것인데, 조선 중기의 승려인 진묵대사震默大師(1562~1633)에 얽힌 이야기다.

> 金亨烈이 震默의 故事로써 天師께 告하야 曰, 全州府中에 한 貧吏가 잇서 震默과 友善하더니, 하로는 貧吏가 震默의게 解貧의 方을 求함애, 震默이 曰 司獄小吏를도모하라. 貧吏曰 이는 小任이니 圖得하기 쉬운 것이라 하고 그 後에 獄吏가 되얏는데, 그째 管內 富豪가 만히 가친지라. 小吏가 그들을 極力으로 斗護하니, 그들이 크게 感激하야, 物資를 만히 小吏의게 주니라. 그 뒤에 震默이 每夜에 北斗七星을 하낫式 그 빗을 가두어 사람으로 하여곰 發見치 못하게 하야 七日만에 모다 숨기게 하니,

> 太史官이 變을 告하야 曰 이것은 上天이 災殃을 네리심이니, 天下에 大赦하야 獄門을 열어 天意를 順하사이다 함애, 朝廷이 이 말을 듯고 獄門을 大開하엿다 하나이다. 天師께서 가라사대 진실로 그러 하얏스랴. 내가 이를 본밧아서 한 달 동안 七星을 숨겨서 世人의 發見을 試驗하리라 하시고, 그 날 밤으로부터 七星을 다 숨기어 한 달을 繼續하되, 世上에 發見한 者가 업스니라. (19~20면)

진묵의 신이한 행적을 전해 들은 증산이 "한 달 동안 칠성七星을 숨겼다."라는 신비한 이야기다. 증산의 권능을 강조하기 위한 서술적 장치로 보이는데, 특별한 의미는 없는 것으로 보인다.

> 이때는 日露戰雲이 正히 急하야 日兵이 國土를 通過함으로 國禁이 解弛될 섇 아니라 朴泳孝의 嫌疑도 풀어지니라. 그 때에 天師께서 秉旭다려 물어 가라사대, 이제 國勢가 날로 글너짐애 政府는 每事를 外人의게 依仰함으로 黨派가 分立하야 主義를 달니하야, 或은 日本을 親善하려 하며, 或은 露國과 親善하려 하니, 君은 엇더한 主義를 가젓느뇨? 秉旭이 對曰 人種의 別과 東西의 殊로 하야 日本을 親함이 可한가 하나이다. 天師 가라사대 君言이 有理하다 하시고, 西勢를 물니치기 爲하야 神明公事를 行하시다. (23~24면)

증산은 세금을 징수하는 한 제자가 박영효朴泳孝(1861~1939)의 일파로 몰려 어려움을 당하자 그를 구출해준 다음, 러일전쟁에 어느 편을 들어야 하겠느냐고 물었다. 이에 그 제자가 "인종의 차별과 동서의 다름 때문에 일본과 친선함이 옳겠습니다."라고 대답하자, 증산은 "그대의 말이 정녕 일리가 있도다."라고 인정하였다. 이윽고 증산은 "서양 세력을 물리치기 위하여 신명공사神明公事를 행하셨다."라고 전한다. 단순히 정치적 상황과 전쟁의 진행 과정을 흥밋거리로 물은 것이 아니라 러시아라는 서양세력과 일본을 중심으로 한 동양세력 사이의 갈등과 대립으로 보고 신명공사라는 종교적 행위를 통해 서양 세력을 물리쳤다고 믿어지는 것이다. 증산은 제자의 답변을 유도하고 이를 자신의 천지공사에 적극적으로 반영했다. 그리고 증산이 현실 세계에서 벌어지는 전쟁의 이면에는 신적神的 존재의 작용이 있다고 굳게 믿었다는 사실이 확인되며, 두 나라 사이에 벌어지는 전쟁의 판도를 결정짓는 모종의 종교적 행위를 집행했다고 믿어짐도 알 수 있다. 주변에 일어나는 정치적, 사회적 변화와 사건의 배후에는 항상 신적 세계의 작용과 간섭이 있다는 믿음이 확인되는 대목이다.

> … 天師께서 弟子다려 일러 가라사대. 辛丑 以後로는 一切 天地公事를 내가 맛하스니, 今年에는 農作이 豊登케 하야 米商을 하야 보리라 하시고, 雷電을 크게 일으키시니 …(24면)

증산은 "신축년(1901) 이후로는 일체의 천지공사를 내가 맡았노라." 라고 자신 있게 말했다. 신축년은 증산이 천지대도天地大道를 대각大覺한 해이다. 이처럼 증산은 스스로 대각한 이후에는 모든 천지의 사건의 추이와 변화의 대세를 자신이 맡아 다스린다고 확신했다. 특히 당시 사람들이 가장 중요하게 여긴 농사의 풍흉을 관장한다고 자신하고, 금년에는 농작이 풍년이 되게 하겠다고 선언하였다. 그 방법은 우레와 전기를 크게 일으켜 모든 재해를 물리치는 것이었다고 전한다. 어쨌든 증산은 자신이 깨달음을 얻은 이후에 벌어지는 모든 사건을 주재하는 존재로 스스로 확신했다.

> 天師께서 비록 至賤한 사람을 對할지라도 반듯이 尊敬을 하신지라,

金亨烈의 奴子 池南植의게도 對할 째마다 尊敬을 하시거늘, 亨烈이 가로대 이 사람은 곳 내의 奴子니 尊敬치 마르소서. 天師 가라사대 이 사람이 곳 네의 奴子니, 내의게 關係가 업나니라 하시며, 또 일너 가라사대 이 鄕里에는 兒少로부터 熟習이 되얏스니 말을 곳치기 어려우나, 다른 곳에 가면 엇더한 사람을 勿論하고 다 尊敬하라. 이 뒤로는 嫡庶名分과 班常의 區別이 업나니라. (34면)

증산은 신분이 미천한 사람을 만나더라도 항상 존댓말을 했다고 전한다. 김형렬의 머슴을 대할 때에도 존댓말을 쓰니, 김형렬이 자기의 머슴이니 존댓말을 하지 마시라고 말하자, 증산은 "이 사람은 너의 머슴이니, 나에게는 관계가 없느니라. 이 동네에서는 어릴 때부터의 습관이 되어 말을 고치기가 어렵지만, 다른 곳에 가면 어떤 사람을 만나더라도 항상 존댓말을 사용하라. 이 뒤로는 적서嫡庶의 구분과 반상班常의 구별이 없어질 것이니라."라고 말했다. 상대에게 존댓말을 하는 작은 행위들이 모여서 비로소 적서의 구분과 양반 상놈의 구별이 없어지는 일이 이루어질 것이라는 가르침이다. 증산은 말을 조심하라고 제자들에게 가르쳤는데, 새 세상을 만드는 첫걸음이라는 점을 강조했다.

惡將除去無非草, 好取看來摠是花라. 말은 마음의 소리요, 행실은 마음의 자최라. 말을 잘하면 福이 되야 漸漸 큰 福을 일우어 내 몸에 이르고, 말을 잘못하면 禍가 되야 漸漸 큰 禍를 이루어 내 몸에 이르나니라. (35면)

증산은 "미워하여 없애려 하면 풀이 아닌 것이 없고, 좋아서 취하고자 한다면 모든 것이 꽃으로 보이리라."라는 시구를 제자들에게 외워주었다. 내 마음을 먼저 확실하게 정한 다음에 만물을 객관적으로 바라보아야 한다는 가르침이다. 이어서 증산은 "말은 마음의 소리요, 행동은 마음의 자취다."라고 말하여 드러나는 말과 행위에 의해서만이 비로소 숨겨진 사람의 마음이 나타날 수 있다고 강조하면서 말과 행동을 조심하고 삼가라고 가르쳤다. 이어서 증산은 말을 조심스럽게 잘한다면 단순히 좋은 행동으로 그치는 것이 아니라 적극적인 차원에서 복福이 되어 점점 큰 복福을 이루어 그 당사자의 몸에 영향을 끼칠 것이고, 말을 잘못한다면 화禍가 되어 점점 큰 재앙을 이루어 그 당사자의 몸에 악영향을 미칠 것이라고 경계했다. 요컨대 말을 조심하고 삼가라는 가르침이다.

한편 『증산천사공사기』 35면과 36면에 증산의 제자인 김형렬이 자신의 증조曾祖 때 자신의 집에 찾아와 마을의 여러 어려운 상황을 해결해주고 민란民亂의 발생을 예언했던 신이神異한 정鄭짚신이라는 인물에 관해 이야기하면서 증조부가 그에게 명당明堂자리라도 얻어 쓰지 못했음을 한탄하자, 증산이 "그런 지식을 가진 사람이 어찌 남의 밥을 헛되이 먹었으랴?"라고 반응하며 "천리天理의 극진極盡함에는 한 올 인욕人欲의 사私가 없느니라."라고 말했다는 일화가 실려 있다. 이 이야기도 특별한 의미가 없다고 판단해서인지 『대순전경』에 이르면 삭제된다.

> 天師께서 매양 弟子들의게 일너 가라사대, 내가 三界大權을 맛하스니 先天의 모든 度數를 뜻어 고치고 後天의 새 運命을 열어서 仙境을 만들니라 하심으로, 弟子들은 항상 그 더듸믈 恨하야 하로밧비 開闢 하시기를 기달니더라. (50면)

증산은 제자들에게 "내가 삼계三界의 대권을 맡았노라."라고 말했고, "선천의 모든 어그러진 도수를 뜯어고쳐서 후천의 새로운 운수를 열어서 선경仙境을 만들려 하노라."라고 장담했다. 나름대로 확고한 신념이

가득 찬 말이며, 제자들의 마음을 열어주는 가르침이었다. 그런데 그를 따르는 제자들의 생각은 달랐다. 선경仙境을 만드는 개벽開闢이 더디게 옴을 한스럽게 여기고 하루바삐 오기를 기다리기만 할 뿐, 마음 고치기와 말조심하기에 힘쓰지는 않았다. 증산이 애초에 예견한 행동은 하지 않고, 헛된 욕심만 앞서는 행위만 할 뿐이었던 것이다. 개벽은 스스로 열림이다. 기다린다고 해서 저절로 오는 일이 결코 아니다. 그럼에도 불구하고 대부분의 증산을 직접 따랐던 사람들조차 개벽을 객관적 정세나 정황으로 오는 일로 판단하고 기다리기만 했고, 자신의 말과 행동을 적극적으로 고쳐나가는 주체적 열림을 추구하지 않았다.

> 辛元一이 開闢公事를 하로밧비 行하시기를 天師께 强請한대, 天師 가라사대 人事는 機會가 잇스며 天理는 때가 잇나니, 그 機會를 지으며 때를 기달닐 것이어늘, 이제 機會와 天時를 어긔고 억지로 人謨만 쓰면, 이는 天下에 災를 기침이며 億兆의 生命을 아슴이라. 엇지 참아 할 바이랴? (50면)

증산의 제자들은 개벽을 이루는 공사를 빨리 집행할 것을 증산에게 강권했다. 이에 증산은 "인간사 모든 일은 마땅한 기회가 있으며, 하늘의 이치는 정해진 시기가 있으니, 그 기회를 짓고 시기를 기다리는 것이 바람직하도다. 이제 세상이 만드는 기회와 하늘이 정해주는 시기를 어기고 억지로 사람들의 하찮은 꾀에만 의지한다면 이는 천하에 재앙을 끼치는 일이며 억조창생의 생명을 앗아가는 일이니 어찌 차마 할 일이겠는가?"라고 반문했다. 개벽은 기다리고 참는 일에서 시작된다는 사실을 지적한 대목이다. 그렇지만 증산의 제자들은 증산의 이러한 가르침은 한 귀로 흘려듣고 말았다.

元一이 듯지 안코 天師께 구지 請하야 가로대, 方今 天下가 無道하야 善惡을 分別키 어려오니, 速히 이를 殘滅하고 後天 新運을 열으심이 올흘가 하나이다. (50면)

증산의 제자들은 이제 천하에 참된 도가 사라져서 선과 악을 분별하는 일조차 어려울 지경이니, 빨리 이러한 상태를 모두 박멸시키고, 후천後天 새 세상의 새로운 운수를 열어가심이 옳다고 증산을 재촉하고 부추겼다.

翌日에 天師께서 元一의 집에 오시사, 元一다려 닐너 가라사대, 濟生醫世는 聖人의 道오, 災民革世는 雄伯의 術이라. 이제 天下가 雄伯의게 괴로운지 오란지라. 내가 相生의 道로써 化民靖世하리니 너는 이제로부터 마음을 곳치라 하시고, 또 가라사대 大人을 工夫하는 者는 恒常 好生의 德을 가져야 할 것이라. 엇지 億兆를 死滅케 하고 홀로 살기를 도모함이 도리에 當할 것이냐 하시더라. (51~52면)

증산은 개벽을 기다리기만 하는 제자에게 "뭇 생명을 건지고 병든 세상을 고치는 일은 성인聖人의 도道요, 백성들을 재앙으로 몰고 세상을 억지로 고치는 일은 웅백雄伯의 술術일 뿐이다. 이제 천하가 웅백에게 괴롭혀 온 지 오래되었도다. 내가 상생相生의 도道로써 백성을 조화하고 세상을 평정할 것이니, 너는 이제부터라도 마음을 고치라."라고 가르쳤다. 성인과 웅백은 도와 술을 사용한다는 점에서 철저하게 구별된다는 말이다. 도를 추구하기 위해서는 남을 구제하고 고치는 일에 집중해야지 상대방을 해치고 망치게 해서는 안 된다는 가르침이다. 천하가 세상을 제 마음대로 함부로 고쳐버리려는 사람들에 의해 괴롭혀 온 기간이 무척 오래되었다고 평가한 증산은 무엇보다도 '마음 고치기'

에 집중하라고 제자들에게 가르쳤다.

이어서 증산은 대인大人을 공부하는 자, 즉 대인이 되고자 하는 사람은 항상 삶을 사랑하고 살아있는 것을 아끼는 덕德이 있는 마음을 가져야 한다고 가르쳤다. 억조창생의 목숨을 없애고 소멸시키면서 어찌 혼자서만 살기를 도모하는 일이 도리에 합당할 것이냐고 반문한 증산은 상대방의 생명과 목숨을 귀하게 여기는 사랑과 어진 마음을 가지라는 가르침도 내렸다.

> 天師 가라사대 圖畵臨本은 鬼神의 길이라. 이 世上에 學校를 넓이 세워 사람을 가르침은 將次 天下를 크게 文明하야 써 天地의 役事를 붓처 神人의 解寃을 식히랴 함인데 現下의 學校敎育이 學人으로 하여곰 官吏俸祿 等 卑劣한 功利에 빠지게 하니 그럼으로 판 밧게서 成道하게 되얏노라. (63~64면)

증산은 "도서임본圖書臨本은 귀신의 길이라."라고 말했다. 책과 그림은 귀신이 갈 바를 정해주는 지침이 된다는 의미로 보인다. 이윽고 증산은 "이 세상에서 학교를 널리 세워 사람들을 가르치는 것은 장차 천하를 크게 문명하게 만들어, 천지의 일을 하게 함으로써, 신과 인간의 맺힌 온갖 원한을 없애고자 하려는 일이다."라고 설명하였다. 학교를 세워 교육하는 일의 궁극적인 목적이 해원解寃에 있다고 강조한 것이다. 이어서 증산은 "그런데 학교 교육이 배우는 사람들로 하여금 관리가 되어 봉록을 받는 일에만 몰두하게 만드는 등의 비열한 공리功利에만 빠지게 하였다."라고 신랄하게 비판한다. 증산은 "그러므로 판밖에서 도를 이루게 되리라."라고 말을 맺는다. 학교라는 공식적인 교육기관을 통해서는 진정한 도道를 이룰 수가 없기 때문에 비공식적인 차원의 가르침을 통해 도를 깨치게 되리라고 전망한 것이다. 여기서 '판'은 말의 문맥에 의하면 학교 교육을 뜻하는 것으로 이해된다.

> 天師 가라사대 鬼神은 天理의 지극함이라. 天地公事를 行할 쌔에 반다시 鬼神으로 더부러 辦斷한다 하시고 「全州銅谷解寃神 慶州龍潭報恩神」이라 써서 壁上에 붓치시다. (64~65면)

증산은 "귀신鬼神이란 하늘 이치의 지극한 것이다."라고 규정하였다. 이윽고 증산은 "천지공사를 행할 때 반드시 귀신과 함께 판단한다."라고 주장하였다. 증산의 천지공사가 신적 존재와 더불어 하는 신비한 일이라는 점이 또다시 강조된 대목이다. 눈에 보이지 않고, 귀에 들리지도 않는 신비한 영역에서 천지공사가 집행되고 있다는 점을 부각시킨 것이다. 그리고 증산은 "전주全州 동곡銅谷에는 해원신解寃神이 있고, 경주慶州 용담龍潭에는 보은신報恩神이 있도다."라는 글을 써서 벽 위에 붙였다고 전한다. 전주 동곡은 증산이 자신의 약방을 차린 곳이며, 경주 용담은 수운 최제우가 신비한 종교체험을 한 장소다. 이 글귀는 각각 증산甑山과 수운水雲을 가리키는 말이 분명한데, 증산이 해원解寃과 관련되는 점은 이해가 되지만 수운이 보은報恩과 관련이 되는 점은 알 수 없다. 수운은 보은과 직접 관련된 말을 남기거나 행적을 보인 적이 없기 때문이다. 어쨌든 증산이 수운의 정신과 사상을 어떤 식으로든지 계승하고자 했던 의지가 확인되는 대목이다.

> 나는 西洋 大法國 天啓塔 天下大巡이라. 내가 三界大權으로 天地를 改造하야 仙境을 열고 造化政府를 세워 써 死滅에 瀕한 世界蒼生을 건지려 할 새, 너의 東方에 巡廻하다가 이 싸에 긋친 것은 곳 慘禍中에 빠진 無名 小弱의 民族을 몬저 도와서 萬古에 싸인 寃을 글너주랴 함이라. 나를 좃는 자는 永遠의 복을 어더 不老不死하야 仙境의 樂을 누릴 것이니라

하시더라. (72~73면)

증산은 자신에 대해 "나는 서양의 대법국에 있는 천계탑에서 내려와 천하를 대순한 사람이니라."라고 밝혀주었고, "내가 삼계대권三界大權으로 천지를 개조하여 선경仙境을 열고 조화정부造化政府를 세워 죽을 처지에 놓인 세계의 창생들을 구원하려 한다."라고 자신의 탄강이 가진 목적을 알려주었다. 그리고 증산은 자신이 하필이면 조선朝鮮 땅에 내려왔는지에 대해 "참화慘禍 속에 빠진 이름도 없고 작고 나약한 이 민족을 먼저 도와서 만고萬古에 쌓여 내려온 많은 원한을 끌러주기 위함이니라."라고 설명하였다. 마침내 증산은 "나를 믿고 따르는 자는 영원한 복락을 얻어 불로불사不老不死하는 선경의 즐거움을 누릴 수 있을 것이다."라고 강조하였다. 요컨대 세계 구원을 위해 이 지상에 하강한 성스러운 존재인 자신의 말과 행동을 본받고 따르면 지고의 복락을 누려 늙지도 않고 죽지도 않는 이상을 실현할 수 있다는 말이다. 증산은 일반인처럼 일상적인 복과 안정에 만족하지 않았다. 그는 인류 전체의 구원을 위해 힘쓴 위대한 인물이며, 불로불사의 선경을 건설하기 위해 아낌없이 노력한 성스러운 존재였다. 바라보고 추구한 이상理想의 규모와 깊이가 남과 특별하게 달랐다.

> 또 가라사대 이 뒤에 怪病이 全世界에 流行하야 자든 사람은 누운 자리에서 일지 못하고 죽고, 안진 者는 그 자리를 옴기지 못하고 죽고, 行人은 路上에 업더저 죽을 때가 잇슬지라. 그러한 위급한 때를 當할지라도 나를 불으면 다 살아나리라 하시더라. (99면)

증산은 '괴병怪病'의 발발을 예언했다. 훗날 괴병이 전 세계에 유행하게 되면 자던 사람은 누운 자리에서 일어나지도 못한 채 죽을 것이고,

앉은 사람은 그 자리를 옮기지도 못한 채 죽을 것이며, 길을 지나가던 사람은 길가에 엎어져 죽을 것이라는 섬뜩한 경고를 했다. 증산은 이처럼 위급하고 엄청난 환란을 당하더라도 자신을 부르면 모두 살아날 수 있으리라고 주장했다. 증산의 이름을 부르거나 증산의 가르침을 믿고 따르라는 의미로 해석할 수 있겠다.

『증산천사공사기』는 증산교단사와 증산사상의 1차 자료이자 원原자료다. 즉 『증산천사공사기』는 증산신앙의 모체母體이자 증산사상의 발상發祥인 최초의 책이다. 아울러 『증산천사공사기』는 모든 증산교단사의 시원始原을 형성한 첫 서적이다.

『증산천사공사기』는 증산의 말씀과 행적에 대해 최초로 기록한 문서이며, 증산에 대한 여러 이야기를 처음으로 적은 자료 모음집이다. 따라서 『증산천사공사기』는 다양한 형태로 전개된 증산신앙의 모태母胎다.

증산 강일순이라는 조선 말기의 위대한 종교적 천재의 생애와 사상을 알 수 있는 최초의 기록서로서 『증산천사공사기』가 가지는 중요한 가치와 의의가 제대로 인정되고 그 위상位相이 다시 조명되어야 하겠다. 증산에 대한 소박하고 순전한 상태로 '날 것'의 생생한 자료를 제공하고 있는 『증산천사공사기』의 중요성은 아무리 강조해도 지나치지 않을 것이다.

이 『증산천사공사기』의 내용을 종교적 경전의 형태로 재가공한 것이 바로 증산교단 공통의 대표적 경전인 『대순전경大巡典經』이다. 『증산천사공사기』가 없었더라면 『대순전경』도 없었을 것이 분명하다. 『증산천사공사기』는 같은 편찬자인 이상호李祥昊에 의해 불과 3년의 시차를 두고 재정리하고 다시 주제별로 분류한 형태로 『대순전경』으로 편집된다. 그리고 후대에 발전적으로 전개된 여러 증산교파에서 『증산천사공사기』의 특정한 일부의 내용을 재해석하고 다양하게 풀이하여 자파의 경전기록에 삽입하기도 했다. 같은 기록의 가공 여부에 따라 다양한 해석이 시도되었다.

또한 『증산천사공사기』는 증산의 천지공사가 행해진 시기, 장소, 관련 인물 등에 대한 최초의 기록이라는 점이 주목되어야 한다. 종교적 경전의 형태로 증산의 말씀과 행적이 체계화되기 이전의 소박한 모습과 생생한 이야기가 『증산천사공사기』에는 있다. 그 어떠한 장식이나 치장도 없이 벌거벗은 몸으로 살아있는 '증산의 역사'가 실려 있는 것이다.

따라서 증산 강일순이라는 신비한 인물에 대한 신격화神格化 작업이 이루어지기 이전의 객관적 상황과 시대적 정황을 알기 위해서라도 『증산천사공사기』는 다시 한번 주의하여 자세히 살펴보아야 하는 중요한 책이다. 『증산천사공사기』는 증산사상과 증산신앙의 초기 모습과 최초의 형태를 살펴볼 수 있는 유일한 서적이기도 하다. 향후 증산사상 총서 또는 증산교단사 자료집의 간행이나 집대성 작업이 있게 된다면 그 첫머리를 장식할 책은 『증산천사공사기』 뿐이다.

2. 『증산천사공사기』의 특징

『증산천사공사기』의 사료적 특징에 대해서는 다음과 같이 정리할 수 있다.

첫째, 『증산천사공사기』에는 오늘날 증산사상과 증산신앙의 본질적 이념으로 주장되는 해원解冤, 상생相生, 보은報恩 등에 대해 논의가 거의 보이지 않는다. 『증산천사공사기』에는 해원사상만 증산의 가장 대표적인 사상으로 강조될 뿐이다. 해원사상에 대해서만 주목하고 자주 언급할 따름이다. 상생相生이라는 용어는 『증산천사공사기』의 9면과 51면에만 나온다. 그리고 보은報恩은 65면에 1번 나올 뿐이다. 이처럼 상생과 보은은 매우 약하게 언급될 따름이다. 그리고 『증산천사공사기』에는 '인존人尊'이라는 용어는 보이지도 않는다. 따라서 『증산천사공사기』가 간행된 1926년 무렵에는 증산사상의 본질이 해원에만 집중되었던 사실이 확인된다.

둘째, 『증산천사공사기』에는 이후 전개된 다양한 증산사상에 대한 기록이 거의 보이지 않는다. 증산이 강조한 남녀동권시대男女同權時代라는 용어도 보이지 않으며, 곧 닥칠 위기상황으로 예언되는 병겁病劫에 대한 언급도 소략하다. 또한 병겁을 구원하기 위한 성물聖物로 믿어지는 해인海印이라는 용어가 한 번 언급되지만, 의통醫統은 언급조차 없다. 그리고 『증산천사공사기』에는 앞날에 대한 예언豫言이 거의 없고 약하다. 이상사회인 후천後天에 대한 언급이 별로 없으며, 후천을 상징하는 '가을 운수'라는 용어도 보이지 않는다. 또 『증산천사공사기』에는 인간의 사후死後 존재 양식에 대한 언급이 빠져 있는데, 특히 혼魂, 백魄, 영靈, 선仙 등에 대한 언급이 없다.

셋째, 『증산천사공사기』에는 증산을 미륵불彌勒佛로 믿거나 그를 미륵불과 관련하여 언급한 내용은 있지만, 상제上帝와 관련시킨 기록이나 표현은 보이지 않는다. 증산이라는 존재에 대한 인식과 믿음이 상징적으로 드러나는 부분에서 불교의 구원자와 관련해서만 이해하고 있음을 알려준다. 이를 통해 우리는 증산이 상제, 구천상제, 호천상제, 구천응원뇌성보화천존 등의 지고신至高神으로 불리고 믿어지는 후대의 다양한 신앙 형태를 애초에는 제대로 수용하지 못했음을 알 수 있다. 요컨대 증산의 신격神格에 대한 여러 믿음과 이해가 없이 금산사金山寺의 미륵신앙彌勒信仰과 관련된 서술만 있을 뿐이었다.

넷째, 『증산천사공사기』에는 일본日本과 관련된 기록이 많이 보이지 않고, 그 서술에도 매우 조심스러운 태도를 취한다. 일본에 대해 간혹 언급하기는 하지만 증산이 "'어질 인仁'자는 못 준다."라는 말로 조선朝鮮의 우월감을 드러낸 내용은 생략되어 있다. 또한 "일본을 역사役事한다."라는 내용도 보이지 않는다. 특히 증산이 일본의 조선강점朝鮮强占을 비판하고 종교적으로 재평가하여 곧 물러갈 것을 확언했다는 기록이 없는 것이다. 아마도 『증산천사공사기』가 일본의 조선 지배가 정점에 이른 시기에 간행되었다는 역사적 한계가 드러난 것으로 보인다.

다섯째, 『증산천사공사기』에는 증산의 종교성이 확연히 드러나는 그의 교훈적인 말씀인 법언法言이 거의 보이지 않는다. 정치적 인물, 사회적 위인 등과 뚜렷이 구별되는 종교 인물로서의 성향이 잘 드러나는 인간 삶의 지침이나 모범이 되는 '말씀'이 거의 기록되지 않았다. 증산을 흠모하고 그의 생애와 사상을 따르려는 후대인들이 자기 삶의 교훈으로 받아들일 만한 증산의 '말씀'이 아직 정리되지 않았고 다양한 형태로 수집되지 않았던 상황을 반영한 것으로 평가된다.

여섯째, 『증산천사공사기』에는 간단하게 언급된 기록이 후대에 『대순전경』이 편찬되면서 기록의 증보增補가 이루어진다. 특히 『증산천사공사기』에는 증산이 행했던 치병治病 기록이 상대적으로 적게 실려 있는데, 후대에 이르면 별도의 '치병' 항목으로 수록된다. 또 『증산천사공사기』에는 증산이 외우거나 인용하거나 직접 지은 한시漢詩가 소략하게 언급된다. 이후 『대순전경』이 편찬되면서부터는 상당한 양의 풍부한 한시가 수록된다. 또 『증산천사공사기』에는 간단하게 언급된 증산의 서울행이 『대순전경』에는 기록의 증보가 확연하게 확인된다. 특히 증산의 이른바 말점도末店島 도수度數와 관련된 후대 기록의 증보가 주목된다. 또한 증산이 했다는 공자, 노자, 석가에 대한 비판도 후대에 이르면 자세하게 증보된다.

일곱째, 『증산천사공사기』에는 증산의 행적과 관련된 특정한 사건들이 연도와 날짜가 비교적 정확하게 언급되는 경우가 많은데, 이는 그 사건의 발생과 성향을 판단하는데 상당한 도움을 준다. 그리고 『증산천사공사기』에는 증산의 일화를 나열하여 서술했는데, 아직 주제별로는 정리가 되지 않은 상태로 기록했다는 한계가 있다.

여덟째, 『증산천사공사기』에는 증산을 따르는 사람들을 '제자弟子'로 표현한다. 후대의 『대순전경』에는 '종도從徒'라는 용어를 사용한다. 애초에는 일반적인 의미에서 '제자'라는 용어를 사용했지만, 종교적 경전의 형태로 정립되는 과정에서 증산의 신격神格과 위상位相과 관련하여 '제자'라는 용어가 참람하다는 판단에 따라 '종도'라는 용어가 선택된 것으로 보인다. 어쨌든 『증산천사공사기』에는 증산의 제자들이 증산을 따른 시기 즉 입도入道한 연도가 분명하게 밝혀져 있고 그의 신분과 특징적인 내용이 적혀 있어서 그들의 성향을 파악하는데 필수적인 1차 자료를 제공하고 있다.

아홉째, 『증산천사공사기』에는 증산의 결혼과 부인에 관해 알 수 있는 기록이 거의 없다. 고부인高夫人과 정부인鄭夫人이라는 용어가 각각 한 번씩 언급될 따름이다. 특히 증산의 첫째 부인인 정씨 부인이 살림에만 힘쓰면서 살자는 이야기도 『증산천사공사기』에는 보이지 않아 그녀에 대한 부정적 인식도 하지 않았다. 또 훗날 증산의 둘째 부인으로 알려진 김형렬의 셋째 딸 김말순金末順을 지칭하는 김부인金夫人이라는 용어는 보이지도 않고, 소략한 언급조차 하지 않는다.

『증산천사공사기』의 의의

IV

1911년 음력 9월에 증산교단 최초의 교단이 창립된 후, 증산을 직접 따르던 종도從徒들과 종도들의 문인門人들에 의해 수십 개의 교단이 분파되어 제각기 발전하고, 수많은 신도들이 모이게 되자 자연히 경전 편찬의 필요성이 널리 인식되게 되었다. 왜냐하면 당시의 상황은 종도들이 증산을 따르는 동안 전해 받았다는 말과 글 혹은 부적符籍 등을 교인들에게 구전심수口傳心授하는 포교를 했기 때문에 각 교파 간은 물론이고 같은 교단 내에서도 지역과 조직체계가 다른 경우에는 신앙의 내용까지도 다른 경우가 생겼기 때문이다. 따라서 적확的確을 약속할 수 없는 것이 구전口傳이기 때문에 특히 교인이 많은 교단일수록 '경전 편찬의 필요성'은 날이 갈수록 커지지 않을 수 없었다.

바로 이러한 기대에 적극적으로 부응하여 발행된 책이 바로 증산교단사 최초의 경전인 『증산천사공사기』다. 『증산천사공사기』의 의의는 다음과 같이 정리할 수 있다.

첫째, 『증산천사공사기』는 연대순年代順으로 기술한 역사 편찬의 한 체제인 편년체編年體로 기록되었다. 따라서 특정한 사건의 발생을 시간의 순서에 따라 살펴보기에는 적당하지만, 책에 장章과 절節이 구분되어 있지 않아서 체계적인 정리와 분류가 이루어지지 않았다는 단점을 지닌다. 반면에 기록의 표현들이 다듬어지지 않은 채로 생생하게 남아 있다는 점이 오히려 장점으로 평가되기도 한다. 무엇보다도 『증산천사공사기』는 증산이 언제 어디에서 행한 일인가에 대해 비교적 분명하게 기록하였다. 이는 후대에 발행된 『대순전경』과 비교해 볼 때 우수한 장점으로 평가된다. 후대에 간행된 종교적 경전으로서의 체계를 갖추어나간 『대순전경』은 장章과 절節이 구분되면서 증산의 말씀과 행적이 시간적 맥락이 없이 편성되어 있어서 증산이 과연 언제 어디에서 행한 일인지를 자세히 알 수 없다는 단점이 있다.

둘째, 『증산천사공사기』는 국한문혼용國漢文混用의 책으로서, 1926년 3월에 이상호李祥昊가 엮은 증산교단 최초의 경전이다. 『증산천사공사기』는 상생사相生社에서 간행한 총 147면의 활자본이다. 따라서 『증산천사공사기』는 증산의 생애 특히 그의 말씀과 행적에 대한 최초의 객관적 기록집으로서 증산의 사상과 그에 대한 믿음을 알기 위한 필수적인 자료다. 그리고 『증산천사공사기』는 증산교단의 초기 역사와 교단으로의 성립과정을 객관적으로 파악할 수 있는 기초자료이기도 하다.

셋째, 『증산천사공사기』는 그동안 풍설과 소문으로만 전해지던 증산에 대한 여러 일화들을 처음으로 집대성한 책이다. 1909년 음력 6월 24일에 증산 강일순이 세상을 떠난 후 그의 생애나 가르침에 대해서는 구전口傳으로만 전해지고 있었다. 1926년 3월에 이르러 활자로 기록한 『증산천사공사기』이 발행됨으로써 비로소 온갖 풍문과 쓸데없는 논란을 없앨 수 있는 결정적 계기가 마련될 수 있었다. 특히 『증산천사공사기』는 증산교단의 한 교파이자 최대 교파였던 보천교普天敎가 크게 급성장하여 증산에 대한 세간의 관심이 극도로 높아지고 있던 상황에서 간행되었다. 당시는 급격히 모여드는 신도들의 교육과 굳건한 신앙의 확립을 위해 경전 간행의 필요성이 고조되던 시기였고, 이에 적극적으로 부응하여 『증산천사공사기』가 간행되었다.

넷째, 『증산천사공사기』는 무경전無經典시대를 종식시키고 경전經典시대를 연 최초의 서물書物이다. 『증산천사공사기』는 증산교단 최초의 경전이라는 타이틀을 획득한 위대한 책이며, 증산교단사에 있어서 경전시대라는 새로운 물꼬를 튼 결정적인 전환점을 장식한 책이다. 『증산천사공사기』는 증산교단이 경전을 갖춘 제대로 된 형식의 '종교'로 정립되는 결정적 계기를 마련하게 한 최초의 서적이다. 따라서 『증산천사공사기』는 증산교단의 역사에서 '경전시대經典時代'라는 도도한 물줄기를 새롭게 연 첫 기록이다. 경전이 없다는 사실을 오히려 자랑스럽게 여기던 보천교의 조악한 인식과 이해를 과감히 벗어나 증산교단에 새로운 경전시대를 연 것이 바로 『증산천사공사기』였다.

자칭 수 백 만의 교인을 가지고 있다고 주장한 보천교普天教에서 1923년 10월에 발행한 『보광普光』 창간호의 「답객난答客難」에는 "귀교貴教의 경전經典은 있나요?"라는 질문에 "문자文字의 경전은 없습니다."라고 답한다. 이어서 "신앙信仰은 우상偶像에 있지 않음과 같이 진리眞理는 문자文字에 있지 않고 청정무구淸淨無垢한 양심중良心中에 있습니다. … 경전經典이란 우상偶像은 신자信者로 하여금 진리眞理에 어둡고, 문자文字에 두렵게 하여 몸둘 곳을 모르게 만들며, 실천을 도외度外하고, 공론空論에 경주傾走하여 분열과 쟁투로 자체自體를 멸망하게 하는 폐단이 있다고 생각합니다."라고 대답한다. 문자로 된 경전이 없다는 사실을 오히려 자랑스럽게 여기고 있었다. 이처럼 엄청난 수의 신도를 가진 보천교에서조차 1923년 말까지도 무경전無經典에 대한 근거가 없는 자부심이 있었던 것이다. 이러한 어이없는 착각은 1926년 3월에 『증산천사공사기』가 발행됨으로써 비로소 사라졌다.

다섯째, 『증산천사공사기』는 이후 발행된 모든 증산교단의 기록들의 선구자 역할을 한 경전이다. 지금까지 120여 년의 역사를 지닌 증산교단사의 첫 장을 장식하는 우두머리가 되는 경전으로서 『증산천사공사기』가 가지는 의의는 매우 크다. 왜냐하면 『증산천사공사기』는 이후 발행된 모든 증산교단 경전의 원천源泉이자 자료의 보고寶庫로서 전형적인 모범을 제시하고 있기 때문이다.

여섯째, 『증산천사공사기』는 증산을 직접 만나보고 체험하고 감화받은 실제 인물들의 생생한 증언을 토대로 만들어졌다. 『증산천사공사기』는 증산을 가장 오랫동안 모셨던 미륵불교彌勒佛教를 세운 김형렬金亨烈(1862~1932)의 기억과 진술에 주로 의지하여 서술되었다. 그리고 보천교普天教를 세운 차경석車京石(1880~1936)의 증언도 일부 수록되었다. 『증산천사공사기』는 편찬자인 이상호가 이후 다른 여러 증산의 종도들을 일일이 방문하여 자료를 수집하고 보완하여 종교 경전 형식의 『대순전경大巡典經』이 발행될 수 있었던 근본자료이기도 하다. 따라서 『증산천사공사기』는 종교 경전의 형태로 발행되기 이전의 생생한 자료를 확인할 수 있는 유일한 책이다.

일곱째, 『증산천사공사기』는 증산의 공생애公生涯 기간인 1901년부터 1910년까지의 전라도 지방의 풍속과 언어를 살필 수 있는 중요한 자료다. 『증산천사공사기』는 증산 강일순의 언행과 사상뿐만 아니라, 동학혁명 직후 호남지방의 민심의 움직임과 생활상, 그리고 종교단체의 초기 성립과정 등을 파악할 수 있는 구체적인 자료로도 평가된다.

맺음말

V

역사의 무대를 살다가 홀연히 떠나간 한 인물이 있었다. 죽음 이후에 대부분 사람은 후대인에게 영원히 잊히어져 가지만 아주 소수의 사람은 일정한 시간이 흐른 다음 후대인의 필요와 요청에 따라 그의 생애와 언행이 역사의 무대에 다시 소환된다. 이로써 특정인은 후대인의 삶에 어떤 식으로든지 영향을 미치는 계기가 마련된 것이다. 바로 이러한 일련의 과정에 따라 특정인의 삶과 사상은 후대인의 생활과 인생에 커다란 흔적을 남기기도 한다. 이는 오로지 그를 '기억하고 기리는' 사람들의 진솔한 증언과 확고한 진술에 의지해 가능한 일이다.

증산甑山 강일순姜一淳(1871~1909)!

그는 지구의 동북쪽 변방에 위치한 한반도에서도 한쪽 귀퉁이인 전라도에서 조선 말기의 대내외적으로 혼란한 시대를 나름대로 뜻깊고 치열하게 살다간 한 인물이다. 증산의 언행은 자세히 알려지지 않은 채 여러 경로를 통해 후대에 전해졌고, 그는 다만 숱한 기행이적奇行異蹟을 행한 기인奇人으로 널리 알려진 신비한 인물이었을 뿐이었다. 그런데 증산의 사후에 그를 상제上帝, 하느님, 미륵불, 천주天主님 등으로 믿고 따르는 사람들이 많이 있었다. 증산을 따르는 교단이 지금까지 무려 130여 개가 형성되었을 정도로 그에 대한 다양한 믿음과 신앙의 역사가 전개되고 발전되기에 이르렀을 정도다.

1911년 음력 9월에 증산교단 최초의 교단이 창립된 이후 15여 년 동안 구전口傳과 단편적인 이야기와 기록들에 의존한 포교布敎와 교화敎化가 이루어져 왔다. 이제 1926년 3월에 『증산천사공사기』가 간행됨으로써 증산의 말씀과 행적이 비로소 자세하게 밝혀져 '증산교단의 경전시대經典時代'가 열리게 되었다. 이후 『증산천사공사기』를 바탕으로 하여 1929년에는 『대순전경大巡典經』 초판이 간행되었고, 『대순전경』은 조금씩 증보增補되어 판을 거듭하면서 계속 발행되어 증산교단의 대표적이고 공통적인 경전으로 자리매김했다. 증산의 말씀과 행적이 종교적 경전의 형태로 정립된 것이다.

『증산천사공사기』는 증산교단 최초의 경전이며, 증산의 말씀과 행적에 대한 자료 모음집의 성격을 지닌 책이다. 요컨대 『증산천사공사기』는 증산이라는 인물에 대해 알 수 있는 객관적인 기록의 첫머리를 장식한 서적인 셈이다. 따라서 증산을 역사의 무대에서 만나볼 수 없는 후대인으로서 증산을 연구하기 위해서는 우선 『증산천사공사기』를 살펴보지 않을 수 없다. 『증산천사공사기』가 후대의 모든 증산교단 경전들의 원천이자 자료창고이기 때문이다. 『증산천사공사기』의 기록이 보충, 보완되고 증보되며, 그 기록에 대한 끊임없는 재해석과 재평가를 통해 비로소 증산교단의 경전들이 성립된다. 따라서 『증산천사공사기』는 증산교단 경전의 알파요 오메가다. 경전 기록의 처음이자 마지막이라는 뜻이다. 『증산천사공사기』의 내용이 증산의 언행을 가늠하는 표준적인 잣대가 되며, 초기 형태를 확인할 수 있는 유일한 기록이라는 점에서 특히 그러하다.

증산사상과 증산신앙의 발상發祥이 된 첫 원천源泉인 『증산천사공사기』의 가치와 의의는 매우 지대하다. 한국종교사상사의 위대하고 거대한 한 맥脈을 형성한 증산교단의 역사가 처음 시작되는 지점에 바로 『증산천사공사기』가 자리하고 있다. 따라서 오늘날 증산교단의 초기 성립과정과 역사의 전개를 살펴보기 위해서는 무엇보다도 『증신천사공사기』에 대한 천착이 필요하고 요청된다. 한국종교사상사의 온전한 정립을 위해서도 『증산천사공사기』에 대한 지속적인 연구가 필요한 시점에 지금 우리는 서 있다. 따라서 한국의 독창적인 사상의 시원始原을 찾아가는 과정에도 『증산천사공사기』는 중요한 위치를 선점하고 있기에 반드시 거쳐야 책이다. 향후 한국종교사상사의 바람직한 정립을 위해서도 『증산천사공사기』는 필수적으로 연구되어야 할 것이다.

부록1

『증산천사공사기』 현대어본

甑山天師公事記
증산천사공사기

천사天師의 성씨는 강씨姜氏요, 이름은 일순一淳이고, 자는 사옥士玉이며, 증산甑山은 그 호니라. 부친의 이름은 흥주興周요, 모친은 권씨權氏라. 권씨가 경오년(1870) 9월 어느 날 밤에 한 꿈을 얻었으니, 하늘이 남북으로 갈라지며 큰 붉은 덩이가 나타나서 점점 나직하여 몸을 덮음에 그 빛이 천하에 빛나더라. 이로부터 잉태되어 13개월이 지나 신미년(1871) 9월 19일 자시에 전라북도 고부군(지금의 정읍군에 병합되다) 서산리西山里에서 천사가 탄강하셨다. 이때에 그 부친이 잠들었었는데 두 선녀가 하늘에서 내려와 산모를 간호하는지라. 깨달아 일어나니 곧 분만이 되었다. 이상한 향기가 집에 가득 하고 밝은 기운이 집을 두르고 하늘에 뻗쳐 7일이 되도록 흩어지지 아니하였다.

천사께서는 어려서부터 호생好生하는 덕德이 많으사 나무 심으시기를 좋아하시며, 비록 곤충미물이라도 해치지 않으실 뿐만 아니라 간혹 위태한 데 다다른 물건을 보시면 힘을 다하여 구원하셨다. 6세에 비로소 서당에 들어 한문을 배우셨는데, 한 번 배운 것을 문득 깨달아 스승의 익혀 가르침을 기다리지 아니하셨다. 동료와 함께 글을 지으면 늘 장원을 하므로 하루는 스승이 장원을 다른 아이에게 주려고 작정하고, 시험을 치른 결과 또한 장원이 천사에게로 돌아갔으니, 이는 천사께서 글자체를 변하여 쓰신 까닭이었다. 어려서부터 시와 문장에 능하여 8~9세에 지으신 시를 수록하면

운래중석하산원運來重石何山遠, 장득척추고목추粧得尺椎古木秋(침砧과 저杵 읊은 것임)

상심현포청한국霜心玄圃淸寒菊, 석골청산수락추石骨靑山瘦落秋

천리호정고도원千里湖程孤棹遠, 만방춘기일광원萬邦春氣一筐圓

시절화명삼월우時節花明三月雨, 풍류주세백년진風流酒洗百年塵

풍상열력수지기風霜閱歷誰知己, 호운부유아득안湖雲浮遊我得顔

구정만리산하우驅情萬里山河友, 공덕천문일월처功德千門日月妻

(편집자 주, 이 몇 구절의 시는 흩어져 없어진 것을 수집한 것이므로 각 시의 제목은 알 수 없음)

금옥경방시역려金玉瓊房視逆旅, 석문태벽검위사石門苔壁儉爲師

사동초미수능해絲桐蕉尾誰能解, 죽관현심자불리竹管絃心自不離

포락효성상가리匏落曉星霜可履, 토장춘류일상수土墻春柳日相隨

혁원옹필유하익革援瓮畢有何益, 목사경우의양이木耜耕牛宜養頤

(이 시도 또한 어릴 적에 지으신 글이므로 기록하여 실음)

서산리에서 같은 군 우덕면優德面 객망리客望里에 이사하였는데, 집 뒤에 시루산이 있으므로 증산甑山이라고 호號를 지었다. 원래 집이 가난하여 14~15세에 학업을 중지하시고, 사방에 두루 돌아다니다가 정읍군井邑郡 입암면笠岩面 거사막巨沙幕에서 남의 머슴이 되어 보리를 거두신 일이 있으며, 장성군長城郡 백양사白羊寺 부근 부여곡扶餘谷에서 나무를 베신 일도 있으니라.

24세에(갑오년(1894))에 금구군 초처면 내주평 정남기鄭南基(천사의 처남妻男)의 집에 서당을 세우시고, 그 아우 영학永學과 이웃 학동을 모아 한문을 가르치시니, 그 가르치심이 사도師道에 맞아 칭송하는 소리가 높더라.

이 해에 고부古阜 사람 전봉준全琫準이 동학당東學黨을 모아 병사를 일으켜 당시 정권에 반항하니, 온 세상이 흉흉해지는지라. 이때에 금구金溝 사람 김형렬金亨烈이 천사의 소문을 듣고 와서 뵈인 후, 당시의 소란을 피하여 조용한 곳에 가서 함께 글 읽기를 청함으로, 서당을 폐지하시고 전주군 우림면 동곡銅谷 뒷산 학선암學仙菴에 가셨다가, 그곳도 소란스러우므로 물러 나오셨다.

이 해 7월 어느 날 밤에 등불을 밝히지 않고 홀로 앉으사 원신元神을 묵상하실 때 문득 「월흑안비고月黑雁飛高, 선우야둔도單于野遁逃」라는 옛 시가 불빛같이 밝게 보이므로 그 접구接句를 생각하니, 곧 「욕장경기축欲將輕騎逐, 대설만궁도大雪滿弓刀」라. 인하여 동학당東學黨이 눈 내리는 시기에 이르러 패망할 것을 깨달으시고, 모든 사람에게 동학東學에 들어가지 말라고 권유하셨더니, 이해 겨울에 과연 동학당이 관군官軍에게 패멸되고, 천사의 권유에 복종한 자는 모두 재난을 벗어나니라. 천사께서 개연히 세도世道의 날로 그릇됨을 근심하사 광구匡救하실 뜻을 두시기는 이 해에 비롯하니라.

정유년(1897)에 이르러 다시 정남기의 집에 서당을 세우시고, 아우 영학과 김형렬의 아들 찬문贊文과 그 이웃 학동을 가르치셨다. 이때 정씨가 소장한 유불선儒佛仙 음양참위陰陽讖緯의 서적을 통독하신 후 말씀하시기를 "이것이 천하를 널리 구원함에 일조一助가 되리라." 하시고, 품으신 뜻을 이루기 위하여 이에 서당을 폐하시고, 인심과 풍속을 살피시려고 사방에 주유周遊하기로 결심하시고 길을 떠나셨다. 그날 밤에 익산군益山郡 이리裡里에 이르사 행자行資가 없으므로 부득이 복서명리卜筮命理로써 행자를 구하셨다. 이곳으로부터 충청남도 강경江景을 지나서 공주公州에 이르사 향적산香積山 김일부金一夫의 영가무도詠歌舞蹈의 교법을 관찰하셨는데, 이때 일부의 꿈에 하늘에서 사자使者가 내려와 강사옥姜士玉과 함께 옥경玉京에 올라오라는 상제上帝의 명령을 전달하므로, 천사를 모시고 옥경에 올라가니, 주루금궐珠樓金闕이 높이 솟았고 요운전曜雲殿이라 제액題額하였으며, 사자使者를 따라 전내殿內에 들어가서 상제上帝께 뵈오니, 상제가 천사께 대하여 광구천하匡救天下의 뜻을 칭찬하며 매우 우대하셨다 하니라. 김일부는 이로써 천사를 기이하게 생각하여 이 꿈을 말한 후 요운曜雲이라는 호號를 천사께 드린 일이 있으니라. 수일을 머무신 후 행자가 없어 발 벗고 대통교大通橋에 이르사 한 서당에 들려 명리命理를 비판批判하시니, 그 명성이 공주公州부중府中에 선전되어 명命을 묻는 사람이 많이 모여와 그 신이한 비판批判을 경복敬服하더라. 8월 15일의 가절佳節을 당하여 모든 사람이 소를 잡아서 천사께 대접하더라. 그 후로 경기, 황해, 강원, 평안, 함경, 경상, 각지로 유력遊歷하셨다.

(편자編者 = 각지로 유력하시던 때의 이적異蹟은 미상未詳하므로 후일에 수집키로 하고 빠뜨림)

그 후 전주부全州府에 이르시니 부중인府中人이 신인神人으로 여기다. 그때 어떤 자가 기녀妓女 금희錦姬와 향춘香春 자매의 명命으로써 자기의 두 딸이라고 사칭詐稱하고 와서 시험하거늘, 천사 웃으며 말씀하시기를 "왜 나를 속이느뇨?" 그 사람이 진실을 고하지 아니함으로 천사께서 가라사대 "이것은 창기娼妓의 명命이라. 그대가 이러한 딸들을 두었으니 천한 사람이로다." 하시니 그 사람이 탄복하더라. 3년을 주유周遊하시다가 고향으로 돌아오사 시루산에 할머니의 묘를 이장移葬하셨도다.

경자년(1900)에 북도北道로부터 돌아와 김제金堤 반월리半月里 김준희金駿熙의 집에 머무시다가 전주全州 이동면伊東面 전룡리田龍里 이직부李

直夫의 집에 옮겨가시니 이는 직부直夫의 부친이 초빙했기 때문이라. 그 집 훈장 안모安某가 천사에게 향하여 재주를 시험하심을 청하므로 천사께서 주籌를 가지고 산算하사 그 동네 호수戶數와 남녀男女 인구人口의 수數를 자세히 말씀하시며, 3일 안에 한 명이 없어질 것이라 하시니, 안모安某와 이직부가 이상하게 여겨 그 동네 인구를 조사하니 한 집 한 사람의 착오도 없고 3일 안에 과연 한 사람이 사망했도다.

그 후 이직부를 데리고 전주부全州府에 들어가시다가 한 사람이 황망히 가는 것을 보시고, 그 사람에게 집으로 돌아가라 하시니, 그가 괴상히 여겨 까닭을 묻거늘, 천사 말씀하시기를 "그대가 혼사婚事로 인하여 매파를 찾아가지만 그 매파는 방금 그대의 집에 가서 기다리는 중이니, 그대의 이 길은 허행虛行일 뿐 아니라 만일 오늘에 매파를 만나서 약속하지 못하면 그 일은 헛되게 되리라." 하시니, 그 사람이 매우 경탄하여 명하신 대로 가던 길을 중지하고 집으로 돌아가니, 과연 매파가 와서 기다리더라. 그 후에 그 사람이 천사를 찾아와서 크게 감복하더라.

신축년(1901)에 이르러 천사께서 종전의 알며 행한 바 모든 법술로는 세상을 건질 수 없다고 생각하사 비로소 수도修道하시기로 발심發心하시고, 그 해 2월에 전주全州 모악산母嶽山 뒤 산기슭 대원사大院寺에 들어가사 조용한 칠성각七星閣에 홀로 계셔서 사람의 출입을 금하시고 폐문수도閉門修道하사 7월 대우중大雨中 오룡허풍五龍噓風에 천지대도天地大道를 대각大覺하시다. 이때에 그 절 주지住持 박금곡朴錦谷이 모든 편의를 돌봐주었더라.

신축년 겨울부터 비로소 천지공사天地公事를 행하셨다. 창문에 종이를 붙이지 아니하고, 부엌에 불을 사르지 아니하고, 홑옷을 입으시고, 음식을 전폐하사, 9일을 지남에, 새가 벼 말리는 뜰에 내리지 않고, 이웃 사람은 두려워하여 문밖으로 통행하기를 어려워하였도다. 이후로는 복서명리卜筮命理 등의 술術에 대해 말씀하지 않으시니라.

유서구柳瑞九가 천사의 부친과 친한 친구이므로 자주 내왕하는데 천사께서 항상 그가 방문함을 미리 아시고 술과 안주를 준비하게 하시니, 부친이 이 사실을 유서구에게 말하되 그가 믿지 않더니, 임인년(1902) 정월 7일에 유서구가 또 찾아오거늘, 천사께서 맞아 가라사대 "지난해 말에는 공사公事가 있어 오실 때에 영접하지 못하였으니, 부친의 친구분에 대한 예禮가 아니었습니다."라 하시고, 웃으시며 아우 영학을 불러 내실內室에 있는 역서曆書 틈에 끼운 종이를 가져오게 하여 펴본즉 「인일인래인간방寅日人來寅艮方, 봉장필시유서구逢場必是柳瑞九」라는 한 구절 시가 있으므로, 유서구가 크게 놀라서 그 후로 더욱 경복敬服하더라.

임인년 4월에 천사께서 정남기와 함께 금구군金溝郡 수류면水流面 원평시院坪市 김성보金聖甫의 집에 머무실 새 문인門人 김형렬이 내알하다. 같은 달 13일에 천사께서 같은 면 하운동夏雲洞 김형렬의 집에 가시니, 마침 형렬의 막내아들이 태어나는 때라. 원래 형렬의 부인이 산후產後에는 복통을 일으켜 49일간 고통하는 병세가 있으므로, 형렬이 크게 근심하거늘, 천사께서 형렬에게 일러 가라사대 "지금부터는 모든 일을 다 나를 신뢰하여 근심을 풀지어다." 하시니, 형렬이 명하신 대로 천사의 도우심을 믿고 근심을 놓았더니, 과연 그 부인의 복통이 곧 그치며 그 밖의 천식 등 다른 병증도 다 풀리니라. 천사께서 형렬에게 일러 가라사대 "나의 일은 천지天地를 개벽開闢함이니 곧 천지공사天地公事라. 네가 나를 믿어 힘을 쓸진저. 무릇 남이 만들어 놓은 것을 따라 할 것이 아니오, 새로 만들어야 하나니라. 비유컨대 모은 재산이라도 그 자식이 얻어 쓰려면 쓸 때마다 얼굴 쳐다보는 것과 같이 남이 만들어 놓은 데서 살기는 괴로우니라. 대개 나의 공사公事는 예에도 없었고 이제에도 없고, 남의 일을 계승함도 아니오, 운수運數에 있는 일도 아니오, 오직 내가 비로소 지으려는 것이라. 나는 삼계대권三界大權을 주재主宰하여 선천先天의 도수度數를 뜯어고치고 후천後天의 무궁한 운명運命을 열어 선경仙境을 세우려 함이라. 선천에는 상극相克이 인간사물人間事物을 맡아 지배함으로 세세世世의 원冤이 쌓이고 맺혀 삼계三界에 충일充溢하여 천지가 상도常度를 잃고 인세人世에 모든 참혹한 재앙이 생기나니 그러므로 내가 천지도수天地度數를 정리正理하고, 신명神明을 조화調和하여, 만고萬古의 원冤을 끄르고, 상생相生의 도道로써 후천선경後天仙境을 열고, 조화정부造化政府를 세워 세계민생世界民生을 건지려 하노라. 무릇 만사萬事가 크고 작음을 막론하고 신도神道로부터 풀어야 이루는 것임으로, 먼저 신도를 조화調和하여 굳게 도수度數를 정定하면 저절로 기틀이 열려 인사人事의 성공成功을 나타내나니 이것이 천지공사天地公事니라.

천사 가라사대 이마두利瑪竇는 세계에 많은 공덕을 끼친 사람이라. 그러나 그 공덕을 은미隱微한 가운데 끼쳤으므로 세계는 이를 알지 못하느니라. 이마두가 처음 동양에 와서 도道를 행하여 천국天國을 세우려 하되, 유교儒敎의 근거가 깊어서 그 고질적 폐해를 쉽게 개혁할 수 없으므로 다만 역서曆書를 새롭게 제정하여 민시民時를 밝힌 후, 동양의 대신명大神明을 거느리고 서양에 돌아가서 문운文運을 여니라. 대개 옛날에는 천상신天上神과 지하신地下神이 각각 구역을 굳게 지켜 서로 침범하지 못하더니, 이마두가 비로소 그 제한을 개방하여 천상지하天上地下에 신명神明이 왕래하게 되니, 이로부터 지하신이 천상의 모든 묘법을 본받아 내려 지하에 베풀었나니, 서양의 모든 문물은 천국의 모형을 본뜬 것이니라. 이마두 서양을 개벽하여 천국을 건설하려 하되 그 문명은 도리어 인류의 상잔相殘을 조장케 되니라.

이마두의 일이 헛되게 되어 도道의 근원이 그치게 됨으로 내가 비로소 대법국大法國 천계탑天啓塔에서 천하에 대순大巡하여 갑자甲子로부터 팔괘八卦에 응하여 8년을 지난 후 신미辛未로써 세상에 내려왔노라.

천사 가라사대 나는 하늘도 뜯어고치고 땅도 뜯어고치고 사람도 신명神明을 그 뇌중腦中에 출입하게 하여 다 고쳐 쓰리라. 그러므로 나는 약하고 병들고 가난하고 천하고 어리석은 자를 가려 쓰리니 이는 비록 초목이라도 운運을 붙이면 쓰임이 되는 연고니라.

천사 가라사대 후천에는 약한 자가 도움을 얻으며, 병든 자가 일어나며, 천한 자가 높이 되며, 어리석은 자가 지혜를 얻을 것이오, 강하고 부富하고 귀하고 지혜로운 자는 다 스스로 꺾일지니라.

근안謹按 천사께서 대법국大法國 천계탑天啓塔에 계시다가 서양에서 실패한 이마두를 데리고 천하에 대순大巡하시다가 금산사金山寺 삼층전三層殿 금미륵金彌勒에 임어臨御하사 30년을 지난 후 최제우崔濟愚에게 제세대도濟世大道를 계시하셨더니, 제우가 능히 유가儒家의 전헌典憲을 초월하여 대도大道의 진취眞趣를 천명치 못함으로 드디어 천명天命을 거두시고 갑자甲子로부터 팔괘에 응하여 8년을 지난 후 신미辛未에 친히 탄강하시니, 동경대전東經大全과 및 가사歌詞 가운데 이른바 「상제上帝」는 곧 천사를 이름일진저. (이 구절은 차경석車京石이 전한 것임)

천사 가라사대 이마두는 현 해원시대解冤時代에 신명계神明界의 주벽主擘이 되나니, 이를 아는 자는 마땅히 경홀치 말지니라.

천사 가라사대 후천에는 사람마다 불로불사不老不死하여 장생長生을 얻으며, 궤합을 열면 옷과 밥이 나오며, 만국이 화평하여 시기 질투와 간과干戈가 끊어지느니라.

천사 가라사대 이때는 천지성공天地成功하는 때라. 서신西神이 명命을 맡아 만유를 다스리므로 모든 이치와 모든 일을 모아서 크게 이루나니, 이 소위 개벽이니라. 만물이 가을바람 앞에 혹 말라 떨어지기도 하며, 혹 성숙도 됨과 같이 참된 자는 큰 열매를 얻어 그 수壽가 길이 창성할 것이요, 거짓된 자는 말라 떨어져 길이 멸망될지니라. 그러므로 혹 신위神威를 떨쳐 불의를 숙정肅正하며, 혹 인애仁愛를 베풀어 의인義人을 돕나니, 이 곧 해원解冤의 때라. 복을 구하는 자와 생을 구하는 자는 크게 힘쓸 때니라.

4월 15일에 천사께서 형렬에게 심법을 전수하사, 9월 19일까지 수련을 시키시고 가라사대 "그만 그칠지어다. 다른 묘법은 쓸 때에 다 열어주리라." 하시니라.

형렬에게 심법을 전수하신 후에 모든 행하신 바 천지공사에 신명의 회산會散과 청령請令을 참관케 하시고, 또 풍우를 짓게도 하셨으며, 그 참관한 공사의 조항을 일일이 물으사 그 소관所觀의 확부確否를 살피게 하신 일도 있었더라.

임인년 4월부터 명부공사冥府公事(천지공사의 한 부문)를 행하사 가라사대 "명부공사의 종결을 따라 세계공사世界公事가 해결이 되나니, 명부의 착란에 의하여 세계도 착란하게 되는 까닭이라." 하시며, 날마다 글을 써서 불사르시니라.

형렬이 집이 가난하여 자주 보리밥으로써 천사를 공양하더니, 8월 추석날을 당하여 금정金鼎을 팔고자 한대, 천사께서 가라사대 "솥이 들썩들썩하니 미륵불彌勒佛이 출세하리로다." 하시고, 형렬을 명하여 풀을 꺾어오게 하여 한 곳에 쌓아놓고 또 쇠꼬리 한 개를 김제군金堤郡 용암리龍岩里에서 구하여 오고, 또 술을 사 오게 하신 후, 그 쌓아놓은 풀을 불살라 쇠꼬리를 두어 번 둘러 내시고, 형렬을 명하여 태양을 보라 하시니, 형렬이 우러러본즉 햇무리가 나타나 있는지라. 천사 가라사대 이제 천하의 형세가 큰 종기를 앓음과 같은데, 내 이제 종기를 터트렸으니 술을 마실 것이라 하시고, 술을 마셨느니라.

임인년 9월에 농가에서 밭을 갈고 보리를 심는데, 천사 가라사대 "이렇게 고생하고도 수확이 없으리니 어찌 불쌍하지 아니하랴?" 하시니, 형렬이 그 말씀을 듣고 보리농사를 폐하였더니, 계묘년(1903) 봄에 이르러 기후가 순조로워 풍년의 조짐이 있으므로, 김보경金甫京 장흥해張興海 등 종도와 인근 마을 사람이 모두 형렬의 보리농사를 폐한 것을 비웃거늘, 천사 가라사대 "이것은 신명공사神明公事에서 결정된 것이니, 결실기에 미치지 못하여 어찌 풍작을 예상하느뇨?" 하시더니, 과연 5월 5일 큰비로 인하여 보리 싹이 다 말라서 수확이 없게 되고, 따라서 쌀값이 폭등하여 한 말에 일곱 냥이 되다. 이로부터 보경이 심복心腹하니라.

임인년 겨울에 형렬이 모시고 있다가 천사께 여쭈어 가로대 "송시열宋時烈은 천지의 정기精氣를 타고난 사람이외다. 전하는 바에 의하면 그의 주택의 지붕에는 백설이 쌓이지 못하고 녹아 버린다 하나이다." 천사 가라사대 "진실로 그러하랴. 이제 내가 있는 지붕을 살펴보라." 형렬이 밖에 나가 살펴보니, 일기日氣가 차고 백설이 가득 내리는 가운데, 오직 그 지붕에는 한 점 눈도 없을 뿐 아니라 밝은 기운이 하늘에 뻗치어 구름이 가리지 못하고 푸른 하늘에까지 통하였더라. 그 후로는 살펴본즉 언제든지 그 머무시는 곳에는 항상 밝은 기운이 뻗치어 푸른 하늘까지 통하여 구름이나 무지개가 가리지 못하더라. 비록 큰 비가 오는 때라도 그러하니라.

6월에 천사께서 형렬을 명하사 야소교耶蘇教 신약전서新約全書 한 권을 구하여 오라 하시므로 형렬이 그 부근 오동정梧桐亭 김경안金京安에게서 신약新約 한 권을 빌려다 올렸더니, 천사께서 그 책을 소화燒火하시니라. 그 뒤로 형렬이 천사를 모시고 오동정 차윤필車允必의 주점酒店에 가서 술을 마실 새, 경안이 와서 신약을 돌려주기를 청하거늘, 형렬은 대답하지 못하고, 천사께서 가늠하여 가라사대 "곧 돌려주리라." 하시더니, 마침 그 주점 앞으로 한 붓 장수가 지나가거늘, 천사께서 문득 부르사 술을 많이 권하신 후에, 그 붓 광주리를 열어보기를 청하시니, 그 붓 장수가 명을 좇아 열어 보이니 그 가운데 신약전서 한 권이 있더

라. 천사 가라사대 "그대가 야소耶蘇를 믿지 아니하니 이 책은 쓸데없도다. 나에게 전하라." 하시니, 그 붓 장수가 술을 많이 주어 마심을 감격하여 드디어 허락하니, 천사께서 그 책을 받아 곧 경안에게 돌려주셨느니라.

천사께서 옥편玉篇을 취하여 불사르시며 가라사대 "나의 기억하는 문자로 능히 사물을 기록할지니라." 하시고, 또 불서佛書 천수경千手經과 사요史要와 해동명신록海東名臣錄과 강절관매법康節觀梅法과 형렬의 채권기債權記와 대학大學 등의 서書를 다 불사르시느니라.

천사께서 하운동夏雲洞에 오래 머무실 때에 종종 본댁에 왕래하시니, 형렬亨烈도 또한 그 본댁本宅에 계실 때에 자주 왕래하므로 그 중간 길의 소티원 주점 사람들이 그 왕래 빈번함을 괴이하게 여기더라. 7월에 천사께서 본댁에 계심으로 형렬이 또 가 뵈려 할 새, 소티원 주점 사람의 괴이하게 앎을 꺼려 그 길을 피하여 좁은 길로 들어가다가 중간에서 천사를 만나니, 천사는 하운동에서 오시는 길이더라. 형렬이 크게 기뻐하여 그 좁은 길로 든 사유를 고하며 가로대, "만일 이 길을 들지 아니하였다면 서로 어기어 만나지 못하였겠나이다." 천사 가라사대 "우리가 비록 동서에 멀리 나뉘어 있을지라도 반드시 서로 만나리라. 네가 나를 좇음은 다만 마음을 취함이요, 금전이나 권세를 취함이 아닌 연고라. 시속에 망량魍魎을 사귀면 좋다 함은 그 귀여워하는 물건을 항상 구하여 주는 연고라. 네가 만일 망량을 사귀려면 참 망량을 사귈진저." 하시니라.

천사께서 의법醫法을 화정리花亭里 이경오李京五에게 처음 베푸셨나니, 이경오는 대원사 주지 박금곡과 친교가 있으므로, 그 병세가 위급함을 금곡에게 말하여 의사를 널리 구하여 주기를 청하니, 금곡이 천사의 신성하심을 앎으로 그 일을 아뢰어 신방神方을 이르시기를 간절히 원하거늘, 천사께서 경오京五에게 가 보시니, 그 병증은 왼쪽 발 무명 가락이 저리고 쑤셔 오후로부터 새벽까지 다리가 부어 왼쪽 다리 전체가 큰 기둥과 같이 되었다가 아침으로부터 부기浮氣가 내려 정오에는 원상을 회복하여, 이같이 3~4년을 지남으로 촌보를 옮기지 못하고 앉은뱅이가 되어 있더라. 천사께서 가라사대 "이 병이 진실로 괴이하도다. 모든 일이 적은 일로부터 큰일을 헤아리나니, 내가 이 병으로써 표준을 삼아 천하의 병을 다스리기에 시험하리라." 하시고, 손으로 만져 내리신 후에 "처마 밑으로부터 떨어지는 빗물을 받아서 씻으라." 명하였더니, 경오가 명하심을 좇아 처마 물을 받아 씻어서 곧 나으니라.

임인년에 천사께서 하운동에 계실 새 매양 출타하실 때에는 글을 써서 신명에게 치도령治道令을 내리시다. 원래 하운동은 산중이므로 길이 매우 좁고 험하며, 수목이 우거져 길에 얽혀 있는데, 치도령을 내리시면 여름에는 바람이 불어 풀 이슬을 떨어뜨리고 겨울에는 차게 하여 진흙길을 얼어 굳게 하니라.

계묘년(1903) 정월에 전주부全州府에 이르사 서원규徐元圭 약국에 머무시니, 김병욱金秉旭 장흥해張興海 김윤찬金允贊이 와 좇으니라. 이 해에는 전주와 하운동 사이로 내왕하시면서 여러 사람의 병을 치료하시되 약재를 쓰지 않고 곧 쾌차케 하시니, 모든 사람이 그 신묘하심을 경복하니라. 천사께서 날마다 양지洋紙 2~3매에 글과 물형物形을 써서 불사르시는데, 그 무엇임을 아는 사람이 없으니라. 제자가 물으니, 천사 가라사대 "이것은 천지공사에 신명을 부르는 부호이니라." 하시다.

계묘년 3월에 천사께서 김형렬에게 일러 가라사대 "신명에게 급료를 줄 터이니, 여산礪山 윤공삼尹公三에게 가서 돈을 얻어오라." 하시는데, 마침 이때에 김병욱金秉旭이 전주全州 거부巨富 백남신白南信을 천거하는 지라, 천사께서 고의로 크게 취하사 벗은 발로 대 삿갓을 쓰시고, 병욱의 집에 오셔서 누워 일어나지 아니하시니, 그때에 남신이 이르거늘, 병욱이 천사에게 손님의 이름을 고하니, 천사께서 일어나 앉으사 처음

대하는 예를 베풀지 아니하시고, 문득 가라사대 "그대가 내 상相을 평하라." 하시니, 남신이 왈 "상리相理를 알지 못하나이다." 천사 가라사대 "상리는 참되지 못하나니, 속평俗評을 하라." 남신이 왈 "속평에 얼굴이 방정하고 풍후하면 부富하리라 하고, 미간眉間 인당印堂에 불표佛表가 있으면 귀하리라 하나니, 이를 보면 부귀쌍전富貴雙全하실 것입니다." 이때에 김형렬, 김병욱, 장흥해가 시좌하니라.

천사 웃으시며 말씀하시기를 "그대의 상相을 평하면 입가로 침이 부억부억 나오니, 이는 소가 아구 삭이는 격이라, 가히 부호가 되리로다." 하시고 또 가라사대 "내가 쓸 곳이 있으니 금金 10만 냥을 가지고 오라." 하시니, 남신이 묵연히 앉았다가 왈 "7만 냥을 드림이 어떠하나이까?" 천사께서 그 불가함을 말씀하신대, 남신이 왈 "10만 냥을 채우려면 서울 집까지 팔아야 되겠나이다."하고 드디어 허락하여 증서를 써서 올리니, 병욱이 증인이 된 지라. 천사께서 그 증서를 받으사 병욱에게 맡기시니, 병욱이 두 분이 다 희세稀世의 대량大量이라고 탄복하더라. 그 후에 증서는 불에 사르셨느니라.

김형렬이 진묵震默의 고사古事로써 천사께 고하여 왈 "전주부全州府에 한 가난한 아전이 있어 진묵과 친하게 지내더니, 하루는 그 가난한 아전이 진묵에게 가난을 면할 방법을 구함에, 진묵이 왈 "감옥을 맡는 작은 직책을 도모하라." 가난한 아전이 왈 "이는 작은 직책이니 얻기 쉬운 것이라."하고 그 후에 감옥을 맡는 관리가 되었는데, 그때 관내管內 부호가 많이 갇힌지라. 그 관리가 그들을 지극하게 도와주었더니, 그들이 크게 감격하야 물자物資를 많이 그 관리에게 주니라. 그 뒤에 진묵이 매일 밤에 북두칠성北斗七星을 하나씩 그 빛을 가두어 사람으로 하여금 발견치 못하게 하야 7일 만에 모두 숨기게 하니, 태사관太史官이 변고를 고하여 왈 "이것은 상천上天이 재앙을 내리심이니 천하에 대사면령을 내려 감옥문을 열어 하늘의 뜻을 따르사이다." 함에 조정朝廷

에서 이 말을 듣고 감옥 문을 크게 열었다 하나이다.” 천사께서 가라사대 “진실로 그러하였으랴. 내가 이를 본받아서 한 달 동안 칠성七星을 숨겨서 세상 사람의 발견을 시험하리라.”라 하시고, 그날 밤으로부터 칠성을 다 숨기어 한 달을 계속하되 세상에 발견한 자가 없으니라.

전주全州 우묵곡宇默谷 이경오李敬五의 어린아이가 복통이 있어 여러 날 대소변을 통하지 못하여 생명이 위급한지라. 경오가 어린아이를 안고 와서 천사께 뵈옵고 시료하심을 청한대, 천사께서 그 아이를 앞에 누이시고 손으로 배를 내리 만지시니 곧 소변을 통하는지라. 천사께서 그릇에 그 소변을 받아 한곳에 두었다가 내어본즉, 그릇 바닥에 무슨 가루가 가라앉아 있는지라. 천사께서 여러 사람에게 일러 가라사대 “이것은 당糖이라. 어린아이가 많이 먹으면 한문汗門이 막히고 이러한 병이 나기 쉬우니 주의하라.” 하시니라.

계묘년 3월에 전주부全州府 장효순張孝淳의 처妻가 흉통으로 고통하는지라. 효순이 시료하심을 청하거늘, 천사께서 효순을 명하사 그 처와 벽을 사이에 두고 서로 등져 서게 하시니, 순식간에 그 처의 흉통이 낫고 효순이 그 병증 옮겨 앓는지라. 천사께서 손으로 어루만져 곧 낫게 하시다.

계묘년 4월부터 김병욱이 남원南原에 머무르면서 세금을 독촉하여 거두니라. 이때 박영효朴泳孝가 일본에 망명하여 혁명을 도모하므로 정부는 그 당黨을 찾아 박멸하니, 병욱이 또한 연루된 지라. 8월에 경성京城으로부터 포교가 내려와서 병욱을 수색하니, 전주군수全州郡守 권직상權稷相이 남원에서 세금을 징수하고 있다고 말함에 포교는 그날로 곧 남원에 가니라. 그 전날에 천사께서 남원에 가사 병욱의 사관을 찾아 문밖에서 속히 나오기를 명하시니, 병욱이 속히 문밖으로 나서니, 천사께서 다시 명하사 그 거둔 세금을 계산하여 관주館主에게 보관케 하시고, 곧 함께 들 밖에 나가되, 병욱은 그 까닭을 모르고 다만 천사를 따라갈 뿐이라. 천사께서 병욱을 명하사, 가죽신을 벗고 짚신으로 바꾸어 신게 하시고, 통로를 버리고 밭이랑과 능선과 계곡으로 가셔서 한 작은 상점에 이르러 점심을 잡수시고, 병욱의 선산先山 아래에 이르사 그 조상 묘의 소재를 물으시니, 병욱이 대답하기를 "이곳이로소이다." 이에 묘소에 이르니 날이 이미 저문지라. 천사 가라사대 "혈명穴名이 무엇이뇨?" 병욱이 왈 "와우臥牛라 하나이다." 천사 왈 "그러면 우명성牛鳴聲을 들어야 참이 되리라." 하시고, 앉아 기다리시니, 문득 산 아래쪽에서 우명성이 나는지라. 병욱이 왈 "우명성이 들리나이다." 천사 왈 "멀리서 들림은 상관이 없느니라." 조금 있다가 한 사람이 소를 끌고 묘소 앞으로 지나가는데 소가 크게 우니, 천사 왈 "혈음穴蔭이 이미 동動하였다."라 하시고, 그 재사齋舍에 들어가 유숙留宿하시고, 다음날에 묘지기를 명하여 남원에 가서 형세를 탐지하고 오라 하시니, 묘지기가 갔다 와서 서울에서 내려온 포교의 수색함을 보고하거늘, 병욱이 비로소 듣고 크게 두려워하니라. 천사께서 명하사 가마를 준비하여 병욱을 태우시고 전주全州 상관上關 좁은 고개에 이르러 병욱에게 일러 가라사대 "그대가 먼저 서원규徐元圭의 집에 가서 자세히 살피라. 내가 뒤따라 들어가리라."라 하심에 병욱이 원규의 집에 이르니, 원규가 크게 놀라 왈 "당신이 어찌 사지死地를 벗어났으며, 또 어찌하여 이러한 위지危地로 들어왔느뇨? 너무 급한 일이므로 통지할 겨를이 없어 모든 친구와 그대의 가족은 크게 근심하던 중이라." 하더라. 병욱이 그 자세한 일을 들은즉 포교들이 전주를 떠나서 남원에 도착할 때와, 자기가 남원을 탈출할 때가 겨우 반나절을 격隔하였는지라. 병욱이 탄식하여 왈 "선생은 곧 천신天神이시라. 만일 선생의 도우심이 아니었다면 내가 어찌 사지死地를 탈출하였으랴?" 하더라. 그때 포교가 남원에 이르러 병욱을 수색하다가 얻지 못하고 도로 전주에 와서 군수郡守 권직상權稷相을 독려하여 각처에 훈령과 게시를 발하며 사방으로 크게 찾으니라.

그런데 서원규의 약국은 서천교西川橋 4가街 통로에 있으므로 병욱은 그 외딴곳이 아님을 근심하니, 천사께서 추후로 다다르사 병욱에게 근심 말라 하시고, 매양 저녁이 되면 함께 음식점에 임으로 왕래하시면서 술을 마음껏 마시시되 한 사람의 아는 자도 만나지 아니하며, 또 큰길로 지나실 때에 병욱의 이름을 높이 부르시니, 병욱은 더욱 놀라서 모골毛骨이 송연한 때가 많으니라. 그 후 천사께서 병욱으로 하여금 장홍해張興海의 집에 옮겨가게 하여 3일을 지난 후 천사 가라사대 "일이 이미 풀렸으니 마음을 놓으라." 하시니, 이때는 일로전운日露戰雲이 정히 급하여 일병日兵이 국토를 통과하므로 국금國禁이 해이解弛될 뿐 아니라, 박영효의 혐의도 풀어지니라. 그때에 천사께서 병욱에게 물어 가라사대 "이제 국세國勢가 날로 글러짐에 정부는 매사를 외인外人에게 의지하므로 당파黨派가 분립하여 주의主義를 달리하여, 혹은 일본을 친선하려 하며, 혹은 러시아와 친선하려 하니, 그대는 어떠한 주의를 가졌느뇨?" 병욱이 대답하기를 "인종의 차별과 동서의 구별로 인하여 일본과 친함이 가한가 하나이다." 천사 가라사대 "그대의 말이 그럴듯하도다." 하시고 서세西勢를 물리치기 위하여 신명공사神明公事를 행하시다.

계묘년 7월에 쌀값이 폭등할 뿐 아니라 농작에 재해가 심하여 밭벼는 충재虫災로 말라비틀어지고 인심이 떠들썩 하는지라. 천사께서 제자에게 일러 가라사대 "신축년(1901) 이후로는 일체 천지공사를 내가 맡았으니, 금년에는 농작이 풍등케 하여 쌀장사를 하여 보리라." 하시고, 우레와 번개를 크게 일으키시니, 수일을 지나지 못하여 모든 재해가 물러가고 사방에서는 풍년을 노래하더라.

이 해에 고부古阜 사람 이도삼李道三이 나병癩病으로 만신창이가 되어 죽을 지경에 이르러, 천사께 와 뵙고 시료하심을 청하거늘, 천사 가라사대 "나를 따르라." 하시고, 도삼道三을 명하사 누워서 자지 못하게 하였는데, 식후면 복통이 나고 대변에 담痰이 섞여 나오다가 14일 만에 전쾌되니라.

김병욱의 차인差人 김윤근金允根이 치질로 몇년 신고辛苦하다가, 천사께 시료하심을 청하거늘, 천사께서 매일 아침에 동학주문東學呪文을 7번씩 외우라고 명하시니, 윤근이 명을 쫓아 3~4일만에 전쾌되니라.

장흥해의 딸이 병으로 며칠 고통하다가 천사께 시료를 청하거늘, 천사께서 그의 사위를 불러오사 윗방과 아랫방에서 서로 향하여 앉게 하시니, 한 시를 지나서 그 병이 곧 전쾌되니라.

하로는 천사의 아우 영학永學이 와 뵈거늘, 천사께서 한 부채에 학鶴을 그려주며 가라사대 "네 집에 돌아가서 이 부채를 부치면서 칠성경七星經에 무곡파군武曲破軍까지 읽어 그치고 대학大學을 읽으라. 그러면 도道를 통하리라." 영학이 명을 받들고 돌아오다가 정남기鄭南基의 집에 들리니, 남기의 아들이 그 부채를 빼앗고 주지 않는지라. 영학이 그 사실을 말한즉, 그는 더욱 탐하여 주지 아니함으로 영학은 할 일 없이 빼앗기고 돌아오다.

남기의 아들이 그 부채를 부치면서 대학大學을 읽으니 몇 편을 읽지 아니하여 신력神力을 통하여, 물을 뿌려 비를 오게 하며 능히 신명神明을 부리게 되는지라, 남기가 기뻐하여 아들로 하여금 천사의 도력道力을 앗게 하니, 그 아들이 부친의 명에 의하여 그 부친과 한가지로 하운동夏雲洞에 오니, 천사는 마침 우묵곡宇黙谷에 계시다가 하운동으로 오시는지라. 남기의 아들이 천사의 오시는 소리를 듣고 도망하거늘, 남기가 쫓아 붙들어와 앉히고 천사께 뵈니, 천사께서 대파침大破針을 남기의 머리에 꽂아주신 후 돌려보내시고, 그 아들은 그곳에 머물게 하사 신력神力을 다 거두시며 가라사대 "남기의 집이 대파大破하리라." 하시더니, 남기의 제수弟嫂가 문득 실진失眞하여 날마다 담장 안으로 돌아다니면서 "항성 서"라는 이상한 소리를 하니라.

천사 가라사대 "내가 천지공사를 행함으로부터 일체의 아표신餓莩神

을 천상으로 몰아 올렸으니, 이후에는 인민이 기아飢餓로 인하여 죽는 일은 없으리라." 하시더라.

갑진년(1904) 정월에 경성京城으로부터 백남신을 체포하라는 공문이 전주부全州府에 이르는지라, 김병욱이 남신에게 일러 가로되 "지난해 겨울에 나의 화난禍難은 증산甑山의 도움을 입어 면하였다." 하니, 남신이 병욱을 통하여 천사께 도움을 청하거늘, 천사 가라사대 "부자는 돈을 써야 하나니, 돈 10만 냥의 증서를 가져오라." 하신대, 병욱이 남신에게 말하여 10만 냥의 증서를 바치니라. 그 후로 백남신의 화난禍難은 풀리고 도리어 남삼도세관南三道稅官이 되어 누거만累巨萬을 모았다. 그 후 천사께서 그 증서를 불사르시니라.

갑진년 정월 15일에 천사께서 술을 마시시고 혼몽히 주무실 새, 장홍해의 어린 아들이 급병을 발하여 죽게 되므로, 홍해의 부친이 천사께 시료하심을 청하거늘, 천사께서 누워 일어나지 않으시고, 혼몽 중에 이르시기를 "냉수나 먹이라." 하셨더니, 홍해의 부친이 병든 아이에게 냉수를 먹인 후, 이어서 그 아이가 죽는지라. 홍해의 부친의 성질이 본래 사나워 부중府中 사람이 천동天動이라고 부르는 터인데, 그 아이의 죽음을 보고 크게 성을 내어 천사를 원망하여 왈 "이는 고의로 약을 그릇 일러 죽임이라. 손으로 만져 죽은 사람을 일으키며 말 한마디로 위태한 병을 고침은 내가 실제로 목격한 바이라. 만일 우리 아이를 고의로 죽임이 아니었으면 물은 고사하고 흙을 먹였을지라도 그 신이한 도술로 능히 낫게 하였을 것이라."하고, 드디어 곤봉으로 천사를 난타하여 유혈이 뚝뚝 떨어지게 한지라. 천사께서 비로소 깨달아 일어나시니, 홍해의 부친이 살인범이라 하고 천사를 결박하여 장방청長房廳에 갔다가 문득 뉘우친 듯이 끌러주며 왈 "이것이 다 나의 잘못이라. 어린 아이가 급증으로 죽었거늘 어찌 선생을 원망하리오?"하고 전일의 사귐을 회복하기를 원하고 자기 집으로 동행하려 하거늘, 천사께서 듣지 아니하시고 서원규徐元圭 집에 가서 계시다가, 다음날에 전주全州 이동면伊東面 이직부李直夫의 집으로 가시니라. 대개 홍해의 부친이 천사를 용서하여 장방청長房廳으로부터 돌아가게 한 것은 백남신으로부터 받은 20만 냥의 증서가 있음을 알고 돈을 요구하려 함이니라.

그 다음날에 장홍해의 부친이 서원규 집에 간즉, 천사께서 계시지 아니하니 크게 노하여 천사를 살인범으로서 도피하였다 하고 사방으로 수색하더라. 이때에 천사의 가족은 전주군全州郡 화전면花田面 화정리花亭里 이경오李京五 집 문간방에 이사하여 있는데, 효순의 가족이 그곳에 가서 행패하니라. 김형렬은 당초 효순의 난을 알지 못하였더니, 이제 천사의 소식을 들으려고 화정리에 왔다가 효순의 가족에게 결박되어 서원규의 집에 가서 천사의 계신 곳을 묻되 가르쳐주지 아니하니, 그들이 더욱 분노하여 형렬과 원규를 무수히 구타하니라. 이로 인하여 천사의 가족은 태인泰仁 굴치屈峙로 피화避禍하고, 형렬은 원규 집에서 밤을 틈타 도피하고, 원규는 나날이 그들의 행패에 견디지 못하여, 약국을 폐쇄하고 가족을 거느리고 익산益山으로 피하니라.

이때에 천사께서 이직부李直夫의 집에 머무시니, 직부의 부친 치안治安 노인이 당년의 명운命運을 평하여 주심을 굳이 청하거늘, 천사께서 천지공사를 행하신 이후로는 명운과 복서卜筮를 일절로 말씀치 아니하신 바, 이제 부득이하사 백지 일매에 글을 써서 불사르시고, 다시 글을 써서 단단히 봉하여 주시며 가라사대 "급한 일이 있거든 열어보라." 하신지라. 치안 노인이 깊이 거두었더니, 마침 그의 며느리가 난산으로 위급함에 이름을 듣고 그 일에 당함인가 생각하여, 그 봉서를 가지고 갔다가 이미 순산 되었으므로 다시 잘 간수 하였더니, 이 해 세말歲末에 노인이 병들어 매우 위독한지라. 아들 직부가 그 봉서를 열어보니, 곧 소시호탕小柴胡湯 두 첩이라 쓰였으므로 그 약을 쓰고 곧 쾌차되니라. 그해 정월에 천사께서 직부의 집에서 화禍를 피하사 한 달여를 머무시니라.

이 해 2월에 천사께서 굴치屈峙에 계실 새, 아우 영학에게 대학大學을 읽으라 하셨더니, 영학이 듣지 않고 황주죽루기黃州竹樓記와 엄자릉묘기嚴子陵廟記를 읽는지라. 천사께서 듣고 가라사대 "죽竹은 죽을 때 바꾸어 까는 발이오, 묘기廟記는 제문祭文이라. 멀지 아니하여 영학은 죽으리라." 하시고, 이도삼李道三을 명하사 글 한 구句를 전하시니, 곧 "골폭사장전유초骨布沙場氈有草, 혼반본국弔무인魂返本國弔無人"이라 하였더라. 처음부터 영학이 천사께 향하여 도술을 배워 달라고 자주 청하나 천사께서 듣지 아니하시고, 대학大學을 읽게 하셨는데, 영학은 명을 어기고 술서術書를 공부함으로 이 시를 보내어 경계하게 하심이라. 그 후에 갑칠甲七이 천사를 모시고 굴치屈峙에 가니 영학이 죽음에 이르렀는지라. 천사께서 그 입에 엄지손가락을 대어 가라사대 "이 엄지손가락을 떼면 곧 죽을지니, 뜻에 있는 대로 유언하라." 하신대, 영학이 부모에게 말을 마친 후 엄지손가락을 떼니 곧 사망하니라.

김형렬은 장효순의 난을 겪은 후 천사와 그 가족이 어디 있는지 몰라서 각처로 돌아다니며 찾다가, 고부古阜에서 갑칠을 만나 천사의 계신 곳을 알고, 고부 두승산斗昇山 하촌로下村廬에서 천사께 뵙고 후약後約을 정하고 돌아가니라.

2월 15일에 천사께서 갑칠을 데리고 부안扶安 고부古阜 등지에 순수巡遊하시다. 고부古阜 흑암黑岩 주점을 지내실 새, 이때 화적火賊이 크게 성하여 백주횡행白晝橫行하므로 순검 한 사람이 미복微服으로 야순夜巡하다가 이 주점에 와서 쉬는지라. 천사께서 주모에게 일러 왈 "저 사람은 죽은 땅에 다다른 사람이니 주식酒食을 주지 말라. 만일 주식을 주었다가 죽는 땅에 빠진 후 대금을 받지 못하면 손해가 아니냐?" 하시니, 그 순검이 이 말을 듣고 크게 분노하여 천사를 때리며 무리한 말을 하였다고 꾸짖는지라. 천사께서 웃어 가라사대 "죽엄한 터에 맞아 무엇이 아프랴?" 하시고 밖으로 나가시니, 주모가 순검에게 일러 왈 "저 이는 신인神人이니 나가서 사과하고 연고를 물어보라." 한대, 순검이 곧 천사의 뒤를 따라와서 사과하고 연고를 물으니, 천사 가라사대 "오늘 밤은 사무를 폐하고 다른 곳으로 빨리 가라." 하신 지라. 순검이 명을 좇아 옮겨갔더니 얼마 못되어 여러 화적火賊이 몰려와서 주모를 난타하면서 순검의 거처를 물으니라. 이것은 화적이 순검을 죽이려고 미리 약정한 일이 있었더라. 다음날에 그 순검이 천사의 머무시는 곳을 찾아와서 재생再生의 은恩을 감읍하니라.

갑진년 6월에 천사께서 김형렬의 집에 가사 형렬에게 "전주부全州府에 가서 김병욱을 보고 만날 기회를 약정하고 오라." 명하시니, 형렬이 명을 받들고 전주부에 가서 병욱을 만나 그 다음날 밤에 천사께서 병욱을 찾아 만나시기로 약정하고 돌아오던 길에 장효순의 사망한 소식을 들으니라. 형렬이 돌아와서 천사께 병욱과 만날 약속한 것을 말씀드리고, 이어서 효순의 사망를 알려 왈 "이 사람은 우리 손에 죽어야 할 것인데, 절로 병사病死하였으니 천도天道가 어찌 공정하다 하오리까?" 천사 가라사대 "이 무슨 말인가? 죽은 자는 불쌍하니라." 그 다음날에 천사께서 병욱을 만나지 아니하시고 형렬로 더불어 고부古阜로 향하여 떠나가시니, 형렬이 병욱과의 만날 약속을 어기심이 이상하여 천사께 물었으나, 웃으며 대답을 아니하시더라.

이때에 천사께서 태인泰仁 신배新培 김모金某의 집에 가실 새, 그 리중里中에 이르시니 어떤 집 한 채에 불이 나서 모진 바람에 불길이 맹렬한지라. 천사께서 가라사대 "저 불은 그대로 두었다가는 온 동네가 초토가 될 것이니, 맞불을 놓아 구하리라." 하시고, 형렬을 명하사 섶으로써 불을 피우니 순식간에 그 불이 스스로 소멸되니라.

이 해 7월에 김형렬이 천사의 계신 곳을 찾아갈 새, 마침 동학도당東學徒黨이 원평院坪에 모여 있는지라. 천사께 뵈온 후 그 일을 고하니,

천사 가라사대 "속히 원평에 가서 그 모임의 취지와 행동을 조사하여 오라." 하심으로, 형렬이 명을 좇아 원평에 가서 탐사하니 그 회의 명칭은 일진회一進會, 목적은 보국안민輔國安民, 대회의 처소는 충남 강경江景이라. 곧 돌아와 복명한대 천사 가라사대 "그네들로 하여금 금후에도 갑오甲午와 같은 약탈의 폐가 없게 하고, 각각 제 재산을 쓰게 하리라." 하시더니, 그 후 일진회의 행동은 남의 것을 약탈치 않고 제 재산을 써서 회원의 가산이 탕패되니라.

이때 김형렬이 천사를 모시고 원평 김성보金成甫의 집에 머무시더니, 정남기(천사의 처남)가 일진회원이 되어 천사의 가입을 강권하다가, 군중으로 더불어 천사의 두발을 늑삭코자 하여 가위로써 베어보아도 베어지지 않는지라. 천사께서 머리 한 줌을 친히 베어주시며 가라사대 "내 이것으로써 여러 사람의 뜻을 풀어주노라." 하시고, 웃으시며 정남기에게 일러 가라사대 "내가 너의 보좌補佐가 되리라." 하신 후 다시 남기에게 탈회脫會하기를 권하시고 가라사대 "네가 내 말을 듣지 않으면 일후에 후회막급하리라." 하시더니, 과연 그 후에 남기는 패가망신하고 그 남은 가족이 유리流離하니라.

일진회가 발흥함으로부터 천사께서는 관冠을 버리시고 삿갓을 쓰시며 내의는 검게 하시고 겉옷은 희게 하야 가라사대 "저 일진회가 흑의黑衣를 입음으로 나도 흑의를 입노라." 하시고, 문밖에 나오셔서 하늘을 가리켜 말씀하시되 "구름이 안은 검고 밖 흼이 나를 모방한 것이라." 하시다.

갑진에 김덕찬金德贊이 모친상을 당하여 장차 장례를 지낼 새, 전주全州에 갔다가 돌아오는 길에 용두치龍頭峙 주점에서 천사께 뵈니 천사 가라사대 "오늘 장사葬事는 못 지내리니 파의하리라." 덕찬이 돌아가 장례를 행할 새 정해 놓은 땅을 파매 곧 큰 개미굴이므로 다시 다른 곳을 파니, 그곳도 또한 그러함으로 부득이하여 토롱土壟을 하니라.

천사께서 비록 지극히 천한 사람을 대할지라도 반드시 존경을 하신지라, 김형렬의 머슴 지남식池南植에게도 대할 때마다 존경을 하시거늘, 형렬이 가로대 "이 사람은 곧 저의 머슴이니 존경치 마소서." 천사 가라사대 "이 사람이 곧 너의 머슴이니 나에게는 관계가 없느니라." 하시며, 또 일러 가라사대 "이 마을에서는 어릴 때부터 숙습熟習이 되었으니 말을 고치기 어려우나, 다른 곳에 가면 어떠한 사람을 물론하고 다 존경하라. 이 뒤로는 적서명분嫡庶名分과 반상班常의 구별이 없느니라."

김갑칠이 천사께 모든 일에 매양 응석 부리며 고집을 잘 부리되, 천사께서 잘 달래어 일깨우실 뿐이요 한 번도 꾸짖지 아니하시니, 갑칠은 오로지 더욱 심하여 고치지 않거늘, 하루는 형렬이 성내어 꾸짖어 가로대 "저런 못된 놈이 어디 잇느냐?" 하니 천사 가라사대 "아직 언행이 덜 풀려서 독기가 있도다. '오장제거무비초惡將除去無非草, 호취간래총시화好取看來摠是花'라. 말은 마음의 소리요, 행실은 마음의 자취라. 말을 잘하면 복이 되어 점점 큰 복을 이루어 내 몸에 이르고, 말을 잘못하면 화가 되어 점점 큰 화를 이루어 내 몸에 이르나니라."

천사 가라사대 "난亂을 지은 사람이 있어야 다스리는 사람이 있나니, 치우蚩尤가 작난作亂하여 능히 큰 안개를 지음으로 황제黃帝가 지남거指南車로써 치란治亂하였나니, 난을 지은 자도 조화造化요, 난을 다스린 자도 조화라. 그러므로 최제우崔濟愚는 작난作亂을 하는 사람이요 나는 치란治亂을 하는 사람이라. 전명숙全明淑의 난亂은 곧 천하의 난을 동動케 하였나니라."

형렬이 천사께 고하여 가로대 "정鄭짒신이라 하는 사람은 지식이 신이한 사람이라, 저의 증조曾祖 때에 저희 집에 오래 있었는데, 동네에 보리농사로 크게 곤란이 있음을 보고 금광을 가리켜 써 면케 하였고, 또 영삼靈蔘을 많이 얻어 병든 사람을 구제하였으며, 지난 임술년壬戌年

에 경상도에서 일어난 민란民亂을 미리 말하였으나 저의 증조는 그의 지식을 빌어 명당明堂 하나라도 얻어 써 그 남은 음덕을 후세에 끼친 것이 없사오니, 한恨이 되는 일이로소이다." 천사 가라사대 "그러한 지식을 가진 사람이 어찌 남의 밥을 헛되이 먹으리오? 천리天理의 극진함이 한 터럭 인욕人欲의 사私가 없나니라." 하시니라.

같은 달에 천사께서 전주全州 용두龍頭 주점에 계실 새, 이때에 일진회와 전주全州 아전들이 서로 쟁투하여 최창권崔昌權이 부내府內 아전들을 모아 사대문을 굳게 닫고 일진회의 입성을 거부하고, 각군各郡 각면各面으로 통문通文을 발하여 민병民兵을 모집하여 일진회를 박멸하려 하는지라. 천사께서 가라사대 "어렵게 살아난 것이 또 죽겠으니 구원하리라." 하시고, 화정리花亭里 이경오李京五의 집에 가서 돈 70냥을 청구하시니, 경오가 돈이 없다고 거절하므로 다른 곳에서 돈 7냥을 구하시고, 가라사대 "이 돈이 능히 70냥을 대신하리라." 하시고, 형렬과 함께 용두龍頭 주점에 돌아오사 모인 사람을 많이 청하여 술을 권하시고 종이에 글을 써서 여러 쪽으로 끊은 후, 그것으로 끈을 꼬아서 그 주점 문지도리와 문고리쇠에 연결하시더니, 그날 저녁 무렵에 이르러 아전과 일진회가 화해되어 사대문을 개방하고 일진회가 입성하니라. 이때 천사께서 소비한 돈이 6냥이라. 천사 가라사대 "옛사람은 바둑 한 점으로써 백만 군대를 물리쳤다 하는데, 나는 6냥 돈으로써 아전과 일진회와의 싸움을 끌렀으니, 내가 옛사람만 같지 못하다." 하시더라.

그 후 연일 그 주점에 계실 새, 이때 순검이 부내府內에 있는 일진회원을 조사하여 밤마다 순회하면서 경계 취체하므로, 천사께서 일진회원에게 일러 가라시대 "그대들이 이와 같은 고난을 당하고도 면할 줄을 모르고 무슨 일을 하느뇨? 내가 그대들을 위하여 관부官府의 취체가 없게 하리라." 하시더니, 과연 이로부터 그 엄중한 취체가 풀어지니라.

그 후 천사께서 이경오에게 일러 왈 "내가 그대에게 돈 70냥이 있음을 알고 청구한 것인데 왜 그렇게 속였느뇨?" 경오가 정색하여 왈 "참으로 없었나이다." 하더니 그 다음날에 화적火賊이 경오의 집에 들어서 그 돈을 훔쳐 간지라. 천사께서 들으시고 가라사대 "그 돈에 적신賊神이 범함을 알고 창생을 건지려고 청한 것이언마는 경오가 듣지 아니하였다." 하시니라.

이 해 8월 27일에 천사께서 형렬을 데리고 익산군益山郡 만중리萬中里 황사성黃士成의 집에 이르시니, 마침 어떤 사람이 노기를 띠고 문을 꽉 닫음에 흙벽이 무너지는지라. 천사께서 같은 마을 정춘심鄭春心의 집으로 옮기셨다. 원래 황사성의 부친 숙경叔京이 전주全州 용진면龍進面 용암리龍岩里에 사는 황참봉黃參奉의 돈을 쓰고 갚지 못하였더니, 참봉이 죽은 뒤에 그 아들이 차인差人으로 하여금 숙경에게 채무변상을 독촉하여 왈 "네가 빚을 갚지 않으면 경무청에 말하여 너를 옥중獄中에서 썩이며 받으리라."라고 하면서 위협한 것이다. 이날 밤에 사성士成 부자가 춘심의 집에 와서 천사께 뵈고 이 사실을 고하거늘, 천사 가라사대 "그대의 집 벽이 파손되었으니 그 일은 끌러지리라." 하시고 숙경으로 하여금 삿갓 한 립과 백목白木 한 필을 사 오게 하신 후에, 숙경에게 일러 가라사대 "이후로는 아무 염려도 말라. 일이 순조롭게 풀릴지니라. 삿갓과 백목은 채권채무간 길을 닦는 것이라." 하시니라. 이 해 세말歲末에 이르러 문득 순검이 숙경을 잡아가거늘, 숙경이 순검에게 간청하여 채권자의 집에 가니 황삼봉의 아들이 숙경을 보고 힐난하는지라. 삼봉의 미망인이 그 아들을 불러 책망하여 가로되 "저 어른은 너의 부친의 친구인데 어찌 차마 옥獄에 가두어 금수禽獸의 행위를 하려 하느냐?" 하고 그 증서를 빼앗아 불살라 버리니라.

9월 10일에 천사께서 함열군咸悅郡 회선동會仙洞 전보경全甫京의 집에 가시니 개가 짖고 나오더라. 이때 보경의 병이 위독하여 문에 나서 접대하지 못하고 시료하심을 청하거늘, 천사께서 웃으시며 가라사대 "주인의 병은 이미 저 청구青狗에게 옮겼으니 근심 말라." 하시더니, 과연 보경이 쾌차하고 청구青狗가 병들어 3일을 지나 죽으니라.

이때에 회선동會仙洞 부근에는 도적이 출몰하여 밤마다 촌락을 약탈하거늘, 보경이 천사께 고하여 가로대 "제 집이 풍족하지 못하오나 밖에서는 부자라고 함으로 도적을 두려워하나이다." 천사 가라사대 "근심을 하지 말라. 이후에는 도적이 없게 하리라." 하시더니, 과연 그 뒤로는 도적의 자취가 없어지니라.

그때에 천사의 거룩하신 소문이 사방에 들리게 된 지라. 천사께서 보경으로 하여금 북를 구하여 오사 새끼로써 큰 대들보에 달고 밤이 새도록 쳐 울리시며 가라사대 "이 북소리가 서양까지 울려 들리리라." 하시니, 보경은 그 의의를 알지 못하니라.

천사께서 많이 함열咸悅에 계셨는데 "이것은 만인함열萬人咸悅의 뜻을 취함이라." 하시더라. 천지공사를 하심으로부터 두루 순회하시는 곳은 전북全北 칠군七郡이니, 곧 전주全州, 태인泰仁, 정읍井邑, 고부古阜, 부안扶安, 순창淳昌, 함열咸悅이러라.

천사께서 보경을 명하사 유불선儒佛仙 세 글자를 쓴 후 "합안정좌合眼正坐하여 세 글자 가운데 한 글자를 짚으라." 하시니, 보경이 불자佛字를 짚음에 천사께서 기꺼운 빛을 나타내시다. 또 한 사람(미상未詳)을 명하사 이전과 같이 하시니, 그 사람은 유자儒字를 짚음에, 천사 가라사대 "유儒는 부유腐儒라." 하시더라.

천사께서 익산益山에 가셔서 한 달 정도 계시다가 다시 회선동會仙洞에 이르시니, 보경의 모친이 병들어 위독한지라, 천사께서 바깥채에 계시사 보경에게 일러 가라사대 "오늘밤에 명부사자冥府使者가 병실에 침입하여 나의 사자使者의 틈을 엿보아서 병인病人을 해할지니, 병실을 떠나지 말고 한 사람씩 교대로 잠을 자지 말고 밤을 새우라." 보경이 명을 좇아 집안사람을 단속하여 잠들지 않고 한 사람씩 서로 교대하여 밤새었으나, 이렇게 여러 날을 계속한 까닭에 모두 피곤하게 되었는데 보경이 문득 잠이 든지라. 천사께서 바깥채로부터 급히 소리쳐 보경을 부르시니, 보경이 놀라 깨니 벌써 그 모친이 죽었는지라. 대개 천사께서 말씀하신바 나의 사자使者라 함은 시병인侍病人을 가리켜 이르심이니라.

11월에 천사께서 전주부중全州府中에 이르시니, 마침 민요民擾가 일어나서 인심이 흉흉한지라. 김보경이 천사께 뵈니 천사께서 보경에게 일러 가라사대 "김병욱이 국가의 중진에 처하여 민심의 동요를 진무鎭撫하여 그 천직天職을 다하여야 할지라. 그 방책을 어떻게 하였는지 병욱을 찾아가서 물어오라." 하심으로, 보경이 병욱을 보고 천사의 명을 전하니, 병욱이 가로대 "저의 무능으로는 물 끓듯 하는 민요를 진정할 수 없사오니 다만 천사의 신위神威를 바라나이다." 한지라. 보경이 말씀을 올리니 천사께서 웃고 들으실 뿐이러니, 그날 밤에 비와 눈이 크게 내리고 천기天氣가 몹시 추워져 설한방어雪寒防禦의 설비가 없이 길가에 모였던 민중은 할 일 없이 해산하여 집으로 돌아가고, 그 비와 눈은 3일간 계속한 까닭에 군중은 다시 모이지 못하고 소란은 스스로 평정하니라.

12월에 천사께서 동곡銅谷에 계시다. 이때 동곡 사람 김갑진金甲振이 나병으로 인하여 얼굴 부위에 부기浮氣가 나며 눈썹 털이 다 빠짐으로 천사께 시료하심을 청하거늘, 천사께서 갑진을 명하사 정문 밖에서 방을 향하여 서게 하신 후, 형렬과 그 외 몇 사람으로 하여금 대학大學 우경右經 일장一章을 송독케 하사 십분을 지낸 후 돌려보내시더니, 이로부터 갑진의 병이 차도가 있어 얼마 못되어 전쾌되니라.

동곡리銅谷里 앞 주점 주인 전순일田順一이 신병身病으로 오랫동안 고통하다가 천사께 뵈 입기를 원하는지라. 천사께서 한공숙韓公淑을 불러 함께 가사 병인病人을 보시고, 죽 한 그릇을 먹게 하신 후 공숙에게 일러 가라사대 "이 병에는 은행알이 있어야 치료하리라." 공숙이 가로대 "저에게 있나이다." 하고 주머니 속에서 은행알 한 개를 내어 드리니, 천사께서 그 방 안에 있는 부서진 거울 한 조각을 취하사 그 위에 은행알을 놓아서 궁벽한 곳에 두시고, 환자에게 "내가 있는 곳에 술 한 상을 차려오라." 하시고 십분 간 지낸 뒤에, 천사께서 떠나시며 가라사대 "의사가 떠나니 환자는 문에 나와 송별하라." 순일이 그대로 한 후 곧 쾌차하니라. 그 뒤에 순일이 술상을 차려오지 않거늘 천사 가라사대 "그 사람이 구미口味를 잃어 신고辛苦하리라." 하시더니, 과연 순일이 병은 나았으나 구미를 잃어버려 수십 일을 두고 고통하니라.

또 동곡리銅谷里 앞 주점 주인 김사명金士明의 아들이 크게 병들어 4일 만에 죽는지라. 그 모친이 죽은 아이를 안고 천사께 와서 살려달라고 애원함에, 천사께서 웃어 가라사대 "죽은 자는 다시 살릴 수 없으니 내 어찌 살리랴?" 하시고 죽은 아이를 안아 무릎에 눕게 하시고 배를 만져 내리며 "허미수許眉叟(미상未詳)를 불러 송우암宋尤庵 잡아내라."라는 소리를 하신 후 모과를 입에 씹어 침을 흘려 죽은 아이의 입에 넣으니, 죽었던 아이가 문득 항문으로 더러운 즙을 쏟으며 놀라 소리치고 회생한지라. 그 모친을 명하사 쌀죽 한 그릇을 쑤어 아이에게 먹이니라. (편자編者 = 그 아이는 지금 장년壯年이 되었다.)

동곡 사람 김창여金昌汝가 적체積滯로 음식을 잘 먹지 못하여 형모가 초췌한지라. 천사께서 그를 평상에 눕게 하신 후 배를 어루만지시며, 형렬을 불러 「규화세침능보곤葵花細忱能補袞, 평수부종빈읍결萍水浮踵頻泣玦, 일년명월임술추一年月明壬戌秋, 만리운미태을궁萬里雲迷太乙宮, 청음교무이객소淸音蛟舞二客簫, 왕겁오비삼국진往劫烏飛三國塵」이라는 시구詩句를 읊게 하시더니, 그 후로 창여의 체증滯症이 전쾌되니라.

전주全州 용두치龍頭峙 김모金某(이름은 알 수 없음)가 앉은뱅이로서 천사께 와서 그 병을 고쳐주심을 애원하는지라. 천사께서 그 환자를 앞에 앉히시고 한참 농담을 하시다가 담뱃대를 들어 가라사대 "이 담뱃대를 들어 올림에 따라서 차차 일어서라." 하시고 담뱃대를 서서히 들어 올리시니, 그 환자가 힘을 다하여 거기에 따라서 무릎과 다리를 펴서 서며 점점 발을 옮기는지라. 천사께서 형렬을 명하사 글 한 장을 큰 소리로 크게 읽으시니, 그 글은 곧 「예고신曳鼓神 예팽신曳彭神 석란신石蘭神 동서남북중앙신장東西南北中央神將 조화조화造化造化 운오명령훔云吾命令吽」이라. 이 글을 읽은 뒤에 환자로 하여금 뜰 안에서 구보驅步케 하시며, 광찬光贊을 명하사 회초리로 종아리를 때려 빨리 걷게 하시고, 교자轎子를 버리고 도보로 전주全州에 돌아가게 하니라.

태인군泰仁郡 감곡면甘谷面에 한 환자가 있어 아침밥을 먹으면 정오에 토하고 저녁밥을 먹으면 새벽 무렵에 토하는 증세로 고민하다가, 천사께 와 뵈옵고 시료를 청하거늘, 천사께서 환자에게 일러 가라사대 "집에 돌아가서 술과 안주와 떡을 많이 장만하여 이곳으로 가져오라. 약을 가르쳐 주리라." 그 사람이 명을 좇아 집에 돌아가서 술과 안주와 떡을 많이 장만하여 가져오는지라. 천사께서 흔연히 받아서 모든 제자와 둘러 앉아 함께 잡수려 하시다가, 문득 성내시며 그 물건을 도로 주어 보내시니, 그 환자가 원분怨憤을 품고 돌아가서 자기의 허물이 없는가 반성하더라. 수일 후에 천사께서 그 환자를 찾아가시니, 환자가 무심히 대하는지라. 천사께서 일러 가라사대 "내가 신약神藥을 가리키리라." 하시고 "나무 괭이를 쪼개어 달여 먹으라." 하시며, 손으로 복부를 만져 내리시고 돌아오셨더니, 그 사람이 곧 명하심을 좇아 나무 괭이 조각을 달여 마신 후 그 병이 쾌차되니라. 대개 천사께서 그 음식물을 도로 돌려보내며 성내심은 그 환자로 하여금 분노케 하여 장부臟腑를 뒤집히려 하심이니, 이는 시료하는 데에 필요가 있으므로 인하심이러라.

금구군金溝郡 수류면水流面 구미동龜尾洞 최운익崔雲益의 아들이 병으로 사경에 이른지라. 운익이 천사께 와서 살려주심을 청하거늘, 천사 가라사대 "그 환자의 형모가 매우 추하여 일생에 깊이 한恨을 품었으므로 그 혼魂이 이제 지나支那 심양瀋陽에 있어 돌아오기를 싫어하니 어찌 할 수 없노라." 운익이 듣고 그 형모의 추함을 알아 말씀함을 크게 신성神聖하게 여기는 동시에 그 회생치 못하리란 말씀에 더욱 슬퍼하면서 굳이 약을 청하거늘, 천사께서 사물탕四物湯 한 첩을 지어서 그 봉지 겉면에 구월음九月飮이라 써서 주시니, 운익이 약을 가지고 집에 돌아간즉 그 아들이 벌써 죽었더라. 운익이 간 후 제자들이 구월음의 뜻을 물으니, 천사 가라사대 "구월九月에 장시황어여산하葬始皇於驪山下라 하였으니 곧 살지 못할 뜻을 표시함이라. 그러나 약을 물어 얻지 못하면 함원含寃하겠기로 그같이 한 것이라." 하시더라.

동곡銅谷 박순여朴順汝의 모친이 나이 60여 세에 병들어 매우 위독하여 회복할 희망이 없으므로 치상治喪 준비를 하고 장례에 쓸 술까지 빚어 넣은지라. 천사께서 그 말을 들으시고, 순여를 명하사 시장에 가서 초종初終에 쓰는 모든 물건을 보고 그것이 쓰이지 않도록 하여 달라는 심고心告를 성의로 하고 돌아오라 하시고, 사물탕四物湯 한 첩을 끓여서 그 병실 정문 밖 계단 아래에 땅을 장방형으로 파고 그 약을 부으며, 가라사대 "병이 이미 장기葬期에 이르렀으니 약은 땅에 써야 하리라." 하시더라. 이때 순여가 시장으로부터 돌아오거늘, 천사 가라사대 "시장에 가서 누구에게 심고하였느뇨?" 순여 가로대 "선생님에게 심고하였나이다." 그 후 환자가 곧 회생하거늘, 천사께서 이웃 사람을 모아 놓고 빚어 넣은 술을 다 마시니라.

천사께서 원평院坪에 계실 새, 그때에 어사御使 안종덕安鍾悳이 부안扶安, 정읍井邑, 고부古阜, 순창淳昌 등 칠읍七邑 군수郡守를 파면하고, 또 전주全州에 출도出道하게 되어 군수 권직상權稷相의 지위도 위태케 된지라. 김병욱金秉旭은 당시 전주부全州府 군관軍官으로서 권씨와 우의가 있을 뿐 아니라 순치脣齒의 관계가 있으므로 이것을 근심하다가, 천사께 와 뵈고 그 대책을 묻거늘, 천사 가라사대 "권직상이 파면되면 그대의 지반도 안전치 못할 것이오, 따라서 내 술값이 끊어질 것이라. 내 장차 도리가 있으니 그대는 걱정 말라." 하시더니, 그 후 안어사安御使가 권직상을 파면 하려고 전주부에 들어오는 동시에 안어사 면관免官의 비훈秘訓이 서울에서 전주부에 도착한 지라. 병욱이 천사께 와서 크게 감사하더라.

을사년 정월 그믐날에 천사께서 형렬을 데리고 부안군扶安郡 성근리成根里 이환구李桓九의 집에 가서 여러 날 머무시니, 환구가 부안읍 사람 신원일辛元一을 자주 천거하거늘, 천사께서 원일을 부르시니, 원일이 와서 뵙고 천사를 모셔다가 제 집에서 공양하니라. 원일의 부친과 동생이 천사의 오래 머무심을 싫어하거늘, 원일이 천사께 청하여 가로대, "가친家親이 본래 어업을 좋아하여 해마다 어업을 경영하다가 작년에 폭풍으로 인하여 큰 손해를 보았으니, 선생님께서 금년에는 풍재風災가 없게 해주시면 가친을 위하여 다행하겠나이다." 천사 가라사대 "풍재를 없게 하고 어업을 흥왕케 하리니, 많은 이익을 얻은 후 돈 천 냥을 가져오라. 원일 부자가 기뻐하여 승낙하더라. 그 해에 풍재가 없을 뿐 아니라 칠산七山바다의 어업漁業 가운데 원일 부친의 영업이 가장 흥왕한지라. 천사께서 원일의 부친에게 사람을 보내여 돈 천 냥을 가져오라 하시니, 원일의 부친이 전날의 약속을 어기고 보내지 않는지라. 천사께서 원일에게 일러 가라사대 "이는 대인大人을 속임이라. 내 일은 일언일동一言一動이라도 사사로이 못하나니, 금후로는 그대 집안의 어업이 철폐케 되리라." 하시더니, 그 후로는 한 마리의 물고기도 잡지 못함으로 드디어 그 어업을 폐지하니라.

3월로부터 수개월 동안 천사께서 객망리客望里 앞 주점에 머무사 천지공사를 행하시니, 종자從者가 많아 점주店主 오동팔吳東八이 돈을 많이 모았더니, 그 후 천사의 쓰임새가 부족함을 보고 배척하는지라. 모든 제자가 그 점주의 무의無義함을 노怒한대, 천사께서 금지하여 가라사대 "지우무학至愚無學한 무리가 어찌 예절을 알 것이냐? 내가 만일 그 무의함을 성낼진대 천사天師의 신명神明이 그에게 큰 화禍를 줄 것이라. 대인大人의 지나감에 덕을 흘리지 못하고 도리어 화를 끼치게 되면 그 어찌 차마 보리오?" 하시더라. 그 후 태인읍泰仁邑에 가사 깊은 밤에 여러 제자로 더불어 산에 올라가서 공사公事를 행하신 후 제자들에게 일러 가라사대 "이 공사에는 천지대신명天師大神明이 회집하였었는데, 그들의 해산에는 반드시 참혹한 응징이 있으리라." 하시더니, 말씀이 마치시자 뜻밖에 태인읍으로부터 군중의 고함소리가 일어나더라. 제자들이 천사를 모시고 산에서 내려와서 살피니, 신경현辛京玄의 주점에 군중이 모여들어 집안 살림과 술 항아리를 모두 부수어버렸더라. 원래 신경현이 술장사를 경영한 이후 읍내 소년의 동정同情을 얻어 돈을 모은 후, 그 소년들이 궁핍한 때를 당하여 무례하게 냉대하므로 소년들이 그 무의無義함을 노하여 필경 이같이 습격한 것이라. 다음날에 천사께서 경현의 집에 가시니, 경현 부부가 서로 소리내어 울면서 다른 곳으로 이사하려 하거늘, 천사께서 그 주모에게 술을 가져오라 하시니, 주모가 답하되 "술 항아리를 모두 깨뜨렸은즉 무슨 술이 있사오리까?" 하거늘, 천사 가라사대 "저 독 안에 감추어 둔 소주를 가져오라." 주모 가로대 "어른 앞에는 조금도 숨길 수 없나이다." 하고, 작은 병에 담겨 있는 소주를 따라 올리더라. 천사께서 경현 부부에게 일러 가라사대 "모든 일의 옳고 그름이 다 내게 있고 위치 여하에 있지 아니하니, 이후로는 온갖 일을 잘 생각하여 삼갈지어다. 그리하면 앞길이 다 펴이고 영업이 흥성하리라." 하시니, 경현이 명하심을 좇아 이사를 중지하고 허물을 고쳐 술장사를 계속하더니, 얼마 안 되어 영업이 흥왕하니라. 그날 밤에 객망리 앞에 있는 오동팔吳東八 주점에서 뜻밖에 우레같은 큰소리가 나며 사람과 가축과 모든 가산家產이 아무 상해 없이 집이 저절로 움직여 뜰 밖에 가서 뒤집힌지라. 그 후 동팔이 재목을 수습하여 집을 개축하다가 2회를 거듭하여 그같이 뒤집히게 되므로, 할 일 없이 건축공사를 중지하고 임시천막을 치고 농업을 경영하더니, 하루는 어떤 사람이 와서 그 참상을 보고 연장을 가지고 와서 반나절 만에 집을 개축하고 공사비도 받지 않고 돌아갔는데, 보통 사람의 힘으로는 큰 일꾼 수십일 품을 필요로 한 공사이므로 이웃 사람은 크게 신기하게 여기고, 천사의 제자들은 모두 천사께서 불쌍히 여기사 신장神將을 보내신 것이라고 생각하니라.

천사께서 매양 제자들에게 일러 가라사대 "내가 삼계대권三界大權을 맡았으니, 선천先天의 모든 도수度數를 뜯어고치고 후천後天의 새 운명을 열어서 선경仙境을 만들리라." 하시므로 제자들은 항상 그 더딤을 한恨하여 하루바삐 개벽開闢하시기를 기다리더라.

신원일이 개벽공사開闢公事를 하루바삐 행하시기를 천사께 강청한대, 천사 가라사대 "인사人事는 기회가 있으며, 천리天理는 때가 있나니, 그 기회를 지으며 때를 기다릴 것이거늘, 이제 기회와 천시天時를 어기고 억지로 인모人謨만 쓰면 이는 천하에 재앙을 끼침이며 억조의 생명을 앗음이라. 어찌 차마 할 바이랴?" 원일이 듣지 않고 천사께 굳이 청하여 가로대 "방금 천하가 무도하여 선악을 분별키 어려우니 속히 이를 잔멸하고 후천 신운新運을 여심이 옳을까 하나이다." 천사께서 심히 괴롭게 여기사, 7월에 원일을 데리고 부안扶安 변산邊山 우금암遇金岩 아래 개암사開岩寺에 가사 원일에게 소머리 한 개와 술 한 병을 준비하라 명하신 후, 청수 한 그릇을 방 한쪽에 놓으시고 소머리를 삶아서 청수 앞에 진설하신 후, 원일을 그 앞에 꿇어 앉히시고 양황洋黃 3개를 그 청수에 넣으니, 문득 풍우가 크게 일어나고 홍수가 퍼붓더라. 천사께서 원일에게 일러 가라사대 "이제 청수 한 동이에 양황 한 갑을 넣으면 천지가 수국화水國化 할지라. 개벽이란 이렇게 쉬울 것이니 그리 알지어다. 만일 이를 때가 이르기 전에 쓰면 재해만 끼칠 뿐이니 그리 믿고 기다려라." 하시고, 모든 설비를 거두시니 풍우가 곧 그치더라. 천사께서 원일을 돌려보내시므로, 원일이 집에 돌아가니, 아우의 집이 풍우에 무너지고 그 식구들이 원일의 집에 피난하여 왔는데, 원래 원일의 아우는 천사를 믿지 아니하였더라. 원일이 이로부터 더욱 두려워하여 무리한 언사를 안 하더라. 다음날에 천사께서 원일의 집에 오시사, 원일에게 일러 가라사대 "제생의세濟生醫世는 성인聖人의 도道요, 재민혁세災民革世는 웅백雄伯의 술術이라. 이제 천하가 웅백에게 괴로운지 오랜지라. 내가 상생相生의 도로써 화민정세化民靖世하리니 너는 이제로부터 마음을 고치라." 하시고, 또 가라사대 "대인大人을 공부하는 자는 항상 호생好生의 덕德을 가져야 할 것이라. 어찌 억조를 사멸死滅케 하고 홀로 살기를 도모함이 도리에 당할 것이냐?" 하시더라. 부안扶安으로부터 고부古阜 입석리立石里 박창국朴昌國(천사의 누이 집)의 집에 와 머무사 각종脚瘇으로 며칠 신고辛苦하시다.

이때에 천사의 누이 박창국朴昌國의 부인이 발을 벗고 풀밭에 다니거늘, 천사께서 보시고 민망히 여겨 가라사대 "이 근처에 독사가 있으니, 만일 벗은 발을 물면 어찌하느냐?" 하시고, 길게 휘파람을 부시니, 큰 독사 한 마리가 담장 풀밭으로부터 뜰 아래에 들어와 머리를 들고 있는지라. 이때에 박창국은 상인喪人이라. 밖으로부터 들어오다가 독사를 보고 크게 놀라 상장喪杖으로 타살하거늘, 천사께서 보시고 노래하여 가라사대 "독사혜毒蛇兮 독사혜毒蛇兮 상인견지喪人見之, 상장타살喪杖打殺, 도승견지道僧見之, 선장타살禪杖打殺……" (이 노래는 의의意義가 미상未詳하니 아마 빠진 구절이 있는 듯)이라 하신 후, 독사의 피가 땅에 있음을 보시고 가라사대 "내 누이가 벗은 발로 밟으면 해害를 보리라." 하시고, 친히 그 혈흔을 밟아서 독기를 제거하시다.

8월 2일 김형렬이 입석리立石里에 와서 천사께 뵈오니 각종脚瘇이 좀 나으시다. 이에 천사를 모시고 함열咸悅 회선동會仙洞 김보경金甫京의 집에 갈 새, 1일에 20~30리씩 행하시더라. 보경의 집에 며칠 체류하실 새, 함열 사람 김광찬金光贊이 보경의 추천으로 천사께 와 뵈고 사사師事하니라. 이때에 형렬과 보경 부자父子와 소진섭蘇鎭燮과 김광찬이 모시니라.

임피臨陂 군둔리軍屯里 김성화金性化가 또 천사를 사사師事함으로부터 천사께서 수개월 동안 함열咸悅과 임피臨陂 사이로 내왕하시고 형렬은 자기 집으로 돌아가니라.

10월에 김형렬이 함열에 가서 천사께 뵈오니, 천사께서 형렬 등 여러 제자를 거느리시고 익산군益山郡 만중리萬中里 정춘심鄭春心의 집에 가사, 춘심을 명하여 소머리 한 개를 사다가 찌게 하신 후, 선제船祭를 지내리라 하시고, 백지白紙 1속束을 길이로 무수히 절단하여 풀로 붙여 연속한 후, 반절折半하여 말아서 두 덩이를 만들어 각각 그릇에 담아두었다가, 한밤중에 이르러 정문 창에 두 구멍을 통하고 소머리를 문 앞에 놓은 후, 형렬과 광찬을 명하사 절지折紙 2축軸을 나누어 문밖에 나가서 각각 풀어서 창구멍으로 들여보내고, 문 안에서는 지단紙端을 다시 말아, 이렇게 지권紙卷이 다 풀리자, 문득 천둥이 일어나서 기차 기적소리 같아서 외부인은 그 불시의 천둥소리에 놀라니라. 천사께서 성백成伯에게 덜 마른 나뭇가지를 취하여 부엌에서 불사르되, 그 연기가 기선汽船 연통烟桶의 연기같이 굴뚝에 일어나게 하라고 명하시고, 가라사대 "닻줄을 풀었으니 잡아당겨야 하리라." 하시니, 문득 방 안에 있는 사람이 다 어지럼증이 나서 혼절하여 혹은 구토하며 혹은 정신을 잃는지라. 이때에 참여한 사람은 소진섭蘇鎭燮, 김덕유金德裕, 김광찬金光贊, 김형렬金亨烈, 김갑칠金甲七, 정성백鄭成伯과 정鄭의 가족이라. 그중 김덕유는 문밖에서 꺼꾸러져 설사까지 하고, 정씨 가족 4~5인은 각각 침실에서 넘어지고, 갑칠은 인사불성이 되어 호흡불통의 지경에 이른지라. 천사께서 청수淸水로써 갑칠의 입에 넣으며 불으시니 갑칠이 곧 소생된 지라. 차례차례로 혹 얼굴에 청수를 뿌리며 혹 마시게 하시니, 모든 사람이 낱낱이 기운을 차리더라. 김덕유는 폐병으로 중기重期에 이르렀던 바, 이후로 곧 완쾌되니라. 대개 이것은 무슨 공사公事인지 미상하지만 진묵震默의 초혼招魂이라는 말도 있더라.

10월부터 그해 말까지 만중리萬中里 주점에 계시니 김성화金性化의 부자 숙질과 보경甫京 부자가 모셨는데, 그 비용은 정춘심鄭春心이 부담하니라.

납월臘月에 앞서 말한 제자들과 동곡銅谷으로 가실 새, 길이 진흙으로 몹시 험하거늘, 천사께서 신명神明에게 치도령治道令을 내리시니, 진흙길이 곧 얼어 굳는 고로 마른 신발로 동곡에 가시니라. 그때 치도령은 「어재함라산하御在咸羅山下」라는 여섯 자를 써서 불사르신 것이니라.

병오년(1906) 정월 초 3일 천사께서 동곡에 계실 새, 김형렬과 김성화 부자와 김보경 부자와 김광찬 숙질이 시좌侍坐하더니, 천사의 명으로 하루 동안 말도 못하고 담배도 끊으니라.

병오년 5월에 천사께서 여러 제자를 벌여 안치고 가라사대 "오늘은 호소신好笑神이 올 것이니, 너희들은 웃지 말라. 만일 한 사람이라도 웃으면 이 신명이 공사를 보지 않고 갈 것이다. 그가 한번 가면 어느 때 다시 올지 모르니 깊이 주의하라." 하시니, 여러 사람이 크게 조심하다가, 정성백鄭成伯이 크게 웃으니 모든 사람이 함께 웃으니라. 그날 오후에 성백成伯이 문득 오한이 들고 크게 아파 3일을 일어나지 못하거늘, 천사께서 성백을 앞에 누이고 한 글귀(미상未詳)를 읽으시니 성백이 곧 쾌차되다. 이때에 천사께서 날마다 양지에 물형物形같은 약도略圖와 글자를 써서 불사르시더라.

김해金海 유수면流水面 평목점坪木店에 정괴산丁槐山 주점(점주 정씨丁

氏가 충북 괴산으로부터 이사한 까닭에 인근 마을에서 이렇게 부름)이 있는데, 집이 가난하여 술장사로 겨우 호구糊口하되, 매양 천사를 지성으로 공양하더니, 정월에 천사께서 그 주점에 가사 술을 마시려 하실새, 괴산이 천사께 드리려고 개장국을 흙 솥에 끓이다가 문득 흙 솥이 깨어진지라. 괴산의 처가 낙담하여 울고 섰거늘, 천사께서 불쌍히 여기사, 신경원辛敬元을 명하여 그의 경영하는 철공장鐵工場에서 쇠솥 한 개를 가져다주었더니, 이로부터 괴산의 형편이 점점 풍족하여지니라. 그 후 괴산이 태인泰仁 방교方橋로 이주할 때 그 쇠솥을 수류면水流面 환평리環坪里 정동조鄭東朝에게 팔었더니, 괴산은 다시 가난하게 되고 정씨 집안이 도리어 풍족하게 되어 모든 사람이 이 솥을 이름하여 '복솥'이라 하더라.

정월 21일 신원일辛元一이 천사께 와 뵈고 가로대 "내가 궁감宮監이 되어 도조賭租 수백 석을 작포하여 변상치 못한 고로 그 궁宮에서 부안군수扶安郡守에게 위촉하여 독촉이 몹시 심함에 부득이 피신해 왔나이다." 천사 가라사대 "이 일은 어렵지 아니하니 이곳에 머물라." 하시더라. 원일이 이곳에 머물다가 수개월 후 경성京城에 갔다가 집에 돌아가니 궁토宮土의 제도가 혁파되고, 따라서 궁감제宮監制와 그의 작포도 일체로 면제된 지라. 원일이 가로대 "나로 인하여 각처 다수의 궁감이 살 방도를 얻었다." 하더라.

2월 그믐에 여러 제자가 동곡에 모이니 김광찬金光贊, 신원일辛元一, 정성백鄭成伯, 김선경金善京, 김보경金甫京, 김갑칠金甲七, 김봉규金鳳圭, 정남기鄭南基 등이더라.

3월 2일에 천사께서 경성京城으로 향하여 떠나실 새, 여러 제자에게 일러 가라사대 "전함戰艦은 순창淳昌으로 회항回航하리니, 김형렬金亨烈은 지방을 잘 지키라." 하시고, 남기南基, 성백成伯, 광찬光贊을 데리고 군항群港에 가서 기선汽船을 타기로 하시고, 남은 사람은 대전大田에 가서 기차汽車를 타라 하시며, 가라사대 "이것은 수륙병진水陸竝進이라." 하시더라. 신원일을 불러 명하여 가라사대 "너는 입경入京하는 날로 종이에 「천자부해상天子浮海上」이라 깨끗이 써서 남대문에 붙이라." 하시니, 원일이 명을 받든 후 여러 사람과 함께 대전에서 기차로 경성에 이르러 「천자부해상」이라고 쓴 종이를 남대문에 붙이니라. 일행은 광찬光贊의 인도로 황교黃橋에 있는 그의 재종再從 김영선金永善의 집에 유숙留宿하니라. 다음날에 천사께서 여러 제자와 함께 인천仁川으로부터 경성에 이르시다. 천사께서 김영선의 집에 머무실 새, 그 이웃 사는 오의관吳議官이 3년 전부터 해소와 불면증에 걸려 매우 고민하다가, 천사의 신성하심을 듣고, 영선永善을 통하여 천사께 시료하심을 간절히 원하거늘, 천사께서 글을 써서 주시며 가라사대 "이것을 그대의 침실에 깖아 두라." 하시니, 오씨가 명하신 대로 시행함에 그날 밤부터 편안히 자고 해소도 그치어 곧 완쾌되니라. 김갑칠이 전주全州로부터 떠나올 때 설사로 고민하다가 천사께 아뢰거늘, 천사께서 웃으며 말씀하시기를 "이로부터 설사가 막히고 구미口味가 증진하리라." 하시더니, 과연 그날부터 설사가 그치고 구미가 증진되니라. 그러나 전주에 돌아온 후 28일이 되도록 대변이 불통되는지라. 갑칠이 다시 근심하여 천사께 아뢰거늘, 천사께서 웃으며 말씀하시기를 "너의 대변은 터져도 걱정이요 막혀도 걱정이라." 하시고, 냉면 집에 가서 냉면 다섯 그릇을 먹이신 후 궐련 14개피를 주어 가라사대 "오늘 밤에 이것을 다 피우라." 갑칠이 숙소에 돌아와서 네 개피를 피우고 문득 잠이 들었다가 다음날 새벽에 놀라 깨달아 열 개피를 마저 피우니 대변이 크게 통하더라. 오의관吳議官의 처가 청맹靑盲으로 몇 년 폐인廢人이 되었더니, 오씨가 천사께 시료하심을 애원하거늘, 천사께서 그 환자와 방문 앞에 이르사 환자를 향하여 서서 양산洋傘대로 땅을 그어 돌린 후 돌아오시더니, 이로부터 눈이 곧 밝아지니라. 오의관吳議官 부부가 크게 감읍하고 지성으로 천사를 공양하며 일행의 비용을 담당하니라. 십여 일 후 여러 제자를 돌려 보내시고 오직 광찬光贊으로 더불어 머무시다가 또 수일 후 광찬에게 돈 백 냥을 주어 가라사대 "네가 만경萬頃에 가서 나의 통지를 기다려라." 하시더라. 그때 신원일辛元一은 남대문南大門에 글을 붙이고 곧 돌아가니라. 김형렬이 집에 있어 아무리 생각하되 전함戰艦을 순창淳昌으로 댄다고 하신 의의를 알지 못하니라.

4월 그믐에 천사께서 동곡銅谷에 돌아오사 하룻밤을 지내시고 만경萬頃 김광찬金光贊의 집으로 가시니, 형렬이 수종隨從하다. 이때에 최익현崔益鉉이 홍주洪州에서 거의擧義하니 마침 이앙기移秧期에 날이 가물어 인심이 흉흉하여 안정하지 못하고 의병義兵에 가입하는 자가 날로 증가하여 군세軍勢가 크게 떨치거늘, 천사께서 수일 동안 만경萬頃에 머무시면서 비를 많이 오게 하시니, 인심이 비로소 안정하여 각각 농토로 돌아가므로 의병의 형세가 떨치지 못하고 최익현은 순창淳昌에서 체포되니라. 천사께서 최익현의 사로잡힘을 들으시고, 만경을 떠나 익산益山 만중리萬中里 정춘심鄭春心의 집에 가시며 가라사대 "만일 의병을 제거하지 않으면 조선朝鮮이 전멸되리라." 하시더라.

6월 초에 익산 만중리를 떠나 임피臨陂 군둔리軍屯里 김성화金性化의 집에 가사 김광찬金光贊과 함께 머무시다. 이때에 이웃 사람 김모金某가 급병으로 죽을 지경에 이르러 그 집안사람이 천사께 와서 살려주심을 애원하거늘, 천사 가라사대 "그 병은 그대로 치료키 어려우므로 함열 숭림사崇林寺 노승老僧에게 옮겼으니 그 노승이 내일에 죽을지라. 내일에 환자가 그 절에 가서 노승을 조문弔問하고 돌아오라." 하시니, 이로부터 그 환자는 곳 전쾌되어 다음날에 그 절에 간 즉, 과연 한 노승이 죽었으므로 조문하고 돌아오니라.

7월 초에 천사의 부친 홍주興周가 동곡銅谷에 와서 김형렬에게 천사의 계신 곳을 물어 만나려 하므로 형렬이 홍주와 함께 임피臨陂 군둔리

軍屯里 김성화金性化의 집에 가니, 천사는 수일 전에 군항群港으로 가신지라. 형렬이 홍주를 모시고 군항에 가니, 천사 가라사대 "군항은 오래 머물 곳이 못 되니 속히 돌아가라." 하시므로, 홍주는 다음날에 집으로 돌아가니라. 천사께서 군항에 머무신 지 한 달여 만에 익산益山 만중리萬中里 정춘심鄭春心의 집에 돌아오시다.

천사께서 여러 제자를 데리고 어디로 가실 새, 어떤 사람이 천사를 따라오며 살려주시기를 애원하거늘, 천사께서 응답치 아니하시고 가시니, 제자들이 민망하여 천사께 청하여 그 사람을 돌려보내시라 하니, 천사께서 돌아보시며 "돌아가라." 하시더니, 그 사람이 돌아간 뒤에 광증狂症이 일어나 죽으니라.

9월 25일에 천사께서 김형렬을 데리고 함열咸悅 김보경金甫京의 집으로 가시다.

10월에 신원일辛元一이 건재약국乾材藥局을 열고 무약貿藥하러 공주령公州令으로 갈 새, 김보경의 집에 와서 천사께 뵈옵고 왈 "방금 도로가 진흙탕이 되어 행인의 불편이 심하오니 청컨대 길을 얼게 하소서." 천사께서 웃으시며 "술을 사 오라." 하시니, 원일이 술을 사 오니, 그날 밤부터 길이 얼어붙어 세말歲末까지 진흙 길이 되지 아니하더라.

10월에 전주부全州府 사람 문태윤文泰潤이 천사께 와 뵈거늘, 천사께서 그의 포대기가 큰 것을 보시고 가라사대 "방금 의병의 소요가 있어 각처에 정찰이 심하니, 속 모르는 사람을 그대로 재우지 못할지니, 저 포대기를 끌러 보아라." 태윤이 두세 번 고집하다가 부득이 끄르니, 그 중에 태윤 숙질간叔侄間의 금전 관계 쟁송 서류가 있는지라. 천사께서 그 내용을 물으시니, 태윤이 가로대 "이러한 불미한 일이 있으므로 선생께 그 해결방법을 물으려 왔나이다." 천사께서 글을 써서 봉하여 주어 가라사대 "이 봉서封書를 가지고 너의 조카의 집 문에 이르러 불사르라." 태윤이 명을 좇았더니 그 뒤로 과연 화해되니라.

천사께서 야소교당耶蘇敎堂에 가사 모든 의식과 교의를 문견聞見하신 후, 가라사대 "족히 취할 것이 없다." 하시더라.

10월에 천사께서 청도원淸道院에서 청국공사淸國公事를 행하신 뒤에 동곡銅谷에 돌아와 가라사대 "풍운우로상설뇌전風雲雨露霜雪雷電을 이루기는 쉬우나, 오직 눈 뒤에 비 내리고 비 뒤에 곧 서리가 치게 하기는 천시의 조화造化로도 오히려 어려운 법이라. 내가 오늘 밤에 이와 같은 일을 행하리라." 하시고 글을 써서 불사르시니, 과연 눈이 내린 뒤에 비가 오고, 비가 개자 곧 서리치니라.

정성원鄭性元이 동곡銅谷 이장里長으로 있어 세금을 수납하다가, 하루는 천사께 아뢰어 가로대 "내 집이 빈한하여 생활이 곤란하오니, 청컨대 가난을 해결할 길을 가르쳐주소서." 천사 가라사대 "그대가 관리하는 동네의 세금이 합계 얼마나 되는지 금후로는 관부官府에 봉납하지 말고 그대가 모두 쓰라." 성원이 대하여 왈 "너무 심하신 말씀이외다. 국세國稅를 받아 쓰고 어찌 생명을 보전하오리까?" 하고 물러가더니, 그 후 고의는 아니나 자연히 세금 수천 냥을 범하게 됨에 무신년戊申年에 이르러 관부官府의 독촉이 심한지라. 답답한 김에 술을 크게 마시고 마을로 돌아다니며 큰소리로 외쳐 왈 "내가 국세를 먹었으니 내 배를 가르라." 하거늘, 천사께서 들으시고 불러 위로하여 가라사대 "너무 염려치 말라. 내가 그대로 하여금 무사케 하리라." 하시더니, 과연 무기세금戊己稅金이 면제되니라.

김도일金道一이 병이 나은 뒤로 요통이 개이지 아니하여 지팡이를 붙잡고 천사께 와 뵈거늘, 천사 가라사대 "병이 나은 뒤에 오히려 지팡이를 짚고 다님은 웬일인고?" 도일이 대답하기를 "요통이 그치지 아니하여 그러하나이다." 천사께서 명하사 그 지팡이를 꺾어버리시니, 이로부터 곧 요통이 쾌차한지라. 다시 도일을 명하여 가라사대 "문밖에 나서 서천西天에 붉은 구름이 떠 있는가 보라." 하시니, 도일이 나가보고 복명復命하되 "붉은 구름이 떴나이다." 천사 가라사대 "금산金山을 도득圖得하기가 심히 어렵도다." 하시더라.

이도삼李道三이 마침 이르거늘 천사께서 물어 가라사대 "사람을 해害하는 물건을 낱낱이 세어보라." 하시니, 도삼이 호표시랑虎豹豺狼으로부터 문슬조할蚊虱蚤蝎까지 자세히 세어 고하는지라, 천사 가라사대 "사람을 해하는 물건은 후천後天에는 다 없이 하리라." 하시더라.

천사 가라사대 "도화임본圖畵臨本은 귀신鬼神의 길이라. 이 세상에 학교學校를 널리 세워 사람을 가르침은 장차 천하를 크게 문명文明하여써 천지의 역사役事를 붙여 신인神人의 해원解冤을 시키려 함인데, 지금의 학교 교육이 학인學人으로 하여금 관리봉록官吏俸祿 등 비열한 공리功利에 빠지게 하니, 그러므로 판밖에서 성도成道하게 되었노라."

김형렬이 문득 각통脚痛으로 인하여 발한두통發寒頭痛하며 음식을 폐하고 고민하거늘, 천사께서 형렬을 명하사 "육십사괘六十四卦를 암송하라." 하시니, 형렬이 명대로 함에 경각에 한기寒氣가 물러가며 두통이 그치고 각통이 전쾌된 지라. 형렬이 이상히 여겨 그 이유를 묻건대, 천사 가라사대 "팔괘八卦 가운데 오행五行의 리理가 갖추어있고, 약은 오행의 기氣를 응함인 연고라." 하시더라. 이 해 세말歲末에 천사께서 동곡銅谷에 계시사 과세過歲하시다.

정미년(1907) 정월에 천사께서 김형렬에게 일러 가라사대 "나의 말이 곧 약이라. 말로써 사람의 마음을 위안케도 하며, 말로써 사람의 마음을 거스르게도 하며, 말로써 병든 자를 일으키기도 하며, 말로써 죄에 걸린 자도 끄르나니, 이는 나의 말이 곧 약인 까닭이라. 충언忠言이 역이逆耳나 이어행利於行이라고 나는 허망한 말을 아니하나니 내 말을 믿으라."

천사 가라사대 "귀신鬼神은 천리天理의 지극함이라. 천지공사를 행할 때에 반드시 귀신으로 더불어 판단한다." 하시고 「전주동곡해원신全州

銅谷解冤神, 경주용담보은신慶州龍潭報恩神」이라 써서 벽 위에 붙이시다. 이때에 김광찬金光贊이 천사를 항상 모셨으며 신원일辛元一도 한 달 정도 모셨더라.

3월 초에 천사께서 광찬을 데리고 말점도末店島에 들어가실 새(광찬의 재종再從이 말점도에서 어업을 경영하는 인연이 있음) 갑칠과 형렬을 만경萬頃 남포南浦로 부르사 일러 가라사대 "내가 지금 섬으로 들어감은 천지공사로 하여 정배定配됨이니, 너희들은 정성백鄭成伯의 집에 가서 성백과 함께 날마다 짚신 한 켤레와 종이 등燈 한 개씩 만들라. 그 신으로 천하 사람을 신게 하며 그 등으로 천하 사람의 어두운 길을 밝히리라." 형렬과 갑칠이 명을 받들고, 성백의 집에 가서 성백과 함께 날마다 짚신과 종이 등을 만드니라.

3월 그믐에 천사께서 말점도로부터 돌아오사 그 짚신은 원평院坪 시장에서 팔게 하시고 종이 등은 불사르시니라. 이때 김형렬이 천사를 모시고 고부古阜 객망리客望里로 가니, 신원일辛元一이 마침 그곳에 와서 천사께 뵈오니라.

4월 초에 천사께서 원일을 명하여 가라사대 "내가 4월 5일에 태인泰仁으로 갈 터이니, 네가 먼저 가서 사관舍館을 정하고 기다리라." 하사, 원일을 보내신 후 다음날에 고부古阜 객망리客望里 주점에 이르사, 형렬을 명하야 가라사대 "내가 이곳에서 숙박하고 가리니, 너 먼저 태인에 가서 원일이 정한 사관에서 자고, 내일 이른 아침에 태인 하마가下馬街에 이르러 나를 기다리라." 하신 지라. 형렬이 명을 받들고 태인에 가서 원일을 만나서 자고 다음 날 이른 아침에 하마가에 이르니, 날이 아직 오정午正이 되지 못하였는데 마침 장날이므로 사람이 많이 모여들더라. 천사께서 형렬을 만나 한산韓山 객주客主 집에 좌정하신 뒤에 원일을 불러 가라사대 "술을 가져오라. 내가 오늘에 벼락을 쓰리라." 원일이 명을 좇아 술을 올림에 천사께서 잔을 잡으시고 손을 들어 이

읏히 계시다가 마시시니, 이때 날이 오중午中이 된 지라. 문득 음풍陰風이 일어나고 폭우가 쏟아지며 벼락이 크게 발하니, 시장 사람들이 집으로 돌아가지 못하고 다 태인泰仁에 유숙留宿하더라. 천사께서 형렬과 원일에게 일러 가라사대 "내가 어제 아침 물망리物望里 주점을 지날 때 한 젊은 부인이 이슬을 떨구며 지나가므로 그 연유를 물은즉 '친정의 부음訃音을 듣고 가노라.' 하더니, 한 노파가 지팡이를 이끌고 그 뒤를 따라오며 젊은 부인의 자취를 묻는 고로 내가 그 연유를 다시 물으니, 그 노파가 대답하되 '그 젊은 부인은 나의 며느리라. 나의 신수身數가 불길하여 어젯밤에 아들 상喪을 당하였는데, 그 젊은 부인이 치상治喪도 안 하고 오늘 새벽에 도망하여 갔다.' 하므로, 그 부부가 부모가 정한 작배作配인지 혹 저희들끼리 상합相合한 것임을 물으니, 노파가 답하되 '저희끼리 작배한 것이라.' 하니, 대개 부모가 정하여준 배필은 인연人緣이요 저희끼리 작배함은 천연天緣이라. 천연을 무시하고 인도人道를 어그러뜨리니 어찌 천노天怒를 받지 아니하랴? 그러므로 오늘에 내가 벼락으로써 응징하였노라." 하시더니, 그 뒤에 들으니 과연 그 젊은 부인이 낙뢰落雷에 죽었더라.

천사께서 신원일을 데리고 태인泰仁 관왕묘關王廟 제원祭員 신경언辛敬彦의 집에 머무실 새, 천사께서 경언과 기타 집안사람에게 일러 가라사대 "관운장關雲長이 조선朝鮮에 와서 극진한 공대恭待를 받았으니 그 보답으로 하여 만일 공사公事가 있는 때에는 반드시 진력盡力함이 가可하리로다." 하시고, 양지洋紙에 글을 써서 불사르시니, 경언은 처음 보는 일이므로 괴이하게 생각하다가 다음날에 경언과 다른 제원祭員이 관묘關廟에 들어가 봉심奉審할 새, 삼각수三角鬚의 한 갈래가 떨어져서 간 곳을 알 수 없으므로 모든 제원은 이상히 알고 있으나, 오직 경언은 천사께서 행하신 일을 회상하고, 공사에 진력하기 위하여 비록 소상塑像으로도 그 힘씀을 나타내는 것이라고 생각하였더라. 이 뒤로 신경원

辛敬元, 김경학金敬學, 최창조崔昌朝, 최내경崔乃敬, 최덕겸崔德兼 등이 천사를 좇으니, 다 태인泰仁 사람이더라. 수일 후에 천사께서 동곡銅谷에 오사 김자현金子賢에게 일러 가라사대 “이후에는 내가 정읍井邑에 가서 지내리라.” 하시니, 자현이 물어 가로대 “누구의 집에 머무시려 하시나이까?” 천사 가라사대 “조금 있다가 알게 되느니라.” 하시더라.

5월 5일에 동네 사람들이 천사께 와 뵈고 고하되 “오늘은 단양가절端陽佳節이오니 학선암學仙菴에 가서 소풍하사이다.” 하거늘, 천사께서 허락하사 자현을 데리고 가실 새, 중로中路에 폭우가 크게 이르러 모든 사람이 빨리 달음박질함에, 천사께서 자현을 불러 가라사대 “천천히 갈지어다.” 하시고, 길가에 앉으사 담배를 붙이시면서 담뱃대로써 몰려오는 비를 향하여 한 번 두르시니, 비가 다른 곳으로 옮겨 가더라. 천사께서 다시 떠나 학선암에 이르시니 곧 비가 크게 내리더라.

김갑칠의 형 준상俊相의 처가 발바닥에 종창腫瘡이 나서 죽을 지경에 이른지라. 천사께서 들으시고 가라사대 “그 환부患部가 용천혈龍泉穴이니 살기 어려우니라.” 하시고, 준상과 갑칠을 불러 명하시기를 “오늘 밤에 서로 교대하여 환자의 곁에 있어 환자가 자지 못하게 하면서 밤새라. 명부사자冥府使者와 내 사자使者와 비교하여 누가 강한가 보리라.” 하시니, 준상과 갑칠이 명을 좇아 밤을 새우니, 환자의 정신이 혼암昏暗하여 매우 위독하다가 날이 밝음에 점차 정신을 차리는지라. 천사 가라사대 “이제는 근심 말지어다.” 하시고, 쌀즙으로써 환부患部에 바르시더니 그 뒤에 곧 쾌차하니라.

박순여朴順汝가 왼쪽 다리에 부종浮腫이 생겨 큰 기둥같이 되어 조금도 움직이지 못하고 죽을 지경에 이르러 천사께 시료하심을 애걸하거늘, 천사께서 자현에게 물어 가라사대 “순여의 병을 다스려 살게 함이 옳으냐, 또는 그대로 두어 죽게 함이 옳으냐? 네 말 한마디에 있느니라.” 하시니, 자현이 이상히 생각하여 가로대 “살려주심이 옳을까 하나이다." 천사 가라사대 "박순여는 불량한 사람이라. 너에게도 매우 무례하더라. 그러면 너와 함께 가서 시료하리라." 하시고, 자현을 데리고 순여의 집에 가사, 부은 다리를 주물러 내리시며 백탕白湯 한 그릇을 마시게 하시더니, 그 뒤에 곧 완쾌되니라. 원래 박순여는 상한常漢으로서 연배가 자현보다 높다 하여 항상 자현에게 무례하므로, 자현이 말은 아니하되 속으로 매우 불쾌하게 여겼더니, 천사께서 이것을 아시고 자현에게 물으심이더라.

천사께서 광찬光贊에게 물어 가라사대 "네가 나를 어떠한 사람으로 아느냐?" 광찬이 가로대 "촌村 양반兩班으로 아나이다." 천사 가라사대 "촌 양반은 너를 어떠한 사람이라 할 것이냐?" 광찬이 가로대 "읍내邑內 아전이라 할 것이외다." 천사 가라사대 "촌 양반이 읍리邑吏를 읍 아전 놈이라 하고, 읍리가 촌 양반을 촌 양반 놈이라 하나니, 나와 네가 서로 화해되면 천하가 다 해원解冤이 되리라." 하시니라.

동곡銅谷 이재헌李載憲의 처가 병든 지 수년에 형해만 남았으므로 재헌이 천사께 뵈고 시료하심을 간원하거늘, 천사 가라사대 "이 병은 환자가 타인에게 욕설을 많이 하여 그 허물의 보응報應으로 그리된 것이니, 날마다 회과자책悔過自責하면 병이 저절로 나으리라." 하시니, 재헌이 명하심을 받들어 그 처를 명하여 날마다 허물을 뉘우치게 하였더니, 그 뒤로 과연 전쾌되니라.

5월에 천사께서 용암리龍岩里 수점막水砧幕(동곡銅谷에서 1리 정도 떨어져 있음)에 머무실 새, 정읍井邑 사람 차경석車京石이 비로소 천사께 뵈오니라. 원래 경석은 동학신도東學信徒로서 일진회一進會 전북全北 총대總代를 지낸 일이 있는데, 이때에 전주全州 재무관財務官과 쟁송爭訟할 일이 있어 정읍井邑으로부터 전주로 가던 길에 용암리 주점에서 점심을 먹고 떠나려 할 즈음, 천사께서 김자현金自賢 등 몇 명과 더불어 이 주점에 들어 술을 부르심에 경석이 천사의 의표儀表와 언어동지言語動

止를 살펴 비범하심을 알고, 예禮로써 말씀을 청하는지라. 천사께서 흔연히 대하시니, 경석이 물어 가로대 "무슨 업業을 행하시나이까?" 천사께서 웃어 가라사대 "의술醫術을 행하노라." 하시더라. 술을 마시다가 계탕鷄湯 한 그릇을 경석에게 권하시니, 경석이 받은 뒤에 벌 한 마리가 빠져 죽거늘, 경석이 수저를 멈추고 혹 상서롭지 못한 일이 아닌가 생각하는지라. 천사 가라사대 "벌은 규모 있는 벌레라." 하시더라. 경석이 모든 일에 이상히 여겨 시험하여 보려고 그 쟁송爭訟할 서류를 천사께 뵈이며 그 곡직曲直을 물어 가로대 "남자 3인이 모이면 관장官長의 공사公事를 한다고 하오니, 선생은 밝히 판단하여 주소서." 천사 가라사대 "일의 곡직은 여하하든지 원래 대인大人의 일이 아니라. 남아가 마땅히 활기活氣를 가질지언정 어찌 살기殺氣를 띠리요?" 경석이 더욱 그 위대하심에 경복하여 곧 서류를 불사르고, 사사師事하기를 청하며 머무신 곳을 물은대, 천사 가라사대 "나는 동역객東亦客 서역객西亦客, 천지무가객天地無家客이로다." 경석이 생각하되 머무신 곳을 알지 못하는데 한번 떠났다가 다시 만나지 못할까 하여 짐짓 떠나지 않고 날이 저물기를 기다려 천사의 돌아가시는 곳을 따라간 즉 곧 용암리龍岩里 수점막水砧幕이라. 그 식사와 범절이 너무 조악하여 일시라도 견디기 어렵더라.

경석이 그곳에서 10일을 머무르면서 천사께 정읍井邑으로 가시기를 간청하되, 천사께서 듣지 아니하시고, 혹 진노하시며 혹 능욕도 하시며 혹 쫓아내시기도 하시다가, 경석의 끝끝내 떠나지 아니함을 보시고 일러 가라사대 "네가 만일 나를 따르려거든 모든 일을 전폐하고 나의 하라는 일에만 진력하여야 할지니, 너의 집에 가서 모든 일을 정리하고 6월 1일에 다시 오라. 그러면 함께 가리라." 하시니라.

6월 1일에 차경석車京石이 용암리에 와서 천사께 뵈옵고 정읍井邑으로 가시기를 청한대, 천사께서 다시 불응하시다가, 3일 후에 허락하여 가라사대 "내가 목에 잠기는 깊은 물에 빠져서 허덕거리다가 겨우 헤엄하여 벗어나서 발목에 이르렀는데, 이제 다시 깊은 물로 끌어들이려 하는도다." 하시더라. 천사께서 경석을 데리고 그곳을 떠나실 새, 원평院坪 주점에 들어가사, 모든 행인을 불러 술을 많이 권하신 후에 가라사대 "이 길은 남조선南朝鮮 배 질이라, 짐을 많이 채워야 떠나리라." 하시더라. 그곳을 떠나서 30리 되는 땅에 이르러 가라사대 "대진大陣은 일행日行 30리里라." 하시고, 고부古阜 송내리松內里 최씨崔氏 재실齋室에 거주하는 박공우朴公又에게 머무시며, 경석에게 일러 가라사대, "나의 일은 비록 부모형제라도 다 모르는 일이라. 이제 너를 만남에 통정신通情神이 나온다. 나는 서양西洋 대법국大法國 천계탑天啓塔 천하대순天下大巡이라. 내가 삼계대권三界大權으로 천지를 개조하여 선경仙境을 열고, 조화정부造化政府를 세워, 써 사멸死滅에 빠진 세계창생世界蒼生을 건지려 할 새, 너의 동방東方에 순회하다가 이 땅에 그친 것은 곧 참화중慘禍中에 빠진 무명無名 소약小弱의 민족을 먼저 도와서 만고에 싸인 원冤을 끌러주려 함이라. 나를 좇는 자는 영원의 복을 얻어 불로불사不老不死하여 선경仙境의 낙樂을 누릴 것이니라." 하시더라. 다음날에 정읍井邑 대흥리大興里에 가시니, 박공우도 따르다. 경석의 집에 이르사 글을 써 사방 벽에 붙이시며, 가라사대 "나의 머무는 곳은 천지가 다 알아야 하리라." 하시니, 문득 뇌성이 크게 발하는지라. 공우는 크게 놀라고 마을 사람은 뜻밖에 뇌성이 나는 것을 이상히 여기니라. 이 뒤로 일진회원一進會員 박공우, 안내성安乃成, 문공신文公信, 황응종黃應鍾, 신경수申京守, 박장근朴壯根 등이 천사께 와 좇더라.

천사께서 대흥리에서 수십 일을 머무실 새, 차경석이 가물치를 낚아 올리거늘, 회膾를 쳐서 잡수신 뒤에, 문밖에 나와 거니시며 하늘을 우러러보시고. 웃어 가라사대 "그 생선의 기운이 빨리 발한다." 하시므로, 여러 사람이 우러러보니 구름과 같은 이상한 기운이 가물치의 모형을 이루어 동천東天으로 향하여 떠가더라.

6월 중복中伏 날에 천사께서 대흥리 부근 접지리接芝里 주점에 가서 경석 등 제자에게 일러 가라사대, “오늘에 만일 전광電光이 발하지 않으면 반드시 충재虫災가 있어 농작의 손해가 크리라.” 하시고, 제자를 명하사 밖에 나가 살펴보라 하시나, 날이 저물도록 전광이 없는지라. 천사께서 하늘을 향하여 꾸짖어 가라사대 “천지가 어찌 생민生民의 재해災害를 이같이 좋아하느뇨?” 하시며, 제자를 명하사 마른 짚 한 낫을 가져온 뒤에 무명지無名指에 맞추어 끊어서 화로火爐에 꽂아 불사르시니, 그 불이 다하자 문득 전광電光이 자방子方으로부터 먼저 발하거늘, 천사 가라사대 “자방 사람만 홀로 살고 타방他方 사람은 다 죽어야 옳으냐?” 하시고, 다시 하늘을 향하여 꾸짖으시니 사방에서 번개가 번쩍이더라.

하루는 천사께서 경석에게 일러 가라사대 “너는 강령降靈을 받아야 하리라.” 하시고, 「원황정기내합아신元皇正氣來合我身」의 글귀를 읽게 하신 후 문을 조금 여시니, 경석이 그 글을 읽다가 문득 방성대곡하는지라. 일각쯤 지내여 그치게 하시다. 하루는 천사께서 경석에게 일러 가라사대 “너의 선묘先墓인 구월산九月山 금반사치金盤死雉의 혈음穴蔭을 옮겨 와야 되리라.” 하시고, 경석을 명하여 무도舞蹈케 하시고, 공우를 명하여 북을 치게 하시며, 가라사대 “이 혈음穴蔭은 반드시 장풍長風을 받아야 발하리라.” 하시더니, 문득 이도삼李道三의 동생 장풍長豊이 들어오거늘, 공우가 북채를 잠깐 멈추고, 장풍이 오느냐고 인사함에, 천사께서 그만 그치게 하시니라.

이때에 김광찬金光贊은 동곡銅谷에 있어 차경석의 상종相從함을 싫어하여 항상 불평을 토하여 가로대, “경석은 본래 동학도당東學徒黨으로 일진회一進會에 참가하여 불의를 행함이 많을 터인데, 이제 도문道門에 들어오게 하심은 선생의 공평치 못하심이라. 우리가 도행道行을 힘써

닦아온 것은 다 무용無用의 일이라." 하고 날로 천사를 원망하거늘, 형렬이 위로하여 가로대 "나와 함께 천사께 가 뵈고 그 사유를 여쭈어보자." 하고, 광찬으로 더불어 정읍井邑에 가서 천사께 뵈온 후 두 사람이 다 그 사유를 아뢰지 못하고 오후에 돌아가려 할 때에, 천사께서 광찬에게 말씀하시되 "주인主人은 김형렬이 좋으니 동곡銅谷에 가서 있으라." 하시고 다시 형렬을 불러 밀촉密囑하시기를 광찬을 데리고 집에 돌아가서 잘 위무하라 하시더라.

몇 달 동안 천사께사 경석으로 더불어 공사公事를 행하실 새, 금구金溝 둔산리屯山里 최군숙崔君淑의 집에 머무시다가 동곡銅谷에 들리지 않으시고 태인泰仁으로 가신대, 광찬이 더욱 불평하여 가로대 "우리는 다 무용無用의 물物이라." 하고, 크게 노하며 패담悖談을 발하는지라. 형렬이 민망하여 태인泰仁 하마가下馬街에 가서 천사께 뵈옵고, 광찬의 불평을 아뢴 후, 가로대 "어찌 그러한 성격을 가진 자를 문하에 있게 하셨나이까?" 천사 가라사대 "용龍이 물을 구할 때에 비록 형극荊棘이 당도할지라도 피하지 아니하느니라." 형렬이 곧 돌아와서 광찬을 효유하여 가로대 "고인古人이 절교絶交에 불출악성不出惡聲이라 하였으니, 금후로는 불평을 잘 풀어버리라." 하니라.

천사께서 일진회의 동動함으로부터 관冠을 폐하시고 대 삿갓을 쓰시더니, 정읍井邑에 가신 후로 의관衣冠을 갖추시다.

차경석은 일진회원一進會員으로서 삭발削髮하였더니, 천사를 모심으로부터 머리를 길렀도다.

박공우는 일진회의 한 두목頭目으로 있었던 바, 천사를 사사師事한 뒤에 하루는 무슨 일로 인하여 비밀히 일진회 사무소에 들러 왔더니, 천사께서 문득 공우에게 일러 가라사대 "한 몸으로 두 마음을 품는 자는 그 몸이 찢겨 지나니 잘 주의하라." 하시므로, 공우가 놀라서 다시 비밀한 일을 하지 못하고 일진회의 관계도 아주 끊으니라.

10월에 천사께서 경석을 명하사 돈 30냥을 마련한 후 가라사대 "이것은 너를 위하는 일이라." 하시면서, 무슨 법을 베푸시고, 「금회개재월襟懷開霽月, 담소지광란談笑止狂瀾, 소자구문도小子求聞道, 불수일일한不須一日閒」이라는 고인古人의 시詩를 읽어 드리시니라.

경석을 데리고 순창淳昌 농암籠岩 박장근朴壯根의 집에 가사, 장근에게 물어 가라사대 "그대의 머슴을 불러 어젯밤에 무슨 일이 있었느냐고 물어보라." 장근이 머슴을 불러 물은즉, 머슴이 가로대 "어젯밤 꿈에 한 노인이 농암籠岩으로부터 와서 나를 부름으로 내가 그 노인을 따라간즉, 그 노인이 '농암을 들고 갑옷과 장검을 내주면서, 이것을 가져다가 주인을 찾아 전하라.' 하므로 내가 그 물건을 가져다가 이 방 위에 놓았는데, 車京石의 앉은 데가 그곳이라."라고 하더라.

천사께서 그곳에 머무사 공사를 행하실 새, 김형렬을 불러 명하시기를 "금강산金剛山 1만 2천 봉峯의 겁기劫氣를 제거하리니, 네가 김광찬과 신원일로 더불어 백지白紙를 일방촌一方寸씩 오려 시자侍字를 써서 사방벽에 붙이되, 한 사람이 하루에 4백자씩 열흘에 쓰라. 그리고 그 동안 조석朝夕으로 청수淸水를 한 동이씩 길어 스물네 그릇으로 나누어 놓고 밤에 칠성경七星經 21번을 염송念誦하라." 형렬이 명을 좇아 행할 새, 신원일이 즐겨 아니하므로, 천사께 고한대, 천사께서 정읍井邑 이도삼李道三을 불러다 행하라 하심에, 형렬이 도삼을 데려다가 십 일간 명하신 대로 시행한 후 김갑칠을 보내어 일의 마침을 천사께 고한대, 천사께서 양羊 한 마리를 사 주시면서 "나의 돌아가기를 기다리라." 명하시더라. 그 후 11월에 천사께서 동곡銅谷에 이르사 명하여 양羊을 잡으사 그 피를 손가락에 묻혀 일만이천一萬二千의 시자侍字에 바르시니, 양羊의 피가 다한지라. 천사 가라사대 "사기邪氣는 김제金堤로 옮겨야 하리라." 하시더니, 마침 김제金堤 수각水閣 임상옥林相玉이 이르거늘, 청수淸水 담던 사기沙器를 구탕狗湯에 씻어 주신지라. 그 후 상옥이 사기沙

器의 용처用處를 묻거늘, 천사 가라사대 "인부人夫를 많이 회집會集하여 노작勞作할 때에 쓰라." 하시더라.

천사께서 농암籠岩에 계실 새, 노제자老弟子 황응종黃應鍾과 신경수申京守가 와 뵈옵고, 가로대 "눈이 길에 가득하여 행인行人이 크게 곤란하나이다." 천사께서 장근壯根을 명하사 감주甘酒를 만들어 여러 사람과 함께 마시시니, 문득 일기日氣가 온화하여 반나절이 못되어 눈이 녹아 계곡물이 넘치고 도로가 회복되니라. 천사께서 농암에 머무사 공사를 마치시고 그곳을 떠나려 하실 새, 차경석이 와 뵈옵고 가로대 "도로가 진흙 길이 되어 촌보도 행하기 어렵나이다." 천사께서 양지洋紙에 「칙령치도신장勅令治道神將, 어재순창농암御在淳昌籠岩, 이어우정읍대흥리移御于井邑大興里」란 문구를 써서 물에 담궈 내어 쥐어짠 뒤에 화롯불에 사르니, 문득 큰 비가 오다가 그치고 남풍南風이 일어나더니, 다음날에 지면地面이 말라 굳으므로 천사께서 새 버선과 신발로 경석을 데리고 정읍으로 돌아가실 새, 태인 고현리古縣里 행단杏壇에 이르사, 경석에게 고서古書를 외워 들려 가라사대 "이 글을 잘 기억하라." 하시니 그 글은 곧 아래와 같으니라.

> 부주장지법夫主將之法, 무람영웅지심務攬英雄之心, 상록유공賞祿有功, 통지어중通志於衆, 여중동호미불성與衆同好靡不成, 여중동오미불경與衆同惡靡不傾, 치국안가득인야治國安家得人也, 망국패가실인야亡國敗家失人也, 함기지류含氣之流, 함원득기지含願得其志

천사께서 정읍井邑에 계실 새, 경석에게 일러 가라사대 "너는 접주接主가 되라. 나는 접사接使가 되리라." 하시고, 또 가라사대 "너는 이후로 출입을 폐하고 집에 있어라. 이것은 자옥도수自獄度數니라."

11월에 천사께서 동곡銅谷에 이르사 금강산공사金剛山公事를 보신 뒤에 형렬에게 일러 가라사대 "내가 삭발하리니, 너도 또한 나를 좇아 삭발하라." 형렬이 속으로 즐겨 아니하나 강압으로 응낙하니라. 또 갑칠을 불러 가라사대 "내가 삭발하리니, 내일 대원사大院寺에 가서 승僧 금곡錦谷을 불러오라." 하시므로 형렬은 크게 근심하였더니, 다음날에 이르러 다시 그것에 대한 말씀을 아니 하시더라.

천사께서 형렬에게 고서古書를 외워 들려 가라사대 "이 글을 잘 기억하라." 하시니, 그 글은 곧

> 부용병지요夫用兵之要, 재숭례이중록在崇禮而重祿, 예숭즉의사지禮崇則義士至, 녹중즉지사경사祿重則志士輕死, 고록현불애재故祿賢不愛財, 상공불유시즉賞功不逾時則, 사졸적국삭士卒幷敵國削

천사께서 동곡銅谷 한공숙韓公淑의 집에 계실 새, 형렬에게 일러 가라사대 "너는 좌불坐佛이 되라. 나는 유불遊佛이 되리라. 너는 처소를 지켜 출입하지 말라." 형렬이 명하심을 좇으니라.

12월에 천사께서 고부古阜 와룡리臥龍里 문공신文公信, 신경수申敬守 양가兩家에 왕래하시며 머무시다. 20일에 천사께서 형렬을 불러 가라사대 "네가 집에 돌아가 의복을 빨아 지어 가지고 자현自賢과 함께 오라." 형렬이 명을 좇아 23일에 자현과 함께 와룡리 신경수申敬守의 집에 와서 천사께 뵈오니라.

천사께서 신경수의 집에 계실 새, 요堯의 역상일월성진경수인시曆象日月星辰敬受人時를 말씀하시고, 오주五呪를 지으사 가라사대 "이것은 천지의 진액津液이라." 하시더라.

> 오주五呪
>
> 시천지가가장세일월일월만사지侍天地家家長歲日月日月萬事知

시천주조화정영세불망만사지侍天主造化定永世不忘萬事知

복록성경신수명성경신지기금지원위대강福祿誠敬信壽命誠敬信至氣今至願爲大降

명덕관음팔음팔양지기금지원위대강明德觀音八陰八陽至氣今至願爲大降

삼계해마대제신위원진천존관성제군三界解魔大帝神位願臻天尊關聖帝君

그리고 천사께서 또 좌기左記의 글을 써서 신경수의 집벽 위에 붙이시다.

천지대팔문天地大八門

일월대어명日月大御命

금수대도술禽獸大道術

인간대적선人間大積善

시호시호귀신세계時乎時乎鬼神世界

그리고 천사께서 또 좌기左記의 글을 써서 문공신의 집벽 위에 붙이시다.

천지지주장天地之主張, 음양지발각陰陽之發覺, 인사각지人事刻之 (미상未詳)

만물지수창萬物之首唱

정의情誼 정의情誼

정의情誼

정의情誼 정의情誼

천사께서 형렬에게 일러 가라사대 "너는 자현과 함께 문공신의 집에 있어 옮기지 말라. 나는 신경수의 집에 있으리라. 만일 관리가 와서 나의 거처를 묻거든 숨기지 말고 실고實告하라." 모든 사람이 이상히 여기니라. 천사께서 모든 사람에게 일러 가라사대 "만일 관리를 두려워하거든 각자 해산하여 돌아가라." 하시니, 모든 사람이 더욱 이상히 여기니라. 이때는 천사께서 백의군왕白衣君王 백의장상白衣將相의 도수度數를 보시는 때라. 마침 면장面長과 이장里長이 들어오거늘, 천사께서 그 면장에게 일러 가라사대 "내가 천지공사를 행하여 천하를 광정匡正하려 하노니, 그대가 어찌 이러한 음모에 참여하느뇨?" 면장이 놀라 돌아가서 관부官府에 고발하니라. 12월 25일 야반夜半에 무장한 순검 수십 명이 돌연히 문공신의 집을 포위하고, 모든 사람을 결박한 뒤에 천사의 거처를 묻거늘, 신경수의 집에 계심을 말하니, 순검들이 곧 달려가서, 천사 이하 종자從者 이십여 인을 포박하여 다음 날에 고부경무청古阜警務廳에 압송하였는데, 이것은 의병義兵 혐의로 인함이러라.

이 일 나기 전날에 천사께서 김광찬을 정읍井邑 경석의 집에 보내시고 박공우도 다른 곳으로 보내시니, 이것은 대개 광찬 원일의 성질을 짐작하심이오, 공우는 여러 번 관재官災를 당하였으므로 면免하게 하심이라.

26일에 고부경무청에서 천사의 사제師弟를 신문할 새, 먼저 천사를 불러 물어 가로대 "네가 의병이뇨?" 천사 가라사대 "나는 의병이 아니라 곧 천하를 도모하려는 사람이로라." 경무관이 놀라 가로대 "이 무슨 말이뇨?" 천사 가라사대 "사람마다 도략韜略이 부족하므로 천하를 도모치 못하나니, 만일 웅재대략雄才大略이 있으면 어찌 가만히 있으랴? 나는 실로 천하를 도모하여 창생을 건지려 하노라." 경관이 천사를 구타하여 감옥에 가두고, 다른 사람은 묻지도 않고 모두 구속함에 여러 사람이 천사를 원망하더라. 이때 각지에 의병이 봉기하여 일본군과 충돌하며 혹 의병을 가탁하여 마을을 습격하는 비도匪徒도 널리 창궐하므로 의병혐의로 체포된 자이면 시비를 불문하고 흔히 총살을 당하여 실로 공포시기러라.

이 먼저 천사께서 이 화액에 쓰기 위하여 미리 약간의 금전을 준비하신 후, 갑칠을 명하여 경석에게 전하라 하셨더니, 그 화란禍亂 중에서 머슴이 그 돈을 절취하야 도망하는 것을 갑칠이 쫓아 빼앗아 경석에게 전하니, 경석이 고부에 가서 옷, 식사 등 제공에 진력하니라. 간수 중 형렬 자현과 친한 사람이 있어, 형렬 자현을 다른 조용한 감방으로 옮기거늘, 형렬이 간수에게 청하여 천사께서 다른 감방에 옮기신 후, 형렬 자현에게 일러 가라사대 "삼인회석三人會席에 관장官長의 공사公事를 처결하나니, 우리 세 사람이면 무슨 일이든지 결정하리라." 하시고, 또 자현에게 가만히 일러 가라사대 "비록 몇 십만 인이 이러한 화액을 당하였을지라도, 일호一毫의 상해가 없이 다 끌리게 할지니, 조금도 염려 말라." 하시더라.

섣달 그믐날에 번개가 크게 발하거늘, 천사 가라사대 "이것은 서양에서 신神이 넘어옴이라." 하시더라. 천사께서 옥중에서 과세過歲하시다.

무신년(1908) 설날에 경관이 죄수들에게 주식酒食 한 상씩 나누어주거늘, 모든 사람이 더욱 천사를 원망하여 가로대 "주식을 나누어줌은 죽이려 함이니, 우리는 증산甑山을 따르다가 죽게 된다." 하더라. 이날에 눈이 크게 내리고 몹시 춥거늘, 천사 가라사대 "이것은 대공사大公事를 처결함에 인함이라." 하더라.

경관이 여러 사람을 취조하여도 아무 증거가 없으므로 천사를 미친 사람으로 돌리더라. 정월 10일에 옥문을 열고, 여러 사람을 석방한 후 오직 천사만 남겨 두다. 이때에 경석은 고부古阜에 있어 천사의 나오시기를 기다리고, 형렬은 경석의 집에 가 머물러 천사의 나오시기를 기다리고, 그 남은 사람은 각자 귀가하니라. 정월 그믐날(경칩일)에 천사께서 출옥하사 경석을 데리고 객망리 본댁으로 돌아가시다.

형렬은 천사의 출옥하심을 듣고 동곡銅谷으로 돌아가고, 김광찬은 대흥리大興里에 있어 그 양모養母의 상喪에도 가서 상을 치르지 아니하거늘, 천사께서 자주 귀가하기를 권하시되, 듣지 않고 3년을 지내니라.

고부古阜 감옥에 구금되었을 때에 문공신文公信, 박장근朴壯根, 이화춘李化春 세 사람이 심히 천사를 원망하여 불경한 패설을 하더니, 3월에 이르러 이화춘은 의병에게 포살砲殺되고, 박장근은 의병에게 몹시 맞아서 뼈가 부러진지라. 천사께서 들으시고 문공신에게 일러 가라사대 "너도 또한 마음을 고치라. 그렇지 않으면 천노天怒가 있으리라." 하신 후, 또 가라사대 "이화춘은 귀신鬼神으로나 위안케 하리라." 하시고 글을 써서 불사르시니라. 체포되었던 20여 인 가운데 김형렬金亨烈과 김자현金自賢 두 사람 외에는 다 흩어져서 다시 천사를 따르지 아니하더라.

2월 2일에 천사께서 본댁으로부터 태인泰仁 신경원辛敬元의 집에 가 머무시니, 신경원, 최창조崔昌祚, 김경학金京學, 최내경崔乃敬 등이 천사를 모시니라. (천사께서 자주 태인泰仁에 머무심은 도창현道昌峴이 있음을 취하심이러라.)

천사께서 백암리白岩里 김경학金京學 최창조崔昌祚 두 집으로 왕래하여 머무실 새, 김광찬의 성복成服을 최창조의 집에서 거행케 하시다. 이때 천사께서 최창조를 명하사 "돼지 한 마리를 잡아 계란으로 전야를 부쳐 대그릇에 담아서 정결한 곳에 두고, 또 내 의복 한 벌을 지어 두라. 장차 쓸데가 있노라." 창조가 명을 좇아 돼지고기 전야와 의복을 만들어두니라.

3월에 천사께서 동곡銅谷에 머무실 새, 최창조가 사람을 보내어 아뢰되 "돼지고기 전야가 다 부패하였으니 어찌하오리까" 천사 가라사대 "좀 기다리라." 하시더니, 그 후 형렬을 명하야 가라사대 "네가 태인泰仁에 가서 최내경崔乃敬과 신경원辛敬元을 데리고 최창조의 집에 가서, 오늘 저녁 인적이 없을 때를 기다려 그 집 정문 밖에 한 사람이 엎드릴 만한 작은 구덩이를 파고 내 의복을 세 사람이 한 가지씩 나누어 입고 그 구덩이 앞에 청수淸水 한 그릇, 화로火爐 한 개를 놓고, 적은 도자기에 술을 넣고, 문어, 전복, 두부를 각각 그릇에 담아 그 앞에 놓은 후, 한 사람은 돼지고기 전야 한 점씩 들어 청수와 화로 위로 넘기고, 한 사람은 연해 그것을 받고, 한 사람은 다시 받아 구덩이 가운데에 넣은 후, 흙으로 덮으라. 이같이 하고 빨리 돌아오라." 하시는지라. 형렬이 명을 받들고 태인泰仁에 가서 내경과 경원을 데리고 창조의 집에 가서 명하신 대로 일일이 시행한 후 빨리 돌아올 새, 검은 구름이 일어나더니, 집에 이르자 문득 폭우가 쏟아지며 번개가 크게 일어나거늘, 천사께서 형렬에게 물어 가라사대 "이때쯤 일을 행할 때가 되겠느냐?" 형렬이 가로대 "일 행할 때가 꼭 맞겠나이다." 천사 가라사대 "이것은 매화埋火니라." 하시더라.

4월에 천사께서 동곡銅谷에 계시사 백남신白南信으로부터 돈 천 냥을 가져오사 약국을 벌이시다. 이때에 약장과 궤와 모든 기구를 비치하시기 위하여 목수 한 사람을 불러 그 장광척촌長廣尺寸과 제조방법을 일일이 가르치며 기한을 정하여 일을 끝내라 하시고, 약방은 갑칠의 형 준상俊相의 집에 설치하시다. 목수가 기한 내에 공사를 마치지 못하거늘, 천사께서 목수로 하여금 재목을 한곳에 모아 놓고 앞에 꿇려앉히신 후 크게 꾸짖으시면서 한 봉서封書를 목수에게게 주어 꿇어앉아 받아 불사르게 하시니, 문득 백일에 번개가 번득이는지라. 목수가 전율하여 땀을 흘리더라. 천사께서 목수를 명하여 속히 일을 마치라 하시니, 목수가 수전증手戰症이 나서 한 달이 넘은 뒤에 비로소 일을 마치고 약방에 설치하고, 그 약방 물목을 기록하여, 갑칠과 광찬으로 하여금 금산사金山寺 대장전大藏殿에 가서 불사르게 하시다. 약장을 지은 뒤에 천사께서 박공우에게 일러 가라사대 "당재약唐材藥은 평양平壤이 좋으니, 네가 평양에 가서 당재약을 구하여 오라." 하시더니, 그 뒤로 다시 그에 대한 말씀이 없으시더라. 약방을 설치하신 후 「원형이정元亨利貞, 봉천지도술약국奉天地道術藥局, 재전주동곡생사판단在全州銅谷生死判斷」이란 문구文句를 써서 불사르시니라.

약장은 약 넣는 칸이 위로 종삼횡오縱三橫五 합이 15이며, 가운데에 큰 칸이 둘이요 아래에 큰 칸이 하나인데, 그 위의 15칸 가운데 칸에 「단주수명丹朱受命」이라 쓰시고, 그 속에 목단피牧丹皮를 넣고, 그 아래에 「열풍뇌우불미烈風雷雨不迷」라고 횡서橫書하시고, 또 칠성경七星經을 양지에 종서縱書하시고, 그 끝머리에 「우보상최등양명禹步相催登陽明」이라 횡서橫書하여, 약장 위로부터 뒤로 밑판까지 이어서 내려 붙였으며, 양력육월이십일陽曆六月二十日 음력육월이십일陰曆六月二十日이라 쓰시다. 궤櫃 안에는 「팔문둔갑八門遁甲」이라 쓰시고, 그 글자를 눌러서 「설문舌門」 두 글자를 낙인하신 후, 그 글자 주위에는 24점點을 홍색紅色으로 찍으시다. 약방에는 통감通鑑과 서전書典 각 한 질을 비치하시니라.

천사께서 전주全州에 가사 김병욱金秉旭을 명하야 300냥으로써 약재를 매입하셨는데, 마침 비가 오거늘, 천사 가라사대 "이 비는 약탕수藥湯水라." 하시더라.

4월에 천사 가라사대 "내가 청국공사淸國公事를 행할 터인데 길이 멀어 왕래하기 어려우니, 다만 그 음동音同을 취하여 청주淸州 만동묘萬東廟에 가서 행하려 하나, 이도 또한 불편하므로 청도원淸道院에 가서 청국淸國을 가늠하여 공사公事를 행하리라." 하시고 청도원淸道院 찬명贊明의 집에 가사 천지대신문天地大神門을 여시고 공사를 행하시니, 김송환金松煥이 시종하니라.

그 후에 천사께서 날마다 글을 써서 크게 권축卷軸을 이루시고 형렬, 광찬, 갑칠, 윤근, 경학, 원일 등을 명하여 가로대, "너희들이 창문을 단단히 봉하고 방 안에 들어가서 이 권축을 화로火爐에 넣어 불사르되 연기가 방 안에 충만케 하여 다 소화한 뒤에 문을 열지니라. 일을 하려면 수화중水火中에라도 들어가야 하느니라." 하시니, 모든 사람이 명대로 시행할 새, 연기로 호흡을 통하기 어려우므로 윤근과 원일은 문밖으로 나가고, 그 다음 사람들은 종이가 다 타기를 기다려 문을 여니라.

4월에 천사께서 형렬에게 일러 가라사대 "내가 이제 화둔火遁을 쓰리니, 너의 집에 불을 주의케 하라. 만일 네 집에 화재가 나면 한 마을이 전소되고 그 화재신火災神의 세력이 커져서 세계 인민에게 큰 화禍를 끼치게 될지니라." 형렬이 놀라서 집안사람을 단속하여 종일토록 양황洋黃과 화로火爐를 주의하니라.

4월에 천사께서 정괴산丁槐山의 주점에 가사 술을 마실 새, 일찍이 고부화란古阜禍亂에 안면이 있는 정순검鄭巡檢이 이르거늘, 천사께서 술을 사서 대접하였더니, 떠날 때에 천사에게 돈 10원을 청구하다가 쪼끼 속에 손을 넣어 돈 10원을 훔쳐 가는지라. 천사 가라사대 "어찌 이러케 무례하뇨?" 하시더라. 정순검이 전주全州에 가서 다시 서신書信으로써 돈 40원을 청구하므로 천사께서 형렬로 하여금 돈 10원을 구하여 보내시면서 가라사대 "매우 불량한 사람이라." 하시더니, 며칠이 지난 뒤에 정순검이 고부古阜로 돌아가다가 정읍井邑 한 다리에서 도둑 떼에게 피살되니라. 천사께서 듣고 가라사대 "순검은 도적을 징치하는 직책이 있거늘, 도리어 도적질을 하니, 도적에게 죽음이 당연한 일이라. 이것이 다 신명神明이 하는 바이니라."

천사 가라사대 "일본사람이 조선에 있는 만고역신萬古逆神을 거느려써 역사役事를 하나니라. 이조李朝 개국開國 이래 벼슬한 자가 다 정씨鄭氏를 생각하였나니, 이는 곳 이심二心이라. 남의 신하로서 이심을 두면 곧 역신逆神이니, 그러므로 모든 역신이 그들에게 이르되 너희들도 역신이니 어찌 모든 극악을 이를 때에 역적의 칭호를 붙여서 역신을 학대하느뇨 한지라, 이로 인하여 저들이 일본사람을 보면 죄지은 자와 같이 전율하나니라."

여름에 문공신文公信이 동곡銅谷에 와서 천사께 뵙거늘, 천사께서 꾸짖어 가라사대 "네가 만일 허물을 뉘우쳐 옛 습관을 고치지 않으면 장차 어떠한 난관을 당할지 모르리라." 하시고, 자현을 불러 가라사대 "네가 공신의 집에 가서 여러 날 숙식하였으니, 공신을 네 집에 데려다가 잘 대접하라. 이 뒤로는 대접하려 하여도 만날 기회가 없으리라." 하시더니, 과연 그 뒤로는 서로 만나지 못하니라.

김형렬이 출타하였다가 집에 돌아오는 길에 야소교耶蘇教 신자 강중구姜重九가 몹시 취하여 크게 능욕하는지라. 형렬이 무삭한 곤고困苦를 겪고, 천사께 그 사유를 아뢰니, 천사 가라사대 "회충이 위로 오르다가 다시 아래로 내릴 때에 사람에게 패敗를 당하는 일이 있느니라. 청수한 그릇을 떠 놓고 스스로 허물을 살펴 뉘우치라." 형렬이 명에 의하여 시행하였더니, 그 뒤에 강중구가 병에 걸려 죽을 지경에 이르렀다가 다시 회생한지라. 형렬이 듣고 천사께 아뢴대, 천사 가라사대 "이 뒤로 그러한 일이 있거든 반드시 스스로 네 몸을 살피라. 그러면 그 독기毒氣가 근본으로 돌아가느니라."

4월에 크게 가뭄이 들어 보리가 말라 죽으므로 농민이 크게 근심하거늘, 천사 가라사대 "이제 만일 보리 흉년이 들면 아사餓死하는 자가 많을지니, 내가 어찌 그 참상을 보리오?" 하시고, 전주全州 용머리 주점에 가사 김낙범金洛範을 명하야 거친 보리밥 한 그릇과 된장 한 그릇을 지어오신 후 가라사대 "가난한 백성의 음식이 이러하리라." 하시고. 그 보리밥과 된장국을 다 잡수시니 문득 검은 구름이 일어나며 비가 내려와서 말라 죽었던 보리가 다시 힘차게 생기를 얻어 풍작이 되니라.

5월에 천사께서 전주에 머무실 새, 김갑칠이 와 뵈니 천사 가라사대 "너의 지방에 농사 형편이 어떠하뇨?" 갑칠이 가로대 "가뭄이 심하여 아직까지 이앙移秧을 하지 못하여 민심이 크게 근심하나이다." 천사 가라사대 "네가 비를 빌러 왔도다. 우사雨師를 네게 붙여 보내리니 곧 돌아가라. 중도에 비가 올지라도 회피치 말지어다." 하시니, 갑칠이 발병이 있어 가기를 즐겨 아니하거늘, 천사 가라사대 "사람을 구제함에 어찌 일각을 지체하랴?" 하시며 가기를 독촉하시니, 갑칠이 명을 받들어 돌아갈 새, 원평院坪에 이름에 비가 오기 시작하여 경각에 하천이 넘쳐 교량橋梁이 떠서 능히 건너지 못하였는데 며칠 사이에 이양移秧을 종료하니라.

박공우의 처가 물을 긷다가 엎어져서 허리와 다리를 상하여 기동치 못하고 누워 앓거늘, 공우가 매우 근심하여 멀리 천사를 향하여 그 처를 도와주시기를 지성으로 심고하였더니, 그 처가 곧 나아서 일어나니라. 그 후 공우가 천사께 뵈온대, 천사께서 웃어 가라사대 "네가 내환內患으로 얼마나 염려하였느뇨?" 하시더라.

천사께서 정남기鄭南基의 집에 가시니, 남기의 동생이 그 부친에게 무슨 일로 꾸중을 당하고 불손하게 대답한 후 밖에 나갔다가 다시 안으로 들어올 제, 문득 문 앞에 우뚝 서서 능히 동작을 못하고 땀을 흘리며 연하여 소리 지름에 집안사람이 놀라서 허둥대더라. 천사께서 일각을 지낸 후 돌아보아 가라사대 "어찌 그리 곤욕을 보느뇨?" 하시니, 그 사람이 비로소 굴신을 하며 정신을 수습한지라. 모든 사람이 그 연유를 물으니 그 사람이 가로대 "밖에서 들어오려 할 때 문득 정신이 황홀하며 숨이 막혀 호흡을 임의로 통하지 못하였다." 하거늘, 천사 가라사대 "그때에 네 가슴이 답답하여 견디기 어려웠으리라." 대답하여 가로대 "그러하더이다." 천사께서 크게 꾸짖어 가라사대 "네가 부친에게 불경한 말을 하였으니, 너의 부친의 가슴은 어떠하였으랴? 네가 죄를 깨달아 다시 그리 말지어다." 하시니라.

천사께서 동곡銅谷에 계실 때 경석의 동생 윤경輪京이 와 뵈거늘, 천사 가라사대 "천지에서 현무玄武가 쌀을 불으니 네 형(경석)의 기운을 써야 할지라. 네 형에게 입, 혀, 목구멍을 움직이지 말고 동학東學의 시천주侍天呪를 암송하되 기거동작起居動作에 잠시도 쉬지 말고 하라." 하시더라.

정읍井邑 고부인高夫人이 안병眼病으로 고통하고 차경석의 장남 희남熙南이 와병臥病하므로, 차윤경車輪京이 민망하여 천사께 뵈옵고 그 사유를 아뢰려고 동곡銅谷으로 가니, 김자선金自善, 김광찬金光贊 등 십 여인이 동네 앞에서 기다리다가 윤경의 옴을 보고 물어 가로대 "무슨 일로 오느뇨?" 윤경이 오는 사유를 말하니 모든 사람이 가로대 "오늘 아침에 선생님이 이르시대 '오늘은 대흥리大興里로부터 차윤경車輪京이 오리라.' 하시므로 이같이 나와서 기다리노라." 하더라. 윤경이 김자선金自善의 집에 가서 천사께 뵈옵고 고부인과 희남의 병세를 아뢰니, 천사 가라사대 "내일에 태인泰仁 살포청에 가서 나를 만나라." 하시므로, 윤경이 곧 돌아갔다가, 다음날에 살포청으로 가니 천사께서 아직 오시지 않으셨으므로 곧 태인 소투원 주점에 가니, 점주가 말하되 "선생께서 태인 새올 최창조崔昌祚의 집으로 가시면서 차윤경이 와서 묻거든 새올로 오게 하라 하셨다." 하거늘, 윤경이 새올로 갈 새, 일본병 수백 명이 길에 있어 주소와 출행의 이유를 묻거늘, 윤경이 주소와 가환家患으로 의사醫士를 맞으러 간다는 사유를 말하니, 그 병졸이 다 떠나더라. 윤경이 새올에 가서 천사께 뵈오니, 천사 가라사대 "오늘은 병세가 어떠하뇨?" 윤경이 가로대 "집에서 일찍 떠났으므로 자세히 모르나이다." 천사께서 꾸짖어 가라사대 "네가 무엇하러 왔느뇨?" 윤경이 사과하니라. 이날 밤에 천사께서 윤경을 명하사 자지 말고 밤이 새도록 밖에 있어 돌라 하시니, 윤경이 명을 좇아 자지 않고 밖으로 돌 새, 닭의 소리가 난 뒤에, 천사께서 물어 가라사대 "네가 졸리지 않느냐?" 윤경이 가로대 "졸리지 아니하나이다." 천사 가라사대 "나와 함께 백암리白岩里로 가자." 하시고 떠나시니 김자선金自善도 따르니라. 백암리 김경학金京學의 집에 이르사 아침밥을 잡수시고 다시 떠나 정읍井邑으로 향하여 가실 새, 혹 앞서시기도 하시며 혹 뒤서시기도 하사 4~5 보步를 걸으신 뒤에 가라사대 "이 길에는 일본사람을 보는 것이 불가不可하다.” 하시더라. 정읍 노송정老松亭에 이르사 가라사대 “이곳에서 좀 지체하여 감이 가하다.” 하시고, 휴식하여 반 시진을 지내신 후에 떠나서 그 모퉁이 큰 못가에 이르니, 일본기병日本騎兵이 많이 오다가 그곳에서 다시 다른 곳으로 돌아간 형적이 있더라. 천사께서 그 자취를 보시고 가라사대 “대인大人의 앞길에 저들이 어찌 왕래하리오?” 하시더라. 윤경이 행인에게 물으니 과연 십수 명의 일본기병이 그곳에 달려오다가 다른 곳으로 돌려갔다 하더라. 그곳에서 대흥리大興里를 가려면 양쪽 길로 나뉘어져 하나는 정읍통로井邑通路로서 일본인의 상점이 길가에 많이 있고, 하나는 좁은 길이라. 윤경이 어느 길로 향할 것을 묻자온대, 천사 가라사대 “대인이 어찌 좁은 길로 가리오?” 하시고 큰 길로 가시나 좌우에 즐비한 일본인 상점에는 일본인이 한 사람도 밖에 나서지 아니하더라. 대흥리에 이르사 고부인과 희남의 病을 다 손으로 어루만져 낫게 하시니라.

하루는 천사께서 차경석을 명하여 흑색 두루마기 한 벌을 가져오사 내의는 다 벗고 두루마기만 입으신 후에 긴 수건으로 허리를 매시고 여러 사람에게 물어 가라사대 “이러하면 일본인 같으냐?” 여러 사람이 대하여 가로대 “일본인과 같으시나이다.” 천사께서 다시 벗으신 뒤에 가라사대 “내가 어려서 마을 서당에 다닐 때 이웃 아이와 먹 장난을 하다가 그 아이가 나에게 지고 울면서 돌아가서는 다시 이 서당에 오지 않고 다른 서당에 가서 글을 읽다가 그 후 병들어 죽었는데, 그 신명이 함원含寃하였다가 이제 나에게 해원解寃을 구하므로 어찌하여야 합의合意하겠느냐고 물은즉, 그 신명이 나의 일본 옷을 싫어하는 줄 알고 일본 옷을 입으라 하므로 내가 이제 그 신명을 위로한 것이라.” 하시더라.

박공우는 큰 돌을 들다가 허리를 상하여 심히 고민하면서 천사께 아뢰지 아니하고, 하루는 천사를 모시고 길을 갈 새, 천사께서 문득 노하여 가라사대 "너의 허리를 베이리라." 하시는지라. 공우가 놀랐더니 그 뒤로 곳 요통이 나으니라. 박공우가 술을 과음하여 항상 주실酒失이 있더니, 하루는 천사께서 공우를 불러 가라사대 "내가 너와 술을 비교하리라." 하시고 술을 많이 권하시다가 문득 가라사대 "너는 한잔 술밖에 못 된다." 하시고 그치시더니, 그 뒤로는 공우가 한 잔만 마셔도 곧 취하여 더 마시지 못하니라.

박공우의 성질이 사나워 남과 다투기를 좋아하더니, 하루는 천사께서 공우에게 일러 가라사대 "너는 표단이 있으니 인단으로 가늠하리라." 하시더니, 그 뒤로는 성질이 온순하여 사람에게 지기를 좋아하고 다투지 아니하더라.

천도교주天道教主 손병희孫秉熙가 교도의 신앙을 집중하기 위하여 호남湖南 전도全道에 순회할 차로 전주全州에 와 머무는지라. 천사께서 공우를 명하여 가라사대 "네가 전주에 가서 손병희를 돌려보내고 오라. 사설邪說로 교도를 무혹誣惑하여 이제 피폐가 극도에 달하였으니, 그의 순회가 크게 불가하다." 하시므로, 공우가 오로지 명령만 기다렸더니, 다음날에 다시 명하시지 아니하므로 공우가 이상히 여겼는데, 그 후 수일을 지나 손병희가 예정한 순회를 중지하고 곧 경성京城으로 돌아가니라.

차경석車京石의 소실小室이 손가락 끝이 바늘에 찔린 것이 원인이 되어 점점 팔이 저리다가 마침내 반신불수가 된 지라. 천사께서 육십간지六十干支를 쓰사 상한 손가락 끝으로 한 간지씩 읽어내림을 따라 힘써 짚게 하신 뒤에, 다시 명하사 술잔을 들고 거닐게 하시니, 이로부터 혈기가 곧 유통하여 쾌차하니라.

대흥리大興里 술집 주인 장성원張成元의 어린아이가 병들어 낮이면 낫고 밤이면 신열과 기침으로 잠들지 못하고 고민한 지 수십 일이 된 지라. 성원이 어린아이를 안고 천사께 와서 시료하심을 청하거늘, 천사 가라사대 "이것은 비별飛鱉이니 낮이면 나와 놀고 밤이면 돌아와 자나니, 불가불 다른 곳으로 옮겨야 나을지라. 그런데 산으로 옮기려 하나 금수도 또한 생명이요, 바다로 옮기려 하나 어별魚鱉도 또한 생명이니, 전선電線으로 옮겨야 하리라. 전선 수척數尺을 구하여 병든 아이의 머리 위에 놓았다가 전주電柱 밑에 버리라." 하시니, 성원이 명하신 대로 시행하였더니 곧 쾌차하더라.

천사께서 하룻밤은 여러 제자를 명하야 방 안으로 돌아다니면서 동학주문東學呪文을 염송케 하신 후 점등點燈하고 보니 손모孫某가 엎어져 죽었는지라. 천사께서 그 몸을 흔들며 불러 가라사대 "나를 부르라." 하시니, 그 사람이 겨우 정신을 돌려 천사를 부름에 곧 기운이 회복된지라. 천사 가라사대 "이는 허물을 지은 자라." 하시고, 또 가라사대 "이 뒤에 괴병怪病이 전 세계에 유행하여 사람은 누운 자리에서 일어나지 못하고 죽고, 앉은 자는 그 자리를 옮기지 못하고 죽고, 행인은 길 위에 엎어져 죽을 때가 있을지라. 그러한 위급한 때를 당할지라도 나를 부르면 다 살아나리라." 하시더라.

5월에 천사께서 태인泰仁 백암리白岩里로 가실 새, 김경학金京學의 형의 집에 불이 나서 바람으로 인해 그 화염이 위험한지라. 천사 가라사대 "이 불을 끄지 않으면 전 마을이 소멸하리라." 하시고 곧 크게 바람을 일으켜 화멸火滅하시는지라. 경학이 가로대 "바람으로써 불을 없애게 하는 법도 있다." 하더라.

김경학의 8세 된 아들이 병들어 며칠 동안 일어나지 못하거늘, 천사께서 병실에 들어가 보시고 꾸짖어 가라사대 "부친이 와도 일어나지 아니하니 그런 법이 어디 있느냐? 빨리 일어나라." 하시니, 그 아이가 두려워하여 일어나니 곧 병이 나은지라. 경학이 부친이라는 말씀을 괴이하게 여겨 생각하니, 일찍이 금산사金山寺 미륵불彌勒佛에게 이 아이를 팔은 일이 있으므로 선생은 곧 미륵불의 화신인 까닭이더라. 그 후 김경학이 병들어 매우 위독한지라. 천사께서 경학을 명하사 사물탕四物湯을 끓여 땅에 붓고 달빛을 우러러보게 하시더니, 반 시간만에 병이 쾌차하니라.

천사께서 공사를 행하실 새, 양지에 글을 많이 쓰시고 제자들로 하여금 뜻이 가는 대로 그 양지를 자르게 하신 후, 차례로 한쪽씩 불사르시니, 그 종이조각이 모두 383매枚라. 천사께서 그 수효가 부족함을 괴이하게 여겨 찾으시니, 한쪽이 요 밑에 끼어 있더라.

김영서金永西와 정남기鄭南基 두 사람이 천사께 뵈온 후 두 사람이 사어私語하되, 남기는 일본어를 배우지 못함이 후회라 하고, 영서는 배우 못된 것을 후회하더니, 문득 남기는 유창하게 일본어를 하고, 영서는 상인喪人으로서 상건喪巾을 흔들면서 일어나서 가무歌舞하면서 상복喪服 소매로 북 치는 모양을 내며 땀을 흘리는지라. 천사께서 보시고 웃어 가라사대 "남기의 말은 일본인과 틀림이 없고, 영서의 재주는 배우 중 독보獨步가 되리라." 하시니, 두 사람이 비로소 정신을 차려 부끄러워하는지라. 천사 가라사대 "대인大人을 배우려는 자는 어떤 말을 함이 불가하니라."

하루는 천사께서 공사를 행하실 새, 양지에 글을 쓰시며 김보경金甫京을 명하야 가라사대 "동방에 별이 나타났는가 보아라." 보경이 밖에 나가 살핀 후 들어와 고하되 "흑운黑雲이 창천蔽天하여 별이 보이지 아니하나이다." 천사께서 문을 열고 동천東天을 향하여 한번 숨을 부시니 구름이 흩어지고 별이 나타나더라.

태인泰仁 백암리白岩里 김명칠金明七이 산중 경사지를 개간하여 담배를 심은 후 비료를 주고 길렀더니, 하루는 뇌우雷雨가 크게 일어나는지라. 기울어진 산전山田에 비료를 주고 기른 후 폭우가 오면 작물, 비료 및 경작지까지 사태沙汰가 나는 것이 상례常例이므로, 명칠이 가슴을 두드리며 울어 가로대 "내 농사는 담배 뿐인데 이 뇌우로 버리게 되면 어찌 살랴?" 하거늘, 천사께서 보시고 불쌍히 여겨 가라사대 "내가 재앙을 면하게 하리니 근심하지 말라." 하시더니, 비가 개인 뒤에 명칠이 산전山田에 가서 살피니 조금도 상해됨이 없고 타인의 전토는 전부 사태沙汰되어 이 해의 담배는 흉작이 되니라.

천사께서 태인泰仁 김경현金京玄의 집에 여러 날 머무시니, 읍내 무뢰배가 서로 말하되 "강모姜某가 요술로 사기친다." 하고, 천사의 다른 곳으로 떠나시는 기회를 엿보아 길가에 매복하였다가 천사를 습격하려고 음모하거늘, 천사께서 미리 아시고 다른 좁은 길로 좇아 떠나시니라.

김보경金甫京이 웅포熊浦에 소실小室을 두고 본가를 돌보지 아니하더니, 천사께서 글을 써주어 가라사대 "너의 소실과 상대하여 소화燒火하라." 하시니, 보경이 명하신 대로 시행함에 그 뒤에 임질淋疾을 만나 부득이 본가로 돌아가서 한 달 정도를 머물렀더니, 그 소실이 다른 곳으로 간지라. 천사께서 보경을 경계하여 가라사대 "본처를 저버리지 말라." 하시고, 임질을 낫게 하시니라.

천사께서 용두리龍頭里 주점에서 김덕찬金德贊, 김준찬金俊贊 등 몇 사람으로 더불어 공사를 행하신 후, 마침 잡기꾼雜技軍이 돈 80냥을 갖고 저희끼리 윷판을 벌이니, 이것은 천사의 일행 중에 돈이 있음을 알고 노름으로 먹어보려 함이라. 천사께서 제자들에게 일러 가라사대 "저 사람들이 우리 일행 중에 돈이 있음을 알고 잡기로 빼앗으려 함이니, 이도 해원解冤하리라." 하시고, 돈 50냥을 놓고 윷을 치실 새, 말씀대로 윷이 져서 순식간에 80냥을 앗으신 후, 품삯으로 5전을 남기시고 79냥 5전을 도로 주어 가라사대 "이것이 다 방탕자의 일이니 속히 다 집에 돌아가 직업을 구하여 안도하라." 하시니, 그 사람들이 경복하고 돌아가니라. 제자들이 말씀대로 윷이 되는 법을 물으니, 천사 가라사대 "던지는 법을 일정하게 하여 변함이 없으면 그리되나니, 이도 또한 일심一心이라." 하시더라.

전주全州 김낙범金洛範의 아들 영조永祚가 안질로써 핏발이 눈을 덮어 보지 못하거늘, 천사께 1분간 그 눈을 보시더니 안질이 곧 나았는데, 천사께서 그 병을 옮겨 앓으시다가 한참 만에 나으시니라. 김낙범이 천포창이 나서 크게 고민하더니, 천사께서 용두리龍頭里 주점에 계실새, 낙범이 지성으로 천사를 시봉하더라. 하루는 천사께서 진노하사 낙빔을 꾸짖어 가라사대 "네 어찌 그렇게 태만하뇨?" 하시는지라. 낙범이 이상히 여겨 한 마디도 대답하지 않고 일어나 떠나려 함에 천사께서 더욱 준책하여 가라사대 "네가 어른이 꾸짖는데 어디로 가려 하느냐?" 하시니, 낙범이 다시 앉아 머리를 숙이고 명을 기다리면서 땀을 흘리더라. 이때에 김덕찬金德贊과 김준찬金俊贊이 시측하니라. 낙범이 의외의 견책을 당하고 집에 가서 허물을 생각하되 마침내 깨닫지 못하여 송구히 지내더니, 그 뒤로 천포창이 점점 나아 얼마 못되어 쾌차하므로 비로소 진노와 견책하심이 곧 약임을 깨달으니라.

하루는 천사께서 제자들을 데리고 익산益山 이리裡里를 지내실 새, 강나루에 이르러 사공은 없고 배만 있는지라. 천사께서 친히 노를 저어 건너신 후 하늘을 우러러보시고 웃어 가라사대 "나는 무슨 일이든지 행하기 어렵도다." 하시므로, 제자들이 또한 우러러보니 서운瑞雲이 노를 저어가는 형상을 이루어 서서히 흔들면서 떠가더라.

6월에 김병욱金秉旭이 천사께 사람을 보내어 아뢰되 "작년에 도적이 백남신白南信의 친묘親墓를 파고 그 두골頭骨을 가져갔나이다." 하거늘, 천사께서 들으시고 3일간 명촉달야明燭達夜하여 상가喪家와 같이 지내신 후, 남신에게 말을 전하여 가라사대 "그 두골을 찾으려 말고 조용한 곳에 거처하여 외인의 교통을 끊으라. 처서절處暑節에는 그 도적이 스스로 두골을 가져오리라." 하신대, 남신이 명을 좇아 백운정白雲亭에 조용히 거하더니, 7월에 이르러 그의 친산親山 묘墓 아래 촌장이 촌회村會를 소집하고 상의하여 가로대, "우리가 그 묘 아래에 살면서 굴총掘塚

에 대하여 범연히 간과할 수 없으니, 우리 마을 사람이 일제히 출동하여 그 산 곳곳을 수색할지라. 만일 두골을 찾는 자에게는 묘주墓主에게 말하여 후히 상을 내리리라." 하고, 마을 사람이 총동원되어 여러 방면로 수색할 새, 이때에 도굴한 자가 생각하되 이 기회에 그 두골을 가져가면 도둑의 이름도 면하고 후한 상을 얻으리라 하여, 드디어 그 두골을 가지고 촌장에게 고하여 가로대, "내가 산전山田을 파다가 이 두골을 얻었다." 하는지라. 촌장이 그 사람을 데리고 백운정에 가니, 이날이 곧 처서절이더라.

이날에 천사께서 용두龍頭주점에 계실 새, 김병욱이 와서 두골 찾은 사실을 고하거늘, 천사 가라사대 "그 도적은 어떻게 조처하려 하느뇨?" 병욱이 가로대 "경무청에 보내었나이다." 천사 가라사대 "그 사람을 좋게 효유하여 돌려보낼 일인데, 어찌 그리 하였느뇨? 청포의복青布衣服 한 벌을 지어오라. 징역에나 처하게 하리라." 병욱이 명하심을 좇아 남신에게 말하여 청의青衣 한 벌을 지어서 천사께 올린대, 천사께서 그 옷을 불사르시더니, 그 사람은 징역에 처하니라. 제자들이 처서절에 찾게 됨을 묻자온대, 천사 가라사대 "매양 사사私事라도 천지공사의 도수度數에 붙여두면 그 도수에 이르러 공사公私가 다 끌린다." 하시더라.

천사께서 용두龍頭주점에 계실 새, 광찬을 명하야 한방의서韓方醫書 방약합편方藥合編을 사 온 후, 광찬에게 일러 가라사대 "네가 병욱의 집에 가서 주묵朱墨으로써 이 책의 약 이름에 비점批點하여 오라." 광찬이 명대로 실행한대, 천사께서 열람하신 후 그 책을 불사르시니라.

김덕찬金德贊이 천사를 대함에 항상 거만하나, 천사께서는 덕찬을 매우 대접하시더니, 하루는 많은 사람과 공사를 행하실 새 크게 번개를 발하시니 덕찬이 두려워하여 자리를 피하거늘, 천사께서 꾸짖어 가라사대 "네가 죄가 없거니 어찌 두려워하느뇨?" 덕찬이 더욱 황겁하여 전율하고 땀을 흘리면서 어찌할 줄 모르더니, 그 후로 천사를 천신天神같이 경외하더라.

백남신白南信의 친척 백용안白龍安이 도매주점都賣酒店을 경영하여 관부官府로부터 면허증을 얻고 전주부중全州府中에 있는 수백 소매주점을 폐지케 하는지라. 이때에 천사께서 용두치龍頭峙 김주보金周甫의 주점에 계실 새, 주보의 처가 가슴을 두드리며 통곡하여 가로대 "다른 벌이가 없고 주점으로 여러 식구가 살아왔는데, 이제 이 업을 폐지하면 우리 식구가 어찌 살아가리오?" 하거늘, 천사께서 들으시고 불쌍히 여기사 제자에게 일러 가라사대, "어찌 남장군男將軍만 있으랴? 여장군女將軍도 있으리라." 하시고, 종이에 여장군이라 써서 불사르시니, 그 주모가 홀연 기력이 나서, 밖에 나가 호령하여 경각에 부내府內 수백의 주부酒婦를 거느리고 백모白某의 집을 습격하여 형세가 위급하므로, 백모가 크게 놀라서 그 군중에게 사과하고 경영을 중지하니라.

김도일金道一이 천사께 심히 거만하더니, 복통으로 인하여 여러 달 고통하거늘, 천사께서 들으시고 도일을 가 보사 손으로 그 흉부부터 배꼽까지 내리 만지시고 돌아오시더니, 그로부터 배꼽 위 복부에는 통증이 없어졌으나 배꼽 아래 복부는 의연 몹시 아픈지라. 도일이 사람을 보내어 천사께 다시 만져주시기를 청하거늘, 천사께서 도일을 오게 하사, 방 안에 편히 눕게 하신 후, 문밖에 나가 거니시다가 문득 들어오시며 도일을 크게 꾸짖어 가라사대 "무례한 놈아. 감히 어른의 앞에 누웠도다." 하시고, 제자로 하여금 쫓아내시니, 도일이 크게 분노하더니, 그 병이 곧 쾌차한지라. 도일이 비로소 꾸지람이 약임을 깨달으니라. 제자들이 천사께 꾸지람으로 치료하시는 이유를 물은대, 천사 가라사대 그 병증은 곧 회충蛔蟲이라. 내가 한번 만짐에 회충이 배꼽 아래에 내려가 감히 머리를 내밀지 못하는데, 만일 다시 만지면 녹아 죽을 뿐아니라 사람의 생명까지 위태케 될지라. 그러므로 환자를 분노케 하여 그 기운을 타서 회충으로 하여금 본처에 돌아가게 한 것이니, 이것이 곧 의술이니라.

6월에 태인泰仁 신경원辛敬元이 급히 사람을 보내어 천사께 아뢰되, "태인읍泰仁邑 경관의 조사가 심하여 날마다 내 집에 와서 선생의 거주처를 묻나이다." 하거늘, 천사께서 그 사람에게 일러 가라사대 "급한 일로 오면서 도중에 지체하다가 늦게 됨은 무슨 일이뇨?" 그 사람이 대답하되 "도중에 당화주역唐畵周易으로 운명을 비판批判하는 자가 있으므로 잠깐 지체되었사오니 용서하소서." 하더라. 천사께서 곧 글을 써 주시며 가라사대 "이 글을 경원에게 주어 본 후 곧 불사르게 하라." 하시니, 그 글은 아래와 같으니라.

천용우로지박즉필유만방지원天用雨露之薄則必有萬方之怨, 지용수토지박즉필유만물지원地用水土之薄則必有萬物之怨, 인용덕화지박즉필유만사지원人用德化之薄則必有萬事之怨, 천용지용인용통재어심天用地用人用統在於心, 심야자귀신지추기야心也者鬼神之樞機也, 문호야門戶也, 도로야道路也, 개폐추기開閉樞機, 출입문호出入門戶, 왕래도로往來道路, 신혹유선혹유악神或有善或有惡(일설一說 무無, 혹유或有, 이하육자以下六字) 선자사지善者師之, 악자개지惡者改之, 오심지추기문호도로吾心之樞機門戶道路, 대어천지大於天地.

신경원이 이 글을 봉독한 후 곧 불살랐더니, 그 후로는 경관의 조사가 그치더라.

6월에 김병욱의 차인差人 김윤근金允根이 천사께 뵈옵고 아뢰어 가로대 "근일 날이 심히 가물어 곡물이 다 고사枯死하게 되었으니, 만일 흉년이 들면 농사만 전업하는 우리 집은 생활할 수 없겠나이다." 천사께서 웃으시며 덕찬을 불러 가라사대 "네 집에서 사육하는 돼지 한 마리를 잡아 오라." 덕찬이 명을 좇아 돼지를 삶아서 올린대, 천사께서 모든 제자로 더불어 돼지고기를 잡수실 새, 문득 뇌우雷雨가 크게 일어나는지

라. 윤근이 가로대 "선생은 곧 만인을 살리는 상제上帝시라." 하더라.

7월에 전주全州 두현리斗峴里 이병하李炳夏가 천사께 뵈옵고 아뢰되 "제가 사는 부근에는 근일 관부官府로부터 머리를 늑삭勒削하게 되므로 피하여 왔사오니, 청컨대 나의 머리를 보전케 하소서." 하거늘, 천사께서 웃어 가라사대 "보발保髮하여 죽기를 청하는 사람은 처음이라. 며칠 동안 이곳에 머물라." 병하가 머물러 십여 일을 지남에 천사께서 불러 가라사대 "이제는 늑삭의 폐가 그치었으니 돌아가라." 병하가 심히 허망하게 알고 돌아갔더니 과연 그 폐가 없더라.

7월에 천사께서 신경원辛敬元의 집에 복록궁福祿宮을 배치하시고, 신경수辛敬守의 집에 수명궁壽命宮을 배치하시고, 김경학金京學의 집에 학교도수學校度數를 배치하시고, 또 신경원辛敬元의 집에는 두문동杜門洞 칠십이인표七十二人表를 붙이시며 팔팔구구신농패八八九九神農牌를 친필로 써 붙이시다.

7월에 천사 가라사대 "이때에 고래의 쌓여온 원冤을 풀어 그로부터 생긴 모든 불상사를 소멸하여야 써 영원의 화평을 이루리로다. 대저 머리를 끄르면 몸이 움직임과 같이 인륜기록人倫記錄의 비롯이며 원冤의 역사의 첫 장章인 요자堯子 단주丹朱의 원冤을 끄르면, 그 이하 수천 년 쌓여온 원冤이 다 마디와 코가 풀릴지라. 단주가 불초하다 하여 요堯가 순舜에게 두 딸을 주고 천하를 전함에, 단주는 원冤을 품어 마침내 순舜으로 하여금 창오蒼梧에서 붕崩케 하고, 이비二妃로 하여금 소상瀟湘에 빠지게 한지라. 이로부터 원冤의 뿌리가 박혀 세대世代의 추이를 따라 원冤의 종자가 더욱 퍼지어 이제와서는 천지에 가득하고 인간을 파멸하게 되니라." 하시고, 해원공사解冤公事를 행하실 새, 단주로 비롯하시니, 약장에 단주수명丹朱受命이라 쓰심도 이에 근인根因하심이러라.

천사 가라사대 "천지를 개벽하여 선경仙境을 세우려면 먼저 천지도수天地度數를 조정하며 해원解冤으로써 만고신명萬古神明을 조화하고, 또

대지강산大地江山의 정기精氣를 통일하리로다. 대개 지기地氣의 불통일로 인하여 그중에 생식生息하는 인류의 사상도 어지럽게 섞여 이에 반목쟁투가 일어나느니라. 전주全州 모악산母岳山은 순창淳昌 회문산回文山과 대립하였으니 이는 부모산父母山이라.(복서卜書에 문자文字를 부자父字로 씀) 강산江山의 정실精實을 뽑아 합하려면 부모산으로부터 시작할지라. 회문산에 이십사혈二十四穴이 있고, 그중에 오선위기형五仙圍碁形이 있으니 바둑은 당요唐堯가 창작하여 단주丹朱를 가르친 것인 고로 단주해원丹朱解冤은 오선위기五仙圍碁로부터 대운大運이 열려 돌아날지라." 하시고, 이에 비롯하여 사명당四明堂의 정기精氣를 종합하시니, 곧 무안務安 승달산僧達山 노승진념형老僧眞念形과 장성군長城郡 손룡巽龍 선녀직금형仙女織錦形과 태인泰仁 배례拜禮밭 군신봉조형君臣奉詔形이러라. 또 부안군扶安郡 변산邊山에 이십사혈二十四穴이 있으니, 이는 회문산回文山 혈수穴數의 상대로 해변海邊에 있어 해왕海王의 도수度數에 응한다 하사, 회문산은 산군山君, 변산邊山은 해왕海王으로 각각 그 정기를 뽑으신 일도 계시다.

차경석이 천사를 섬긴 후로 가사를 다스리지 않아 가세가 날로 영락하는지라. 동생 윤칠이 불평을 품어 생각하되 "선생을 따르면 복을 받는다더니 도리어 가난이 돌아오니, 이는 허망한 일이라. 내가 선생을 보고 질문하리라." 하고, 동곡銅谷으로 가다가 중간에서 비를 만나 옷을 적시고, 천사께 뵈온대, 천사께서 꾸짖어 가라사대 "이 부근에 의병이 출몰하므로 관군이 사방으로 정찰하는데, 만일 너의 비를 맞은 행색과 모양을 보면 의병으로 오인하고 크게 곤고를 줄 것이니, 빨리 궁벽한 곳에 숨어서 나의 부를 때까지 기다리라." 하시고, 형렬을 명하야 숨기게 하신 후, 다음날 오후에 윤칠을 불러 돈 3원을 주시며 가라사대 "내가 수일 후에 정읍井邑으로 갈 터이니, 너는 빨리 돌아가 기다리라." 하시니, 윤칠이 아무 말도 못 하고 돌아가니라. 수일 후 천사께서 고부古阜 와룡리臥龍里에 가사 경석에게 사람을 보내어 명을 전하시기를 "나를 보려거든 내일 고부古阜 학동學洞으로 오라." 하시니, 경석이 명을 듣고 다음 날에 황망히 학동에 가서 천사께 뵈온대, 천사 가라사대 "내가 윤칠輪七이 두려워서 네 집으로 가기 어려우니, 이 일극一極을 가져가라." 하시고, 돈 15원을 주시는지라. 경석이 돈을 받고 묻자와 가로대 "무슨 일로 이렇게 엄격하신 말씀을 하시나이까?" 천사 가라사대 "일전에 윤칠이 동곡銅谷에 와서 살기를 띠었는데, 돈이 아니면 풀기 어려우므로 돈 3원을 주어 돌려 보내었노라." 경석이 황공히 돌아와서 윤칠을 불러 물으니, 과연 사실을 자백하니라. 그 다음 날에 천사께서 학동에서 떠나실 새, 박공우에게 일러 가라사대 "나의 이번 길은 한 사람의 절을 받기 위함이라. 이번에 받은 절이 천하에 널리 미친다." 하시더라.

천사께서 백암리白岩里에 계실 새, 박공우, 신원일이 시좌하더니, 김영학金永學이 김경학金京學의 추천으로 뵈거늘, 7일이 되도록 천사께서 더불어 말씀치 아니하심에 영학이 매우 분해하는지라. 공우와 원일이 일러 가로대 "삼가서 사사師事하기를 청하면 밝히 가르치시리라." 영학이 그 말을 좇아 천사께 사사하기를 청한대, 천사께서 허락하시더니, 문득 크게 꾸중하심에, 영학이 한편으로 공포스럽고 한편으로 분하여 문밖으로 나간지라. 그 뒤에 천사께서 영학을 불러 가라사대 "내가 너를 꾸짖은 것은 네 몸에 잇는 두 척신神을 물리쳐 내려 함이라. 너는 불평히 생각 말라." 영학이 가로대 "무슨 척신이오니까? 깨닫지 못하겠나이다." 천사 가라사대 "네가 18세에 살인하고 금년에도 살인하였나니, 잘 생각하여 보라." 영학이 생각한즉 18세에 남원南原에서 전주全州 아전 김모金某와 말하다가 그의 무례한 말에 노하여 화로火爐로써 그의 두부頭部를 타상한 바, 이로부터 신음하여 이듬해 2월에 죽었고, 금년 봄에 장성長城 맥동麥洞에 있는 외숙外叔 김요선金堯善이 의병에게 약탈을 당했기에 의병대장 김영백金永伯을 장성長城 백양사白羊寺에 찾아가 보고 그 비행을 꾸짖었더니, 영백이 사과하고 그 범인을 조사하여 포살砲殺한 일이 있으므로, 비로소 갑자기 깨달아 이에 경복하여 써 그 두 일을 아뢴대, 천사 가라사대 "정히 그러하다." 하시더라.

8월에 김덕찬金德贊의 누이 집에 묘제墓祭가 있는지라. 덕찬이 천사께 아뢰어 누이 집에 가셔서 술 잡수시기를 청한대, 천사 가라사대 "나의 술을 먼저 마시라." 덕찬이 가로대 "무슨 술이 있나이까?" 천사 가라사대 "좀 기다리라." 하시더니, 얼마 못되어 박공우가 삶은 닭과 술을 가져와 천사께 드리는지라. 덕찬이 감복하더라.

천사 가라사대 "신농씨神農氏가 경농耕農과 의약醫藥을 천하에 끼침으로 천하가 이를 힘입어 살아오나, 그 공덕을 앙모하여 써 보답하지 않고, 다만 매약賣藥에 신농유업神農遺業이라 써 붙일 뿐이며, 강태공姜太公이 부국강병富國强兵의 술術을 천하에 끼침으로 천하가 다 이를 힘입어 대업을 이루었으나 이 공덕을 앙모하여 보답하지 않고 다만 족첩足砧에 경신년월일강태공조작庚申年月日姜太公造作이라 써 붙일 뿐이니, 어찌 도의에 합당하리오? 이제 해원解冤의 때를 당하여 모든 신명이 신농神農과 태공太公의 은혜를 보답하리라." 천사 가라사대 "강태공이 10년 경영으로 3,600 낚싯대를 널리 폘침이 어찌 한갖 주周나라 왕실을 흥하여 제齊나라 봉토를 얻으려 함이랴? 이를 멀리 후세에 전하려 함이라. 내가 이제 72둔遁을 써 화둔火遁을 트리니, 나는 곧 남방삼리화南方三离火라." 하시더라. 천사 가라사대 "문왕文王은 유리羑里에서 384효爻를 지었으며, 태공太公은 위수渭水에서 3,600 낚시를 널리 폈는데, 문왕의 도술은 먼저 나타났거니와 태공의 도술은 이때에 나오느니라." 하시고, 「천지무일월공각天地無日月空殼, 일월무지인허령日月無知人虛靈」이라 이르시더라.

9월에 천사께서 「병자기이발病自己而發」이라 쓰시고, 또 「장사병쇠왕

관대욕생양태포葬死病衰旺冠帶浴生養胎胞」를 종이 7매에 한결같이 써서 각각 봉하신 후, 형렬을 불러 가라사대 "이제 전주全州에 가서 이 7봉封을 모모某某 7인에게 분급하고 해가 질 무렵을 한하여 돌아오라." 모든 제자가 그 의의를 묻자온대, 천사 가라사대 "말하여도 알지 못할 것이라. 성편成編 후에는 스스로 알리라." 하시더라. 형렬이 봉명奉命하고 전주全州에 가서 김낙범金洛範, 김병욱金秉旭, 김윤찬金允贊, 김윤근金允根, 김준찬金俊贊 5인에게 나누어주고, 명하시던 바 김金과 박朴(이름은 미상未詳) 두 사람은 출타하므로 다만 해가 질 무렵에 돌아오라 하신 명을 어기지 말라고 기다려 전하지 않고 그대로 돌아왔더니, 천사께서 기다려 전하지 아니하심을 꾸중하시더라.

10월에 천사께서 김낙범金洛範을 명하야 쌀 20말을 곱게 찧어 약방에 저장하셨는데, 형렬이 정미精米가 부족하여 약방에 있는 여러 사람의 아침밥을 공궤할 수 없으므로, 갑칠을 시켜 약방에 두신 백미白米 중에서 반 말을 갈라내어 아침밥을 지었더니, 천사께서 아시고 김형렬과 김갑칠을 꾸짖으시더라.

천사께서 여러 제자를 평하사대, 하도낙서지인지감河圖洛書知人之鑑 김형렬金亨烈, 출장입상出將入相 김광찬金光贊, 기연미연其然未然 최내경崔乃敬, 평생불변심平生不變心 안내성安乃成, 만사불성萬事不成 김송환金松煥이라 쓰사 소화燒火하시다. 날이 저물어 옴에 백미白米를 10말씩 나누어 덕찬과 형렬의 집으로 보내시다.

11월에 천사께서 김자현金自賢의 집에 계시사 가라사대 "이 방은 이후에 반드시 약방이 되리라." 하시며, 민영환閔泳煥의 만장輓章을 지어 자현에게 주어 가라사대 "이 글을 암송하면 후일에 반드시 용처가 있으리라." 하시니, 그 글은 아래와 같으니라. 「대인보국정지大人輔國正知(혹운或云 지자持字)신身, 마세진토운磨洗塵天運(혹운 일자日字)기신氣新, 유한경遺恨竟(혹운 경자警字)심종성深終誠(혹운 성자聖字)의意, 일도분재만방심一刀分在萬方心」. 또 가라사대 "「일도분재만방심一刀分在萬方心」으로 하여 일을 알리라." 하시더라. 또 최익현崔益鉉의 만장輓章을 지으시니, 곧 독서최익현讀書崔益鉉, 의기속검극義氣束劍戟, 시월대마도十月對馬島, 예예산하교曳曳山河橇.

천사께서 약방 벽 위에 「사농공상士農工商 음양陰陽」의 육자六字를 써 붙이시고, 또 「기동북이고수氣東北而固守, 이서남이교통理西南而交通」을 써 붙이시고, 각각 백지白紙로 배접한 후, 자현自賢을 불러 가라사대 "네가 뜻이 가는 대로 탕기湯器를 대고 덧붙인 종이를 오려 떼이라." 하시니, 자현이 명대로 시행한즉 음자陰字가 나타나는지라. 천사 가라사대 "합당하도다. 음陰과 양陽을 아울러 읽을 때에 음陰을 먼저 하나니, 이는 지천태地天泰라." 하시며, 또 가라사대 "이것을 어서 다 떼는 날을 당하여야 되느니라." 하시더라. 천사께서 「음양陰陽」 이자二字를 써서 약방 벽 위에 붙이시고 그 위에 백지를 덧붙이시고 가라사대 "김광찬金光贊, 김병욱金秉旭, 최창조崔昌祚는 다 아전이라. 다 음양의 죄가 있으리니, 누가 걸리는지 보리라." 하시더니, 최창조가 뜻밖에 실진하여 그 허물을 자백하거늘, 천사 가라사대 "웬 나약한 자가 걸리었다." 하시더라.

11월에 김광찬이 개벽공사開闢公事의 속히 결정되지 못함을 한恨하여 모든 일에 불평을 품어 좌석이 항상 소란하며, 또 칼로써 자살한다 하거늘, 천사께서 위로하여 가라사대 "모든 일이 때가 있나니, 반드시 평심平心하여 유치를 면하라. 사지종용자아유지事之從容自我由之, 사지분란자아유지事之紛亂自我由之라. 자방子房의 종용從容과 공명孔明의 정대正大를 법하여야 유치를 면하리라." 하시고, 또 가라사대 "죽는 일은 장차 내게 보라." 하시더라. 천사께서 광찬의 불평 품은 것을 심히 괴로이 여기사 형렬에게 일러 가라사대 "광찬이 자살하려 함은 제가 죽으려는 것이 아니라 곧 나를 죽이려는 것이라." 하시고, 또 가라사대 "내가 정읍井邑으로 가리니, 이 길이 길행吉行이라. 이 뒤에 일을 네게 통지하리라." 하시고, 28일에 박공우를 데리시고 동곡銅谷을 떠나사 정읍 차경석車京石의 집에 가시니라.

천사께서 정읍에 가실 새, 공우에게 일러 가라사대 "마음로 천문지리天文地理를 찾으라." 하시니, 공우가 명을 좇아 천문지리를 사색하다가 문득 잊고 그릇 풍운조화風雲造化를 찾았더니, 천사께서 공우를 돌아보아 가라사대 "그릇 찾으니 다시 생각하라." 공우가 놀라 생각하니 과연 그릇 찾았는지라. 이로부터 고쳐 찾으면서 정읍井邑에 갔더니, 이날 밤에 비와 눈이 섞여 오거늘, 천사께서 공우에게 일러 가라사대 "너의 한번 그릇 생각함을 인하여 천기天氣가 한결같지 못하다." 하시더라.

천사께서 경석의 집에 가사, 경석에게 일러 가라사대 "내가 모든 일이 귀貴치 않고 뜻에 맞지 아니하니, 내가 이 세상을 버릴 밖에 없다. 세상을 떠나기는 극히 쉬운 일이라. 몸에 있는 정기精氣를 흩으면 불티 사라지듯 하나니라." 하시고, 곧 베개를 베고 누우시니, 경석이 놀라 가로대 "어찌 하신 일이오니까? 제가 비록 불초하오나 모든 일에 명하심을 좇아 수화水火라도 피하지 아니하겠나이다. 걱정을 끄르시옵소서." 천사 가라사대 "네가 능히 내 명을 좇을 수 있느냐?" 하사, 재삼차 다짐을 받은 후에 일어나서 공사를 행하시다.

12월에 천사께서 양지 1매에 24방위를 돌려 쓰시고 중앙에 「혈식천추도덕군자血食千秋道德君子」라 쓰신 후, 가라사대 "이는 남조선南朝鮮 배질이라. 혈식천추도덕군자의 신명神明이 이 배를 운전하고, 전명숙全明淑이 도사공都司工이 되니라. 그 군자신君子神이 천추千秋에 혈식血食하여 만인萬人의 앙모를 받음은 다 마음에 있나니라. 그러므로 일심一心을 가진 자가 아니면 이 배를 타지 못한다." 하시더라.

천사께서 경석의 집 앞 버드나무 아래에 서시고 모든 제자를 나열하여 앉히신 후에, 북으로 향하여 휘파람을 하시더니, 문득 방장산方丈山

으로부터 한 줄기의 구름과 안개가 일어나 사방을 둘러 문턱같이 되거늘, 천사 가라사대 "곤이내짐제지閫以內朕制之, 곤이외장군제지閫以外將軍制之라." 하시더라.

천사께서 제자들을 명하사 만고명장萬古名將을 쓰라 하시니, 모두 생각하여 쓸 새, 경석이 묻자와 가로대 "창업군왕創業君王도 명장이라 하오리까?" 천사 가라사대 "그러하니라." 경석이 황제黃帝로부터 탕무湯武, 태공太公, 한고漢高 등을 차례로 열거하여 적은 후, 전명숙全明淑을 끝에 써 올린대, 천사 가라사대 "어찌하여 전명숙을 끝에 썼느뇨?" 경석이 가로대 "글을 좌左로부터 보시면 전명숙이 첫머리가 되나이다." 천사 가라사대 "네 말이 옳도다." 하시고, 여러 사람에게 일러 가라사대 "전명숙은 만고명장萬古名將이라. 백의한사白衣寒士로 일어나서 능히 천하를 움직였다." 하시더라.

천사께서 여러 제자를 명하사 동학주문東學呪文을 염송케 하시고, 친히 고저를 먹이시며 가라사대 "그 소리가 무슨 소리와 같으뇨?" 제자들이 對하여 가로대 "운상運喪하는 소리와 같나이다." 천사 가라사대 "그러하다. 운상하는 소리를 어로御路라고 하나니, 어로는 인군人君의 길이라. 천지대도를 세우려면 통일신統一神이 있어야 하나니, 세계통일신世界統一神은 광서제光緒帝가 가합하므로, 내가 광서신光緒神을 옮겨 왔노라." 하시더니, 그때 광서제가 붕어崩御하니라. 이때에 여러 제자를 앞에 부복俯伏케 하시고, 백의군왕장상도수 공사를 행하시다. (이는 시월十月 공사인 바, 편차가 바뀌었음)

기유년(1909) 정월 1일 사시巳時 천사께서 현무경玄武經을 종필終筆하사, 차경석에게 맡기시다.

2일에 차문경車文京이 술을 마시고 역적질을 한다고 고함하였는데, 이 말이 천원병참川原兵站에 미쳐 군병軍兵이 출동하려 하는지라. 천사께서 그 일을 아시고, 경석에게 일러 가라사대 "너는 집을 지키라." 하시고, 곧 비룡촌飛龍村 차윤경車輪京의 집으로 가시니라.

이때에 천사께서 경석을 명하사 3일 새벽에 고사告祀를 행하게 하셨더니, 마침 이 일이 발생한 고로, 경석에게 명을 전하여 가라사대, "내일 자정에 문호門戶의 틈새를 봉하고, 고기는 불에 구우며, 술병은 마개만 열고 심고心告하라. 이것이 곧 고사니라." 경석이 3일 새벽에 명을 좇아 행한 후 날이 밝으니, 총을 가진 병사 수십 인이 돌입하여 천사를 수색하다가 얻지 못하고 돌아가니라.

3일에 천사께서 백암리白岩里 김경학의 집에 가 머무시니, 경석이 박공우와 차윤경을 보내어 경과의 무사함을 고한대, 천사 가라사대 "내가 공사를 본 후 경석을 시험한 일이더니, 무사히 지났으니 다행이로다." 하시더라. 이때에 태인읍泰仁邑에 있는 경학의 형이 사람을 보내어 경학을 오라 하거늘, 천사께서 명하여 보내신 후, 발을 만지시며 가라사대 "속담에 발복福이라 하나니, 모르는 갈음 길에 잘 가면 행幸이요, 잘못 가면 곤란이라." 하시고, 즉시 그곳을 떠나서 독행으로 최창조의 집에 가셨다가 다시 독행으로 그 앞 송림松林을 통하여 최덕겸의 집에 머무시니, 모든 사람이 계신 곳을 알지 못하니라.

원래 경학의 형은 경학의 집에 이상한 술객術客이 있어 경학을 속여 가산家產을 탕패케 한다는 소문을 듣고, 한편으로 경학을 권유하기 위하여 사람을 놓아 부르고, 한편으로 관부官府에 고하여 술객을 징치하려는 중이러라. 경학이 집을 떠나갈 새 중도에서 순검을 만났는데, 순검은 경학을 대동하고 경학의 집에 와서 천사를 찾다가 얻지 못하고, 다시 최창조의 집에 갔다가 얻지 못하고 가니라. 이때에 황응종黃應鍾과 문공신文公信이 천사께 세배하려고 최창조의 집에 갔다가 순검에게 구타를 당하니라.

정월 5일에 천사께서 동곡에 이르시니, 수일 후에 태인으로부터 무사히 된 전말을 보고하거늘, 천사 가라사대 "정읍井邑 일은 하루 공사인데 경석에게 맡겼니 하루아침에 안정되고, 태인泰仁 일은 하루아침 공사인데 경학에게 맡겼더니 1일에 안정되니, 경석이 경학보다 우월하다." 하시고, 또 가라사대 "경석은 병조판서자격兵曹判書資格이요, 경학은 위인爲人이 직장直腸이라 돌리기 어렵나니, 만일 돌리기만 하면 선인善人이 되리라." 하시더라.

천사께서 여러 제자에게 물어 가라사대 "곡류 이외에 일 년 중 성장하는 물건으로 무엇이 제일 값이 높으뇨?" 모두 죽竹으로써 대답한대, 천사 가라사대 "대의 기운이 만물에 특장特長하니, 그 기운을 감하여 쓰리라." 하시고, 공사를 행하시더니, 이 해에 죽竹이 크게 흉년이 들다.

천사께서 매화공사埋火公事를 행하신 후, 49일간 동남풍東南風을 불리실 새, 48일 되는 날에 한 사람이 와서 병을 시료하여 달라고 청하거늘, 천사께서 공사에 전념하사 응하지 아니하셨더니, 그 사람이 돌아가서 원망한지라. 이로부터 남풍南風이 그치거늘, 천사께서 깨달으시고 사람을 보내어 환자를 위로하신 후, 가라사대 "한 사람이 함원含寃하여도 천지 기운이 막힌다." 하시더라.

2월 9일에 천사께서 김자현을 데리시고 김제金堤 내주평內住坪 정남기鄭南基의 집에 가사, 가라사대 "이 길은 나의 마지막 길이니, 처족妻族을 일일이 방문하리라." 하시고, 등촉을 밝혀서 밤이 늦도록 여러 집을 찾아보시고, 다음날 새벽에 수각리水閣里 임상옥林相玉의 집에 가사, 양지에 글을 써서 잘게 잘라 붙여 연속한 후, 뒷담에서 정문에 연결하니, 길이가 꼭 맞는지라. 이곳에서 공사를 보신 후, 같은 마을의 김문거金文巨의 집에 가 머무시고, 다시 만경萬頃 삼거리三巨里에 가사 술을 마실 새, 마침 승僧 한 사람이 지나가거늘, 천사께서 불러 돈 3전을 주시고, 자현에게 일러 가라사대 "금일 오후에 백홍白虹이 관일貫日하리니, 내가 혹 잊더라도 네가 반드시 살피라." 하시더니, 과연 오후에 백홍白虹이 관일貫日하더라.

고부古阜 황응종黃應鍾이 누런 닭 한 마리를 가지고 와서 천사께 올리거늘, 천사께서 한밤중에 형렬을 명하야 누런 닭을 삶아서 여러 제자와 함께 잡수신 후, 운장주雲長呪를 지으사, 제자들로 하여금 한번 보아 외이게 하시니, 이때에 김형렬金亨烈, 한공숙韓公淑, 유찬명柳贊明, 김자현金自賢, 김갑칠金甲七, 김송환金松煥, 김광찬金光贊, 황응종黃應鍾 등이 시좌하니라. 운장주는 다음과 같으니라.

천하영웅관운장의막처근청천지팔위제장天下英雄關雲長依幕處近聽天地八位諸將, 육정육갑육병육을소솔제장六丁六甲六丙六乙所率諸將, 일별병영사귀一別屛營邪鬼, 엄엄급급여율령사파하唵唵急急如律令娑婆呵

3일에 천사께서 여러 제자에게 일러 가라사대 "지금은 신명해원시대神明解寃時代니라. 동일한 50년 공부에 어떠한 사람을 해원解寃하리오? 최제우崔濟愚는 경신庚申에 득도得道하여 시천주侍天呪를 얻었는데 기유己酉까지 50년이요, 金○○(충남忠南 비인庇仁 사람, 그 이름은 미상未詳)은 50년 공부로 태을주太乙呪를 얻었나니, 그 주문을 신명에게서 얻을 때 신명이 이르되 '이 주문으로 사람을 많이 살린다.' 하였느니라. 이 두 사람 중 누구를 해원하리오?" 광찬이 대하여 가로대 "선생의 처분을 기다리나이다." 천사 가라사대 "시천주는 이미 행세되었으니, 태을주를 쓰라." 하시고, 읽어 가르치시니 아래와 같더라.

훔치훔치吽哆吽哆 태을천상원군훔리치야도래훔리함리사파아太乙天上元君吽哩哆耶都來吽哩喊哩娑婆呵

천사께서 유찬명柳贊明과 김자현金自賢에게 일러 가라사대 "각기 10만인에게 포교하라." 하시니, 찬명은 곧 응낙하고, 자현은 응낙하지 않다가, 천사께서 다시 재촉하시니, 비로소 응낙하는지라. 천사 가라사대 "평천하平天下는 내가 하리니, 치천하治天下는 너희들이 하라. 치천하오십년공부治天下五十年工夫니라. 매인每人이 6인씩 전하라." 하시더라.

천사께서 제자에게 일러 가라사대 "태을주와 운장주를 내가 시험하였으니, 너희들이 많이 읽어라. 지난번 김병욱의 액厄은 태을주로 풀고, 장효순張孝淳의 난은 운장주로 끌렀나니라. 태을주는 역죄逆罪를 범하였을지라도 감옥 문이 저절로 열리고, 운장주는 살인죄에 걸렸을지라도 감옥 문이 저절로 열리나니라."

김형렬이 천사께 여쭙기를 "세상 사람이 선생을 광인狂人이라 하는 자가 많사옵나이다." 천사 가라사대 "예전에 허언虛言으로 행세할 때에는 세상 사람이 나를 신인神人이라 하더니, 금일에는 실언實言으로 행세함에 도리어 광인狂人이라 이르는도다."

천사께서 이도삼李道三에게 글 삼자三字를 부르라 하시니, 도삼이 천지인天地人 삼자를 부른데, 천사께서 글을 불러 가라사대 "천상무지천天上無知天, 지하무지지地下無知地, 인중무지인人中無知人, 지인하처귀知人何處歸오?" 하시다.

김형렬이 어느 절일節日에 그 선조에 제사하고자 할 새, 천사께서 형렬을 명하야 그 준비한 제수祭需를 가져오사, 여러 제자로 더불어 한가지로 잡수시고, 가라사대 "이것이 곧 절사節祀라." 하시더라. 그 후로는 절사와 기제忌祭를 당하면 천사께 공향供享하니라.

차경석이 그 부친의 기일忌日을 당하여 치제致祭하고자 할 새, 천사께서 명하여 그 준비한 제물을 가져오사 제자들과 함께 잡수시며, 가라사대 "이것이 곧 기제忌祭라." 하시니, 경석이 그 후로는 절일節日과 기일忌日을 당하면 반드시 천사께 공향供享하니라.

제자들이 항상 우려되는 일이 있을 때에 천사께 품고하면 무위자연적無爲自然的으로 풀리게 되더라. 만일 품고한 뒤에도 오히려 우려를 놓지 못하면, 천사께서 위로하여 가라사대 "내가 이미 알았으니 무슨 염려가 있느냐?" 하시더라.

천사께서 항상 제자들에게 일을 명하심에 반드시 기일을 정하여 주사 하여금 어기지 않게 하시며, 만일 명을 받든 자가 혹 기일에 일기日氣로 어김이 있을까 염려하면, 천사 가라사대 "내가 너희에게 어찌 불조不調한 날을 일러주랴?" 하시나니, 천사께서 정하신 날은 한 번도 순조롭지 않은 때가 없더라.

천사께서 자기에게 대하여 심히 비방하며 능욕하는 사람에게도 예禮로써 우대하시는지라. 제자가 불경한 자를 예우하심이 불가함을 아뢰면 천사 가라사대 "저들이 나에게 불경함은 나를 모르는 연고라. 만일 안다 하면 너희의 나를 대함과 같으리라. 저들이 나를 알지 못하고 비방능욕함을 내가 어찌 개의하리오?" 하시더라.

천사께서 천지대권을 행하시되 일정한 법이 없고 수시 수의隨意로 행하셨나니, 예컨대 큰비가 잔뜩 내릴 때 비를 그치게 하심에는 혹 제자를 명하여 화로火爐의 불덩이를 밖에 던지기도 하시고, 혹 담뱃대를 휘두르기도 하시며, 술잔을 두르시기도 하시고, 말씀으로도 하시며, 그 밖에 풍우상설뇌전風雨霜雪雷電을 일으키실 때도 또한 그렇게 하사, 때를 따라 달리하시더라.

천사께서 천문天文을 보시려면 구름으로 하늘을 덮고 별자리를 하나씩 출현케 하여 제자로 하여금 살피게 하시더라.

천사 가라사대 "내가 고부古阜 고향에 가면 모든 친족의 높은 항렬을 가진 자를 대할 때에 반드시 항렬을 따라 말하게 되나니, 이는 윤리상 전통이라 무슨 관계가 있으리오마는, 모든 신명은 그들의 불경한 언사를 그르게 여겨 반드시 벌을 주므로, 나는 이것을 어려워하여 친족과 왕래함이 희소하노라."

천사께서 공사를 행하실 새, 흔히 감주甘酒를 지어 여러 제자와 함께 마시시더라.

천사께서 공사를 행하실 때에는 반드시 술과 고기를 장만하여 여러 사람으로 더불어 같이 잡수시더라.

천사께서 개고기를 즐겨 하사 가라사대 "이 고기는 상등인上等人의 음식이니라." 제자가 그 이유를 묻자온대 가라사대 "이 고기는 농민農民이 즐겨하나니, 상등인은 곧 농민이니라."

또 가라사대 "이 고기는 천지망량天地魍魎이 즐겨하나니, 선천先天에는 도가道家에서 꺼렸으므로 망량이 응하지 아니하였느니라."

동곡銅谷 사람 이정삼李正三이 발저종髮底瘇이 발하여 크게 고통하다가, 천사께 시료하심을 청하거늘, 천사 가라사대 "백회를 쳐버리라." 하시고, 광찬을 명하야 그의 백회를 쳐주니, 곧 그 종瘇이 나으니라.

천사께서 고래古來의 사제례師弟禮를 폐하사, 제자들이 시좌하면 평좌平坐와 흡연吸烟을 허락하시다.

천사께서 전주全州 봉서산鳳棲山 아래에 계실 새, 제자에게 일러 가라사대 "김봉곡金鳳谷이 시기심이 많더니, 하루는 진묵震默이 봉곡鳳谷에게서 성리대전性理大全을 빌려 가면서 생각하되, 봉곡은 시기가 많은 사람이니 반드시 후회하여 곧 찾아가리라 하고, 걸어가면서 한 책씩 보아 길가에 버려 사원寺院 동구洞口까지 가기에 모두 보아 버렸더라. 봉곡이 서적을 빌려준 후 과연 시기하여 가로대 '진묵은 불법佛法을 통달한 자라. 만일 유도儒道마저 통달하면 적이 될 수 없을 것이오, 또 불법이 크게 행하게 되리라.' 하고, 급히 사람을 보내어 그 책을 도로 찾아오라 하여, 그 사람이 좇아가서 길가에 이따금 한 책씩 버려진 것을 수습하여 갔더니, 그 후에 진묵이 봉곡에게 간 즉, 봉곡이 빌려준 책을 청하는지라. 진묵이 가로대 '그 글이 무용無用하므로 다 버렸다.' 하니 봉곡이 노하거늘 진묵이 가로대 '내가 구송口誦하리니 기록하라.' 하고, 연하여 구송일편口誦一遍하니, 한 글자의 착오가 없는지라. 봉곡이 이후로 더욱 시기하더라. 그 후 진묵이 제자를 단속하여 가로대 '내가 8일을 한정하고 시해尸解로써 인도印度에 가서 범서梵書와 불법佛法을 다 익혀 올 것이니, 방문을 개폐하지 말라.' 하고 입적入寂하였더니, 봉곡이 그 일을 알고 그 절에 가서 그 방문을 열어 가로대 '어찌 이러한 시체를 두고 혹세무민惑世誣民 하나뇨?' 하고, 꾸짖어 화장火葬케 히니라. 그 후 진묵이 돌아오니 신체가 소멸된지라. 공중으로부터 소리하야 가로대 '봉곡의 자손은 대대로 호미를 면치 못하리라.' 하고, 동양의 모든 문명신文明神을 거느리고 서양으로 옮겨 가니라."

형렬이 천사께 고하여 가로대 "고대의 명인名人은 지나가는 말로 사람을 가르치고, 확실하게 일러준 일은 없었나이다." 천사 가라사대 "실례를 들어 말하라." 형렬이 가로대 "율곡栗谷이 이순신李舜臣에게는 두율천독杜律千讀을 명하고, 이항복李恒福에게는 쉽지 않은 울음에는 고추가루 싼 수건이 좋다고 일렀을 뿐이오, 임란壬亂에 쓸 일은 이르지 아니함과 같음이로소이다." 천사 가라사대 "그러하다. 그러한 영재英才가 있스면, 나도 또한 가르칠진저." 하시더라.

천사께서 형렬에게 "대학大學의 「우경일장右經一章, 개공자지언증자술지야蓋孔子之言曾子述之也, 기여십장즉증자지의문인기지야其餘十章卽曾子之意門人記之也, 구전파유착간舊傳頗有錯簡, 금인정자소정갱고경문今因程子所定更考經文, 별유서차여좌別有序次如左」의 한 문장을 많이 읽으라." 하시더라.

천사께서 형렬에게 일러 가라사대 "성인聖人의 말은 한마디도 땅에 떨어지지 아니하나니, 고대에 자사子思는 성인이라. 위후魏候에게 말하되 「약차불이국무유의若此不已國無遺矣」라 하였으나, 위후魏候가 그 말을 불용不用한 고로 위국衛國이 참혹하게 망하였니라. 나의 말은 한마디도 또한 땅에 떨어지지 아니할지니, 네가 내 말을 믿을지어다. 너는 광狂이 되지 못하였으니 농판으로 행세함이 가하니라." 하시고, 기정진奇正

鎭의 시詩를 들려주시면서 "잘 기억하라." 명하시니, 그 시는 곧 「처세유위귀處世柔爲貴, 강강시화기剛强是禍基, 발언당욕눌發言當欲訥, 임사상여치臨事尙如痴, 급지상사완急地常思緩, 안시불망위安時不忘危, 일생종차계一生從此計, 진개호남아眞個好男兒」. 또 송시열宋時烈의 시를 들려주시며, 가라사대 "잘 기억하라." 하시니, 그 시는 곧 「명월천강심공조明月千江心共照, 장풍팔우기동구(長風八隅氣同駈)」.

천사께서 형렬에게 일러 가라사대 "육십사괘六十四卦를 점치며 이십사방위자二十四方位字를 돌려쓰라." 하시거늘, 형렬이 명을 좇아 육십사괘를 점치며 이십사방위자를 써서 올린대, 천사께서 그 종이를 갖고 문밖에 나가사 태양을 향하여 불사르시면서 가라사대 "나와 같이 지내자." 하시고, 형렬을 돌아보아 가라사대 "나를 잘 믿으면 해인海印을 갖다 주리라." 하시더라.

3월에 부안扶安 청일淸日 사람 이치화李致化가 와서 천사를 섬기고, 그 후 이공삼李公三이 또 와서 따르니라.

천사께서 이치화를 명하사, 빨리 돌아가라 하시되, 치화가 종일토록 가지 아니한대, 천사께서 다시 기일을 정하여 주어 가라사대, "빨리 돌아가서 돈 70냥을 가지고 기일 안에 오라." 하시니, 치화가 돌아가서 그 기일 안에 돈 70냥을 허리에 차고 와서 천사께 올린대, 천사께서 명하사 그 돈을 방 안에 두었다가 다시 문밖에 두었다가, 또 새립문밖에 두어 일주일을 지낸 후 들여다가 보관하시더니, 그 후 이공삼으로 하여금 그 돈 70 냥을 차경석에게 보내시다.

3월에 천사께서 코피가 나사 하루 밤낮을 연하야 흘리시고, 갑칠을 명하여 치관治棺케 하신 후, 감주甘酒 한 그릇을 마시고 그치시니, 원기가 곧 회복되시다.

이때에 광찬과 갑칠이 싸움이 일어나므로 그 일을 천사께 고한대, 천사께서 먼저 알고 계시더라. 다음날에 천사께서 형렬을 데리고 전주

全州로 가실 새, 형렬에게 일러 가라사대 "회중會中에 만일 다툼이 일어나면 내가 죽을 터이니, 잘 무마할지니라. 그리고 광찬과 갑칠에게 태을주太乙呪를 많이 읽게 하고, 김병선金炳善(광찬光贊의 조카)에게 도리원서桃梨園序를 천편千遍 구송케 하고, 차경석車京石과 안내성安乃成에게 동학東學 시천주문侍天呪文을 입술과 이빨을 움직이지 말고 많이 묵송하게 하라." 형렬이 명하심을 좇아서 일일이 지도하니라.

4월에 천사께서 전주全州에 머무실 새, 광찬을 불러 가라사대 "네가 김병욱의 집에 있어 나의 전하는 글을 일일이 책에 베껴쓰라." 하시고, 천사께서는 형렬과 같이 용두점龍頭店에 머무사, 형렬에게 글을 주어 광찬에게 전하여 책에 정서淨書케 하신 후, 천사께서 광찬에게 일러 가라사대 "이 글을 세상에 전함이 가하냐?" 광찬이 대하여 가로대 "선생의 뜻대로 하사이다." 천사 가라사대 "차경석에게 한 책을 두었으니, 그 글이 나타나면 세상이 다 알 것이라." 하시고, 그 책을 불사르시고 동곡銅谷으로 돌아오시니라. 그 책 중에 있는 글이 많으나 불에 타버리며 전하지 않고 다만 제자들이 단편적으로 기억하여 전하는 것은 다음과 같더라.

> 사지상직야士之商職也, 농지공업야農之工業也, 사지상농지공직업야士之商農之工職業也, 기외타상공업유소其外他商工業有所(빠진 글이 있음). 만물자생萬物資生, 방放, 탕蕩, 신神, 도道, 통統. 춘지기방야春之氣放也, 하지기탕야夏之氣蕩也, 추지기신야秋之氣神也, 동지기도야冬之氣道也, 통이기지주장자야統以氣之主張者也. 천지망량신주장天地魍魎神主張, 일월조왕신주장日月竈王神主張, 성수칠성주장星宿七星主張, 시고是故, 시천주조화정영세불망만사지侍天主造化定永世不忘萬事知, 무남녀노소아동영이가지無男女老少兒童詠而歌之.

천사께서 전주全州 김준찬金俊贊의 집에 계실 새, 김덕찬金德贊, 김준찬金俊贊, 김낙범金洛範이 시측侍側하니라. 낙범에게 물어 가라사대 "근일에 관묘關廟의 치성致誠이 있느냐?" 낙범이 대하여 가로대 "있나이다." 천사 가라사대 "그 혼魂이 이 지방에 있지 아니하고, 멀리 서양西洋에 가서 대란大亂을 일으키느니라."

4월에 천사께서 전주全州 불가지佛可止 김성국金成國의 집에 머무실새, 김덕찬金德贊이 시측侍側하다가 하루는 천사의 무슨 말씀을 듣고 속으로는 허망하게 알면서 거짓 응락하였더니, 천사께서 다시 덕찬을 불러 가라사대 "이제 용소리龍巢里 김의관金議官의 집에 가서 자고 오라." 하시니, 덕찬이 명을 좇아 용소리로 갔다가 김의관 집 문 앞에서 취객을 만나서 심한 패욕을 당하고 도로 불가지로 돌아온대, 천사께서 문밖에 나서서 바라보시며 웃어 가라사대 "왜 자지 못하고 오느냐?" 하시는지라. 덕찬이 무고히 보내어 봉욕逢辱한 것을 불평하게 여긴대, 천사께서 덕찬에게 술을 주어 가라사대 "사람과 사귐에는 마음을 통할 것이거늘, 어찌 마음을 속이느냐?" 하시니, 덕찬이 이로부터 천사를 두려워하여 비록 일사일념一思一念이라도 삼가더라.

4월과 5월은 천사께서 용소리龍巢里 시목동柿木洞에 계시다(그동안 행하신 일은 미상未詳하므로 타일他日에 재료를 수집하여 보록補錄함).

6월에 천사께서 김자현金自賢에게 일러 가라사대 "네가 나를 믿느냐?" 자현이 가로대 "지성至誠으로 믿나이다. 만일 믿지 않았으면 고부화란古阜禍亂에 곧 배반하였겠나이다." 천사 가라사대 "네 말이 옳도다. 내가 장차 어디로 가리니, 나 없으면 잘 믿지 못한 자는 다 잊으리라." 자현이 가로되 "원컨대 내가 선생을 모시고 따라가겠나이다." 천사 가라사대 "너는 능히 따르지 못할지라. 내가 홀로 가서 일을 행하고 돌아오리니, 그때까지 믿고 기다리라. 만일 나의 그늘을 떠나면 죽을지니라." 하시더라.

6월에 천사께서 불가지佛可止에 머무시니, 유찬명柳贊明, 김송환金松

煥, 김덕찬金德贊, 김낙범金洛範 등이 모셨고, 이치화李致化도 내왕하니라. 천사께서 여러 제자에게 일러 가라사대 "○○○이 백호白虎 기운을 타고 왔으니, 만일 숙호충비宿虎衝鼻하면 범에게 죽을지라. 모든 일에 순종하고 그 지휘를 거슬리지 말라. 이것이 곧 피난하는 길이니라. 청룡青龍이 동動하면 범은 물러 가나니라."

천사께서 유찬명柳贊明에게 일러 가라사대 "요순堯舜의 도道가 이제 다시 나타나리라." 하시더라.

천사 가라사대 "만고역신萬古逆神을 해원解冤하여 몰아 성수星宿로 붙여 보내리라. 만물이 다 시비是非가 있는데, 오직 성수星宿는 시비가 없음이니라. 원래 역신逆神은 포부를 이루지 못한 자이므로 그 원冤이 천지에 충색充塞하였거늘, 세상 사람은 도리어 그를 질시하여 흉악의 머리로 삼아 역적놈이라 함이 욕의 보통 명칭이 되었나니, 모든 역신은 이것을 크게 혐오하므로 만물 중 무시비無是非한 성수星宿로 보낼 수밖에 없느니라. 하늘도 노천老天과 명천明天의 시비가 있으며, 땅도 후박厚薄의 시비가 있으며, 날씨도 한서寒署의 시비가 있으며, 바람도 순역順逆의 시비가 있으며, 비도 수한水旱의 시비가 있으되, 오직 성수星宿는 시비와 상극相克이 없느니라."

천사께서 가라사대 "내가 사람을 쓰되 향리鄕里에 있어 농판의 칭호를 듣고, 외론外論으로 군자와 천진天眞이라는 칭호 듣는 자를 택하노라." 또 가라사대 "세상 사람이 혹 나에게 광인狂人이라 이르되, 광인은 입경立經도 못하고 건사建事도 못하나니, 후일에 광狂이라고 부르든 자가 광인狂人의 칭호 듣던 사람 앞에 절할 날이 있으리라."

천사께서 불가지佛可止에 머무실 새, 덕찬으로 더불어 축령杻嶺을 넘어가시다가 고사리 캐는 노파의 지나감을 보시고, 그에게 향하여 "중이 양미糧米를 비노라." 하신대, 노파 가로대 "양미가 없나이다." 하거늘, 천사께서 재차 비시니, 노파가 가로대 "양미가 두 되만 있나이다."

하거늘, 천사 가라사대 "그중에서 한 홉만 주소서." 하신대, 노파가 허락한지라. 천사께서 그 양미를 받으시며 덕찬에게 일러 가라사대 "중은 본래 걸식하는 것이니, 이 땅을 불가지佛可止라 함이 옳도다." 하시더라.

이때에 천사의 부인 정씨鄭氏가 시부모에게 불효하여 집안이 불화하므로 부친 흥주興周가 황응종黃應鍾을 보내어 천사께 이 사실을 말하게 하였더니, 응종이 천사께 뵈고 여러 사람 중에서 시부모와 며느리간의 불화한 일을 아뢰니, 천사께서 들으시고 울울불락鬱鬱不樂하시며, 응종을 명하여 "형렬의 집에서 머무르고 다음 날에 돌아가라." 하시니라.

김광찬金光贊은 본래 술을 즐기지 않더니, 하루는 문득 술을 많이 마시고 흠뻑 취하여 이정삼李正三의 집에 가서 그의 어린 며느리를 간통姦通코자 함에, 이정삼 부자가 크게 분하여 살해코자 하는지라. 천사께서 갑칠을 명하야 광찬을 정읍井邑으로 보내신대, 여러 사람이 광찬의 성질이 꼬임을 증오하나 경석은 그 성질을 아는 고로 잘 설득한 후 머물게 하니라.

6월 초 열흘 무렵에 천사께서 심기가 불평하사, 동곡銅谷으로 돌아오실 새, 청도원淸道院 김송환金松煥의 집에 들러 유숙留宿하시니, 마침 신경원辛敬元이 와 뵈는지라. 천사 가라사대 "너의 옴을 알았다." 하시고, 양지 1매를 주어 유불선儒佛仙 석 자를 쓰게 하신 후, 천사께서 유자儒字의 옆에 니구尼丘라 쓰시고, 불자佛字의 옆에 서역西域이라 쓰시고, 선자仙字의 옆에 고현苦縣이라 쓰시고, 그 양지를 불사르신 후, 동곡약방銅谷藥房에 오사, 모든 제자에게 6월 20일에 모이라고 통지하시다.

천사께서 덕찬을 불러 양지 1매를 주사, "칠성경七星經을 쓰라." 하시니, 덕찬이 그 자양字樣의 대소大小를 묻자온대, 천사 가라사대 "뜻 가는 대로 쓰라." 하시니, 덕찬이 종이 1매에 칠성경七星經을 가득 차게 쓰고, 다만 삼자三字를 쓸 곳이 남은지라. 천사께서 그 여백에 칠성경

삼자三字를 쓰이신 후 소화燒火하시니라.

이때에 날이 오래 가문지라. 천사께서 갑칠을 명하야 청수淸水 한 동이를 길어온 후, 일러 가라사대 "상하의上下衣를 벗고 동이 앞에 합장하고 서 있으라. 서양으로부터 우사雨師를 불러 만민의 갈망함을 풀어주리라." 갑칠이 명에 의하여 탈의脫衣 합장하고 동이 앞에 선내, 문득 흑운黑雲이 사방에 일어나며 큰비가 이르거늘, 천사께서 갑칠을 명하여 청수를 쏟고 옷을 입게 하신 후, 여러 제자에게 일러 가라사대, "너희들도 잘 수련하면 모든 일이 마음대로 되리라." 유찬명이 가로대 "이러한 일은 세상 사람이 다 모르오니 원컨대 세상 사람으로 하여금 널리 깨닫게 하소서." 천사 가라사대 "너는 나로 하여금 길게 살기를 원함이로다." 하시고, 고시古詩 한 수를 외우시니 아래와 같더라.

> 치자곡모문하지稚子哭母問何之, 위도청산채약지謂道靑山采菜遲, 일락서산인부지日落西山人不至, 갱장하설답제아更將何說答啼兒

또다시 남원南原 양진사梁進士의 자만사自挽詞를 외어주시니 아래와 같더라.

> 시중이백주중령詩中李白酒中伶, 일거청산진적료一去靑山盡寂寥, 우유강남양진사又有江南楊進士, 저고방초우소소苴苦芳草雨蕭蕭

천사 가라사대 "도통道通이 건감간진손이곤태乾坎艮震巽离坤兌에 있느니라." 하신대, 유찬명이 시좌하다가 큰 소리로 건감간진손이곤태를 읽고 나가니라.

천사께서 형렬을 불러 가라사대 "네가 나의 사무를 담당하겠느냐?" 형렬이 가로대 "재질이 빈약하여 불감不敢이로소이다." 천사께서 꾸짖으신대, 형렬이 대하여 가로대 "가르치심을 받들어 담당하겠나이다." 천사 가라사대 "마속馬謖은 공명孔明의 친우로되 처사를 잘못하므로 공명이 휘루참지揮淚斬之 하였으니 삼갈지어다." 하시더라.

천사 가라사대 "선배가 되어서는 대학大學 우경일장右經一章을 알아야 하나니라." 또 가라사대 "서전서문書傳序文을 만편萬遍 구송口誦하라. 대운大運이 그에 있느니라." 또 가라사대 "이십사절후문二十四節侯文이 좋은 글인데, 세상 사람이 다 모르느니라. 속담에 절후節侯를 「철」이라 하고, 어린 것을 철부지不知라 하여, 소년도 철을 알면 점잔이라 하고, 노인도 철을 모르면 아이와 같다 하나니라."

천사 가라사대 "선배는 항상 지필묵紙筆墨으로 놀아야 하나니라." 형렬에게 일러 가라사대 "대상大祥이라는 상자祥字는 상서 상자字니라."

20일에 모든 제자가 동곡銅谷에 모이니, 김형렬金亨烈, 김갑칠金甲七, 김자현金自賢, 김덕찬金德贊, 유찬명柳贊明, 박공우朴公又, 신원일辛元一, 이치화李致化, 이공삼李公三, 최덕겸崔德兼 등이오, 채사윤蔡士允은 처음 왔더라. 천사께서 유찬명을 명하사 「천문지리天文地理, 풍운조화風雲造化, 팔문둔갑八門遁甲, 육정육갑六丁六甲, 지혜용력知慧勇力」을 쓰게 하시고, 또 「회문산回文山 오선위기혈五仙圍碁穴, 무안務安 승달산僧達山 호승의불혈胡僧衣佛穴, 장성長城 손룡巽龍 옥녀직금혈玉女織錦穴, 태인泰仁 배례전拜禮田 군신봉조혈君臣奉詔穴」을 쓰게 하사, 다 소화燒火하시니라.

황응종黃應鍾이 천사의 본댁에서 시부모 불화한 사실을 품고한 후로 천사께서 울울불락鬱鬱不樂하사, 형렬을 명하사 "고부古阜 본가에 가서 박처薄妻함을 알리고 돌아오라." 하시니, 형렬이 응락하고 가지 아니하니라.

천사께서 모든 제자를 앞에 꿇리고 물어 가라사대 "너희가 나를 믿느냐?" 모두 대하여 가로대 "믿나이다." 한대, 천사 가라사대 "내가 죽어도 믿겠느냐?" 제자들이 대하여 가로대 "믿겠나이다." 또 물어 가라사대 "내가 궁벽한 곳에 숨으면 너희들이 능히 찾겠느냐?" 제자들이 모두 대하여 가로대 "찾겠나이다." 천사 가라사대 "그렇지 못하나니라. 내가 너희를 찾을 것이오, 너희들은 나를 찾지 못하리라." 하시며, 또 가라사대 "내가 어느 곳에 숨으면 좋으랴?" 신원일이 대하여 가로대 "부안扶安에 궁벽한 곳이 많이 있사오니, 그곳으로 가사이다." 한대, 천사께서 대답하지 않으시더라.

21일에 신원일, 이치화가 채사윤과 그의 처남으로부터 금전 약간을 가져온대, 천사께서 신원일을 명하사 금전 가져온 사람의 성명을 써서 불사르시니라.

천사께서 형렬을 명하사 있는 돈 중에서 얼마는 궤에 숨기게 하시고, 남은 것으로는 여러 사람의 식량에 충용케 하시니라.

천사께서 광찬의 일로 염려하시니, 형렬이 아뢰어 가로대 "박공우를 정읍에 보내어 광찬을 데려오겠나이다." 천사께서 대답하지 아니하시더라. 박공우가 정읍에 가서 경석에게 대하여 천사께서 광찬의 위인爲人을 염려하심과 모든 사람의 광찬을 즐기지 아니함을 말하니, 경석은 광찬의 동곡銅谷으로 감이 불길할까 생각하여, 광찬을 속여 정읍에 있게 하고, 자기가 가늠하여 공우와 함께 동곡에 와서 천사께 뵈온대, 천사께서 탄식하여 가라사대 "여러 사람 가운데 환심歡心을 얻지 못한 자는 광찬이로다. 광찬은 재질이 좋으나 심지가 평순하지 못하여 어느 지경에 이를지 모르리라." 하시더라.

이때에 청주淸州에 괴질怪疾이 창궐猖獗하고, 나주羅州에도 치성하여 인심이 흉흉한지라. 천사 가라사대 "남북으로 마주 터지니, 장차 무수의 생명을 잔멸하리로다." 하시고, 글로써 괴질신장怪疾神將에게 칙령하여 가라사대 "「호불범○○장상지가胡不犯○○將相之家, 범차무고창생지가호犯此無辜蒼生之家乎」아" 하신 후, 또 가라사대 "내가 이것을 대속代贖하리라." 하시고, 형렬을 명하사 새 옷 다섯 벌을 급히 제조하신 후,

한 벌씩 갈아입으시고 설사하여 버리신 후, 가라사대 "약한 자는 다 죽을 것이라." 하시더니, 이로부터 괴질이 종식되니라.

22일에 천사께서 가라사대 "노자老子는 복중腹中에 80년을 있었으니 불효막심不孝莫甚이요, 석가釋迦는 사람을 절종絶種케 하였으니 어찌 불佛이라 할 수 있으며, 공자孔子는 소정묘少正卯를 베었으니 대성大聖이라 할 수 없느니라."

최덕겸이 천사께 여쭈기를 "천하사天下事는 어떻게 되오리까?" 천사께서 「자축인묘진사오미신유술해子丑寅卯辰巳午未申酉戌亥」를 쓰시면서 가라사대 "이러하리라." 자현이 가로대 "이것을 해석키 어렵나이다." 천사께서 다시 그 위에 「갑을병정무기경신임계甲乙丙丁戊己庚辛壬癸」를 쓰시고, 경석에게 일러 가라사대 "이 두 줄은 베 짜는 바디와 머리 빗는 빗과 같으니라." 하시더라.

천사께서 15일부터 식사를 폐지하시고 소주만 마시시다가 22일에 형렬을 명하사 "보리밥 한 그릇을 지어오라." 하시므로 형렬이 보리밥을 지어 올린대, 천사께서 보시고 "다시 가져다가 두라." 하셨다가, 반나절이 지난 후에 다시 명하여 가져오니 밥이 쉬었는지라. 천사 가라사대 "이는 절록絶祿이라." 하시더라.

천사께서 제자에게 일러 가라사대 "너희들이 나를 생각할 때에는 내가 없더라도 이 방에 오라." 하시더라.

22일 밤에 천사께서 누워 성수星宿를 보아 가라사대 "삼태성三台星에 허정虛精의 허자虛字 정기精氣가 나온다." 하시더라.

23일에 천사께서 약방 마루에 누우셨다가 다시 뜰에 가 누우시고, 또 집밖에 누우셨다가 형렬에게 업혀 형렬의 집에 가서 누우셨다가 다시 약방으로 돌아오사, 이같이 4~5차 왕복하시니, 형렬이 매우 피곤하므로, 경석이 또 업어 2회를 왕복한 후, 또 다섯 사람을 시켜 사지를 각각 한 사람씩 붙들리며 머리도 붙들리어 떠메어 약방으로 가 누우시고 가라사대, "사람의 죽고 삶은 쉬우니, 몸에 있는 정기精氣만 흩으면 죽고, 다시 합하면 사느니라." 하시며, 경석으로 하여금 양지에 「전라북도全羅北道 고부군古阜郡 우덕면優德面 객망리客望里 강일순姜一淳 호남湖南 서신사명西神司命」이라고 쓰이사 불사르시다.

이때에 신원일이 천사께 고하여 가로대 "천하를 속히 평정 하시기를 바라나이다." 천사 가라사대 "내가 천하사天下事를 도모하기 위하여 지금 떠나려 하노라." 하시더라.

24일 신축일辛丑 사시巳時에 천사께서 약방 마루 위에 앉으사, 형렬을 명하여 꿀물 한 그릇을 가져다가 마시시고, 형렬에게 몸을 의지하시고, 가는 소리로 태을주太乙呪를 읽으시고 개연히 화천化天하시다. 형렬, 경석 등 제자들이 천사의 시체를 방 안에 모시고, 문을 닫고 나와 탄식하여 가로대 "허망한 일이라. 대인의 죽음이 어찌 이렇게 아무 이상이 없이 잠드신 것과 같으리오?" 하니, 문득 구름이 일어나 집을 덮으며 비가 뿌리고 번개가 일어나더라.

이때에 여러 제자가 다 흩어가고, 다만 형렬, 경석, 공우, 자현, 갑칠, 덕찬 6인만 남았더라. 곧 고부古阜 본댁에 부고를 알려서 천사의 부친을 모셔오고, 형렬은 의외의 대들보가 꺾어지는 듯한 변變을 당하여 정신을 수습하지 못하더라. 궤 안에 갈무리했던 돈으로 치상治喪하고 남은 돈은 고부 본댁으로 보내니라. 치상 후에 형렬과 경석이 천사의 부친을 모시고 고부古阜 객망리客望里에 가서 그 모친에게 위문하고, 다시 정읍 대흥리에 가서, 천사께서 간직해두신 현무경玄武經을 등서謄書하니라. 또 천사께서 거처하시던 방을 살피니, 한 흰 병에 물이 있고 그 곁에 작은 칼이 있고 흰 병의 입구는 종이로 모조리 막았는데, 그 종이에 글을 썼으되 아래와 같더라.

병유대세病有大勢, 병유소세病有小勢. 대병무약大病無藥, 소병혹유약小病或

有藥. 연이然而, 대병지약大病之藥, 안심안신安心安身, 대병용약大病用藥, 사물탕팔십첩四物湯八十帖. 기도祈禱, 예장禮章, 시천주조화정영세불망만사지侍天主造化定永世不忘萬事知, 지기금지원위대강至氣今至願爲大降. 대병출어무도大病出於無道, 소병출어무도小病出於無道, 득기유도즉得其有道則, 대병물약자효大病勿藥自效, 소병물약자효小病勿藥自效. 망기군자무도忘其君者無道, 망기부자무도忘其父者無道, 망기사자무도忘其師者無道, 시고천하개병是故天下皆病. 세무충세무효세무열世無忠世無孝世無烈, 인생어하도人生於何道.

유천하지병자有天下之病者, 용천하지약用天下之藥, 궐병내유闕病乃癒. 대인대의大仁大義, 무병無病. 지천하지세자知天下之勢者, 유천하지생기有天下之生氣, 암천하지세자暗天下之勢者, 유천하지사기有天下之死氣.

동유대성인東有大聖人, 왈동학曰東學, 서유대성인西有大聖人, 왈서학曰西學, 도시교민화민都是敎民化民. 공자노지대사구孔子魯之大司寇, 맹자선설제량지군孟子善說濟梁之君.

근일일본국문신무신병무도통近日日本國文臣武臣並務道統, 조선국상계신중계신하계신朝鮮國上計神中計神下計神, 무의무탁無依無托, 불가불문자계어인不可不文字戒於人. 궁상각치우宮商角徵羽, 성인내작聖人乃作, 선천하지직先天下之職, 선천하지업先天下之業, 직자의야職者醫也, 업자통야業者統也.

천사天師의 이표異表

천사 이르시기를 "나는 곧 미륵彌勒이라. 금산사金山寺 미륵전彌勒殿 장육금신丈六金身은 여의주如意珠를 손에 받았으되, 나는 입에 물었노라." 하시고, 아랫입술 속에 있는 붉은 점을 보이시니라.

천사의 상모相貌는 금산사金山寺 미륵금신彌勒金身과 흡사하여 원만하시며 방정하시니라.

천사의 미간 인당印堂에 한 둥근 자국이 있으니, 곧 불표佛表니라.

천사의 좌우 손바닥에는 무자戊字의 무늬가 있으니라.

천사께서는 어느 때를 물론하고 머무시던 곳에서 다른 곳으로 옮겨가실 때에는 반드시 구름 기둥이 동네의 좌우 측에 높이 뻗쳐 서서 깃대와 같이 팔자형八字形을 지어있으므로, 제자들이 그 연고를 물은대, 천사 가라사대 "이는 장문將門이라." 하시니라.

천사께서 때로는 모든 제자를 태좌법胎坐法으로 둘러앉게 하시고, 조금도 움직이지 말라고 명하신 후, 만일 몸을 움직이는 사람이 있으면, 천사께서 비록 벽을 향하여 누워 주무실 때라도 문득 꾸짖으시니, 그 밝으심이 자고 깨심과 보고 안 보심과 멀고 가까움이 없으니라.

천사께서 공사기公事記에 기록됨과 같이 천지대권을 임의로 사용하사, 풍우상설운무뇌전風雨霜雪雲霧雷電을 발하게 하시며, 하늘로부터 스스로 발하는 풍우상설운무뇌전風雨霜雪雲霧雷電을 임의로 정지케 하시며, 사람의 의식 동작을 능히 제재制裁하시니라.

공사公事를 친히 행하지 않으실 때에는, 제자를 명하여 대행케 하시니, 그런 때에는 그 대행하는 사람으로 하여금 능히 화권化權을 행하게 하시니라.

부록2

『증산천사공사기』 영인본

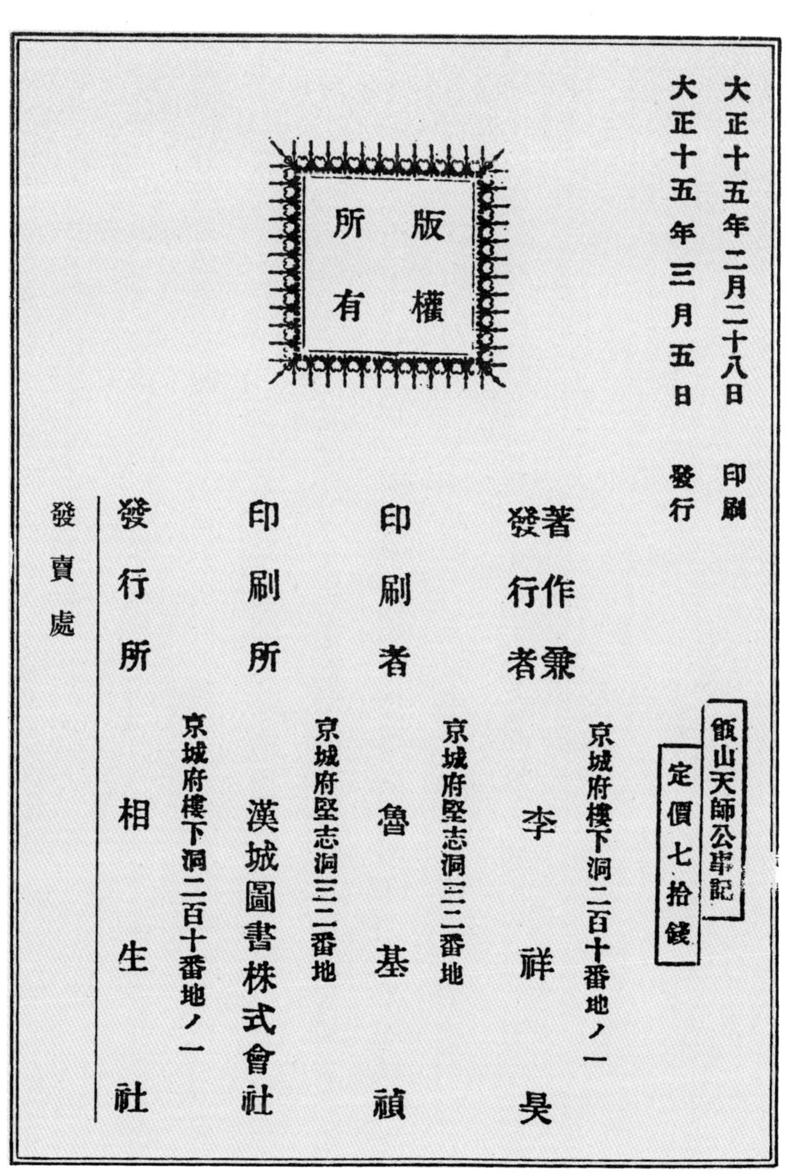

大正十五年二月二十八日 印刷
大正十五年三月五日 發行

甑山天師公事記
定價七拾錢

著作兼發行者 李祥昊
京城府樓下洞二百十番地ノ一

印刷者 魯基禎
京城府堅志洞三二番地

印刷所 漢城圖書株式會社
京城府堅志洞三二番地

發行所 相生社
京城府樓下洞二百十番地ノ一

發賣處

天師의眉間印堂에 한둥근자곡이잇스니 곳佛表니라

天師의左手掌에는 戊字의紋이잇스니라

天師께서는 어느때를勿論하고 머무시든곳에서 다른곳으로올마가실때에는 반드시雲柱가洞口의左右側에놉히亘立하야 旗竿과갓치八字形을지어잇슴으로 弟子들이그緣故를물은대 天師가라사대이는將門이라하시니라

天師께서때로는모든弟子를胎坐法으로列坐케하시고조곰도動치말라고命하신後 万一몸을動하는사람이잇스면 天師께서비록璧을向하야누어주무실때라도 문득삭지즈시니 그밝으심이자고깨심과 보고안보심과 멀고갓가움이업스니라

天師께서 公事記에記錄됨과갓치 天地大權을任意로使用하사 風雨霜雪雲霧雷電을發케하시며 하눌로부터스々로發하는風雨霜雪雲霧雷電을 任意로停止케하시며 사람의意識動作을能히制裁하시니라

公事를親히行하지아니하실때에는 弟子를命하야替行케하시니 그런때에는그替行하는사람으로하여곰 能히化權을行케하시니라

湯八十貼　祈禱禮章侍天主造化定永世不忘萬事知至氣今至願爲大降　大病出於無道小病出於無道得其有道則大病勿藥自效小病勿藥自效　忘其君者無道忘其父者無道忘其師者無道是故天下皆病世無忠世無孝世無烈人生於何道有天下之病者用天下之藥厥病乃癒　大仁大義無病　知天下之勢者有天下之生氣暗天下之勢者有天下之死氣

東有大聖人曰東學西有大聖人曰西學無非敎民化民　孔子魯之大司寇也孟子善說齊梁之君。

近日日本國文神武神並務道統　朝鮮國上計神中計神下計神無依無托　不可不文字戒於人　宮商角徵羽聖人乃作先天下職先天下業職者醫也業者統也

天師의異表

天師이르사대　나는곳彌勒이라　金山寺彌勒殿丈六金身은　如意珠를손에밧앗스되나는입에물엇노라하시고　下唇속에잇는紅点을보이시니라

天師의相貌는　金山寺彌勒金身과恰似하야　圓滿하시며　方正하시니라

二十四日辛丑巳時에 天師께서藥房廳上에안지사亨烈을命하야 蜜水一器를가저다가마이시고 亨烈의게몸을의지하시고 微聲으로太乙呪를읽으시고泫然히化天하시다 亨烈京石等弟子들이 天師의尸體를房中에모시고 門을닷고나와嘆息하야가로대虛妄한일이라 大人의죽음이엇지이리케아무異狀이업시睡眠함과갓흐리오하니 문득구룸이이러나집을덥흐며비가쏘리고번개가이러나더라

이때에여러弟子가 다흣허가고 다만亨烈京石公又自賢甲七德贊六人만남엇더라 곳古阜本宅에通訃하야 天師의父親을모셔오고 亨烈은意外櫟擢의變을當하야 精神을收拾치못하더라 櫃中에藏置한돈으로治喪하고 남은돈은古阜本宅으로보내니라 治喪後에亨烈京石이 天師의父親을모시고 古阜客望里에가서그母親의게慰問하고 다시井邑大興里에가서 天師께서藏置하신玄武經을謄書하니라 또天師께서居處하시든房을삶히니 한白瓶에물이잇고그겻헤小刀가잇고 白瓶口는됴히로栓塞하얏는데그됴히에글을썻스되아래와갓더라

病有大勢病有小勢大病無藥小病或有藥然而大病之藥安心安身 大病用藥四物

天師께서弟子의게일너가라사대 너의들이나를생각할때에는내가업더라도이방에오라하시더라

二十二日夜에 天師께서누어星宿를보아가라사대三台星에虛精의虛字精氣가나온다하시더라

二十三日에 天師께서藥房마루에누우셧다가 다시뜰에가누우시고 또扉外에누우셧다가 亨烈의게입히여 亨烈의집에가서누우셧다가 다시藥房으로도라오사 이갓치四五次往還하시니 亨烈이매우疲困함으로 京石이또업어二回를往還한後 또다섯사람을식혀四肢를各々한사람식붓들니며 머리도붓들니어써메여藥房으로가누우시고 가라사대사람의죽고삶은쉬우니 몸에잇는精氣만흣흐면죽고 다시合하면사나니라하시며 京石으로하여곰洋紙에「全羅北道古阜郡優德面客望里姜一淳湖南西神司命」이라고쓰이시사불살으시다

이때에辛元一이天師께告하야가로대 天下를速히平定하시기를바라나이다 天師가라사대내가天下事를도모하기爲하야 只今떠나려하노라하사더라

造하신後한벌식갈아입으시고 泄瀉하야버리신後가라사대 弱者는다죽을것이라하시더니 이로부터怪疾이終熄되니라

二十二日에天師께서가라사대 老子는腹中에八十年을잇섯스니不孝莫甚이요 釋迦는사람을絶種케하얏스니엇지佛이라할수잇스며 孔子는小正卯를베엿스니大聖이라할수업나니라

崔德兼이天師께엿자오대 天下事는엇더케되오릿가 天師께서「子丑寅卯辰巳午未辛酉戌亥」를쓰시면서가라사대이러하리라 自賢이가로대이것을解釋키어렵나이다 天師께서다시그우에「甲乙丙丁戊己庚辛壬癸」를쓰시고 京石의게일너가라사대 이두줄은뵈짜는바듸와머리빗는빗파갓흐니라하시더라

天師께서十五日부터食事를廢止하시고燒酒만마이시다가 二十二日에享烈을命하사 麥飯一器를지어오라하심으로享烈이麥飯을지어올닌대 天師께서보시고다시가저다가두라하셧다가 半日이지난後에다시命하야가져오니 밥이쉬엇는지라 天師가라사대이는絶祿이라하시더라

天師께서亨烈을命하사 잇는돈中에서 얼마는櫃에藏케하시고 남은것으로
는여러사람의食糧에充用케하시니라
天師께서光贊의일로念慮하시니 亨烈이禀하야가로대 朴公又를井邑에보내
야 光贊을다려오겟나이다 天師께서不答하시더라 朴公友가井邑에가서 京
石에게對하야 天師께서光贊의爲人을念慮하심과 모든사람의光贊을不喜함을
말하니 京石은光贊의銅谷으로감이不吉할가생각하야 光贊을속여井邑에잇게
하고自己가々름하야 公又와함씌銅谷에와서 天師께뵈온대 天師께서嘆息하
야가라사대 여러사람가운데歡心을엇지못한者는光贊이로다 光贊은才質이됴
흐나心志가平順치못하야 何境에이를지몰으리라하시더라
이때에清州에恠疾이猖獗하고 羅州에도熾盛하야人心이洶々한지라 天師가
라사대 南北으로마조터지니 將次無數의生命을殘滅하리로다하시고 글로써
恠疾神將의게吩令하야가라사대「胡不犯〇〇將相之家犯此無辜蒼生之家乎」아하
신後또가라사대내가이것을代贖하리라하시고 亨烈을命하사新衣五件을急히製

奉詔穴을쓰게하사 다燒火하시니라

黃應鍾이天師의本宅에서 舅婦不和한事實을稟告한後로 天師께서鬱々不樂하사 亨烈을命하사古阜本家에가서薄妻함을聲明하고도라오라하시니 亨烈이應諾하고가지아니하니라

天師께모든弟子를 압헤셜니고물어가라사대 너희가나를밋느냐 다對하야가로대밋나이다한대 天師가라사대내가죽어도밋겟느냐 弟子들이對하야가로대밋겟나이다 또물어가라사대 내가窮僻한곳에숨으면 너희들이能히찻겟느냐弟子들이對하야가로대찻겟나이다 天師가라사대그러치못하나니라 내가너히를차즐것이오 너히들은나를찻지못하리라하시며 또가라대내가어느곳에숨으면됴흐랴 辛元一이對하야가로대 扶安에窮僻한곳이만하잇사오니그곳으로가사이다한대 天師께서不答하시더라

二十一日에辛元一李致化가 蔡士允과그의妻男으로부터 金錢若干을가저온대 天師께서辛元一을命하사 金錢가저온사람의姓名을써서불살으시니라

才質이純薄하와不敢이로소이다 天師께서ᄯᅡ지즈신대 亨烈이對하야가로대가라치심을밧드러擔當하겟나이다 天師가라사대馬謖은孔明의親友로대 處事를잘못함으로 孔明이揮淚斬之하얏스니 삼갈지어다하시더라

天師가라사대 선배가되야서는大學右經一章을알어야하나니라 ᄯᅩ가라사대書傳序文을萬遍口誦하라 大運이그에잇나니라 ᄯᅩ가라사대二十四節候文이됴흔글인데世人이다몰으나니라 俗談에節候를「철」이라하고 어린것을철不知라하야少年도철을알면 점잔이라하고 老人도철을모르면아해와갓다하나니라

天師가라사대선배는恒常紙筆墨으로놀아야하나니라 亨烈다려일너가라사대大祥이라는祥字는샹셔샹字니라

二十日에 모든弟子가銅谷에會하니 金亨烈、金甲七、金自賢、金德賛、柳賛明朴公又、辛元一、李致化、李公三、崔德兼等이오 蔡士允은처음왓더라 天師께서柳賛明을命하사 天文地理風雲造化八門遁甲六丁六甲智慧勇力을ᄡᅳ게하시고ᄯᅩ回文山五仙圍碁穴務安僧達山胡僧衣佛穴長城巽龍玉女織錦穴泰仁拜禮田君臣

라사대 上下衣를벗고盆前에合掌하고서잇스라 西洋으로부터雨師를불너 萬
民의渴望함을풀어주리라 甲七이命에依하야 脫衣合掌하고盆前에선대 문득
黑雲이四方에이러나며大雨가이르거늘 天師께서甲七을命하야淸水를씃고옷을
입게하산後 여러弟子의게일너가라사대 너희들도잘修鍊하면모든일이맘대로
되리라. 柳贊明이가로대이러한일은世人이다몰으오니願컨대世人으로하여곰
널니깨닷게하소서 天師가라사대너는나로하여곰길게살기를願함이로다하시고
古詩一首를외우시니아래와갓더라
稚子哭爺問你之謂道靑山采菜遲日落西山人不至更將何說答啼兒
또다시南原梁進士의自輓詞를외여주시니아래와갓더라
詩中李白酒中伶一去靑山盡寂寥又有江南梁進士苜蓿芳草雨蕭々
天師가라사대 道通이乾坎艮震巽离坤兌에잇나니라하신대 柳贊明이侍坐하
다가 大聲으로乾坎艮震巽离坤兌를읽고나가니라
天師께서亨烈을불너가라사대 네가나의事務를擔當하겟느냐 亨烈이가로대

의집에가서 그의少婦를姦通코저함애 李正三父子가크게憤하야 殺害코저하는지라 天師께서甲七을命하야 光贊을井邑으로보내신대 여러사람이光贊의悖戾함을憎惡하나 京石은그性質을아는故로 잘說諭한後머물게하니라

六月旬間에 天師께서心氣가不平하사 銅谷으로도라오실새 淸道院金松煥의집에들녀留宿하시니 마참辛敬元이와뵈는지라 天師가라사대너의옴을알앗다하시고 洋紙一枚를주어 儒佛仙三字를쓰게하신後 天師께서儒字의傍에尼丘라쓰시고 佛字의傍에西域이라쓰시고 仙字의傍에苦縣이라쓰시고 그洋紙를살르신後 銅谷藥房에오사 모든弟子의게六月二十日모히라고通知하시다

天師께서德贊을불녀 洋紙一枚를주사七星經을쓰라하시니 德贊이그字樣의大小를뭇자온대 天師가라사대隨意로쓰라하시니 德贊이紙一枚에七星經을갓득차게쓰고 다만三字쓸곳이남은지라 天師께서그餘白에七星經三字를쓰이신後燒火하시니라

이때에날이오래가문지라 天師께서甲七을命하야 淸水一盆을질어온後일너가

이르되 狂人은立經도못하고建事도못하나니 後日에狂이라고불으든者가狂人의稱呼듯든사람압헤절할날이잇스리라

天師께서佛可止에머무실새 德賛으로더부러栮嶺을넘어가시다가 고사리캐는老嫗의지나감을보시고 그의게向하야 중이糧米를비노라하신대 老嫗가로대糧米가업나이다하거늘 天師께서再次비시니 老嫗가로대糧米가두되만잇나이다하거늘 天師가라사대그中에서한홉만주소서하신대 老嫗가許諾한지라 天師께서그糧米를바드시며 德賛다려일너가라사대 중은本來乞食하는것이니 이따를佛可止라함이올토다하시더라

이때에 天師의夫人鄭氏가舅姑의게不孝하야家內가不和함으로 父與周가黃應鍾을보내야 天師께이事實을말하게하얏더니 應鍾이 天師께뵈고稠人中에서舅婦不和의일을아뢰니 天師께서들으시고憮々不樂하시며 應鍾을命하야亨烈의집에서留하고 翌日에도라가라하시니라

金光賛은本來술을즐기지안터니 하로는문득술을大飮하고泥醉하야 李正三

卒致化도來往하니라 天師께서여러弟子다려일너가라사대 ○○○이白虎괴운술타고왓스니만일宿虎冲鼻하면범의게죽을지라모든일에順從하고그指揮를거슬니지말라 이것이곳避亂하는길이니라 靑龍이動하면범은물너가나니라

天師께서柳贊明다려일너가라사대 堯舜의道가이제다시나타나리라하시더라

天師가라사대 萬古逆臣을解寃하야 모라星宿로붓처보내리라 萬物이다是非가잇스되오직星宿는是非가업슴이니라 元來逆神은抱負를일우지못한者임으로그寃이天地에充塞하얏거늘 世人은도로혀그를疾視하야 凶惡의首를삼아 逆賊놈이라이라함이辱의普通名稱이되얏나니 모든逆神은이것을크게嫌惡함으로萬物中無是非한星宿로보낼수밧게업나니라 하늘도老天明天의是非가잇스며싸도厚薄의是非가잇스며 날도寒暑의是非가잇스며 바람도順逆의是非가잇스며비도水旱의是非가잇스되 오직星宿는是非와相克이업나니라

天師께서가라사대 내가사람을쓰되 鄕里에잇서롱판의稱呼를듯고外論으로君子와天眞이라는稱呼듯는者를擇하노라 또가라사대世人이或나다려狂人이라

대웨자지못하고오느냐하시는지라 德贊이無故히보내여逢辱한것을不平히녁인
대 天師께서德贊의게술을주어가라사대 사람과交합에는맘을通할것이어늘
엇지맘을속이나냐하시니 德贊이이로부터 天師를두러워하야 비록一思一念
이라도삼가하더라

四五兩月은 天師께서龍巢里柿木洞에게시다 (그동안行하신일은未詳함으로
他日材料를蒐集하야補錄함)

六月에 天師께서金自賢다려일너가라사대네가나를밋느냐 自賢이가로대至
誠으로밋나이다 만일밋지안엇스면 古阜禍亂에곳背反하얏겟나이다 天師가
라사대네말이올토다 내가장차어대로가리니 나업스면잘밋지못한者는다이즈
리라 自賢이가로되願컨대내가先生을모시고따라가겟나이다 天師가라사대너
는能히따르지못할지라 내가홀로가서일을行하고도라오리니 그때까지밋고기
달이라 만일나의그늘을떠나면 죽을지니라하시더라

六月에 天師께서佛可止에머무시니 柳贊明金松煥金德贊金洛範等이모섯고

次와갓더라
士之商職也農之工業也士之商農之工職業也其外他商工業有所(有闕文)萬物資生　放、蕩、神、道、統、　春之氣放也夏之氣蕩也秋之氣神也冬之氣道也統以氣之主張者也. 天地魍魎神主張　日月竈王神主張　星宿七星主張是故侍天主造化定永世不忘萬事知無男女老少兒童詠而歌之

天師께서全州金俊贊의집에게실새　金德贊金俊贊金洛範이侍側하니라　洛範의게무러가라사대近日에關廟의致誠이잇느냐　洛範이對하야가로대잇나이다　天師가라사대그魂이이地方에잇지아니하고　멀니西洋에가서大亂을일으키나니라

四月에　天師께서全州佛可止金成國의집에머무실새　金德贊이侍側하다가하로는　天師의무슨말삼을듯고　속으로는虛妄하게알면서　거짓應諾하얏더니　天師께서다시德贊을불너가라사대　이제龍巢里金議官의집에가서자고오라하시니德贊이命을쪼차龍巢里로갓다가　金議官집門압에서醉漢을만나서　甚한悖辱을當하고　도로佛可止로도라온대　天師께서門外에나서바라보시며　웃어가라사

이때에光贊과甲七이 數隙이이러남으로 그일을天師께告한대 天師께서만저알고게시더라 翌日에 天師께서亨烈을다리고全州로가실재 亨烈다려일너가라사대會中에만일爭端이이러나면 내가죽을터이니잘按撫할지니다 그리고光贊甲七의게 太乙呪를만히읽게하고 金炳善(光贊의侄)의게 桃李園序를千遍口誦케하고 東京石安乃成의게 東學侍天呪文을 唇齒不動하고만히默誦하게하라 亨烈이命하심을또차서 一々히指導하니라

四月에 天師께서全州에머무실재 光贊을불너가라사대네가金秉旭의집에잇서나의傳하는글을一々히冊에謄寫하라하시고 天師께서는亨烈파갓치龍頭店에머무사 亨烈의게글을주어光贊의게傳하야 冊에淨書케하신後 天師께서光贊다려일너가라사대 이글을世에傳함이可하냐 光贊이對하야가로대 尊意대로하사이다 天師가라사대東京石의게한冊을두엇스니 그글이낫하나면世上이다알것이라하시고 그冊을불살으시고 銅谷으로도라오시니라 그冊中에잇는글이만흐나 灰燼이되야不傳하고 다만弟子들이斷片的으로記憶하야傳하는것은

라하시거늘 亨烈이命을ᄶᅩ차 六十四卦를점치며 二十四方位字를써서올닌대 天師께서그조히를갓고 門外에나가사 太陽을向하야불살으시면서 가라사대 나와갓치지내자하시고 亨烈을도라보아가라사대 나를잘미드면海印을갓다주리라하시더라

三月에扶安淸日人李致化가와서 天師를섬기고그後李公三이ᄯᅩ來從하니라

天師께서李致化를命하사 ᄲᅡᆯ니도라가라하시되 致化가終日토록가지아니한대 天師께서다시期日을定하야주어가라사대 ᄲᅡᆯ니도라가서돈七十兩을가지고期日內에오라하시니 致化가도라가서그期日內에돈七十兩을허리에차고와서 天師께올닌대 天師께서命하사 그돈을房中에두엇다가 다시門外에두엇다가ᄯᅩ새립門外에두어 一晝夜를지낸後들여다가藏置하시더니 그後李公三으로하여곰그돈七十兩을東京石의게보내시다

三月에 天師께서鼻血이나사 一晝夜를連續하야흘니시고 甲七을命하야治棺케하신後 甘酒한그릇을마시고ᄭᅳ치시니 元氣가곳回復되시다

師가라사대 그러하다 그러한英才가잇스면 나도또한가르칠진뎌하시더라

天師께서亨烈다려大學의『右經一章蓋孔子之言曾子述之也其餘十章卽曾子之意而門人記之也舊傳頗有錯簡今因程子所定更考經文別有序次如左』의一文을多讀하라하시더라

天師께서亨烈다려일너가라사대 聖人의말은한마듸도 따에떠러지지아니하나니 古代에子思는聖人이라 衛侯의게말하되『若此不已國無遺矣』라하얏스나衛侯가그말을不用한故로 衛國이慘亡하니라 나의말한마듸도또한따에떠러지지아니할지니 네가내말을미들지이다 너는狂이되지못하얏스니 롱판으로行世함이可하니라하시고 奇正鎭의詩를들녀주시면서잘記憶하라命하시니 그詩는곳『處世柔爲貴强剛是禍基發言當欲訥臨事尙如痴急地常思緩安時不忘危一生從此計眞個好男兒』 또宋時烈의詩를들녀주시며 가라사대잘記憶하라하시니그詩는곳『明月千江心共照 長風八隅氣同噓』

天師께서亨烈다려일너가라사대 六十四卦를점치며 二十四方位字를돌녀쓰

니 그後에震默이鳳谷의게간즉 鳳谷이빌닌冊을請하는지라 震默이가로대그글이無用함으로다버렷다하니 鳳谷이怒하거늘 震默이가로대내가口誦하리니記錄하라하고 連하야口誦一遍하니一字의誤錯이업는지라 鳳谷이이後로더욱猜忌하더라 그後震默이弟子를團束하야가로대 내가八日爲限하고 尸解로써印度에가서 梵書와佛法을다익혀올것이니 房門을開閉치말라하고 入寂하얏더니 鳳谷이그일을알고그절에가서그房門을열어가로대 엇지이러한尸體를두고 惑世誣民하나뇨하고 삭지저火葬케하니라 그後震默이도라오니 身體가燒滅된지라 空中으로부터소리하야가로대 鳳谷의子孫은世々로호미를免치못하리라하고 東洋의모든文明神을거느리고 西洋으로올마가니라

亨烈이 天師께告하야가로대 古代의名人은지나가는말로사람을가르치고確的히일너준일은업섯나이다 天師가라사대實例를들어말하라 亨烈이가로대栗谷이李舜臣의게는杜律千讀을命하고 李恒福의게는섭지안는울음에는苦草가루싼手巾이됴타고일넛슬뿐이오 壬亂에쓸일은일느지아니함과갓흠이로소이다 天

理由를뭇자온대　가라사대이고기는農民이즐겨하나니上等人은곳農民이니라 또가라사대　이고기는天地魍魎이즐겨하나니　先天에는道家에서忌하얏슴으로魍魎이應치아니하얏나니라

銅谷人李正三이髮底瘇이發하야크게苦痛하다가　天師께施療하심을請하거늘 天師가라사대백회를쳐바리라하시고　光贊을命하야그의백회를쳐주니　곳그瘇이나으니라

天師께서古來의師弟禮를廢하사　弟子들이侍坐하면平坐와吸烟을許하시다

天師께서全州鳳捿山下에게실새　弟子다려일너가라사대　金鳳谷이猜忌心이만터니　하로는震默이鳳谷의게서性理大全을빌어가면서생각하되　鳳谷은猜忌가만흔사람이니반드시後悔하야곳차자가리라하고　걸어가면서　한册식보아路傍에遺棄하야寺院洞口까지가기에　모다보아버렷더라　鳳谷이書籍을빌닌後果然猜疑하야가로대　震默은佛法을通曉한者라　萬一儒道까지通曉하면莫能敵이될것이오　또佛法이크게行하게되리라하고　急히사람을보내야　그册을도로차자오라하야　그사람이쪼차가서　路傍에잇다금한册식遺棄된것을收拾하야갓더

雨滂沱할때에 비를긋치게하심에는或弟子를命하야 火爐의불덩이를밧게던지기도하시고 或烟管을揮하시기도하시며 술잔을둘으시기도하시고 말삼으로도하시며 그밧게風雨霜雪雷電을이르키실때도 또한그러케하사 때를따라달니하시더라

天師께서天文을보시랴면 구룸으로하늘을덥고 星宿를하나씩出現케하야弟子로하여곰삷히게하시더라

天師가라사대내가古阜故里에가면 모든親族의高行者를對할때에 반드시行列을따라말하게되나니 이는倫理上傳統이라 무슨關係가잇스리오마는 모든神明은그들의不敬한言辭를글으게녁여 반드시罰을줌으로 나는이것을어려워하야 親族파往來함이稀少하노라

天師께서公事를行하실새 흔이醴酒를지어 여러弟子와함께마이시더라

天師께서公事를行하실때에는 반드시酒肉을장만하야 여러사람으로더부러갓치잡수시더라

天師께서狗肉을즐겨하사가라사대 이고기는上等人의飮食이니라 弟子가그

後로는節日과忌日을當하면　반드시　天師께供享하니라
弟子들이恒常憂慮되는일이잇슬때에　天師께稟告하면無爲自然的으로풀니게되더라　만일稟告한뒤에도　오히려憂慮를놋치못하면　天師께서위로하야가라대　내가이미알엇스니　무슨念慮가잇느냐하시더라
天師께서恒常弟子들의게일을命하심애　반드시期日을定하야주사　하여곰어긔지안케하시며　만일命을밧든者가　或期日에日氣로어김이잇슬가念慮하면　天師가라사대　내가너희의게엇지不調한날을일너주랴하시나니　天師께서定하신날은한번도順調치아니한때가업더라
天師께서自己의게對하야甚히誹謗하며凌辱하는사람의게도　禮로써優待하시는지라　弟子가不敬한者를禮遇하심이不可함을아뢰면　天師가라사대더들이나의게不敬함은　나를몰으는연고라　만일안다하면너희의나를對함과갓흐리라　더들이나를알지못하고　誹謗凌辱함을내가엇지介意하리오하시더라
天師께서天地大權을行하시되　一定한法이업고　隨時隨意로行하섯나니　例컨대大

들이만히낡어라　曾往金秉旭의厄은　太乙呪로풀고　張孝淳의難은雲長呪로글녓나니라　太乙呪는逆罪를犯하엿슬지라도獄門이自開하고　雲長呪는殺人罪에걸녓슬지라도獄門이自開하나니라

金亨烈이　天師께엿자오대世人이先生을狂人이라하는者가만사옵나이다　天師가라사대　昔日에虛言으로行世할때에는　世人이나를神人이라하더니　今日에는實言으로行世함애　도로혀狂人이라이르고녀

天師께서李道三다려글三字를불으라하시니　道三이天地人三字를불은데　天師께서글을불너가라사대天上無知天地下無知地人中無知人知人何處歸오하시다

金亨烈이어느節日에　그祖先에節祀코저할새　天師께서亨烈을命하야　그供備한祭需를가저오사　여러弟子로더부러한가지로잡수시고　가라사대이것이곳節祀라하시더라　그後로는節祀와忌祭를當하면　天師께供享하니라

車京石이其父의忌日을當하야　致祭코저할새　天師께서命하야그供備한祭羞를가저오사　弟子들과함께잡수시며　가라사대이것이곳忌祭라하시니　京石이그

三日에 天師께서여러弟子의게일너가라사대 只今은神明解寃時代니라 同一한五十年工夫에 엇더한사람을解寃하리오 崔濟愚는庚申에得道하야侍天呪를어덧는데己酉까지五十年이오 金○○(忠南庇仁人未詳其名)은五十年工夫로太乙呪를어덧나니 그呪文을神明의게서어들때에 神明이이르되이呪文으로사람을만이살닌다하얏느니라 이兩人中누구를解寃하리오 光賛이對하야가로대先生의處分을기달이나이다 天師가라사대侍天呪는이미行世되얏스니 太乙呪를쓰라하시고 닑어가라치시니 아래와갓더라

吽哆〳〵 太乙天上元君吽哩哆哪都來吽哩喊哩娑婆呵

天師께서柳賛明金自賢의게일너가라사대 各히十萬人의게布敎하라하시니 賛明은곳應諾하고 自賢은應諾치안타가 天師께서다시재촉하시니 비로소應諾하는지라 天師가라사대 平天下는내가하리니 治天下는너히들이하라 治天下五十年工夫니라 每人이六人식傳하라하시더라

天師께서弟子다려일너가라사대 太乙呪와雲長呪를내가試驗하얏스니 너히

라사대 이길은나의마지막길이니 妻族을一々히訪問하리라하시고 燈燭을밝혀서終夜토록 여러집을차저보시고 翌日새벽에水閣里林相玉의집에가사 洋紙에글을써서 細截하야붓처連續한後 後墻에서正門에連結하니 길이꼭맛는지라 이곳에서公事를보신후 同里金文巨의집에가머무시고 다시萬頃三巨里에가사술을마이실새 마침僧一人이지나가거늘 天師께서불너돈三錢을주시고 自賢다려일너가라사대 今日午後에白虹이貫日하리니 내가或잇더라도 네가반드사삶히라하시더니 果然午後에白虹이貫日하더라

古阜黃應鍾이黃鷄一首를갓고와서 天師께올니거늘 天師께서夜半에亨烈을命하야黃鷄를烹하야여러弟子와함께잡수신後 雲長呪를지으사 弟子들로하여곰한번보아외이게하시니 이때에金亨烈韓公淑柳贊明金自賢金甲七金松煥金光贊黃應鍾等이侍坐하니라 雲長呪는다음과갓흐니라

天下英雄關雲長依幕處近聽天地八位諸將六丁六甲六丙六乙所率諸將一別屏營邪鬼唵々急々如律令娑婆訶

末을報告하거늘 天師가라사대井邑일은하루公事인데京石의게맛겻더니一朝에
安定되고 泰仁일은하로아침公事인데京學의게맛겻더니 一日에安定되니京石
이京學보다優하다하시고 또가라사대京石은兵曹判書資格이오 京學은爲人이
直腸이라 돌니기어렵나니 만일돌니기만하면善人이되리라하시더라
天師께서여러弟子의게물어가라사대 穀類以外一年中長成하는物로 무엇이
第一갑이놉흐뇨 모다竹으로써對答한대 天師가라사대 대의긔운이萬物에特
長하니그긔운을감하야쓰리라하시고公事를行하시더니 이해에竹이大荒하다
天師께서埋火公事를行하신後 四十九日間東南風을불니실새 四十八日되는
날에 한사람이와서 病을施療하야달나고請하거늘 天師께서公事에專念하사
應치아니하섯더니 그사람이도라가서원망한지라 이로부터南風이믓치거늘
天師께서깨다르시고사람을보내여病人을安慰하신後 가라사대一人이含寃하여
도 天地긔운이막힌다하시더라
二月九日에 天師께서金自賢을다리시고 金堤內注坪鄭南基의집에가사 가

내여經過의無事함을告한대 天師가라사대내가公事를본後京石을試驗한일이더니 無事히지낫스니 當幸이로다하시더라 이때에泰仁邑에잇는京學의兄이사람을보내여 京學을오라하거늘 天師께서命하야보내신後 발을만지시며가라사대 俗談에발福이라하나니 모르는갈음길에잘가면幸이오 잘못가면困難이라하시고 即時그곳을떠나서 獨行으로崔昌祚의집에가섯다가 다시獨行으로그압松林을通하야崔德兼의집에머무시니 모든사람이게신곳을알지못하니라

元來京學의兄은 京學의집에異常한術客이잇서京學을속여 家産을蕩敗케한다는傳說을듯고 一邊으로京學을勸諭하기爲하야 사람을노아불으고 一面으로官府에告하야 術客을懲治하려는中이러라 京學이집을떠나갈새 中途에서巡檢을만낫는데 巡檢은京學을帶同하고京學의집에와서 天師를찻다가엇지못하고 다시崔昌祚의집에갓다가엇지못하고가니라 이때에黃應鍾文公信이 天師께歲拜하라고 崔昌祚의집에갓다가 巡檢의게毆打를當하니라

正月五日에 天師께서銅谷에이르시니 數日後에泰仁으로부터 無事히된顚

緖帝가可合함으로 내가光緖神을옴겨왓노라하시더니 그때光緖帝가崩御하니
라 이때에諸弟子를압혜俯伏케하시고 ○○○○의公事를行하시다 (此는十月
公事인바編次가顚倒됨)

己酉正月一日巳時 天師께서玄武經을終筆하사 車京石의게맛기시다

二日에車文京이술을마시고 逆賊질을한다고高喊하얏는데 이말이川原兵站
에밋처軍兵이出動하려하는지라 天師께서그일을아시고 京石다려일너가라사
대 너는집을직히라하시고 곳飛龍村車輪京의집으로가시니라

이때에 天師께서京石을命하사 三日曉에告祀를行케하섯더니 마참이일이
發生한故로 京石에게傳命하야가라사대 明日子正에門戶의孔隙을封하고 고
기는불에구으며 술병은막애만열고 心告하라 이것이곳告祀니라 京石이三
日曉에命을쏘차行한後날이밝으니 擔銃兵數十人이突入하야 天師를搜索하다
가엇지못하고 도라가니라

三日에 天師께서白岩里金京學의집에가머무시니 京石이朴公又車輪京을보

휫바람을하시더니 문득方丈山으로부터一條의雲霞가이러나 四方을둘너門턱갓치되거늘 天師가라사대閫以內朕制之閫以外將軍制之라하시더라 天師께서弟子들을命하사 萬古名將을쓰라하시니 모다생각하야쓸새 京石이뭇자와가로대 創業君王도名將이라하오릿가 天師가라사대그리하니라 京石이黃帝로부터湯武太公漢高等을次第로列記한後 全明淑을쏫헤써올닌대 天師가라사대엇지하야全明淑을쏫헤썻나뇨 京石이가로대글을左로부터보오면全明淑이首位가되나이다 天師가라사대네말이올토다하시고 여러사람의게일너가라사대 全明淑은萬古名將이라 白衣寒士로일어나서 能히天下를움작엿다하시더라

天師께서여러弟子를命하사 東學呪文을念誦케하시고 親히高低를먹이시며가라사대 그소리가무슨소리와갓흐뇨 弟子들이對하야가로대 運喪하는소리와갓나이다 天師가라사대그러하다 運喪하는소리를御路라고하나니 御路는人君의길이라 天地大道를세우랴면 統一神이잇서야하나니 世界統一神은光

함을써하야　天氣가하갈갓지못하다하시더라

天師께서京石의집에가사　京石다려일너가라사대　내가모든일이貴치안코뜻에맛지아니하니　내가이世上을버릴밧게업다　世上을떠나가는極히쉬울일이라몸에잇는精氣를흣흐면불릐사라지듯하나니라하시고　곳벼개를벼고누우시니京石이놀나가로대엇지신일이오닛가　제가비록불쵸하오나　모든일에命하심을쫏차水火라도避치아니하겟나이다　겨졍을글으시옵소서　天師가라사대네가能히내命을쫏칠수잇느냐하사再三次다짐을바든後에일어나서公事를行하시다

十二月에　天師께서洋紙一枚에二十四方位를돌녀쓰시고　中央에「血食千秋道德君子」라쓰신後가라사대　이는南朝鮮배질이라　血食千秋道德君子의神明이이배를運轉하고　全明淑이都司工이되니라　그君子神이千秋에血食하야萬人의仰慕를밧음은　다맘에잇나니라　그럼으로一心을가진者가아니면　이배를타지못한다하시더라

天師께서京石家前柳樹下에서시고　모든弟子를列坐식힌後에　北으로向하야

품어座席이恒常紛擾하며　또칼로써自殺한다하거늘　天師께서慰諭하야가라사대　모든일이때가잇나니　반드시平心하야幼稚를免하라　事之從容自我由之事之紛亂自我由之라　子房의從容과孔明의正大를法하여야幼稚를免하리라하시고　또가라사대죽는일은將次내게보라하시더라　天師께서光賛의不平품은것을甚히괴로히녁이사　亨烈다려일너가라사대　光賛이自殺하랴함은　제가죽으랴는것이아니라　곳나를죽이랴는것이라하시고　또가라사대내가井邑으로가리니　이길이吉行이라　이뒤에일을네게通知하리라하사고　二十八日에朴公又를다리시고　銅谷을떠나사　井邑車京石의집에가시니라

天師께서井邑에가실새　公又다려일너가라사대　맘으로天文地理를차즈라하시니　公又가命을쫏차　天文地理를思索하다가　문득잇고그릇風雲造化를차젓더니　天師께서公又를도라보아가라사대　그릇차즈니다시생각하라　公又가놀나생각하니　果然그릇차젓는지라　이로부터고처차즈면서　井邑에갓더니이날밤에비와눈이석겨오거늘　天師께서公又다려일너가라사대　너의한번그릇생각

云持字)身磨洗塵天運(或云日字)氣新遺恨竟(或云警字)深終誠(或云聖字)意一
刀分在萬方心」 또가라사대 『一刀分在萬方心』으로하야 일을알니라하시더라
또崔益鉉輓章을지으시니 곳讀書崔益鉉義氣東釖載十月對馬島曳々山河橇
天師께서藥房壁上에 『士農工商 陰陽』의六字를써붓치시고 또『氣東北而固
守理西南而交通』을써붓치고 各各白紙로褙附한後 自賢을불너가라사대 네가
뜻가는대로 湯器를대이고덧붓친조희를오려떼이라하시니 自賢이命대로施行
한즉 陰字가낫하나는지라 天師가라사대合當하도다 陰과陽을아울너넘을때
에陰을만저하나니 이는地天泰라하시며 또가라사대이것을어서다떼는날을當
하여야되느니라하시더라 天師께서『陰陽』二字를써서藥房壁上에붓치시고 그
우에白紙를덧붓치시고가라사대 金光贊金秉旭崔昌祚는다吏屬이라 다陰陽의
罪가잇스리니 누가걸니는지보리라하시더니 崔昌祚가뜻밧게失眞하야 그허
물을自白하거늘 天師가라사대 원懦弱한者가 걸니엿다하시더라
十一月에金光贊이 開闢公事의速히決定되지못함을恨하야 모든일에不平을

고命하시든바金朴(未詳名)兩人은出他함으로 다만日暮歸來하라신命을어긔지
말랴고기달여傳하지안코그대로도라왓더니 天師께서기달녀傳치아니하심을꾸
중하시더라

十月에 天師께서金洛範을命하야 米二十斗를精舂하야藥房에貯藏하섯는데
亨烈이精米가不足하야藥房에잇는여러사람의朝飯을供饋할수업슴으로 甲七을
식혀藥房에두신白米中에서 半斗를갈나내야朝飯을지엇더니 天師께서알으시
고金亨烈金甲七을꾸지즈시더라

天師께서여려弟子를評하사대 河圖洛書知人之鑑金亨烈 出將入相金光贊
旣然未然崔乃敬 平生不變心安乃成 萬事不成金松煥이라쓰사燒火하시다 날
이저물어옴애白米를十斗식난오아德贊과亨烈의집으로보내시다

十一月에 天師께서金自賢의집에게시사가라사대 이房은이後에반드시藥房
이되리라하시며 閔泳煥의輓章을지어 自賢을주어가라사대이글을暗誦하면後
日에반드시用處가잇스리라하시니 그글은아래와갓흐니라 「大人輔國正知(或

이功德을仰慕하야報答하지안코 다만足砧에庚申年月日姜太公造作이라써붓칠뿐이니엇지道義에合當하리오이제解冤의때를當하야 모든神明이神農太公의恩惠를報答하리라 天師가라사대姜太公이十年經營으로三千六百鈎를廣張함이엇지한갓周室을興하야齊封을어드려함이랴 이를멀니後世에傳하려함이라 내가이제七十二遁을써火遁을트리니 나는곳南方三離火라하시더라 天師가라사대文王은羑里에서三百六十四爻를지엇스며 太公은渭水에서三千六百鈎를廣張하얏는데 文王의道術은만저낫하낫거니와 太公의道術은이때에나오나니라하시고『天地無日月空殼 日月無知人虛靈』이라일으시더라

九月에 天師께서『病自己而發』이라쓰시고 또『葬死病衰旺冠帶浴生養胎胞』를紙七枚에한갈갓치써서 各々封하신後亨烈을불너가라사대 이제全州에가서이七封을某々七人의게分給하고 日暮를限하야도라오라 모든弟子가그意義를뭇자온대天師가라사대말하여도알지못할것이라 成編後에는스々로알니라하시더라 亨烈이奉命하고全州에가서 金洛範金秉旭金允贊金允根金俊贊五人의게分傳하

잘생각하여보라 永學이생각한즉十八歲에南原에서全州吏金某와交話하다가 그의無禮한말에怒하야火爐로써그의頭部를打傷한바이로부터呻吟하야翌年二月에身死하얏고 今年春에長城麥洞에잇는外叔金堯善이義兵의게掠奪을當한故로義兵大將金永伯을長城白羊寺에차저가보고 그非行을쑤지젓더니 永伯이謝過하고 그犯人을調査하야砲殺한일이잇슴으로 비로소悅然히깨다라 이에敬服하야써그두일을알왼대 天師가라사대正히그러하다하시더라

八月에金德贊의妹家에墓祭가잇는지라 德贊이 天師께稟하야妹家에가세서술잡수시기를請한대 天師가라사대나의술을만저마시라 德贊이가로대무슨술이잇나잇가 天師가라사대좀기달니라하시더니 얼마못되야朴公又가熟鷄와酒를가저와 天師께들이는지라 德贊이感服하더라

天師가라사대神農氏가耕農과醫藥을天下에기침으로天下가이를힘입어살어오나 그功德을仰慕하야써報答하지안코 다만賣藥에神農遺業이라써붓칠뿐이며姜太公이富國强兵의術을天下에깃침으로天下가다이를힘입어大業을이루엇스나

을밧고뭇자와가로대무슨일로이러케嚴切하신말삼을하시나잇가 天師가라사대
日前에輪七이銅谷에와서殺氣를씌엿는데돈이아니면풀기어려움으로 돈三圓을
주어돌녀보내엿노라 京石이惶恐히도라와서輪七을불너물으니果然事實을自白
하니라 그翌日에 天師께서學洞에서떠나실새 朴公又다려일너가라사대나의이
번길은한사람의절을밧기爲함이라 이번에바든절이天下에널니밋친다하시더라
天師께서白岩里에게실새朴公又辛元一이侍坐하더니 金永學이金京學의薦引
으로뵈거늘 七日이되도록 天師께서더부러말삼치아니하심애 永學이매우憤
恚하는지라 公又元一이일너가로대삼가서師事하기를請하면밝히가르치시리라
永學이그말을쫏차 天師께師事하기를請한대 天師께서許諾하시더니문득크게
ᄭᅮ중하심에 永學이한편으로恐怖하고 한편으로憤하야 門外로나간지라 그
뒤에 天師께서永學을불너가라사대 내가너를ᄭᅮ지즌것은네몸에잇는두쳑神을
물니쳐내려함이라 너는不平히생각말라 永學이가로대무슨쳑神이온잇가깨닷
지못하도소이다 天師가라사대네가十八歲에殺人하고 今年에도殺人하엿나니

山君、邊山은海王으로各々그精氣를뽑으신일도게시다

車京石이 天師를섬긴後로家事를不治하야家勢가날로零替하는지라 弟輪七이不平을품어생각하되先生을따르면福을밧는다더니 도로혀貧苦가도라오니 이는虛妄한일이라 내가先生을보고質問하리라하고 銅谷으로가다가 中路에서비를만나옷을적시고 天師께뵈온대 天師께서꾸지저가라사대 이附近에義兵이出沒함으로官軍이四方으로偵察하는데 만일너의雨中行旅한모양을보면 義兵으로誤認하고크게困苦를줄것이니 빨니僻處에숨어서나의불을때싸지기달니라하시고 亨烈을命하야隱匿케하신後 翌日午後에輪七을불너 돈三圓을주시며가라사대내가數日後에井邑으로갈터이니 네빨니도라가기달니라하시니 輪七이아모말도못하고도라가니라 數日後 天師께서古阜臥龍里에가사 京石의게사람을보내여傳命하사대 나를보랴거든明日古阜學洞으로오라하시니 京石이命을듯고翌日에慌忙히學洞에가서 天師께뵈온대 天師가라사대내가輪七을두려워서 네집으로가기어려우니이一極을가저가라하시고 돈十五圓을주시는지라 京石이돈

寃의種子가더욱퍼지어 이제와서는天地에充塞하고 人間을破滅하게되니라하시고解寃公事를行하실새 丹朱로비롯하시니 欒藏에丹朱受命이라쓰심도이에根因하심이러라

天師가라사대 天地를開闢하야 仙境을세우랴면 만저天地度數를調正하며解寃으로써萬古神明을調和하고 또大地江山의精氣를統一하리로다 대개地氣의不統一로因하야 그中에生息하는人類의思想도紛紜舛錯하야 이에反目爭鬪가이러나나니라 全州母岳山은淳昌回文山과對立하얏스니 이는父母山이라(卜音에文字를父字로씀)江山의精質을뫃아合하랴면 父母山으로부터始할지라 回文山에二十四穴이잇고 그中에五仙圍碁形이잇스니 碁奕은唐堯가創作하야丹朱를敎한것인故로 丹朱解寃은五仙圍碁로부터 大運이열녀도라날지라하시고이에비롯하야 四明堂의精氣를綜合하시니 곳務安僧達山老僧貢念形과 長城郡巽龍仙女織錦形과泰仁拜禮밧群臣奉詔形이러라 또扶安邊山에二十四穴이잇스니 이는回文山穴數의相對로海邊에잇서海王의度數에應하다하사 回文山은

하거늘 天師께서웃어가라사대 保髮하여죽기를請하는사람은처음이라 멋칠동안이곳에머물라 炳夏가머물어十餘日을지남애 天師께서불너가라사대 이제는勒削의弊가끗치엇스니도라가라 炳夏가甚히虛妄하게알고도라갓더니 果然그弊가업더라

七月에 天師께서辛敬元의집에福祿宮을排置하시고 辛敬守의집에壽命宮을排置하시고 金京學의집에學校度數를排置하시고 또辛敬元의집에는杜門洞七十二人表를붓치시며 八々九々神農牌를 親筆로써붓치시다

七月에天師가라사대 이때에古來의싸여온寃을풀어 그로부터생긴모든不祥事를消滅하야써 永恒의和平을이루리로다 大抵머리를잡을면몸이움작임과갓치人倫記錄의비롯이며 寃의歷史의첫章인 堯子丹朱의寃을글으면그以下數千年싸여온寃이 다마듸와코가풀닐지라 丹朱가不肖하다하야 堯가舜의게二女를주고天下를傳함애 丹朱는寃을품어맛참내舜으로하여곰蒼梧에崩케하고 二妃로하여곰瀟湘에빠지게한지라 이로부터寃의뿌리가박히여 世代의推移를따라

天用雨露之薄則必有萬方之怨地用水土之薄則必有萬物之怨人用德化之薄則必有萬事之怨天用地用人用統在於心　心也者鬼神之樞機也門戶也道路也開閉樞機出入門戶往來道路神或有善或有惡(一說無或有以下六字)　善者師之惡者改之吾心之樞機門戶道路大於天地

辛敬元이이글을奉讀한後　곳불살랏더니　그後로는警官의調査가쉰치더라

六月에金秉旭의差人金允根이　天師께뵈옵고稟하야가로대　近日날이甚히가물어　穀物이다枯死하게되얏스니　만일凶年이들면　農事만專業하는우리집은生活할수업겟나이다　天師께서웃으시며德贊을불너가라사대　네집에서飼養하는豚一首를宰來하라　德贊이命을쫏차　豚을烹宰하야올닌대　天師께서모든弟子로더부러猪肉을잡수실새　문득雷雨가大作하는지라　允根이가로대先生은곳萬人을살니는上帝시라하더라

七月에全州와峴里李炳夏가　天師께뵈옵고稟하되　나사는附近에는近日官府로부터머리를勒削하게됨으로避하야왓사오니　請컨대나의머리를保全케하소서

一을크게ᄭᅮ지저가라사대 無禮한놈아 敢히長者의압헤누엇도다하시고 弟子로하여곰驅逐하시니 道一이크게憤怒하더니 그病이곳快差한지라 道一이비로소그ᄭᅮ지람이藥임을ᄭᅢ달으니라 弟子들이 天師께ᄭᅮ지람으로治療하시는理由를뭇자온대 天師가라사대그病症은곳回虫이라 내가한번만짐애回虫이臍下에네려가敢히擡頭치못하는데 만일다시만지면녹아죽을ᄲᅮᆫ아니라 사람의生命ᄭᅡ지危殆케될지라 그럼으로病人을憤怒케하야 그긔운을타서蛔虫으로하여곰本處에歸安케한것이니 이것이곳醫術이니라

六月에泰仁辛敬元이 急히사람을보내여 天師께稟하되 泰仁邑警官의調査가甚하야 날마다내집에와서先生의住處를査問하나이다하거늘 天師께서그사람다려일너가라사대 急한일로오면서中途에서遲滯하다가늣게됨은, 무삼일이뇨 그사람이對答하되 中途에서唐畵周易으로運命을批判하는者가잇슴으로 잠ᄭᅡᆫ遲滯되얏사오니 容恕하소서하더라 天師께서곳글을써주시며가라사대 이글을敬元의게주어본後 곳불살으게하라하시니 그글은左記와갓흐니라

白南信의族人白龍安이 都賣酒店을經營하야 官府로부터免許証을엇고 全州府中에잇는數百小賣酒家를廢止케하는지라 이때에 天師께서龍頭峙金周甫酒店에게실새 周甫의妻가叩胸痛哭하야가로대 다른벌이업고酒店으로여러食口가살아왓는데 이제이業을廢止하면 우리食口가엇지살아가리오하거늘 天師께서들으시고불상이녁이사 弟子다려일너가라사대 엇지男將軍만잇스랴 女將軍도잇스리라하시고 조희에女將軍이라써불살으시니 그酒母가忽然氣力이나서밧게나가號令하야頃刻에府內數百의酒婦를率하고 白某의집을襲擊하야形勢가危急함으로 白某가大驚하야 그群衆에謝過하고 經營을中止하니라

金道一이 天師께甚히倨慢하더니 腹痛으로因하야 여러달苦痛하거늘 天師께서들으시고 道一을가보사 손으로그胸部부터臍까지 네리만지시고도라오시더니 그로부터臍上腹에는痛症이업서젓스나 臍의下腹은依然疼痛하는지라 道一이사람을보내야 天師께다시만저주시기를請하거늘 天師께서道一을오게하사 房中에安臥케하신後 門外에나가건일으시다가 문득들어오시며 道

天師가라사대 그盜賊은엇더케措處하려하느뇨 秉旭이가로대警務廳에보내엿나이다 天師가라사대그사람을善諭하야돌녀보낼일인데 엇지그리하얏느뇨 靑布衣服한벌을지어오라 懲役에나處케하리라 秉旭이命하심을쫏차 南信의게말하야靑衣一件을지어서 天師께올닌대 天師께서그옷을불살으시더니 그사람은處役하니라 弟子들이處暑日에찻게됨을뭇자온대 天師가라사대매양私事라도天地公事의度數에붓처두면 그度數에이르러 公私가다글닌다하시더라

天師께서龍頭酒店에게실새 光贊을命하야 漢方醫書方藥合編를사온後 光贊다려일너가라사대 네가金秉旭의집에가서 朱墨으로써이冊中藥名에批點하야오라 光贊이命대로依行한대 天師께서閱覽하신後그冊을불살으시니라

金德贊이 天師를待함이恒常倨慢하나 天師께서는德贊을優遇하시더니 하로는稠人中에서公事를行하실새크게雷電을發하시니 德贊이두려워하야避席하거늘 天師께서무지저가라사대네가罪업거니엇지두려워하느뇨 德贊이더욱惶㤼하야戰慄汗流하면서 所措를몰으더니 그後로 天師를天神갓치敬畏하더라

六月에金秉旭이 天師께委人하야稟하되昨夜에盜賊이白南信의親墓를파고그頭骨을가저갓나이다하거늘 天師께서들으시고 三日間明燭達夜하야 喪家와갓치지내신後 南信의게傳言하야가라사대 그頭骨을차지려말고 幽僻한곳에居處하야 外人의交通을끈으라 處暑節에는그盜賊이스々로頭骨을가저오리라하신대 南信이命을쪼차白雲亭에幽居하더니 七月에이르러그의親山墓下村長이 村會를召集하고 相識하야가로대 우리가그墓下에살면서 掘塚에對하야泛然看過할수업스니 우리村人이一齊出動하야그山局內를搜査할지라 만일頭骨을찻는者의게는 墓主의게말하야厚賞하리라하고 村人이總動하야各方으로搜査할새 이때에盜掘한者가생각하되 이機會에그頭骨을가저가면 盜名도免하고厚賞을어드리라하야 드듸여그頭骨을가지고村長의게告하야가로대 내가山田을파다가 이頭骨을어덧다하는지라 村長이그사람을다리고 白雲亭에가니 이날이곳處暑節이더라

이날에 天師께서龍頭酒店에게실새 金秉旭이와서頭骨차진事實을告하거늘

一分間그눈을보시더니 眼疾이곳나엇는데 天師께서그病을옴겨알으시다가 한참만에나으시니라 金洛範이텬포瘡이나서 크게苦悶하더니 天師께서龍頭里酒店에계실새 洛範이至誠으로 天師를奉侍하더라 하로는 天師께서震怒하사 洛範을꾸지저가라사대 네엇지그러케怠慢하뇨하시는지라 洛範이異常히녁여한마듸도對答하지안코 이러나떠나려함애 天師께서더욱峻責하야가라사대 네가어룬꾸짓는데 어데로가랴하나냐하시니 洛範이다시안저俯首聽命하면서땀을흘니더라 이때에金德贊金俊賛이侍側하니라 洛範이意外의譴責을當하고 집에가서허물을생각하되 마침내깨닷지못하야悚懼히지내더니 그뒤로텬포瘡이漸々나어열마못되야快差함으로 비로소震怒譴責하심이곳藥임을깨들으니라

하로는 天師께서弟子들을다리고 益山裡里를지내실새 江津에이르러 沙工은업고배만잇는지라 天師께서親히櫓를저어건너신後 하늘을仰觀하시고웃어가라사대 나는무슨일이든지行하기어렵도다하심으로 弟子들이또한仰觀하니 瑞雲이櫓를저어가는形像을이루어 徐々히흔들면서떠가더라

으로간지라 天師께서甫京을경게하야가라사대 本妻를저바리지말라하서고
淋疾을낫게하시니라
天師께서龍頭里酒店에서 金德贊金俊贊等數人으로더부러 公事를行하신後
마참雜技軍이 돈八十兩을갓고더이세리왓판을벌이니 이것은 天師의一行中
에돈이잇슴을알고 노룸으로먹어보랴함이라 天師께서弟子들의게일너가라사
대 더사람들이우리一行中돈잇슴을알고 雜技로빼앗으려함이니 이도解寃하
리라하시고ㄟ돈五十兩을놋코왓을치실새 말슴대로왓이저서 瞬息間에八十兩
을앗으신後품싹으로五錢을남기시고 七十九兩五錢을도로주어가라사대 이것
이다放蕩子의일이니 速히다집에도라가 職業을求하야安堵하라하시니 그사
람들이敬服하고도라가니라 弟子들이말슴대로왓이되는法을물으니 天師가라
사대 던지는法을一定하게하야 變함이업스면 그리되나니 이도또한一心이
라하시더라
全州金洛範의아들永祚가 眼疾로서피발이눈을덥허보지못하거늘 天師께서

하로는 雷雨가大作하는지라 傾斜된山田에施肥培養한後暴雨가오면 作物、肥料及耕地새지沙汰가나는것이常例임으로 明七이가슴을두다리며울어가로대 내農事는烟草뿐인데 이雷雨로버리게되면엇지살랴하거늘 天師께서보시고 矜憫히녁여가라사대 내가災殃을免케하리니 근심하지말라하시더니 비개인뒤에 明七이山田에가서삷히니 조곰도傷害됨이업고 他人의田土는全部沙汰되야이해의烟草는凶作이되니라

天師께서泰仁金京玄의집에 여러날머무시니 邑中無賴輩가相謂하되 姜某가妖術로欺人한다하고 天師의다른곳으로떠나시는機會를엿보아 路傍에埋伏하얏다가 天師를襲擊하랴고陰謀하거늘 天師께서미리아시고 다른狹路로쏘차떠나시니라

金甫京이熊浦에小室을두고 本家를돌보지아니하더니 天師께서글을써주어가라사대 너의小室과相對하야燒火하라하시니 甫京이命하신대로施行함애그뒤에淋疾을만나 不得已本家로도라가서 月餘를머물엇더니 그小室이다른곳

天師께서그數爻가不足함을괴이히녀여차즈시니 한쪽이褥子밋헤끼여잇더라

金永西鄭南基두사람이 天師께와뵈온後 두사람이私語하되 南基는日本語를배호지못함이後悔라하고 永西는俳優못된것을後悔하더니 문득南基는流暢하게日本語를하고 永西는喪人으로서 喪巾을흔들면서이러나서歌舞하면서喪服소매로북치는모양을내며 땀을흘니는지라 天師께서보시고웃어가라사대南基의말은日本人과들님이업고 永西의재주는俳優中獨步가되리라하시니 두사람이비로소精神을차려부끄려워하는지라 天師가라사대大人을學하는者는헛된말을함이不可하니라

하로는 天師께서公事를行하실새 洋紙에글을쓰시며 金甫京을命하야가라사대 東方에별이낫하낫는가보아라 甫京이밧게나가살펴본後 들어와告하되黑雲이滿天하야별이뵈지아니하나이다 天師께서門을열고 東天을向하야 한번噓氣하시니 雲散星現하더라

泰仁白岩里金明七이 山中傾斜地를開墾하야 烟草를심은後施肥培養하더니

五月에天師께서泰仁白岩里로가실새 金京學의兄家에起火하야 바람으로그氣燄이危險한지라 天師가라사대이불을ᄭᅳ지아니하면 全村이燒滅하리라하시고곳크게바람을일으켜火滅하시는지라 京學이가로대風으로써불을滅케하는법도잇다하더라

金京學의八歲된아들이病들어多日不起하거늘 天師께서病室에들어가보시고ᄭᅮ지저가라사대 父親이와도일지아니하니 그런法이어데잇느냐 빨니일어나라하시니 그兒孩가두려워하야이러나니 곳病이나은지라 京學이父親이라는말삼을恠異히녁여생각하니 일즉金山寺彌勒佛의게 이兒孩를팔은일이잇슴으로 先生은곳彌勒佛의化身인ᄭᅡ닭이더라 그後金京學이病들어 매우危篤한지라 天師께서京學을命하사 四物湯을달여ᄯᅡ에붓고 月色을仰見케하시더니半時辰만에病이快差하니라

天師께서公事를行하실새 洋紙에글을만히쓰시고 弟子들로하여곰 隨意로그洋紙을裁切케하신後 次第로한쪽식불살으시니 그紙片이合三百八十三枚라

하고苦悶한지數朔이된지라 成元이兒孩를안고 天師께와서施療하심을請하거늘天師가라사대 이것는飛鼈이니 낫이면나와놀고밤이면도라와자나니 不可不다른곳으로옴겨야나을지라 그런데山으로옴기랴하나 禽獸도또한生命이오바다로옴기랴하나 魚鼈도또한生命이니 電線으로옴겨야하리라 電線數尺을求하야 病兒의頭上에노앗다가 電柱밋헤버리라하시니 成元이命하신대로施行하얏더니 곳快差하더라

天師께서 하로밤은여러弟子를命하야 房中으로돌아다니면서 東學呪文을念誦케하신後 點燈하고보니 孫某가업더저죽엇는지라 天師께서그몸을흔들며불너가라사대 나를불으라하시니 그사람이겨우精神을돌녀 天師를불음애곳긔운이回復된지라 天師가라사대이는허물을지은者라하시고 또가라사대이뒤에恠病이全世界에流行하야 자든사람은누은자리에서일지못하고죽고 안진者는그자리를옴기지못하고죽고 行人은路上에업더저죽을때가잇슬지라 그러한危急한때를當할지라도 나를불으면다살아나리라하시더라

다려일너가라사대 너는표단이잇스니 인단으로가름하리라하시더니 그뒤로
는性質이溫順하야 사람의게지기를됴와하고 다투지아니하더라
天道敎主孫秉熙가 敎徒의信仰을集中하기爲하야 湖南全道에巡回할次로全
州에와머무는지라 天師께서公又를命하야가사대 네가全州에가서孫秉熙를돌
녀보내고오라 邪說로敎徒를誣惑하야 이제疲弊가極度에達하얏스니 그의巡
回가 크게不可하다하심으로 公又가唯々聽命하얏더니 翌日에다시命하시지
아니함으로 公又가異常히녁엿는데 그後數日을지나 孫秉熙가豫定한巡回를
中止하고 곳京城으로돌아가니라

車京石의小室이 指頭가바늘에찔닌것이起因이되야 漸々팔이절이다가 마
참내半身不遂가된지라 天師께서六十간지를쓰사 傷한指頭로한간지식 읽어
내림을따라 힘써집게하신뒤에 다시命하사술잔을들고 건일게하시니이로부
터血氣가곳流通하야快差하니라

大興里酒店主張成元의幼兒가病들어 낫이면낫고밤이면身熱咳嗽로잠들지못

면日本人갓흐냐 여러사람이對하야가로대 日本人과갓흐시나이다 天師께서 다시벗으신뒤에가라사대 내가어려서村塾에다닐때에 이웃아해와먹희롱하다가 그아해가나의게지고울면서돌아가서는 다시이村塾에오지안코 다른村塾에가서글을닑다가 그後病들어죽엇는데 그神明이含寃하얏다가 이제나의게解寃을求함으로 엇지하여야合意하겟느냐물은즉 그神明이나의和服을厭惡하는줄알고 和服을입으라함으로 내가이제그神明을위로한것이라하시더라

朴公又는大石을들다가 허리를傷하야甚히苦悶하면서 天師께稟치아니하고 하로는 天師를모시고길을갈재 天師께서문득怒하야가라사대 너의허리를버히리라하시는지라 公又가驚異하더니그뒤로곳腰痛이나으니라 朴公又가술을過飮하야恒常酒失이잇더니 하로는天師께서公又를불너가라사대 내가너와술을比較하리라하시고 술을만히勸하시다가 문득가라사대너는한잔술밧게못된다하시고 웃치시더니 그뒤로는公又가한잔마서도곳醉하야더마시지못하니라

朴公又의性質이慓悍하야 남과다투기를됴와하더니 하로는 天師께서公又

도하시며 或뒤서시기도하사 四五步를걸으신뒤에가라사대 이길에는日本사람을보는것이不可하다하시더라 井邑老松亭에이르사가라사대 이곳에서좀遲滯하야감이可하다하시고 休息하야半時辰을지낸後에 떠나서그모롱이큰못가에이르니 日本騎兵이만히오다가 그곳에서다시다른곳으로轉向한形跡이잇더라 天師께서그자최를보시고가라사대 大人의압길에더들이엇지殺來하리오하시더라 輪京이行人의게물으니 果然數十名의日本騎兵이 그곳에달녀오다가 他處로轉向하야갓다하더라 그곳에서大興里를가랴면兩條路로分岐되야 하나는井邑通路로서 日本人의商店이路傍에만히잇고 하나는狹路라 輪京이어느길로向할것을뭇자온대 天師가라사대大人이 엇지狹路로行하리오하시고大路로行하시나 左右에櫛比한日本人商店에는 日本人이한사람도밧게나서지아니하더라大興里에이르사 高夫人과熙南의病은 다손으로어루만저낫게하시니라

하로는 天師께서車京石을命하야 黑色周衣한벌을가저오사 內衣는다벗고周衣만입으신後에 長巾으로허리를매시고 여러사람의게물어가라사대 이러하

라사대明日에泰仁살포청에가셔 나를만나라하심으로 輪京이곳도라갓다가
翌日에살포청으로가니 天師께셔아직오시지아니하얏슴으로 곳泰仁소두원酒
店에가니 店主가말하되 先生께서泰仁새올崔昌祚의집으로가시면서 車輪京
이와뭇거든새올로오게하라하셧다하거늘 輪京이새올로갈새 日本兵數百名이
道中에잇서 住所와出行의理由를뭇거늘 輪京이住所와家患으로醫士마지라간
다는事由를말하니 그兵卒이다ᄯᅥ나더라 輪京이새올에가서 天師께뵈오니
天師가라사대오늘은病勢가엇더하뇨 輪京이가로대집에서일즉ᄯᅥ낫슴으로仔細
히몰으나이다 天師께서ᄭᅮ지저가라사대 네가무엇하려왓느뇨 輪京이謝過하
니라 이날밤에 天師께서輪京을命하사 자지말고밤이맛도록 밧게잇서돌라
하시니 輪京이命을ᄶᅩ차자지안코밧그로돌새 닭의소리가난뒤에 天師께서물
어가라사대 네가졸니지안느냐 輪京이가로대졸니지아니하나이다 天師가라
사대나와함께白岩里로가자하시고ᄯᅥ나시니 金自賢도ᄯᅡ르니라 白岩里金京學
의집에이르사 朝飯을잡수시고 다시ᄯᅥ나井邑으로向하야가실새 或압서시기

任意로通치못하얏다하거늘 天師가라사대 그때에네가슴이답々하야 견대기어려웟스리라 대답하야가로대참그러하더이다 天師께서크게꾸지저가라사대네가父親의게不敬한말을하얏스니 너의父親의가슴은엇더하얏스랴 네가罪를깨달아 다시그리말지어다하시니라

天師께서銅谷에게실때京石弟輪京이와뵈거늘 天師가라사대天地에서玄武가쌀을불으니 네兄(京石)의긔운을써야할지라 네兄다려口、舌、咽喉를動치말고東學의侍天呪를暗誦하되 起居動作에暫時도쉬지말라고하라하시더라

井邑高夫人이眼病으로苦痛하고 車京石의長男熙南이臥病함으로 車輪京이민망하야 天師께뵈옵고 그事由를稟하랴고 銅谷으로가니 金自善金光贊等十餘人이洞里압헤서기달니다가 輪京의옴을보고물어가로대 무슨일로오나뇨輪京이오는事由를말하니 모든사람이가라대오늘아참에 先生님이아르사대오늘은大興里로부터 車輪京이오리라하심으로 이갓치나와기달니노라하더라

輪京이金自善의집에가서 天師께뵈옵고高夫人과熙南의病勢를稟하니 天師가

遲滯하랴하시며 가기를督促하시니 甲七이命을밧들어돌아갈새 院坪에이름애 비오기始作하야 頃刻에河川이漲溢하야橋梁이떠서 能히건너지못하얏는데 數日間에移秧을終了하니라

朴公又의妻가汲水하다가업드러저서 허리와다리를傷하야 起動치못하고누어알커늘 公又가매우근심하야 멀니 天師를向하야 그妻를도와주시기를至誠으로心告하얏더니 그妻가곳나어서이러나니라 그後公又가 天師께뵈온대 天師께서웃어가라사대 네가內患으로얼마나념려하얏느뇨하시더라

天師께서 鄭南基의집에가시니 南基의弟가그父親의게 무슨일로슈중을當하고 不遜하게對答한後 밧게나갓다가 다시안으로들어올제 문득門압헤웃둑서서能히動作을못하고 땀을흘니며連하야소리질음애 家人이驚慌罔措하더라 天師께서一刻을지낸後 돌아보아가라사대 엇지그리困辱을보느뇨하시니 그사람이비로소屈伸을하며 精神을收拾한지라 모든사람이그緣由를무르니 그사람이가로대 밧그로서들어오랴할때에문득精神이恍惚하며 숨이막혀呼吸을

行하얏더니 그뒤에姜重九가病에걸니어 死境에이르럿다가 다시回生한지라 亨烈이듯고 天師께아뢴대 天師가라사대이뒤로그러한일이잇거든 반드시스々로네몸을삽히라 그러면그毒氣가근본으로도라가나니라

四月에大旱하야 牟麥이枯死함으로 農民이大騷하거늘 天師가라사대이제만일麥凶이들면 餓死하는者가만을지니 내가엇지그慘狀을보리오하시고 全州룡머리酒店에가사 金洛範을命하야 거친麥飯一器와土醬一器를지어오신後 가라사대窮 民의飮食이이러하리라하시고 그보리밥과土醬국을다잡수시니문득黑雲이이러나며비가네려와서 枯死하든보리가다시勃然히生氣를어더豊作이되니라

五月에 天師께서全州에머무실새 金甲七이와뵈니 天師가라사대너의地方에農形이엇더하뇨 甲七이가로대旱災가甚하야 아직새지移秧을하지못하야 民心이크게騷然하나이다 天師가라사대네가비를빌너왓도다 雨師를네게붓처보내리니 곳돌아가라 中途에비가올지라도回避치말지어다하시니 甲七이발병이잇서 가기를즐겨아니하거늘 天師가라사대사람을救濟함에 엇지一刻을

子로서二心을두면곳逆神이니 그럼으로모든逆神이 그들의게이르되 너의들도逆臣이어니 엇지모든極惡을이를때에 逆賊의稱呼를붓처써 逆臣을虐待하느뇨한지라 이로因하야 저들이日本사람을보면罪지은者와갓치戰慄하나니라

夏에文公信이銅谷에와서 天師께뵈거늘 天師께서꾸지저 가라사대 네가만일허물을뉘우처前習을곳치지아니하면 장차엇더한難境을當할지몰으리라하시고 自賢을불너가라사대 네가公信의집에가서 여러날宿食하얏스니公信을네집에다려다가잘대접하라 自賢이忘却하야대접하지못한지라 天師가라사대잘못된일이라 이뒤로는대접하랴하야도 만날긔회가업스리라하시더니 果然그뒤로는서로만나지못하니라

金亨烈이出他하얏다가 집에도라오는길에 耶穌敎信者姜重九가泥醉하야크게凌辱하는지라 亨烈이無數한困苦를격고 天師께그事由를아뢰니 天師가라사대蟈가우로올으다가 다시아래로네릴때에 사람의게敗를當하는일이잇느니라 淸水한그릇을떠노코 스스로허물을삶혀뉘우치라 亨烈이命에依하야施

저서 世界人民의게大禍를짓치게될지니라 亨烈이놀나서家人을團束하야 終日토록洋黃파火爐를注意하니라

四月에 天師께서丁槐山酒店에가사술을마이실새 일즉古阜禍亂에知面이된鄭巡檢이이르거늘 天師께서술을사서待接하얏더니 떠날때에 天師의게돈十圓을請求하다가 쏙기속에손을너어 돈十圓을훔처가는지라 天師가라사대엇지이러케無禮하뇨하시더라 鄭巡檢이全州에가서다시書信으로써 돈四十圓을請求함으로 天師께서亨烈로하여곰 돈十圓을求하야보내시면서 가라사대매우不良한사람이라하시더니 몃츨이지난뒤에鄭巡檢이古阜로도라가다가 井邑한다리에서 群盜의게被殺하니라 天師께서듯고가라사대 巡檢은盜賊을懲治하는職責이잇거늘 도리혀盜賊질을하니 盜賊의게죽움이當然한일이라 이것이다神明의하는바이니라

天師가라사대日本사람이朝鮮에잇는萬古逆神을거나려써 役事를하나니라

李朝開國以來 벼슬한者가 다鄭氏를생각하얏나니 이는곳二心이라 남의臣

참비가오거늘 天師가라사대이비는藥湯水라하시더라

四月에 天師가라사대내가淸國公事를行할터인데 길이멀어往來하기어려우니 다만그音同을取하야淸州萬東廟에가서行하려하나 이도또한不便함으로淸道院에가서 淸國을가름하야 · 公事를行하리라하시고 淸道院贊明의집에가사 天地大神門을열으시고 公事를行하시니 金松煥이侍從하니라

그後에 天師께서날마다글을써서 크게祭軸을일우시고 亨烈光贊甲七允根京學元一等을命하야가로대 너의들이窓門을緊封하고 房中에들어가서 이글축을火爐에너어불살으되 烟氣가房中에充滿케하야 다燒火한뒤에門을열지니다일을하랴면水火中에라도들어가야하느니라하시니 모든사람이命대로施行할재烟氣로呼吸을通하기어려움으로 允根元一은門外로나가고 그다음사람들은조히다타기를기달녀門을열으니라

四月에 天師께서亨烈다려일너가라사대 내가이제火遁을쓰리니 너의집에불을注意케하라 만일네집에火災가나면 一村이全燒되고 그火災神의勢가이커

藥房에設置하고 그藥房物目을記錄하야 甲七光贊으로하여곰 金山寺大藏殿에가서불살으게하시다 藥藏을지은뒤에 天師께서朴公又다려일너가라사대 唐材藥은平壤이됴흐니 네가平壤가서唐材藥을求하야오라하시더니 그뒤로다시그에對한말삼이업스시더라 藥房을設置하신後 「元亨利貞奉天地道術藥局在全州銅谷生死辨斷」이란文句를써서燒火하시다

藥藏은藥넛는櫃이우으로縱三橫五合十五며 가운대에큰간이둘이요아래에큰간이하나인대 그웃十五間中가운대間에「丹朱受命」이라쓰시고 그속에牧丹皮를넛코 그아래에「烈風雷雨不迷」라고橫書하시고 또七星經을洋紙에縱書하시고 그末端에「禹步相催登陽明」이라橫書하야 藥藏우로부터뒤로밋판ᄭᅡ지連하야내려붓쳣스며 陽曆六月二十 日陰曆六月二十 日이라쓰시다 櫃안에는「八門遁甲」이라쓰시고 그글자를눌너서「舌門」二字를烙印하신後그글자周圍에는二十四點을紅色으로찍으시다 藥房에는通鑑書傳各一秩을備置하시니라

天師께서全州에가사 金秉旭을命하야三百兩錢으로써藥材를買入하셧는데 마

라하시는지라 亨烈이奉命하고泰仁가서乃敬々元을다리고 昌祚家에가서 命하신대로一々히施行한後 빨니도라올새 검은구룸이일어나더니 집에이르자 문득暴雨가쏘다지며 雷電이大作하거늘 天師께서 亨烈다려물어가라사대이때쯤일을행할때가되겟느냐 亨烈이가로대일행할때가꼭맛겟나이다 天師가라사대 이것은埋火니라하시더라

四月에 天師께서銅谷에게시사 白南信으로부터돈千兩을가저오사 藥局을별니시다 이때에 藥藏과櫃와모든器具를備置하시기爲하야 木工一人을불너그長廣尺寸과製造方法을 一々히가르치며 期限을定하야畢役하라하시고 藥房은甲七의兄俊相의집에設置하시다 木工이期限內에工事를未畢하거늘 天師께서木工으로하여곰 材木을한곳에모아노코 압헤쑬녀안치인後 크게꾸지즈시면서 한封書를木工의게주어 쑬어안저바다불살으게하시니 문득白日에번개가번득이는지라 木工이戰慄하야땀을흘니더라 天師께서木工을命하야 速히畢役하라하시니 木工이手戰症이나나서 한달이넘은뒤에 비로소完工하야

峴이잇슴을取하심이러라)

天師께서白岩里金京學崔昌祚兩家로往來하야머무실새 金光贊의成服을崔昌祚家에서擧行케하시다 이때 天師께서崔昌祚를命하사 猪一首를宰하야 鷄卵으로전야를붓처 대그릇에담어서 淨潔한곳에두고 또내衣服한벌을지어두라 將次쓸데가잇노라 昌祚가命을좃차 猪肉전야와衣服을만들어두니라

三月에 天師께서銅谷에머무실새 崔昌祚가사람을보내여稟告하되 猪肉전야가다腐敗하얏스니 엇지하오릿가 天師가라사대좀기달니라하시더니 그後亨烈을命하야가라사대 네가泰仁가서崔乃敬辛敬元을다라고 崔昌祚의집에가서 오늘저녁人跡이업슬때를기달녀 그집正門밧게한사람업드릴만한小坑을파고 내衣服을세사람이한가지씩난우아입고 그坑前에淸水一器、火爐一座를노코 적은陶器에호酒를넛코 文魚、전복、豆腐를各々그릇에담어 그압헤노은後 한사람은猪肉전야한点식들어 淸水와火爐우으로넘기고 한사람은연해그것을밧고 한사람은다시바더 坑中에너은後흙으로덥흐라 이갓치하고쌀니도라오

師의나오시기를기달이고 그남은사람은各自歸家하니라 正月晦(驚蟄)日에 天師께서出獄하사 京石을다리고 客望里本宅으로도라가시다 亨烈은 天師의出獄하심을듯고 銅谷으로도라가고 金光贊은大興里에잇서 그養母喪에도奔喪치아니하거늘 天師께서자조歸家하기를勸하시되 듯지안코三年을지내니라

古阜獄에拘囚되얏슬때에 文公信朴壯根李化春三人이甚히 天師를원망하야 不敬한悖說을하더니 三月에이르러李化春은義兵의게砲殺되고 朴壯根은義兵의게痛打되야折骨이된지라 天師께서들으시고 文公信다려일너가라사대 너도또한맘을곳치라 그러치아니하면 天怒가잇스리라하신後 또가라사대李化春은鬼神으로나위안케하리라하시고 글을써서불살으시니라 逮囚되얏든二十餘人中金亨烈金自賢二人外에는 다흣허저서다시 天師를ᄯᆞᆯ으지아니하더라

二月二日에 天師께서本宅으로부터 泰仁辛敬元의집에가머무시니 辛敬元崔昌祚金京學崔乃敬等이 天師를모시니라 (天師께서자조泰仁에머무심은 道昌

獄房에옴기신後亨烈自賢의게일너가라사대 三人會席에官長의公事를處決하나니 우리三人이면무슨일이든지決定하리라하시고 또自賢다려가만히일너가라사대 비록몃十萬人이이러한禍厄을當하얏슬지라도 一毫의傷害가업시 다글니게할지니 조곰도념려말라하시더라

除夕에電雷이크게發하거늘 天師가라사대 이것은西洋에서神이넘어옴이라하시더라 天師께서獄中에서過歲하시다

戊申元朝에 警官이罪囚들의게 酒食一床식分給하거늘 모든사람이더욱 天師를원망하야가로대 酒食을分給함은 죽이랴함이니 우리는甑山을싸르다가죽게된다하더라 이날에눈이크게네리고酷冷하거늘 天師가라사대이것은大公事를處決함에因함이라하더라

警官이여러사람을取調하야도아모証據가업슴으로 天師를狂人으로돌니더라 正月十日에獄門을열고 여러사람을釋放한後 오직 天師만남겨두다 이때에京石은古阜에잇서 天師의나오시기를기달이고 亨烈은京石의집에가머물너 天

로대네가義兵이뇨 天師가라사대나는義兵이아니라곳天下를圖謀하려는사람이로라 警務官이놀나가로대이무슨말이뇨 天師가라사대사람마다韜略이不足함으로天下를도모치못하나니 만일雄才大略이잇스면 엇지가만히잇스랴、나는實로天下를도모하야 蒼生을건지려하노라 警官이天師를榜打하야獄中에가두고、다른사람은뭇지도안코모다拘囚함애 여러사람이 天師를원망하더라 이때各地에義兵이蜂起하야 日兵과衝突하며 或義兵을假托하야 打家刼舍하는匪徒도跳梁함으로 義兵嫌疑로逮捕된者이면 是否를不問하고흔이銃殺을當하야 實로悲怖時期러라

이마저 天師께서이禍厄에쓰기爲하야 미리若干의金錢을準備하신後 甲七을命하야 京石의게傳하라하셧더니 그禍亂中에서 傭人이그돈를窃取하야逃亡하는것을 甲七이또차빼앗어京石의게傳하니 京石이古阜에가서衣衾食事等提供에盡力하니라 看守中亨烈自賢과親한사람이잇서 亨烈自賢을다른從容한獄室로옴기거늘 亨烈이看守의게請하야 天師싸지함께옴기니라 天師께서다른

實告하라 모든사람이異常하녁이니라 天師께서모든사람다려일너가라사대만인官吏를두려워하거든 各自解散하야도라가라하시니 모든사람이더욱異常히녁이니라 이때는 天師께서 白衣君王白衣將相의度數를보시는때라 마침面長里長이들어오거늘 天師께서그面長다려일너가라사대 내가天地公事를行하야 天下를匡正하려하노니 그대가엇지이러한陰謀에參與하느뇨 面長이놀나도라가서 官府에告發하니라 十二月二十五日夜半에 武裝한巡檢數十名이突然히文公信家를包圍하고 모든사람을結縛한뒤에 天師의去處를뭇거늘 巾敬守의집에게심을말하니 巡檢들이곳달녀가서 天師以下從者二十餘人을捕縛하야 翌日에古阜警務廳에押送하얏는데 이것은義兵嫌疑로認함이러라

이일나기前日에 天師께서 金光賛을井邑京石의집에보내시고 辛元一을泰仁辛敬元의집에보내시고 朴公又도다른곳으로보내시니 이것은대개光賛元一의性質을짐작하심이오 公又는여러번官災를當하엿슴으로 免케하심이라

二十六日에古阜警務廳에서 天師의師弟를訊問할새 몬저 天師를불너물어가

福祿誠敬信壽命誠敬信至氣今至願爲大降

明德觀音八陰八陽至氣今至願爲大降

三界解魔大帝神位願臻天尊關聖帝君

그리고 天師께서또左記의글을써서 申敬守家壁上에붓치시다

天地大八門

日月大御命

禽獸大道術

人間大積善

時乎〱鬼神世界

그리고 天師께서또左記의글을써서文公信家壁上에붓치시다

天地之主張 陰陽之發覺 人事之刻(未詳)萬物之首唱 情誼情誼情誼情誼情誼情誼

天師께서亨烈다려일너가라사대 너는子賢파함께文公信의집에잇서옴기지말라

나는申敬守의집에잇스리라 만일官吏가와서 나의去處를뭇거든 隱諱치말고

夫用兵之要在崇禮而重祿禮崇則義士至祿重則志士輕死故祿賢不愛財賞功不逾時則士卒並敵國削

天師께서銅谷韓公淑의집에게실새 亨烈다려일가너라사대 너는坐佛이되라나는遊佛이되리라 너는處所를직혀出入하지말라 亨烈이命하심을쫏치니라

十二月에 天師께서古阜臥龍里文公信申敬守兩家에往來하시며머무시다 二十日에 天師께서亨烈을불너가라사대 네가집에도라가衣服을빨아지어가지고自賢과함께오라 亨烈이命을쫏차 二十三日에自賢과함께 臥龍里申敬守의집에와서 天師께뵈오니라

天師께서申敬守의집에게실새 堯의歷像日月星辰敬授人時를말삼하시고 五呪를지으사 가라사대이것은天地의律液이라하시더라

五 呪

侍天地家々長歲日月日月萬事知

侍天主造化定永世不忘萬事知

다리고 井邑으로도라가실새 泰仁古縣里杏壇에이르사 京石의게古書를외여
들녀가라사대 이글을잘記憶하라하시니 그글은곳아래와갓흐니라
夫主將之法務攬英雄之心賞祿有功通志於衆與衆同好靡不成與衆同惡靡不傾治
國安家得人也亡國敗家失人也含氣之類咸願得其志
天師께서井邑에게실새 京石다려일너가라사대 너는接主가되라 나는接使가
되리라하시고 또가라사대 너는이後로出入을廢하고 집에잇스라 이것은自
獄度數니라
十一月에 天師께서銅谷에이르사 金剛山公事를보신뒤에 亨烈다려일너가라
사대 내가剃髮하리니 너도또한나를쪼차剃髮하라 亨烈이속으로즐겨아니하
나 强혀應諾하니라 또甲七을불너가라사대 내가剃髮하리니 明日大院寺에
가서 僧錦谷을불너오라하심으로 亨烈은크게근심하얏더니 翌日에이르러다
시그것에對한말삼을아니하시더라
天師께서亨烈에게古書를외여들녀가라사대 이글을잘記憶하라하시니그글은곳

를사주시면서 나의도라가기를기달니라命하시더라 그後十一月에 天師께서
銅谷에이르사命하야羊을屠하사 그피를指頭에뭇처 一萬二千의侍字에발으시
니羊의피가다한지라 天師가라사대邪氣는金堤로옴겨야하리라하시더니마침金
堤水閣林相玉이이르거늘 淸水담든沙器를狗湯에써서주신지라 그後相玉이沙
器의用處를뭇거늘 天師가라사대人夫를만히會集하야勞作할때에쓰라하시더라
天師께서籠岩에계실새 老弟子黃應鍾申京守가와뵈옵고가로대 눈이길에가득
하야 行人이크게困難하나이다 天師께서壯根을命하사 甘酒를만드러여러사
람과함끠마이시니 문득日氣가溫和하야 半日이못되야눈이녹아谷流가漲溢하
고 道路가平復하니라 天師께서籠岩에머무사 公事를맛치시고 그곳을떠나
려하실새 車京石이와뵈옵고가로대 道路가泥濘하야 寸步도行하기어렵나이
다 天師께서洋紙에「勅令治道神將 御在淳昌籠岩移御于井邑大興里」란文句
를써서 물에담거내여쥐여짠뒤에 火爐불에살으시니 문득큰비오다가긋치고
南風이일어나더니 翌日에地面이말나구듬으로 天師께서新襪新鞋로 京石을

京石을다리고 淳昌籠岩朴壯根의집에가사 壯根다려물어가라사대 君의머슴을불너 어제밤에무슨일이잇섯느냐고물어보라 壯根이머슴을불너물은즉 머슴이가로대 어제밤꿈에한老人이 籠岩으로부터와서 나를불음으로 내가그老人을딸어간즉 그老人이籠岩을들고 甲胄長釰을내여주면서 이것을가저다가 主人을차자傳하라함으로 내가그물건을갓다가이房우에노앗는데 車京石의안즌데가그곳이라고하더라

天師께서 그곳에머무사公事를行하실새 金亨烈을불너命하사대 金剛山一萬二千峯의劫氣를除去하리니 네가金光賛辛元一로더부러 白紙를一方寸식오려侍字를써서四壁에붓치되 한사람이하로四百字식 열흘에쓰라 그리고그동안朝夕으로淸水一盆씩질어 二十四器로난우아노코 밤에七星經三七遍을念誦하라 亨烈이命을쫏차行할새 辛元一이질겨아니함으로 天師께告한대 天師께서井邑李道三을불너다가行하라하심애 亨烈이道三을데려다가 十日間命하신대로施行한後 金甲七을보내여 일의마침을 天師께告한대 天師께서羊一首

러한性格을가진者를 門下에잇게하셋나잇가 天師가라사대龍이물을求할때에비록荊棘이當道할지라도 避치아니하나니라 亨烈이곳도라와서光賛을효유하야가로대 古人이絶交에不出惡聲이라하얏스니 今後로는不平을잘풀어바리라하니라

天師께서一進會의動함으로부터 冠을廢하시고대삿갓을쓰시더니 井邑에가신後로 衣冠을갓추시다

車京石은一進會員으로서削髮하얏더니 天師를모심으로부터 머리를길우니라

朴公友는一進會의한頭目으로잇섯든바 天師를師事한뒤에 하로는무슨일로因하야 秘密히一進會事務所에들너왓더니 天師께서문득公友다려일너가라사대 한몸으로두맘을품는者는그몸이찟겨지나니 잘注意하라하심으로 公友가놀나서 다시秘密한일을하지못하고 一進會의關係도아조끈으니라

十月에 天師께서京石을命하사 돈三十兩을辨備한後 가라사대이것은너를爲하는일이라하시면서 무슨法을벳푸시고「襟懷開齋月談笑止狂瀾小子求聞道不須一日閒」이라는古人의詩를 닑어들니시니라

長豊이오느냐고인사함애 天師께서그만웃치게하시니라
이때에金光賛은銅谷에잇서 車京石의相從함을厭惡하야 恒常不平을吐하야
가로대 京石은本來東學徒黨으로一進會에叅加하야 不義를行함이만흘터인데
이제道門에들어오게하심은 先生의公平치못하심이라 우리가道行을힘써닥거
온것은 다無用의일이라하고 날로 天師를원망하거늘 亨烈이위로하야가로
대 나와함씌 天師께가뵈고그事由를엿주어보자하고 光賛으로더부러井邑에가
서 天師께뵈온後두사람이다그事由를稟하지못하고午後에도라가랴할때에 天
師께서光賛다려말삼하시되 主人은金亨烈이조흐니 銅谷에가서잇스라하시고
다시亨烈을불너密囑하사대 光賛을다리고집에도라가서 잘위무하라하시더라
몃달동안 天師서께京石으로더부러 公事를行하실새 金溝屯山里崔君淑의집
에머무시다가 銅谷에들지안으시고 泰仁으로가신대 光賛이더욱不平하야가
로대 우리는다無用의物이라하고 크게怨하며悖談을發하는지라 亨烈이민망
하야 泰仁下馬街에가서 天師께뵈옵고 光賛의不平을알왼後 가로대엇지그

가라사대 오늘에만일雷光이發하지아니하면 반드시虫災가잇서 農作의損害가크리라하시고 弟子를命하사밧게나가삶혀보라하시나 날이저물도록 雷光이업는지라 天師께서하늘을向하야꾸지저가라사대 天地가엇지生民의災害를이갓치조와하느뇨하시며 弟子를命하사 말은집한낫을가저온뒤에 無名指에맛초아싼어서 火爐에꼬저불살으시니 그불이다하자 문득雷光이子方으로부터만저發하거늘 天師가라사대子方사람만홀로살고 他方사람은다죽어야올으냐하시고 다시하늘을向하야꾸지즈시니 四方에서번개가번적이더라 하로는 天師께서京石다려일너가라사대 너는降靈을밧아야하리라하시고 「元皇正氣來合我身」의글句를닑게하신後 門을조곰열으시니 京石이그글을닑다가 문득放聲大哭하는지라 一刻쯤지내여긋치게하시다 하로는 天師께서京石다려일너가라사대 너의先墓인九月山金盤死雉의穴蔭을옴겨와야되리라하시고 京石을命하야舞蹈케하시고 公又를命하야북을치게하시며가라사대 이穴蔭은반드시長風을바다야發하리라하시더니 문득李道三의弟長豊이들어오거늘 公又가북채를잠깐멈추고

大法國天啓塔天下大巡이라 내가三界大權으로 天地를改造하야 仙境을열고
造化政府를세워 써死滅에瀕한世界蒼生을건지려할새 너의東方에巡迴하다가
이따에뭇친것은 곳慘禍中에싸진無名小弱의民族을몬저도와서 萬古에싸인寃
을글너주랴함이라 나를뭇는者는 永遠의福을어더 不老不死하야 仙境의樂을누
릴것이니라하시더라 翌日에井邑大興里에가시니 朴公又도따르다 京石의집에
이르사 글을써西壁에붓치시며가라사대 나의머무는곳은 天地가다알아야하리
라하시니 문득雷聲이크게發하는지라 公又는크게놀나고 村人은뜻밧게雷聲이
남을이상히녁이니라 이뒤로一進會員朴公又安乃成文公信黃應鍾申京守朴壯根
等이 天師께와뫼더라 天師께서大興里에서數朔을머무실새 車文京이「가물치」
를낫과올니거늘 膾를처서잡수신뒤에 門밧게나와거닐으시며 하늘을우러러보
시고웃어가라사대 그生鮮의긔운이빨니發한다하심으로 여러사람이우러러보니
구름과갓흔異常한긔운이 가물치의모형을이루워 東天으로向하야써가더라
六月中伏日에 天師께서 大興里附近接芝里酒店에가서 京石等弟子다려일너

서듯지아니하시고 或震怒하시며 或凌辱도하시며 或驅逐도하시다가 京石
의뜻々내떠나지아니함을보시고 일너가라사대 네가만일 나를따르랴거든 모
든일을全廢하고 나의하라는일에만盡力하여야할지니 너의집에가서 모든일
을整理하고 六月一日에다시오라 그러면함께가리라하시니라
六月一日에 車京石이龍岩里에와서 天師께뵈옵고 井邑으로가시기를請한대
天師께서다시不應하시다가 三日後에許諾하야가라사대 내가목에잠기는깁흔
물에빠지서 허덕거리다가 겨우헤염하야벗어나서 발목에이르럿는데 이제
다시깁흔물로끄으려들이려하는도다하시더라 天師께서京石을다리고 그곳을
떠나실새 院坪酒店에들어가사 모든行人을불너 술을만히勸하신後에 가라
사대이길은南朝鮮배질이라 짐을만히채워야떠나리라하시더라 그곳을떠나시
三十里되는따에이르러가라사대 大陣은日行三十里라하시고 古阜松內里崔氏
齋室에居住하는朴公又의게留宿하시며 京石다려일너가라사대 나의일은비록
父母兄弟라도 다몰으는일이라 이제너를만남애 通情神이나온다 나는西洋

대무슨業을行하시나잇가 天師께서웃어가라사대 醫術을行하노라하시더라 술을마시다가 鷄湯一器를京石의게勸하시니 京石이밧은뒤에 벌한머리가빠저죽거늘 京石이수저를멈추고 혹상서롭지못한일이아닌가생각하는지라 天師가라사대 벌은규모잇는벌네라하시더라 京石이모든일에異常히녀여 試驗하야보랴고 그爭訟할書類를 天師께뵈이며그曲直을물어가로대 男子三人이모히면 官長의公事를한다하오니 先生은밝히判斷하야주소서 天師가라사대 일의曲直은何如하든지 元來大人의일이아니라 男兒가맛당히活氣를가질지언뎡엇지殺氣를띄리요 京石이더욱그偉大하심에敬服하야 곳書類를불살으고 師事하기를請하며 머무신곳을물은대 天師가라사대 나는東亦客西亦客天地無家客이로라 京石이생각하되 머무신곳을알지못하는데 한번떠낫다가다시만나지못할가하야 진짓떠나지안코저물기를기달녀 天師의도라가시는곳을따라간즉곳龍岩里水砧幕이라 그食事와凡節이너무粗率하야 一時라도견대기어렵더라京石이그곳에서十日을머무르면서 天師께井邑으로가시기를懇請하되 天師께

兩班은너를엇더한사람이라할것이냐 光贊이가로대 邑內아전이라할것이외다 天師가라사대 村兩班이邑吏를邑아전 놈이라하고 邑吏가村兩班을村兩班놈이라하나니 나와네가서로和解되면 天下가다解冤이되리라하시니라 銅谷李載憲의妻가病든지數年에形骸만남앗슴으로 載憲이 天師께뵈고施療하심을懇願하거늘 天師가라사대 이病은病人이他人의게辱說을만히하야 그허물의報應으로그리된것이니 날마다悔過自責하면 病이절로나으리라하시니 載憲이命하심을밧드러 그妻를命하야 날마다허물을뉘우치게하얏더니 그뒤로果然全快되니라

五月에 天師께서龍岩里水砧幕(距銅谷一里地)에머무실새 井邑人車京石이비로소 天師께뵈오니라 元來京石은東學信徒로서 一進會全北總代를지낸일이잇는데 이때에全州財務官과爭訟할일이잇서 井邑으로부터全州로가든길에龍岩里酒店에서 午飯을먹고떠나려할지음 天師께서金自賢等數人으로더부러이酒店에들어술을불으심애 京石이 天師의儀表와言語動止를삷혀 非凡하심을알고 禮로써말슴을請하는지라 天師께서欣然히對하시니 京石이물어가로

七이命을쫏차 밤을새우니 病人의精神이昏暗하야 매우危篤하다가 날이밝음애 漸次精神을차리는지라 天師가라샤대 이제는근심말지어다하시고 米汁으로써患部에발으시더니 그뒤에곳快差하니라 朴順汝가左脚에浮腫이생겨큰기둥갓치되야 조곰도動作을못하고 死境에이르러 天師께施療하심을哀乞하거늘 天師께서自賢의게물어가라사대 順汝의病을다사려살게함이올으냐 또는그대로두어죽게함이올으냐 네말한마듸에잇느니라하시니 自賢이異常히생각하야가로대 살녀주심이올을가하나이다 天師가라사대 朴順汝는不良한사람이라 녀의게도매우無禮하드라 그러면녀와함께가서 施療하리라하시고 自賢을다리고順汝의집에가사 부은다리를주물너내리시며 白湯한그릇을마시게하시더니 그뒤에곳完快되니라 元來順汝는常漢으로서年齒가自賢보다놉다하야 항샹自賢의게無禮함으로 自賢이말은아니하되 속으로매우不快하게녀엿더니 天師께서이것을알으시고 自賢의게물으심이더라 天師께서光贊다려물어가라사대 네가나를엇더한사람으로아느냐 光贊이가로대村兩班으로아나이다 天師가라사대村

치니 다泰仁人이러라 數日後에 天師께서銅谷에오사 金子賢다려일너가라사대 今後에는내가井邑에가서자내리라하시니 子賢이뭇자와가로대 누구의집에머무시랴하나잇가 天師가라사대종차로알게되느니라하시더라

五月五日에 洞內사람들이 天師께와뵈고告하되 오늘은端陽佳節이오니 學仙庵에가서消暢하사이하거늘 天師께서許諾하사 自賢을다리고가실새 中路에暴雨가크게이르러 모든사람이빨니달음박질함애 天師께서自賢을불너가라사대 천々히갈지로다하시고 路傍에안지사 단배를붓치시면서 烟管으로써몰녀오는비를向하야한번둘으시니 비가달은곳으로옴겨가더라 天師께서다시떠나 學仙庵에이르시니 곳비가크게네리더라

金甲七의兄俊相의妻가 발바닥에腫瘡이나서死境에이른지라 天師께서들으시고가라사대 그患部가龍泉穴이니 살기어려우니라하시고 俊相과甲七을불너命하사대 오늘밤에서로替番하야 病人의겻헤잇서 病人을자지못하게하면서밤을새이라 冥府使者와나使者와比較하야 누가强한가보리라하시니 俊相甲

婦가治喪도아니하고 오늘새벽에逃亡하야갓다함으로 그夫婦가父母의定한作配인지 或더의들세리相合한것임을물으니 老嫗가答하되더의세리作配한것이라하니 대개父母의定하야준配疋은人緣이오 더의세리作配함은天緣이라 天緣을無視하고 人道를悖戾하니 엇지天怒를밧지아니하랴 그럼으로오늘에내가霹靂으로써膺懲하얏노라하시더니 그뒤에들으니 果然그少婦가落雷에죽엇더라

天師께서辛元一을다리고泰仁關主廟祭員辛敬彥의집에머무실새 天師께서敬彥과其他家人의게일너가라사대 關雲長이朝鮮에와서 極盡한供待를바닷스니그報復으로하야 만일公事가잇는때에는 반드시盡力함이可하리로다하시고 洋紙에글을써서불살으시니 敬彥은처음보는일임으로 怪異히생각하다가 翌日에敬彥과다른祭員이 關廟에들어가奉審할새 三角鬚의한갈네가떠러저서 간곳을알수업슴으로 모든祭員은異常히알고잇스나 오직敬彥은 天師께서行하신일을回想하고 公事에盡瘁하기爲하야 비록塑像으로도그힘씀을낫하내는것이라고생각하얏더라 이뒤로辛敬元金敬學崔昌翊崔乃敬崔德兼等이 天師를또

店에이르사 亨烈을命하야가라사대 내가이곳에서宿泊하고가리니 너몬저泰仁에가서 元一의定한舍館에서자고 明日早朝에泰仁下馬街에이르러 나를기달니라하신지라 亨烈이奉命하고 泰仁에가서元一을만나자고 翌日早朝에下馬街에이르니 날이아직午正이되지못하얏는데 마침市日임으로 사람이만히모아들더라 天師께서亨烈을만나 韓山客主집에坐定하신뒤에 元一을불너가라사대 술을가저오라내가오늘에霹靂을쓰리라 元一이命을쏘차 술을올님애天師께서잔을잡으시고손을들어 이윽히계시다가마스시니 이때에날이午中이된지라 문득陰風이이러나고 暴雨가쏘다지며 霹靂이크게發하니 市人이집으로도라가지못하고 다泰仁에留宿하더라 天師께서亨烈元一다려일너가라사대 내가어제아참物望里酒店을지날때에 한少婦가이슬을떨며지나감으로 그緣由를물은즉 親庭의訃音을듯고가노라하더니 한老嫗가집행이를잇글고그뒤를따라오며 少婦의자최를뭇는고로 내가그緣由를다시믈으니 그老嫗가대답하되 그少婦는나의子婦라나의身數가不吉하야 昨夜에子喪을當하얏는데 그少

로더부러辨斷한다하시고「全州銅谷解寃神、慶州龍潭報恩神」이라써서 壁上에붓치시다 이때에金光贊이 天師를常侍하얏스며 辛元一도月餘侍側하니라

三月初에 天師께서光贊을다리고 末店島에들어가실새 (光贊의再從이末店島에서漁業을經營하는緣이잇슴) 甲七亨烈을萬頃南浦로불으사 일너가라사대내가지금셤으로들어감은 天地公事로하야定配됨이니 너의들은鄭成伯의집에가서 成伯과함께날마다、草鞋한걸이와紙燈한개식만들라 그신으로天下사람을신게하며 그燈으로天下사람의어두운길을밝히리라 亨烈甲七이奉命하고 成伯의집에가서 成伯과함께날마다草鞋와紙燈을만드니라

三月晦에 天師께서末店島로부터도라오사 그草鞋는院坪市場에서팔게하시고 紙燈은불살으시니라 이때金亨烈이 天師를모시고 古阜客望里로가니 辛元一이마참그곳에와서 天師께뵈오니라

四月初에 天師께서元一을命하야가라사대 내가四月五日에泰仁으로갈터이니 네몬저가서사관을定하고기달니라하사 元一을보내신後翌日에 古阜客望里酒

은 將次天下를크게文明하야 써天地의役事를뭇처神人의解寃을식히랴함인데 現下、의學校敎育이學人으로하여곰 官吏俸祿等卑劣한功利에싸지게하니 그럼으로판밧게서成道하게되얏노라

金亨烈이문득脚痛으로因하야 發寒頭痛하며飮食을廢하고 苦悶하거늘天師께서 亨烈을命하사 六十四卦를暗誦하라하시니 亨烈이命대로함애 頃刻에寒氣가물녀가며頭痛이곳치고 脚痛이全快된지라 亨烈이異常히녁여 그理由를뭇자온대 天師가라사대 八卦가운데五行의理가가초앗고 藥은곳五行의氣를應함인연고이라하시더라 이해歲末에 天師께서銅谷에게시사過歲하시다

丁未正月에 天師께서金亨烈다려일너가라사대 나의말이곳藥이라 말로써사람의맘을慰安케도하며 말로써사람의맘을忤逆케도하며 말로써病든者를이르키도하며 말로써罪에걸닌者도글으나니 이는나의말이곳藥인새닭이라 忠言이逆耳나利於行이라고 나는虛妄한말을아니하나니 내말을미드라

天師가라사대 鬼神은天理의지극함이라 天地公事를行할때에 반다시鬼神으

크게마시고 里中으로돌아단이며 高聲大呼曰내가國稅를먹엇스니 내배를갈으라하거늘 天師께서들으시고불너위로하야가라사대 너무念慮치말나 내가그대로하여곰無事케하리라하시더니 果然戊己稅金이免除되니라

金道一이病이나은뒤로 腰痛이개이지아니하야 집행이를붓잡고 天師께와뵈거늘 天師가라사대病나은뒤에오히려집행이를집고단임은 웬일인고 道一이對曰腰痛이긋치지아니하와그러하하나이다 天師께서命하사 그집행이를써거버리시니 이로부터곳腰痛이快差한지라 다시道一을命하야가라사대 門밧게나서西天에紅雲이떠잇는가보라하시니 道一이나가보고復命하되 紅雲이떳나이다 天師가라사대 金山을圖得하기가甚難하다하시더라

李道三이마침이르거늘 天師께서물어가라사대 사람을害하는물건을 낫々치세여보라하시니 道三이虎豹豺狼으로부터蚊虱蚤蝎새지 자세히세여告하는지라 天師가라사대 사람을해하는물건은 後天에는다업시하리라하시더라

天師가라사대圖畵臨本은鬼神의길이라 이世上에學校를넓이세워 사람을가침

天師께서 耶穌敎堂에가사 모든儀式과敎義를聞見하신後가라사대 足히取할것이업다하시더라

十月에 天師께서淸道院에서 淸國公事를行하신뒤에 銅谷에도라와가라사대 風雲雨露霜雪雷電을이루기는쉬우나 오직눈뒤에비나리고 비뒤에곳서리치게하기는 天地의造化로도오히려어려운法이라 내가오늘밤에이와갓치일을行하리라하시고 글을써서불살으시니 果然눈이나린뒤에비가오고 비가개이자곳서리치니라

鄭性元이銅谷里長으로잇서 稅金을收納하다가하로는 天師께稟하야가로대 내집이貧寒하야 生活이困難하오니 請컨대解貧의道를가라쳐주소서 天師가라사대 그대의管理하는洞里의稅金이合計얼마나되는지 今後로는官府에奉納하지말고 그대가모다쓰라 性元이對曰너무甚하신말삼이외다 國稅를바다쓰고 엇지生命을安保하오릿가하고물너가더니 그後故意는아니나 自然히稅金數千兩을소범하게됨애 戊申年에이르러 官府의督促이甚한지라 답々한김에술을

그사람이도라간뒤에 成狂하야죽으니라

九月二十五日에 天師께서金亨烈을다리고 咸悅金甫京의집으로가시다

十月에辛元一이乾材藥局을設하고 貿藥하러公州令으로갈새 金甫京의집에와서 天師께뵈옵고 曰方今道路가泥濘하야 行人의不便이甚하오니 請컨대길을얼게하소서 天師께서웃으시며 술을사오라하시니 元一이술을사오니 그날밤부터길이얼어붓더 歲末까지泥濘치아니하더라

十月에全州府人文泰潤이 天師께와서뵈거늘 天師께서그의褓子가큰것을보시고가라사대 方今義擾가잇서 各處에偵察이甚하니 속몰으는사람을그대로재우지못할지니 저褓를글너보이라 泰潤이再三固執하다가 不得已글으니 그巾에泰潤叔侄間의金錢關係爭訟書類가잇는지라 天師께서그內容을물으시니 泰潤이가로대 이러한不美의일이잇슴으로 先生께그解決方法을물으려왓나이다 天師께서글을씨서封하야주어가라사대 이封書를갓고너의족하의집문에이르러불살으라 泰潤이從命하더니 그뒤로果然和解되니라

시다 이때에이웃사람金某가 急病으로死境에이르러 그家人이 天師께와서 살녀주심을哀願하거늘 天師가라사대 그病은그대토治療키어려움으로 咸悅崇林寺老僧의게옴겻스니 그老僧이明日에죽을지라 明日에病人이그절에가서老僧을吊問하고도라오라하시니 이로부터그病人은곳全快되야 翌日에그절에간즉 果然한老僧이죽엇슴으로 吊問하고도라오니라

七月初에 天師의父興周가銅谷에와서 金亨烈다려 天師의게신곳을물어만나랴할으로 亨烈이興周와함께臨陂軍屯里金性化의집에가니 天師는數日前에群港으로가신지라 亨烈이興周를모시고 群港에가니 天師가라사대 群港은오래머물곳이못되니 速히도라가시라하심으로 興周는翌日에집으로도라가니라 天師께서群港에머무신지月餘에 益山萬中里鄭春心의집에도라오시다

天師께서여러弟子를다리고어데로가실새 엇든사람이 天師를따라오며살녀주시기를哀願하거늘 天師께서應答치아니하시고가시니 弟子들이민망하야 天師께請하야그사람을돌녀보내시라하니 天師께서도라보시며도라가라하시더니

더부러머무시다가 또數日後光賛의게돈百兩을주어가라사대 네가萬頃에가서나의通知를기달여라하시더라 그때辛元一은南大門에글을붓치고 곳도라가니라 金亨烈이집에잇서 아모리생각하되 戰艦을淳昌으로대인다하신意義를알지못하니라

四月晦에 天師께서銅谷에도라오사 一夜를지나시고 萬頃金光賛의住所로가시니亨烈이隨從하다 이때에 崔益鉉이洪州에서擧義하니 마참移秧時期에날이가물어 人心이洶々하야安業하지못하고 義兵에投入하는者가날로增加하야軍勢가大振하거늘 天師께서數日間萬頃에머무시면서 비를만히오게하시니 人心이비로소安定하야 各々農畝로도라감으로 義兵의形勢가不振하고 崔益鉉은淳昌에서被擒하니라 天師께서崔益鉉의사로잡힘을들으시고 萬頃을떠나益山萬中里鄭春心의집에가시며 가라사대萬一義兵을除去치아니하면 朝鮮이全滅되리라하시더라

六月初에益山萬中里를떠나 臨坡軍屯里金性化의집에가사 金光賛과함께머무

寢房에갈마두라하시니 吳氏가命하신대로施行함애 그날밤부터穩眠하고咳嗽도곳치어곳完快되니라 金甲七이全州로부터떠나올때에 泄瀉로苦悶하다가 天師께稟하거늘 天師께서笑曰 이로부터泄瀉가막히고 口味가增進하리라하시더니 果然그날부터泄瀉가곳치고 口味가增進되니라 그러나全州에돌라온後二十八日이되도록 大便이不通되는지라 甲七이다시근심하야 天師께稟하거늘 天師께서笑曰 너의大便은더저도걱정이오 막혀도걱정이라하시고 冷麵집에가서 冷麵다섯그릇을먹이신後 卷煙十四本을주어가라사대 今夜에이것을다피우라 甲七이宿所에돌아와서 四本을피우고 문득잠이들엇다가 翌朝에놀나깨달아 十本을마자피우니 大便이크게通하더라 吳議官의妻가 晴盲으로多年廢人이되얏더니 吳氏가 天師께施療하심을哀願하거늘 天師께서그患者와房門前에이르사 患者를向하야서서 陽傘대로따를그어돌닌後 도라오시더니 이로부터눈이곳밝아지니라 吳議官夫婦가크게感泣하고 至誠으로 天師를供養하며 一行의經用을支辦하니라 十餘日後여러弟子를돌녀보내시고 오직光贊으로

二月晦에 여러弟子가銅谷에모히니 金光贊辛元一鄭成伯金善京金甫金金甲七金鳳圭鄭南基等이러라

三月二日에 天師께서京城으로向하야떠나실새 여러弟子의게일너가라사대 戰艦은淳昌으로回航하리니 金亨烈은地方을善守하라하시고 南基成伯光贊을다리고 群港에가서汽船을타기로하시고 남은사람은大田에가서汽車를타라하시며 가라사대이것은水陸幷臻이라하시더라 辛元一을불너命하야가라사대 너는入京하는날로 紙面에「天子浮海上」이라淨書하야 南大門에붓치라하시니 元一이領命한後여러사람과함께 大田에서汽車로京城에이르러「天子浮海上」이라고쓴紙片을南大門에붓치니라 一行은光贊의引導로 黃橋에잇는그의再從金永善의집에留宿하니라 翌日에 天師께서여러弟子와함께仁川으로부터京城에이르시다 天師께서金永善의집에머무실새 그이웃사는吳議官이 三年前부터咳嗽와不寐症에걸너 매우苦悶하다가 天師의神聖하심을듯고 永善을通하야天師께施療하심을懇願하거늘 天師께서글을써서주시며가라사대 이것을君의

師를至誠으로供養하더니 正月에 天師께서그酒店에가사 술을마시랴하실새 槐山이 天師께들이랴고 개국을土鼎에쓸이다가 문득土鼎이깨여진지라 槐山의妻가落膽하야울고섯거늘 天師께서矜惻히녁이사 申敬元을命하야 그의經營하는鐵工場에서 鐵鼎一座를갓다주엇더니 이로부터槐山의家勢가漸々裕足하여지니라 그後槐山이泰仁方橋로移住할때에 그鐵鼎을水流面環坪里鄭東朝의게팔엇더니 槐山은다시가난하게되고 鄭家가도로혀裕足하게되야 모든사람들이 이솟을이름하야福鼎이라하더라

正月二十一日 辛元一이 天師께와뵈고가로대 내가宮監이되야 賭租數百石을작포하야辨償치못한故로 그宮에서扶安郡守의게委囑하야 督促이滋甚함애不得已避身하야왓나이다 天師가라사대 이일은어렵지아니하니 이곳에머물나하시더라 元一이이곳에머물다가數朔後 京城에갓다가집에도라가니 宮土의制가革罷되고 따라서宮監制와그의작포도一切로免除된지라 元一이가로대나로因하야各處多數의宮監이生道를어덧다하더라

의게治道令을네리시니 泥路가곳열어굿는故로말은실발로銅谷에가시니라 그때治道令은「御在咸羅山下」라는六字를써서불살오신것이니라

丙午正月初三日 天師께서銅谷에계실재 金亨烈과金性化父子와金甫京父子와金光贊叔侄이侍坐하더니 天師의命으로 一晝夜동안 말도못하고담배도삳으니라

正月五日에 天師께서여러弟子를벌여안치고가라새대 오늘은好笑神이올것이니 너이들은웃지말라 만일한사람이라도웃으면 이神明이公事를보지안코갈것이다 그가한번가면어느때다시올넌지몰으니 깁히注意하라하시니 여러사람이크게조심하다가 鄭成伯이크게웃으니 一座가함께웃으니라 그날午後에成伯이 문득惡寒大痛하야 三日을일지못하거늘 天師께서成伯을압헤누이고 한글句(未詳)를낡으시니 成伯이곳快差되다 이때에 天師께서날마다洋紙에物形갓흔畧圖글字를써서 불살으시더라

金海流水面坪木店에 丁槐山酒店(店主丁氏가忠北槐山으로부터移居한ᄭᅡ닭이隣里가이러케稱함) 이잇는데 집이가난하야酒業으로겨우糊口하되 매양 天

억에불살으되 그烟氣가汽船烟桶의烟氣가치烟突에 이러나게하라고命하시고 가라사대解纜하엿스니拔錨하리라하시니 문득一室中에잇는사람이 다眩暈이 나서昏倒하야 或은口吐하며或은精神을일는지라 이때에叅在한사람은蘇鎭燮 金德裕、金光贊、金亨烈、金甲七、鄭成伯과鄭의家族이라 그中金德裕는門外에서써구러저下瀉싸지하고 鄭氏家族四五人은各各寢室에서넘어지고 甲七은 人事不省되야 呼吸不通의지경에이른지라 天師께서清水로써 甲七의입에너으며불으시니 甲七이곳蘇甦된지라 차례〳〵로或얼골에淸水를뿌리며 或마시게하시니 모든사람이낫〻치긔운을차리더라 金德裕는肺病으로重期에이르럿든바 이後로곳完快되니라 대개이것은무슨公事인지未詳하나 震默의招魂이라는말도잇더라

十月부터歲末싸지 萬中里酒店에게시니 金性化의父子叔侄과甫京父子가모섯는데 그經用은鄭春心이支辨하니라

臘月에前記弟子들과銅谷으로가실새 길이泥濘으로甚惡하거늘 天師께서神明

師를모시고咸悅會仙洞金甫京의집에갈새 一日에二三十里식行하시더라 甫京家에多日滯留하실새 咸悅邑人金光賛이 甫京의薦引으로 天師께와뵈고師事하니라 이때에亨烈파甫京父子와蘇鎭燮파金光賛이모시니라

臨陂軍屯里金性化가 또 天師를師事함으로부터 天師께서數月間咸悅臨陂間으로來往하시고 亨烈은自家로도라가니라

十月에金亨烈이咸悅에가서 天師께뵈오니 天師께서亨烈等諸弟子를거느러시고 益山郡萬中里鄭春心의집에가사 春心을命하야牛頭一個를사다가煮熟한後 船祭를지내리라하시고 白紙一束을길이로無數히切斷하야 풀로붓처連續한後 折半하야말아서 두덩이를만드라 各々그릇에담아두엇다가 夜半에이르러 正門窓에二孔을通하고 牛頭를門압헤노은後 亨烈파光賛을命하사 切紙二軸을논아갓고 門밧게나가서 各々풀어서窓孔으로들여보내고 門안에서는紙端을다시말아、 이러케紙卷이다풀니자 문득天動이일어나서 汽笛소리갓하야 外人은그不時의雷聲에놀내니라 天師께서 成伯다려 未乾柴를取하야부

는 恒常好生의德을가저야할것이라 엇지億兆를死滅케하고 홀로살기를도모합이 도리에當할것이냐하시더라 扶安으로부터古阜立石里朴昌國(天師의妹家)의집에와머무사 脚瘇으로數日辛苦하시다

이때에 天師의妹朴昌國夫人이 발을벗고풀밧헤단이거늘 天師께서보시고민망히녁여가라사대 이近處에毒蛇가잇스니 만일벗은발을물면엇지하느냐하시고 길게휫바람을부시니 큰毒蛇한머리가 담장밧풀밧흐로부터 뜰아래에들어와 머리를들고잇는지라 이때에朴昌國은喪人이라 맛그로부터들어오다가 毒蛇를보고크게놀나 喪杖으로打殺하거늘 天師께서보시고노래하야가라사대 毒蛇兮〱喪人見之喪杖打殺道僧見之禪杖打殺………(이노래는意義가未詳하니아마闕文이잇는듯) 이라하신後 毒蛇의피가싸에잇슴을보시고가라사대 내누이가벗은발로밟으면 害를보리라하시고 親히그血痕을밟아서 毒氣를除하시다

八月二日金亨烈이立石里에와서 天師께뵈오니 脚瘇이좀나으시다 이에天

을다리고 扶安邊山遇金岩下開岩寺에가샤 元一다려牛頭한개와술한병을準備하라命하신後 淸水한그릇을 房한관에노으시고 牛頭를살마서 淸水압헤陳設하신後 元一을그압헤꾸러안치시고 洋黃三個를 그淸水에녀으니 문득風雨가大作하고 洪水가滔天하더라 天師께서元一다려일너가라사대 이제淸水一盆에洋黃一匣을너으면 天地가水國化할지라 開闢이란 이러케쉬을것이니 그리알지어다 만일이것을때이르기前에쓰면 災害만기칠뿐이니 그리밋고기달녀라하시고 모든設置를거두시니 風雨가곳긋치더라 天師께서元一을돌녀보내심으로 元一이집에도라가니 아우의집이風雨에倒壞하고 그眷率이元一의집에避難하야왓는데 元來元一의아우는 天師를밋지아니하얏더라 元一이이로부터 더욱두려워하야無理한言辭를아니하더라 翌日에 天師께서元一의집에오시사 元一다려닐너가라사대 濟生醫世는聖人의道오 災民革世는雄伯의術이라 이제天下가雄伯의게괴로운지오란지라 내가相生의道로써化民靖世하리니 너는이제로부터마음을곳처라하시고 또가라사대 大人을工夫하는者

經營하더니 하로는엇던사람이와서 그慘狀을보고 연장을갓고와서 半日內에집을改築하고 工錢도밧지안코도라갓는데 普通사람의힘으로는 大工數十日품을要한工事임으로 이웃사람은 크게神奇히녁이고 天師의弟子들은모다天師께서矜惻히녁이사 神將을보내신것이라고생각하니라

天師께서매양弟子들의게일너가라사대 내가三界大權을맛하스니 先天의모든度數를뜻어곳치고 後天의새運命을열어서 仙境을만들니라하심으로 弟子들은항상그더딤을恨하야 하로밧비開闢하시기를기달니더라

辛元一이開闢公事를 하로밧비行하시기를 天師께强請한대 天師가라사대人事는機會가잇스며 天理는때가잇나니 그機會를지으며 때를기달닐것이어늘 이제機會와天時를어긔고 억지로人謀만쓰면 이는天下에 災를기침이며億兆의生命을아슴이라 엇지참아할바이랴 元一이듯지안코 天師께구지請하야가로대 方今天下가無道하야 善惡을分別키어려오니 速히이를殘滅하고後天新運을열으심이올흘가하나이다 天師께서甚히괴롭게녁이사 七月에元一

게冷待함으로 少年들이그無義함을怒하야 畢竟이와갓치襲擊한것이라 翌日
에 天師께서京玄의집에가시니 京玄夫妻가서로號泣하면서 다른곳으로移居
하려하거늘 天師께서 그酒母다려술을가저오라하시니 酒母가答하되酒缸을
모다새 흐렷즉 무슨술이잇사오릿가하거늘 天師가라사대더樻中에감추어둔燒
酒를가저오라 酒母가로대어룬압헤는 조곰도隱諱할수업나이다하고 적은甁
에담겨잇는 燒酒를짜라올니더라 天師께서京玄夫妻다려일너가라사대 모든
일의올코글름이다내게잇고 位置如何에잇지아니하니 이後로는온갓일을잘생
각하야삼가할지어다 그리하면前路가다페이고 營業이興盛하리라하시니 京
玄 이命하심을쏘차 移居를中止하고 허물을고처 酒業을繼續하더니 얼마
안되야營業이興旺하니라 그날밤에 客望里압헤잇는吳東八酒店에서 뜻밧게
우뢰갓튼큰소리가나며 人畜과모든家産은아모傷害업시 집이제절로움작여뜰
밧게가서顚覆된지라 그後東八이材木을收拾하야 집을改築하다가 二回를거
듭하야 그갓치顚覆됨으로 할일업시建築工事를中止하고 依幕을치고農業을

一尾의魚鱗도잡히지못함으로 드듸여그漁業을廢止하니라
三月로부터數朔동안 天師께서客望里읍酒店에머무사天地公事를行하시니 從者가만하야 店主吳東八이돈을만히모혓더니 그後 天師의經用이不足함을보고排斥하는지라 모든弟子가그店主의無義함을怒한대 天師께서禁止하야가라사대 至愚無學한무리가 엇지禮節을알것이냐 내가만일그無義함을성낼진대天師神明이그의게大禍를줄것이라 大人의過失에德을흘니지못하고 도로혀禍를기치게되면 그엇지참아보리오하시더라 그後泰仁邑에가사 깁흔밤에여러弟子로더부러山에올나가서 公事를行하신後 弟子들의게일너가라사대 이公事에는天師大神明이會集하엿섯는데 그들의解散에는 반다시慘酷한膺懲이잇스리라하시더니 말삼이맛치시자 뜻밧게泰仁邑으로부터郡衆의高喊소리가일어나더라 弟子들이天師를모시고山에서나려와서삷히니 辛京玄의酒店에群衆이모여들어 家藏什物과酒缸을모다破壞하얏더라 元來辛京玄이酒業을經營한以後 邑中少年의同情을엇어돈을모은後 그少年들의窮乏한때를當하야無理하

師께와서크게感謝하더라
乙巳正月晦日에 天師께서亨烈을더부리고 扶安郡成根里李桓九의집에가서
여러날머무시니 桓九가扶安邑人辛元一을자조거쳔하거늘 天師께서元一을불
으시니 元一이와서뵈고 天師를모서다가제집에서供養하니라 元一의父와弟
가 天師의오래머무심을실혀하거늘 元一이 天師께請하야가로대 家親이本
來漁業을조와하야 해마다漁業을經營하다가 昨年에暴風으로因하야큰損害를
보앗스니 先生님께서今年에風災가업게하야주시면 家親을爲하야다행이되겟
나이다 天師가라사대風災를업게하고 漁業을興旺케하리니 多益을엇은후돈
千兩을가저오라 元一父子가깁버하야承諾하더라 그해에風災가업슬뿐아니라
七山海漁業中에 元一父의營業이가쟝興旺한지라 天師께서元一父의게사람을
보내여 돈千兩을가저오라하시니 元一父가前約을어긔고보내지안는지라 天
師께서元一다려일너가라사대 이는大人을欺罔함이라 내일은一言一動이라도
사사로이못하나니 今後로는君家의漁業이 撤廢케되리라하시더니 그後로는

나는心告를 誠意로하고돌아오라하시고 四物湯한텹을들녀서 그病室正門밧階下에 따를長方形으로파고 그藥을부으며가라사대 病이이미葬期에이르러스니 藥은따에써야되리라하시더라 이때順汝가市場으로부터돌아오거늘 天師가라사대市場에가서누의게心告하엿나뇨 順汝가로대先生님의게心告하엿나이다 그後病人이곳回生하거늘 天師께서이웃사람을모혀노코 그비저너은술을다마시니라

天師께서院坪에게실새 그때에御史安鍾悳이扶安井邑古阜淳昌等七邑郡守를罷免하고또全州에出道하게되야 郡守權稷相의地位도危殆케된지라 金秉旭은當時全州府軍官으로서 權氏와友誼가잇슬뿐더러 唇齒의關係가잇슴으로이것을근심하다가 天師께와뵈고그對策을뭇거늘 天師가라사대權稷相이罷免되면君의地盤도安全치못할것이오 따라서내酒用이끈어질것이라 내將次道理가잇스니 君은걱정말나하시더니 그後安御史가權稷相을罷免하랴고 全州府를들어오는同時에 安御史免官의秘訓이서울에서全州府에到着한지라 秉旭이 天

이러라
金溝郡水流面龜尾洞崔雲益의아들이 病으로死境에 이른지라 雲益이天師께와서살녀주심을請하거늘 天師가라사대 그病人의形貌가매우醜陋하야 一生에깁히恨을품엇슴으로 그魂이이제支那瀋陽에잇서 도라오기를실여하니엇지할수업노라 雲益이듯고 그形貌의醜陋함을알어말슴함을크게神聖히녁이는同時에 그回甦치못하리란말삼에더욱슯허하면서 구지藥을請하거늘 天師께서四物湯한첩을지어서 그封皮에九月飮이라써서주시니 雲益이藥을가지고집에돌아간즉 그아들이발서죽엇더라 雲益이간後弟子들이 九月飮의뜻을물으니天師가라사대九月에葬始皇於驪山下라하엿스니 곳살지못할뜻을表示함이라그러나藥을물어엇지못하면含寃하겟기로 그갓치한것이라하시더라

銅谷朴順汝의母가年六十餘에 病들어매우危篤하야回復할希望이업슴으로 治喪準備를하고 葬禮에쓸술까지비저너은지라 天師께서그말을들으시고 順汝를命하사 市場에가서初終에쓰는모든물건을보고 그것이쓰이지안토록하여달

니걸게하시고 轎子를버리고 徒步로全州에도라가게하시니라
泰仁郡甘谷面에한病人이잇서 朝飯을먹으면午時에吐하고 夕飯을먹으면曉頭에吐하는症勢로苦悶하다가 天師께와뵈옵고 施療를請하거늘 天師께서病人다려일너가라사대 집에도라가서酒肴와餠을만이장만하야이곳으로가져오라藥을가라처주리라 그사람이命을쫏차 집에도라가서酒肴와餠을만이장만하야가저오는지라 天師께서欣然히바다서 모든弟子와列坐하야 한가지잡수려하시다가 문득성내시며 그물건을도로주어보내시니 그病人이怨憤을품고도라가서 自己의허물이업는가自省하더라 數日後에 天師께서그病人을차저가시니 病人이無心히對하는지라 天師께서일너가라사대 내가神藥을가리키리라하시고 나무굉이를쪽이여다려먹으라하시며 손으로腹部를만저내리시고도라오셧더니 그사람이곳命하심을쫏차 나무굉이쪼각을다려마신후 그病이快差되니라 대개 天師께서그食物을도로돌녀보내며성내심은 그病人으로하야곰憤怒케하야臟腑를두집히려하심이니 이는施療하는대에必要가잇슴으로因하심

兒의입에너으니 死兒가문득肛門으로醜汁을쏘며 놀나소리치고回甦한지라 그母를命하사米粥한그릇을쑤어兒孩를먹이니라(編者‖그兒는只今壯年이되다)

銅谷人金昌汝가積滯로飮食을잘먹지못하야形貌가憔悴한지라 天師께서그를平床에눕게하신後 배를어르만지시며 亨烈을불너「葵花細忱能補袞萍水浮踵頻泣玦一年月明壬戌秋萬里雲迷太乙宮 淸音蛟舞二客簫 往刼烏飛三國塵」이라는詩句를읍게하시더니 그後로昌汝의滯症이全快되니라

全州龍頭峙金某(未詳名)가 안즘뱅이로서 天師께와시그病을곳저주심을哀願하는지라 天師께서그病人을압헤안치시고 한참閒話하시다가烟竹을들어가라사대 이烟竹을들어올님에따라서 차々이러서라하시고 烟竹을徐々히들어올니시니 그病人이힘을다하야 거게따라서무릅과다리를피여서며 점々발을옴기는지라 天師께서亨烈을命하사 글한장을高聲大讀하시니 그글은곳曳鼓神曳彭神石蘭神東西南北中央神將造化〳〵云吾命令吽이라 이글을닑은뒤에病人으로하여곰庭中에서驅步케하시며 光贊을命하사회초리로종아리를때려쌀

는지라 天師께서韓公淑을불너함끠가사 病人을보시고 粥한그릇을먹게하신後 公淑다려일너가라사대 이病에는銀纓子가잇서야治療하리라 公淑이가로대나의게잇나이다하고 囊中으로부터銀纓子한개를내여들이니 天師께서그房中에잇는破鏡한쪼각을取하사 그우에銀纓子를노아서隱僻한곳에두시고 病人다려 나잇는곳에酒案一床을차려오라하시고 十分間지낸뒤에 天師께서써나시며가라사대 醫士가써나니病人은門에나와送別하라 順一이그대로한後곳快差하니라 그뒤에順一이酒案을차려오지안커늘 天師가라사대 그사람이口味를일어辛苦하리라하사더니 果然順一이病은나앗스나 口味를일어버려數朔을두고苦痛하니라

또銅谷里前酒店主金士明의아들이크게病들어 四日만에죽는지라 그母가死兒를안고 天師께와서살녀달나고哀願함애 天師께서웃어가라사대 死者不可復生이니 내엇지살니랴하시고 死兒를안아무릅우에누이시고 배를만저내리며 許眉叟(未詳)불너宋尤庵잡아내라는소리를하신後 木果를입에씹어춤을흘녀死

의重鎭에處하야 民心의動搖를鎭撫하야 그天職을다하여야할지라 그方策을엇더케하얏는지 秉旭을차자가서물어오라하심으로 甫京이秉旭을보고 天師의命을傳하니 秉旭이가로대내의無能으로는 물끌틋하는民擾를鎭定할수업사오니 다만 天師의神威를바라나이다한지라 甫京이復命하니 天師께서웃고들으실뿐이러니 그날밤에雨雪이크게나리고 天氣가酷寒하야 雪寒防禦의設備가업시露營에모혓든民衆은 할일업시解散하야집으로도라가고 그雨雪은三日間繼續한까닭에 群衆는다시모히지못하고 騷亂은스々로平靜하니라

十二月에 天師께서銅谷에게시다 이때銅谷人金甲振이癩病으로因하야 面部에浮氣가나며 眉毛가다빠짐으로 天師께施療하심을請하거늘 天師께서甲振을命하사 正門밧게서房을向하야서게하신後 亨烈과其外數人으로하여곰 大學右經一章을誦讀케하사 十分을지낸後돌녀보내시더니 이로부터甲振의病이差効가잇서 얼마못되야全快되니라

銅谷里前酒店主田順一이 身病으로오래동안委痛하다가 天師께뵈이기를願하

라하시니 甫京이佛字를집흠애 天師께서깃거운빗을낫타내시다 또한사람(未詳)을命하사 前例와갓치하시니 그사람은儒字를집흠애 天師가라사대 儒는腐儒라하시더라

天師께서益山에가세서月餘를게시다가 다시會仙洞에이르시니 甫京의母가病들어危篤한지라 天師께서外堂에게시사 甫京다려일너가라사대 今夜에冥府使者가病室에侵入하야 나의使者의틈을엿보아서病人을害할지니 病室을떠나지말고 한사람式替番하야 잠을자지말고밤을새우라 甫京이命을쫏차 家人을단속하야 잠들지안코한사람식서로替番하야밤을새여스나 이러케여러날을繼續한싸닭에모다困惱하게되얏는데甫京이문득잠이든지라 天師께서外堂으로부터 急히소리처甫京을부루시니 甫京이놀나깨니 발서그母親이命終하니라 대개 天師의말삼하신바내의使者라함은 侍病人을가라처이르심이니라

十一月에 天師께서全州府中에이르시니 마침民擾가이러나서 人心이洶洶한지라 金甫京이 天師께뵈니 天師께서甫京다려일너가라사대 金亮旭이國家

께서웃으시며가라사대 主人의病은임이더靑狗의게옴겻스니근심말나하시더니
果然甫京이快復되고靑狗가病들어三日을지나죽으니라
이대에會仙洞附近에는 盜賊이出沒하야 밤마다村落을刼掠하거늘 甫京이
天師께告하야가로대져집이饒足하지못하오나 外間에서는富者라고함으로 盜
賊을두려워하나이다 天師가라사대근심을하지말나이後에는盜賊이업게하리라
하시더니 果然그뒤로는盜賊의자최가업서지니라
그때에天師의거룩하신소문이 四方에들니게된지라 天師께서甫京으로하여곰
鼓를求하여오사 색기로써大樑에달고 終夜토록처울니시며 가라사대 이북
소리가西洋까지울녀들니리라하시니 甫京은그意義를알지못하니라
天師께서 만이咸悅에게섯는데 이것은萬人咸悅의意를取함이라하시더라 天
地公事를行하심으로부터 두루巡回하시는곳은 全北七郡이니 곳全州泰仁井
邑古阜扶安淳昌咸悅이러라
天師께서 甫京을命하사儒佛仙三字를쓴후 合眼正坐하야 三字中一字를집흐

黃桼奉의돈을쓰고갑지못하얏더니 桼奉이죽은뒤에 그아들이老人으로하여곰 叔京의게債務辦償을督促하야曰 네가빗을갑지아니하면 警務廳에말하야너를 獄中에서썩이며밧으리라고하면서威脅한것이다 이날밤에士成父子가春心의집에와서 天師께뵈고이事實을告하거늘 天師가라사대그대의집이破壁되얏스니 그일은글너지리라하시고 叔京으로하여곰 笠子한입파白木한필을사오게하신후에 叔京다려일너가라사대 이後로는아모念慮도말나 일이順調로플닐지니니라 笠子와白木은債權債務間길닥는것이라하시니라이해歲末에이르러 문득巡檢이叔京을잡아가거늘 叔京이巡檢의게懇請하야 債主의집에가니 黃桼奉의아들이叔京을보고爭詰하는지라 桼奉의未亡人이그아들을불너責하야가르되 너어룬은너의父親의친구인데 엇지참아獄에가두아禽獸의行爲를하랴하느냐하고 그証書를앗어불살나버리니라

九月十日에 天師께서咸悅郡會仙洞全甫京의집에가시니 개가즛고나오더라

이때甫京의病이危篤하야 門에나서通接치못하고 施療하심을請하거늘 天師

싸홈을글녓슨즉 내가古人만갓지못하다하시더라

그後連日그酒店에게실새 이때巡檢이府內에잇는一進會員을調査하야 밤마다巡回하면서警戒取締함으로 天師께서一進會員다려일너가라시대 그대들이이갓흔苦難을當하고도免할줄을몰으고 무슨일을하느뇨 내가그대들을爲하야官府의取締가업게하리라하시더니 果然이로부터그嚴重한取締가풀어지니라

그後 天師께서李京五다려일너曰 내가그대의게돈七十兩이잇슴을알고請求한것인데 웨그러케속엿느뇨 京五가正色하야曰참으로업섯나이다하더니 그翌日에火賊이京五의집에들어서 그돈을奪去한지라 天師께서들으시고가라사대 그돈에賊神이犯함을알고 蒼生을건지랴고請한것이언마는 京五가듯지아니하얏다하시더라

이해八月二十七日에 天師께서亨烈을다리고 益山郡萬中里黃士成의집에이르시니 마침엇던사람이怒氣를띄고 門을왝다침애壁土가문어지는지라 天師께서同里鄭春心의집에옴기시다 元來黃士成의父叔京이 全州龍進面龍岩里에사는

가라사대 그러한知識을가진사람이엇지남의밥을헛되이먹으리요 天理의極盡함이一毫人欲의私가업나니라하시니라

同月에 天師께서全州龍頭酒店에게실새 이때에一進會와全州吏屬이서로交爭하야 崔昌權이府內吏民을모와 四門을굿게닷고 一進會의入城을拒하고 各郡各面으로通文을發하야 民兵을募集하야 一進會를剿滅하려하는지라 天師께서가라사대 어렵게살아난것이또죽겟스니救援하리라하시고 花亭里李京五의집에가서 돈七十兩을請求하시니 京五가돈이업다고謝絶함으로 다른곳에서돈七兩을求하시고 가라사대이돈이能히七十兩을代하리라하시고 亨烈과함씌龍頭酒店에도라오사 모인사람을만히請하야 술을勸하시고 조희에글을써서여러쪽으로쓴은후 그것으로노쓴을꼬아서 그酒店門樞와 門고리쇠에聯結하시더니 그날夕暮에이르러 吏屬과一進會가和解되야 四門을通開하고 一進會가入城하니라 이때 天師께서消費된돈이六兩이라 天師가라사대 古人은바둑한點으로써百萬兵을물니쳣다하는데 나는六兩錢으로써 吏屬과一進會와

라대 아직言行이덜풀녀서毒氣가잇도다惡將除去無非草、好取者來摠是花라 말은마음의소리요 행실은마음의자최라 말을잘하면福이되야漸漸큰福을일우어 내몸에이르고 말을잘못하면禍가되야漸々큰禍를이루어 내몸에이르나니라

天師가라사대 亂을지은사람이잇서야 다사리는사람이잇나니 蚩尤가作亂하야能히大霧를지음으로 黃帝가指南車로써治亂하얏나니 亂을지은者도造化요亂을다사린者도造化라 그럼으로 崔濟愚는作亂을하는사람이요 나는治亂을하는사람이라 全明淑의亂은곳天下의亂을動케하엿나니라

亨烈이天師께告하야가르대 鄭집신이라하는사람은 知識이神異한사람이타내의曾祖때에내집에오래잇섯는대 洞里에麥還上으로크게困難이잇슴을보고金鑛을가리처써免케하엿고 또靈蔘을만이엇어病人을救濟하엿스며 지낸壬戌年에 慶尙道에서이러난民亂을미리말하엿스나 내의曾祖는그의知識을빌어明堂하나라도어더써그餘蔭을後世에끼친것이업사오니 恨되는일이로소이다 天師

甲辰에金德賛이母喪을當하야將次葬禮를지낼새 全州에갓다가도라오는길에龍頭峙酒店에서 天師께뵈니 天師가라사대 오늘葬事는못지내리니罷蟻하리라 德賛이도라가葬禮를行할새所占한 따를파매곳큰蟻穴임으로다시다른곳을파니 그곳도또한그러함으로不得已하야土壠을하니라

天師께서비록至賤한사람을對할지라도반듯이尊敬을하신지라金亨烈의奴子池南植의게도對할때마다尊敬을하시거늘亨烈이가로대 이사람은곳내의奴子니尊敬치마르소서 天師가라사대 이사람이곳네의奴子니내의게關係가업나니라하시며또일너가라사대 이鄕里에는兒少로부터熟習이되얏스니말을곳치기어려우나다른곳에가면 엇더한사람을勿論하고다尊敬하라 이뒤로는適庶名分과班常의區別이업나니라

金甲七이 天師께모든일에매양응석부리며 固執을잘부리되 天師께서잘달내여일깨우실뿐이요 한번도꾸짓지아니하시니 甲七은一向더욱甚하야곳치지안커늘 하로는亨烈이성내여꾸지저가로대저런못된놈이어데잇느냐하니 天師가

고 各々제財産을쓰게하리라하시더니 그後一進會의行動은 남의것을掠奪치 안코 제財産을써서會員의家産이蕩敗되니라

이때金亨烈이 天師를모시고院坪金成甫의집에머무시더니 鄭南基(天師의妻弟)가一進會員이되야 天師의加入을强勸하다가 群衆으로더부러 天師의頭髮을勤削코저하야 가위로써버혀보아도 버혀지지안는지라 天師께서머리한모슴을 親히버혀시며가라사대 내이것으로써 여러사람의뜻을풀어주노라하시고 웃으시며鄭南基다려일너가라사대 내가너의補佐가되리라하신後 다시南基의게脫會하기를勸하시고가라사대 네가내말을듯지아니하면 日後에後悔莫及하리라하시더니 果然그後에南基는敗家亡身하고 그遺族이流離하니라

一進會가勃興함으로부터 天師께서는冠을버리시고 삿갓을쓰시며 內衣는검게하시고 外衣는희게하야가라사대 더一進會가黑衣를입음으로 나도黑衣를입노라하시고 門밧게나시와하늘을가라처말삼하시되 구룸이안은검고밧근흼이 나를모형한것이라하시다

死하얏스니 天道가엇지公正하다하오릿가 天師가라사대이무슨말인가 죽은者는불상하니라 그翌日에 天師께서秉旭을맛나지아니하시고 亨烈로더부러古阜로向하야떠나가시니 亨烈이秉旭과의約會를어긔심이이상하야 天師께물엇스나 웃으며대답을아니하시더라

이때에 天師께서 泰仁新培金某의집에가실새 그里中에이르시니 엇던집한채에불이나서 모진바람에火勢가맹렬한지라 天師께서가라사대 더불은그대로두엇다가는 全洞里가焦土될것이니 맛불을노와救하리라하시고 亨烈을命하사 셥으로써불을파우니 瞬息間에그불이스々로消滅되니라

이해七月에金亨烈이 天師의게신곳을차저갈새 마침東學徒黨이院坪에모혀잇는지라 天師씌뵈은후그일을告하니 天師가라사대速히院坪에가서 그會의趣旨와行動을調査하여오라하심으로 亨烈이命을쏘차院坪에가서探查하니 그會의名稱은一進會、目的은保國安民、大會의處所는忠南江景이라 곳도라와復命한대 天師가라사대 그네들로하여곰今後에도 甲午와갓흔掠奪의弊가업게하

憤怒하야 天師를ᄯᅡ리며無理한말을하얏다고ᄭᅮ짓는지라 天師께서우서가라사대 죽엄한터에마자무엇이압흐랴하시고 밧그로나가시니 酒母가巡檢다려일너曰 너이는神人이너 나거서謝過하고연고를물어보라한대 巡檢이곳 天師의뒤를ᄯᅡ라와서 謝過하고연고를물으니 天師가라사대 오늘밤은事務를廢하고 다른곳으로ᄲᅡᆯ니가라하신지라 巡檢이命을ᄯᅩ차옴겨갓더니 얼마못되야여러火賊이몰녀와서 酒母를亂托하면서 巡의檢去處를물으니라 이것은火賊이巡檢을죽이랴고 미리約定한일이잇섯더라 翌日에그巡檢이 天師의머무시는곳을차저와서 再生의恩을感泣하니라

甲辰六月에 天師께서金亨烈의집에가사 亨烈다려 全州府에가서金秉旭을보고맛날期會를約定하고오라命하시니 亨烈이命을밧들고全州府에가서秉旭을맛나 그翌日夜半에 天師께서秉旭을차자만나시기로約定하고 도라오든길에張孝淳의死亡한消息을들으니라 亨烈이도라와서 天師께秉旭과約會한것을復命하고 이여서孝淳의死亡를報하야曰이사람은우리손에죽어야할것인데절로病

하나 天師께서듯지아니하시고 大學을닑게하셋는데 永學은命을어긔고術書를공부함으로 이詩를보내여戒懼케하심이라 그後에甲七이 天師를모시고 屈峙에가니 永學이臨死한지라 天師께서그입에 拇指를대여가라사대 이拇指를떼면곳죽을지니 뜻에잇는대로遺言하라하신대 永學이父母의게말을마친後拇指를떼니 곳死亡하니라

金亨烈은張孝淳의亂을격근後 天師와그省率이어데잇는지몰나서 各處로도라다니며찻다가 古阜에서甲七을만나 天師의계신곳을알고 古阜斗升山下村廬에서 天師께뵈고 後約을定하고도라가니라

二月十五日에 天師께서甲七을더부리고 扶安古阜等地에巡遊하시다 古阜黑岩酒店을지내실새 이때火賊이크게盛하야 白晝橫行함으로 巡檢한사람이微服으로夜巡하라가 이酒店에와서쉬는지라 天師께서酒母다려일너曰 뎌사람은죽운따에다달은사람이니 酒食을주지말나 만일酒食을주엇다가 죽는따에빠진후 代金을밧지못하면 損害가아니냐하시니 그巡檢이이말을듯고 크게

評하여주심을 구지請하거늘 天師께서 天地公事를行하신以後로는 命運과 卜筮를一切로말삼치아니하신바 이제不得己하사 白紙一枚에글써서불사르시고 다시글을써서緊封하야주시며가라사대 急한일이잇거든열어보라하신지라 治安老人이깁히거두엇더니 마참그의子婦가難産으로危境에이름을듯고 그일에當함인가생각하야 그封書를가지고갓다가 이미順産되얏슴으로 다시잘간수하얏더니 이해歲末에 老人이病들어매우危篤한지라 아들直夫가그封書를열어보니 곳小柴胡湯二貼이라써엿슴으로 그藥을쓰고곳快復되니라 그해正月에 天師께서 直夫의집에서禍를避하사 月餘를머무시니라

이해二月에 天師께서屈峙에게실새 아우永學다려大學을닑으라하섯더니 永學이듯지안코 黃州竹樓記와嚴子陵廟記를닑는지라 天師께서듯고가라사대 竹은죽을때밧구어쌔는발이오 廟記는祭文이라 멀지아니하야 永學은죽으리라하시고 李道三을命하사 글한句를傳하시니 곳骨布沙場旣有草魂返故國吊無人이라하엿더라 처음부터 永學이 天師께向하야道術을배워달나고자조請

徐元圭집에가서계시다가 翌日에全州伊東面李直夫의집으로가시니라 대개與海의父가 天師를容恕하야長房廳으로부터도라가게한것은 白南信으로부터밧은二十萬兩의證書가잇슴을알고 돈을要求하랴함이니라

그翌日에張興海의父가徐元圭집에간즉 天師께서계시지아님으로 大怒하야 天師를殺人犯으로서逃避하얏하고 四方으로搜索하더라 이때에 天師의省率은全州郡花田面花亭里李京五家狹房에移居하여잇는데 孝淳의家族이그곳에가서 行悖하니라 金亨烈은當初孝淳의亂을알지못하얏더니 이제天師의消息을들으랴고 花亭里에왓다가 孝淳의家人의게結縛되야 徐元圭의집에가서 天師의계신곳을뭇되가르키지아니하니 그들이더욱憤怒하야 亨烈과元圭를無數히歐打하니라 이로因하야 天師의省率은 泰仁屈峙로避禍하고 亨烈은元圭집에서乘夜逃避하고 元圭는나날이그들의行悖에견대지못하야 藥局을廢鎖하고 家眷을거느리고 益山으로避하니라

이때에 天師께서李直夫의집에머무시니 直夫의父治安老人이 當年의命運을

甲辰正月十五日에 天師께서술을마이시고 혼몽히주무실새 張興海의어린아들이 急病을發하야 죽게됨으로 興海의父가 天師께施療하심을請하거늘 天師께서누어일지안으시고 혼몽中에이르사대 冷水나먹이라하셋더니 興海의父가病見의게冷水를먹인후이어서그아해가죽는지라 興海의父의性質이本來慓悍하야 府中人이天動이라고號하는터인데 그아해의죽음을보고 크게셩내여天師를원망하야曰 이는故意로藥을그릇일너죽임이라 손으로만저죽은사람을이르키며 말한마듸로 위태한병을곳침은 내가實見한바이라 만일우리아해를故意로죽임이아니엇스면 물은고사하고 흙을먹엿슬지라도 그神異한道術로能히낫게하엿슬것이라하고 드듸여棍棒으로 天師를亂打하야 流血이淋漓케한지라 天師께서비로소깨달아이러나시니 興海의父가殺人犯이라하고 天師를結縛하야 長房廳에갓다가 문득뉘우친듯이 글너주며曰 이것이다나의잘못이라 어린아해가急症으로죽엇거늘 엇지先生을원망하리오하고 前交를回復하기를願하고 自己집으로同行하랴하거늘 天師께서듯지아니하시고

들이天師의오시는소리를듯고도당하거늘 南基가조차붓드러와안치고 天師께 뵈니 天師께서大破針을南基의머리에ᄭᅩ자주신후돌녀보내시고 그아들은그곳에머물게하사 神力을다거드시며가라사대 南基의집이大破하리라하시더니 南基의弟嫂가믄득失眞하야날마다 담장안으로도라다니면셔 항성서라는 이상한소리를하니라

天師가라사대 내가天地公事를行함으로부터 一切의餓莩神을天上으로몰아올녓스니 이後에는 人民의飢餓로因하야죽는일은업스리라하시더라

甲辰正月에京城으로부터 白南信을拏上하라는公文이 全州府에이르는지라 金秉旭이南信다려일너가르되 昨冬에나의禍難은 甑山의도음을입어免하얏다하니 南信이秉旭을通하야 天師께도움을請하거늘 天師가라사대 富者는돈을써야하나니 돈十萬兩의證書를가저오라하신대 秉旭이南信의게말하야 十萬兩의證書를밧치니라 그後로白南信의禍難은풀니고 도로혀南三道稅官이되야累巨萬을모이다 그後 天師께서그證書를불살으시니라

日만에全快되니라

張興海의딸이 病으로多日苦痛하다가 天師께서그女婿를불너오사 上下房에서서로向하야안게하시니 한시를지나서 그病이곳全快되니라

하로는 天師의아우永學이와뵈거늘 天師께서한붓채에 鶴을그려주며가라사대 네집에도라가서 이붓채를붓치면서 七星經에武曲破軍까지넘어끗치고 大學을읽으라 그러면道를通하리라 永學이命을밧들고도라오다가 鄭南基의집에들니니 南基의아들이 그붓채를빼앗고 주지안는지라 永學이그事實을말한즉 그는더욱탐하야주지아니함으로 永學은할일업시빼앗기고도라오다 南基의아들이그부채를부치면서大學을읽으니 몃遍을읽지아니하야 神力을通하야 물을뿌려비를오게하며 能히神明을부리게되는지라 南基가깃버하야 아들로하여곰 天師의道力을앗게하니 그아들이父命에依하야그父와한가지로 夏雲洞에오니 天師는맛침宇默谷에계시다가夏雲洞으로오시는지라 南基의아

師가라사대 君言이有理하다하시고 西勢를물니치기爲하야 神明公事를行하시다

癸卯七月에 米價가昇騰할뿐더러 農作에災害가甚하야 旱稻는虫災로朽敗하야 人心이洶々하는지라 天師께서弟子다려일러가라사대 辛丑以後로는 一切天地公事를내가맛하스니 今年에는農作이豊登케하야 米商을하야보리라하시고 雷電을크게이르키시니 數日을지나지못하야 모든災害가물녀가고 四野에서는豊穰을노래하더라

이해에古阜人李道三이癩病으로滿身瘡이되야死境에이르러 天師께와뵈고施療하심을請하거늘 天師가라사대 나를따르라하시고 道三을命하사 누어서자지못하게하얏는데 食後이면腹痛이나고大便에痰이석겨나오다가 十四日만에全快되니라

金秉旭의差人金允根이 痔疾로屢年辛苦하다가 天師께施療하심을請하거늘 天師께서 每朝에東學呪文을七遍式외우라고命하시니 允根이命을좃차 三四

가南原에이르러 秉旭을搜索하다가엇지못하고 도로全州에와서 郡守權稷相을督勵하야 各處에訓令파揭示를發하며 四下로크게차즈니라 그런데 徐元圭의藥局은 西川橋四街通路에잇슴으로 秉旭은그幽僻치못함을근심하니 天師께서追後로다달으사 秉旭다려근심말나하시고 매양夕後이면함께飮食店에任意往來하시면서醉飽하시되 한사람의아는자도만나지아니하며 또街路로지나실때에 秉旭의이름을놉히부르시니 秉旭은더욱驚怯하야 毛骨이踈然한때가만하니라 그後 天師께서秉旭으로하여곰 張興海의집에移居케하야 三朔을지난後 天師가라사대 일이아미풀녓스니放心하라하서니 이때는日露戰雲이正히急하야 日兵이國土를通過함으로 國禁이解弛될뿐아니라 朴泳孝의慊疑도풀어지니라 그때에 天師께서秉旭다려물어가라사대 이졔國勢가날로글너짐애 政府는每事를外人의게依仰함으로 黨派가分立하야 主義를달니하야或은日本을親善하려하며 或은露國과親善하려하니 君은엇더한主義를가젓느뇨 秉旭이對日人種의別파東西의殊로하야 日本을親함이可한가하나이다 天

시고 안저기다리시니 믄득山下에서牛鳴聲이나는지라 秉旭이曰牛鳴聲이들니나이다 天師曰먼데서들님은샹관업나니라 좀잇다가 한사람이소를살고墓前으로지나가는데 소가크게우니 天師曰穴蔭이이미動하얏다하시고 그齋舍에들어가留宿하시고 翌日에墓直을命하야 南原에가서形勢를探知하고오라하시니 墓直이갓다와서 京捕校의搜索함을報하거늘 秉旭이비로소듯고크게두려워하니라 天師께서命하사女轎를準備하야 秉旭을태우시고 全州上關狹項에이르러 秉旭다려일너가라사대 君이만저徐元圭의집에가서 자세히삶히라 내追後하야들어가리라하심애 秉旭이元圭의집에이르니 元圭가大驚曰君이엇지死地를벗어낫스며 또엇지하야이러한危地로들어왓느뇨 너무急禍임으로通奇할겨를이업서 모든知舊와君의家族은 크게憂悶하는中이라하더라 秉旭이그자세한일을들은즉 捕校들이全州를떠나서南原에到着할때와 自己가南原을脫出할때가 겨우半日을隔하엿는지라 秉旭이歎曰 先生은곳天神이시라 만일先生의도으심이안이엇드면 내엇지死地를脫出하얏스랴하더라 그때捕校

저곳낫게하시다
癸卯四月부터 金秉旭이南原에滯留하면서稅金을督收하니라 이때朴泳孝가日本에亡命하야 革命을도모함으로 政府는그黨을窮剿하니 秉旭이또한連累가된지라 八月에京城으로부터捕校가네려와서 秉旭을搜索하니 全州郡守權稷相이 南原에서督稅한다고말함에 捕校는卽日로곳南原에가니라 그前날에天師께서南原에가사 秉旭의사관을차저 門밧게서서 速히나오기를命하시니秉旭이速히門밧그로나서니 天師께서다시命하사 그收納한稅金을計算하야舘主의게保管케하시고 곳伴行하사 들밧게나가되 秉旭은그까닭을몰으고다만 天師를따라갈뿐이라 天師께서秉旭을命하사 皮靴를벗고草鞋를밧고아신게하시고 通路를버리고 隴畝와陵谷으로行하야 한小店에이르러 점심을잡수시고 秉旭의先山下에이르사 그先墓의所在를물으시니 秉旭이對日이곳이로소이다 이에墓所에이르니 날이이미저문지라 天師가라사대 穴名이무엇이뇨 秉旭이日臥牛라하나이다 天師日그러면牛鳴聲을들어야참이되리라하

獄門을열어天意를順하사이다함애 朝廷이이말을듯고獄門을大開하엿다하나이다 天師께서가라사대 진실로그러하얏스랴 내가이를본밧아서 한달동안七星을숨겨서 世人의發見을試驗하리라하시고 그날밤으로부터 七星을다숨기어 한달을繼續하되 世上에發見한者가업스니라

全州字默谷李敬五의幼兒가腹痛이잇서 여러날大小便을不通하야 生命이危篤한지라 京五가幼兒를안고와서 天師께뵈옵고施療하심을請한대 天師께서그아해를압혜누이시고 손으로배를네리만지시니 곳小便을通하는지라 天師께서그릇에그小便을밧아한곳에두엇다가 내여본즉 그릇바닥에무슨가루가가라안자잇는지라 天師께서여러사람다려일너가라사대 이것은糖이라 어린아해가만히먹으면汗門이막히고 이러한病이나기쉬우니注意하라하시니라

癸卯三月에 全州府張孝淳의妻가 胸痛으로苦悶하는지라 孝淳이施療하심을請하거늘 天師께서孝淳을命하사 그妻와壁을間隔하야서로등저서게하시니 순식간에그妻의胸痛낫고 孝淳이그症을옴겨알는지라 天師께서손으로어루만

格이라 可히富豪가되리로다하시고 또가라사대내쓸곳이잇스니 金十萬兩을가저오라하시니 南信이默然히안젓다가 曰七萬兩을들임이엇더하나잇가 天師께서그不可함을말삼하신대 南信이曰十萬兩을채우랴면 서울집새지팔아야되겟나이다하고 드듸여許諾하야 證書를써서올니니 秉旭이證人이된지라 天師께서그證書를바드사秉旭의게맛기시니 秉旭이兩方이다稀世의大量이라고嘆服하더라 그後에證書는불살으시니라

金亨烈이震默의故事로써 天師께告하야曰 全州府中에한貧吏가잇서 震默과友善하더니 하로는貧吏가震默의게 解貧의方을求함애 震默이曰司獄小吏를도모하라 貧吏曰이는小任이나圖得하기쉬운것이라하고 그後에獄吏가되얏는데 그때管內富豪가만히가쳣지라 小吏가그들을極力으로斗護하니 그들이크게感激하야 物貨를만히小吏의게주니라 그뒤에震默이每夜에北斗七星을 하날式그빗을가두어 사람으로하여곰發見치못하게하야 七日만에모다숨기게하니 太史官이變을告하야曰이것은上天이災殃을내리심이니 天下에大赦하야

天師[illegible]날마다 洋紙二三枚에 글과物形을써서 불사르시는데 그무엇임을 아는사람이업스니라 弟子가물으니 天師가라사대 이것은天地公事에 神明을勅하는符號이니라하시다

癸卯三月에 天師께서金亨烈다려일너가라사대 神明의게料를줄터이니 礪山尹公三의게가서 돈을어더오라하시는데 마참이때에 金秉旭이全州巨富白南信을거천하는지라 天師께서故意로크게醉하사 벗은발로대삿갓을쓰시고 秉旭의집에오사 누어일지아니하시니 때에南信이이르거늘 秉旭이 天師의게손의이름을告하니 天師께서이러안지사 처음대하는禮를베폴지아니하시고문득가라사대 그대가내相을評하라하시니 南信이曰相理를알지못하나이다天師가라사대 相理는참되지못하나니 俗評을하라 南信이曰俗評에얼골이方正하고豊厚하면 富하리라하고 眉間印堂에佛表가잇스면 貴하리라하나니이로보면 富貴雙全하시리로소이다 이때에金亨烈金秉旭張興海가侍坐하니라天師笑曰君의相을評하면 입가으로침이부억〱나오니 이는소가아구싹이는

가 아침으로부터浮氣가내려 正午에는原狀을回復하야 이갓치三四年을지냄으로 寸步를옴기지못하고 坐躄이되야잇더라 天師께서가라사대 이병이진실노恠異하도다 모든일이적은일로부터큰일을헤아리나니 내가이病으로써準的을삼아 天下의病을다사리기에試驗하리라하시고 손으로만저내리신後에簷末로부터떠러지는 雨水를바다서싯츠라命하섯더니 京五가命하심을쪼차 簷水를바더싯처서곳나으니라

壬寅年에 天師께서夏雲洞에게실새 매양出他하실때에는 글을써서神明의게治道令을나리시다 元來夏雲洞은山中임으로 길이매우좁고험하며 樹木이욱어저길에얼켜잇는데 治道令을나리시면 여름에는바람이불어草露를떠러트리고 겨울에는차게하야泥濘한길을얼어굿게하니라

癸卯正月에 全州府에이르사 徐元奎藥局에머무시니 金秉旭張興海金允贊이와쫏치니라 이해에는全州와夏雲洞間으로來往하시면서 여러사람의病을醫治하시되 藥材를쓰지안코곳快差케하시니 모든사람이그神妙하심을敬服하니라

히녁이더라 七月에 天師께서本宅에게심으로 亨烈이또가뵈랴할새 소듸院酒店사람의恠異히앎을꺼려 그길을避하야狹路로드러가다가 中路에서 天師를만나니 天師는夏雲洞에오시는길이더라 亨烈이크게칫거하야 그狹路로든事由를告하며가로대 萬一이길을들지아니하엿더면 서로어긔여맛나지못하엿겟나이다 天師가라사대우리가비록東西에멀니난우어잇슬지라도 반듯이서로만나리라 네가나를쏘침은다맛마암을取함이요 金錢이나權勢를取함이안인연고라 時俗에魍魎을사괴면조타함은 그귀여워하는물건을항상求하여쥬는연고라 네가萬一魍魎을사구랴면 眞魍魎을사괼진저하시니라

天師께서 醫法을花亭里李京五의게처음베푸섯나니 李京五는大院寺住持朴錦谷과親誼가잇슴으로 그病勢가危篤함을 錦谷의게말하야醫士를널니求하여주기를請하니 錦谷이 天師의神聖하심을앎으로 그일을稟達하야 神方을일르시기를懇願하거늘 天師께서京五를가보시니 그病症은외인발무명가락이저리고 싹시여午後로부터새벽짜지다리가부어 왼다리全體가큰지동과갓치되엿다

하시니라 그뒤로亨烈이 天師를모시고梧桐亭車允必의酒店에가서 술을마실새京安이와서新約을돌녀쥬기를請하거늘 亨烈은대답지못하고 天師께서가름하야가라사대 곳돌녀주리라하시더니 마침그酒店압흐로한筆商이지내가거늘天師께서문득부르사술을만이勸하신後에 그筆筐을열어보기를請하시니 그筆商이命을쏘차여러뵈니 그가온대新約全書一册이잇더라 天師가라사대그대가耶穌를밋지아니하니 이册은無用이라 나의게傳하라하시니 그筆商이술을만이주어마심을感激하야 드듸여許諾하니 天師께서그册을바더곳京安의게돌녀주시니라

天師께서 玉篇을取하야불사르시며가라사대 나의記憶하는文字로能히事物을긔록할지니라하시고 또佛書千手經과 史要와 海東名臣錄과 康節觀梅法과亨烈의債權記와大學等書를다불사르시니라

天師께서夏雲洞에오래머무실때에種々本宅에往來하시니 亨烈도또한그本宅에계실때에 자조往來함으로 그中路의소되院酒店사람들이그往來頻繁함을恠異

이것은神明公事에서作定된것이니 結實期에맛지못하야 엇지豐作을豫期하나뇨하시더니 果然五月五日大雨로因하야 麥穗가다말나서 收獲이업게되고따라서米價暴騰하야 一斗七兩이되다 이로부터甫京이心服하니라

壬寅冬에 亨烈이侍坐하다가 天師께엿주어가로대 宋時烈은天地의精氣를타고난사람이외다 傳하는바에依하면 그의住宅의집웅에는 白雪이싸이지못하고녹아진다하나이다 天師가라사대 진실로그러하랴 이제나잇는집웅을삷혀보라 亨烈이밧게나가삷혀보니 日氣차고白雪이滿乾坤한中 오직그집웅에는一點雪도업슬뿐아니라 밝은긔운이 하늘에뻐치어 구름이가리우지못하고碧空에싸지通하얏더라 그後로는삷혀본즉 언제든지 그머무시는곳에는 恒常밝은긔운이뻐치어碧空새지通하야 雲霓가가리우지못하더라 비록큰비가오는때라도그러하니라

六月에 天師께서亨烈을命하사耶穌敎新約全書一冊을求하여오라하심으로 亨烈이그附近梧桐亭金京安에게新約一冊을빌어다올녓더니 天師께서그冊을燒火

結을따라 世界公事가解決이되나니 冥府의錯亂에依하야 世界도錯亂하게되
는까닭이라하시며 날마다글을써서불사르시니라
亨烈이집이가난하야 자조麥飯으로써 天師를供養하더니 八月秋夕節을當하
야 金鼎을팔고저한대 天師께서가라사대 솟이들석들석하니 彌勒佛이出世
하리로다하시고 亨烈을命하야 草를折取하야 한곳에싸아노코 또牛尾한개
를 金溝郡龍岩里에서求하야오고 또술을沽來한後 그싸아노은풀을불살아
牛尾를두어번둘너내시고 亨烈을命하야 太陽을보라하시니 亨烈이우러라본
즉 日暈이나타나잇는지라 天師가라사대 이제天下의形勢가 大瘟을알음과
갓흔데 내이제瘟을破하얏스니 술을마실것이라하시고 술을마이시니라
壬寅九月에 農家에서밧을갈고보리를심는데 天師가라사대 이러케辛苦하고
도 收獲이업슬이니엇지矜惻치아니하랴하시니 亨烈이그말삼을듯고 麥農을
廢하얏더니 癸卯春에이르러 氣候가順調하야 豐兆가잇슴으로 金甫京張興
海等從者와隣里人이 모다 亨烈의麥農을廢한것을嘲笑하거늘 天師가라사대

파법이나오며 萬國이和平하야 猜忌嫉妬와干戈가끈어지나니라

天師가라사대 이때는天地成功하는때라 西神이司命하야 萬有를宰制함으로 모든理致와모든일을모와서크게이루나니 이所謂開闢이니라 萬物이가을바람압헤 或凋落도되며 或成熟도됨과갓치 참된者는碩果를엇어 그壽가길이昌盛할것이요 거짓된者는말나떠러저 길이滅亡될지니라 그럼으로或神威를떨처 不義를肅正하며 或仁愛를베푸러 義人을돕나니 이곳解寃의때라 福을 求하는者와 生을求하는者는 크게힘쓸대니라

四月十五日에 天師께서亨烈의게心法을傳授하사 九月十九日까지 修鍊을식히시고 가라사대그만끈칠지어다 다른妙法은쓸때에다여러주리라하시니라

亨烈의게心法을傳授하신後에 모든行하신바天地公事에神明의會散과聽令을 叅觀케하시고 또風雨를짓게도하섯스며 그叅觀한公事의條項을一一히무르시사 그所觀의確否를 考驗하신일도잇섯더라

壬寅四月부터 冥府公事(天地公事의一部門)를行하사 가라사대冥府公事의終

어리석은者를갈여쓰리니 이는비록草木이라도 運을붓치면씀이되는연고니라

天師가라사대後天에는 弱한者가도음을어드며 病든者가이러나며 賤한者가놉흐며 어리석은者가知慧를어들것이오 强하고富하고貴하고知慧로운者는다스々로삭길지니라

謹按 天師께서大法國天啓塔게시다가 西洋에서失敗한利瑪竇를 다리시고 天下에大巡하시다가 金山寺三層殿金彌勒에臨御하사 三十年을經한後 崔濟愚의게濟世大道를啓示하셧더니 濟愚가能히儒家典憲을超越하야 大道의眞趣를闡明치못함으로 드듸어天命을거두시고 甲子로부터八卦에應하야 八年을經한後 辛未에親히誕降하시니 東經大全과및歌詞中에이른바「上帝」는 곳 天師를이름일진저 (此節은車京石傳述)

天師가라사대 利瑪竇는現解寃時代에 神明界의主擘이되나니 이를아는者는맛당히경홀치말지니라

天師가라사대 後天에는사람마다不老不死하야長生을어드며 櫃盒을열면 옷

中에깃첫슴으로 世界는이를알지못하나니라 利瑪竇가처음東洋에와서道를行하야 天國을세우랴하되 儒敎의根據가깁허서 그痼弊를쉽게改革할수업슴으로 다만曆書를改製하야民時를밝힌後 東洋의大神明을거느리고 西洋에도라가서文運을열으니라 대개古昔에는天上神과地下神이 各々方域을安保하야서로侵瀆하지못하더니 利瑪竇가비로소그界限을開放하야 天上地下에神明이來往하게되니 이로부터地下神이天上의모든妙法을본밧아네려 地下에벳펏나니 西洋의모든文物은 天國의모형뜬것이니라 利瑪竇가西洋을開闢하야 天國을建設하랴하되 그文明은도로혀人類의相殘을助長케되니라

利瑪竇의일이헛되게되야 道의根源이끈치게됨으로 내가비로소大法國天啓塔에서 天下에大巡하야 甲子로부터八卦에應하야 八年을經한後 辛未로써降世하얏노라

天師가라사대 나는하늘도뜨더곳치고 따도뜨더곳치고 사람도神明을그腦中에出入케하야 다곳처쓰리라 그럼으로 나는弱하고病들고 가난하고賤하고

을슬진저 무릇남의만들어노은것을因襲할것이아니오 새로만들어야하나니ㅣ라 譬컨대모인財産이라도 그子息이엇어쓰랴면 쓸대마다얼골처다보는것과갓치 남의만들어노은데서살기는괴로우니라 그럼으로우리는開闢하여야하나니라 대개나의公事는예에도업섯고 이제에도업고 남의일을繼紹함도아니오運數에잇는일도아니오 오직내가비로소지으랴는것이라 나는三界大權을主宰하야 先天의度數를뜨더곳치고 後天의無窮한運命을열어 仙境을세우랴함이라 先天에는相克이人間事物을司配함으로 世々의寃이싸이고매처 三界에充溢하야 天地가常度를일코 人世에모든慘災가생기나니 그럼으로내가天地度數를正理하고 神明을調和하야 萬古의寃을글으고 相生의道로써 後天仙境을열고 造化政府를세워 世界民生을건지려하노라 무릇萬事가巨細를莫論하고 神道로부터풀어야 이루는것임으로 만저神道를調和하야 굿게度數를定하면 제절를괴들이열녀 人事의成功을낫허내나니 이것이天地公事니라

天師가라사대 利瑪竇는世界에만흔功德을깃친사람이라 그러나그功德을隱微

밋지안더니 壬寅正月七日에 瑞九가또찻거늘 天師께서마자가르사대 歲前에는公事가잇서 오실때에迎接하지못하얏스니 父執에對한禮가아니라하시고 웃으시며 아우永學을불러 內室에잇는曆書틈에씨운紙片을가저오게하야펴본즉「寅日人來寅艮方逢場必是柳瑞九」란一句詩가잇슴으로 瑞九가크게놀나서 그後로더욱敬服하니라

壬寅四月에天師께서 鄭南基와함께 金溝郡水流面院坪市金聖甫의집에머무실새 門人金亨烈이來謁하다 同月十三日에 天師께서同面夏雲洞金亨烈의집에臨하시니 마참亨烈의季子가分娩되는때라 元來亨烈의夫人이 產後에는腹痛을發하야 四十九日間苦痛하는例症이잇슴으로 亨烈이크게근심하거늘 天師께서亨烈다려일러가라사대 今後로는 모든일을 다내게信賴하야 근심을풀지어다하시니 亨烈이命하신대로 天師의도으심을밋고 근심을노앗더니 果然그夫人의腹痛이곳곳치며 그밧게喘氣等別症도다풀니니라 天師께서亨烈의게일러가라사대 나의일은天地를開闢함이니 곳天地公事라 네가나를밋어힘

길을中止하고 집으로돌아가니 果然媒介가와서 기달니니라 그後에그사람이 天師를차자와서 크게感服하니라

辛丑年에이르러 天師께서 從前의알며行한바모든法術로는 셰상을건질수업다고생각하사 비로소 修道하시기로發心하시고 그해二月에 全州母岳山後麓大院寺에들어가사 幽寂한七星閣에홀로게세서 사람의出入을禁하시고 閉門修道하사七月大雨中五龍噓風에天地大道를大覺하시다 이때에同寺住持僧朴錦谷이 모든便宜를보아들이니라

辛丑冬으로부터 비로소天地公事를行하시다 門窓에조희를부치지아니하고 부억에불을살으지아니하고 홋옷을입으시고 飮食을全廢하사九日을지나심에 새가벼말니는뜰에네리지안코 이웃사람은두려워하야 門밧그로通行하기를어려워하니라 이後로는 卜筮命理等術을말삼치안으시니라

柳瑞九가 天師의父親과深交임으로 자조來往하는데 天師께서恒常그의來訪함을미리아시고 酒肴를베풀게하시니 父親이이事實을瑞九의게말하되 그가

이이러한딸들을두엇스니 賤人이로다하시니 그사람이嘆服하니라 三年을周遊하시다가 鄕第에도라오사 시루山에 祖母墓를緬奉하시니라

庚子에 北道로부터도라와 金堤半月里金駿熙의집에머무시다가 全州伊東面田龍里李直夫의집에올마가시니 이는直夫의父가延聘함이러라 그집訓長安某가 天師의게向하야 試才하심을請함으로 天師께서籌를갓고算두사 그洞里戶數와 男口女口의數를詳言하시며 三日內에一口가損하리라하시니 安某와李直夫가異常히녁여 그洞內戶口를調査한즉 一戶一口의差錯도업고 三日內에果然一人이死亡하니라

그後李直夫를다리고 全州府에들어가시다가 한사람이황망히가는것을보시고 그사람다려 집으로도라가라하시니 그가恠常히녁여緣由를뭇거늘 天師曰 그대가婚事로因하야 媒介를차저가지마는 그媒介는方今그대의집에가서기달니는中이니 그대의이길은虛行일뿐아니라 만일오늘에媒介를만나서完約하지못하면 그일은歸虛되리라하시니 그사람이매우驚嘆하야 命하신대로 가든

로天師를뫼시고玉京에올나가니 珠樓金闕이놉히솟앗고 曜雲殿이라題額하얏스며 使者를따라 殿內에들어가서 上帝가 天師께對하야 匡救天下의뜻을賞賛하며 매우優遇하셋다하니라 金一夫는이로써 天師를奇異히생각하야 이꿈을말한後曜雲이란號를 天師께들인일이잇스니라 數日을머무신후行資가업서 발벗고大通橋에이르사 한書塾에들니어命理를批判하시니 그聲名이公州府中에喧傳되야 命을뭇는사람이만히모아와 그神異한批判을敬服하더라 八月十五日의佳節을당하야 모든사람이 소를宰하야 天師를供養하니라 그後로 京畿、黃海、江原、平安、咸鏡、慶尙、各地로遊歷하시다

(編者‖右各地로遊歷하시든때의異跡은未詳함으로後日에蒐輯하기로하고姑闕함)

그後全州府에이르시니 府中人이神人으로녁이다 그때엇던者가 妓女錦姬香春兄弟의命으로써 自己의二女라詐稱하고來試하거늘 天師笑曰웨나를속이느뇨 그사람이實告치아니함으로 天師께서가라사대 이것은娼妓의命이라 君

니곳(欲將輕騎逐大雪滿弓刀)라 因하야東學黨이雪期에이르러 敗亡될것을깨
달으시고 모든사람의게 東學에들지말나고勸諭하셋더니 이해겨을에 果然
東學黨이官軍의게敗滅되고 天師의勸諭에服從한者는 모다禍難을免하니라天
師께서慨然히 世道의날로그릇됨을근심하사 匡救하실뜻을두시기는 이해에
비롯하니라

丁酉에이르러 다시鄭南基집에 書塾을設하시고 아우永學과亨烈의子贊文과
그이웃學徒를가라치시다 이때鄭氏의所藏한儒仙佛陰陽讖緯의書籍을通讀하신
後 日이것이 天下를匡救함에 一助가되리라하시고 품으신뜻을이루가위하
야 이에書塾을폐하시고 人心과俗情을삷히시랴고 四方에周遊하시기로發心
하시고 길을떠나시다 그날밤에 益山郡裡里에이르사 行資가업슴으로 不
得己卜筮命理로써 行資를求하시다 이곳으로부터忠淸南道江景을지나서公州
에이르사 香積山金一夫의詠歌舞蹈의敎法을觀察하셋는데 이때一夫의꿈에하
늘로서 使者가네려와 姜士玉과함끠玉京에올나오라는 上帝의命을傳達함으

사 井邑郡笠岩面巨沙幕에서 남의머슴이되야보리를거두신일이잇스며 長城郡白羊寺附近扶餘谷에서 나무버이신일도잇스니라

二十四歲(甲午)에 金溝郡草處面內住洞鄭南基(天師의妻弟)의집에 書塾을設하시고 그아우永學과이웃學徒를모와 漢文을가라치시니 그가라치심이 師道에마자 頌聲이놉흐니라

이해에 古阜人全琫準이 東學黨을모아 兵을들어時政을反抗하니 一世가洶動되는지라 이때에金溝人金亨烈이 天師의聲譽를듯고 와뵈운후 當時의騷亂을避하야 靜寂한곳에가서 함쎄글닑기를請함으로 書塾을廢止하시고 全州郡雨林面銅谷後山學仙菴에가섯다가 그곳도煩擾함으로물너가시다

이해五月어느날밤꿈에 한老人이와서告하야曰나는後天眞人이라하며 天地玄機와世界大勢를秘論한일이잇스니라

이해七月어느날밤에 燭을발키지안코 홀로안지사 元神을默運하실새 믄득「月黑雁飛高單于夜遁逃」의古詩가 불빗갓치 밝히보임으로 그接句를생각하

것을 믄득 깨달아 스승의익혀가라침을기다리지아니하시다 朋輩와함께글을지으면 늘壯元을함으로 하로는 스승이壯元을他兒의게주랴고內定하고考試한結果 또한壯元이 天師의게로도라갓스니 이는 天師께서字體를變하야쓰신까닭이러라 어려서부터詩文에能하사 八九歲에지으신 詩를蒐錄하면

運來重石何山遠粧得尺椎古木秋(砧杵吟) 霜心玄圃淸寒菊石骨靑山瘦落秋 千里湖程孤棹遠萬方春氣一筐圓 時節花明三月雨風流酒洗百年塵 風霜閱歷誰知已湖雲浮遊我得顏 驅情萬里山河友供德千門日月妻

(編者註 이幾句詩는散失한것을蒐集한것임으로各詩題는未詳함)

金屋瓊房視逆旅石門苔壁儉爲師綠桐蕉尾誰能解竹管絃心自不離匏落曉星霜可履土墻春柳日相隨革援僉畢有何益木耟耕牛宜養頤

(此詩도또한少時에지으신글임으로써記載함)

西山里로부터同郡優德面客望里에移居하사 집뒤에실우산이잇슴으로 甑山이라號하시다 元來집이가난하야 十四五歲에學業을中止하시고 四方에周遊하

甑山天師公事記

天師의姓은姜、諱一淳、字는士玉이오 甑山은그號이니라 父親의諱는興周요 母親은權氏라 權氏가庚午九月어느날밤에 한울이南北으로 갈나지며 큰붉은덩이가낫하나서 졈々나직하야 몸을덥흠애 그빗이 天下에비나더라 이로부터잉태되야 十三朔을지나 辛未九月十九日子時에 全羅北道古阜郡(今井邑郡에併合되다)西山里에서 天師가誕降하시다 이때에그父親이잠들엇섯는데 두仙女가하눌로서네려와 産母를護衛하는지라 재달아이러나니 곳分娩이되다 이샹한향긔가집에가득하고 밝은긔운이집을둘우고하늘에쎠치어 七日이되도록 흣허지지아니하다

天師께서 어려서부터 好生하는德이만흐사 나무심으시기를됴와하시며 비록昆虫微物이라도 傷害치안으실뿐더러 或위태한데다달은물건을보시면 힘을다하야구원하시다 六歲에비로소書塾에들어 漢文을배우섯는데 한번배운

序

弘惟我　天師以大巡之聖生乎先天世紀之末憂世哀民行天地公事去病解寃開天闢地肇定仙境之丕基遂啓永世太平之運蕩々乎不可以名矣終筆纔經十數年德化鄹傳信衆水下早己至於數百萬之多而法言不傳聖跡無錄信者茫々然無所依據只將片言隻行附會迷信邪說互相傳授冒瀆大道曷勝嘆哉余爲是憂不揣菲才蒐輯材料者五年于玆祗因任務多忙不得專事自是年七月廢除百事專力於斯廣搜博采編成是書而有得於聖門上足金太雲車輪洪兩先生者多矣但是闕漏尙多序次有錯字句不工而自同道之士渴求者多不獲己姑付剞劂俟後日改正云爾

天師降生五十五年乙丑十月　李祥昊謹識

後天紀元二十六年丙寅

甑山天師公事記